慧海拾珠

中华文明千问

Classic Reading
And Collection

探寻华夏文明发展之路·解读中华千年璀璨历史

王永鸿　周成华◎主编

陕西新华出版传媒集团

三秦出版社

图书在版编目（CIP）数据

中华文明千问 / 王永鸿，周成华主编 . —西安：三秦出版社，2012.1
（2022.6 重印）

（慧海拾珠）

ISBN 978-7-5518-0069-3

Ⅰ . ①中… Ⅱ . ①王… ②周… Ⅲ . ①文化史—中国—问题解答
Ⅳ . ① K203-44

中国版本图书馆 CIP 数据核字（2012）第 010964 号

慧 海 拾 珠
中华文明千问

王永鸿　周成华　主编

出版发行	陕西新华出版传媒集团　三秦出版社
社　　址	西安市雁塔区曲江新区登高路 1388 号
电　　话	（029）81205236
邮政编码	710061
印　　刷	永清县晔盛亚胶印有限公司
开　　本	787mm×1092mm　1/16
印　　张	15
字　　数	400 千字
版　　次	2012 年 1 月第 1 版
	2022 年 6 月第 3 次印刷
标准书号	ISBN 978-7-5518-0069-3
定　　价	46.00 元
网　　址	http://www.sqcbs.com

前言
qian yan

　　泱泱华夏，巍巍中华，浩瀚的中国史是一部与天斗，与地斗，与人斗的华丽进化史，五千年的中华先贤铸就了我们蔚为壮观的庞大文明。中华文明是一个兼容并蓄的文明，作为炎黄子孙我们应以敬畏的心去传承，去发扬我们的文明，去其糟粕，取其精华，使得我们的文明源远流长。

　　丰富美满的神话故事不仅表达了古人美好的愿望，更是象征着中华人民积极向上的心态，这是古人留下来的充满幻想与愿望的精神文化遗产，在现在这充斥着物质文明的社会里，大大的充实了我们的精神文明。

　　中华文明，最精粹的部分便是其堪称庞大的文学系统，有了文字传承才可称其为文明，中华文明能传承五千年不灭，其中文字的功劳不可磨灭，从甲骨文、小篆、隶书到现在遍及世界的汉语，中华文明一直闪耀在世界之巅。先秦文化，秦汉文化，唐宋文化……一代代文化的传承与发扬，如同一颗颗闪亮的明星，始终照耀着巍峨的世界历史。

　　从茹毛饮血的远古时代，到封建文明极度繁荣的明清时代，在上下五千年的历史进程中，中华民族创造了无数的辉煌与成就，也经历了无数的苦难与挫折，数不清的英雄豪杰、文人志士在历史的长路上留下了自己的足迹，作为炎黄子孙，延续和传承中华文明，是我们的责任和荣耀。

　　本书力图通过简明的的文字，精美的图片，通过民俗生活，国家地理，思想文化、宗教建筑，天文历法、体育博艺、饮食文化等各个方面，深入研究中华文明丰富内涵，将中华文明的博大精深全方位、立体地展现出来，使读者轻松获取知识的同时，为其提供更广泛的文化视野、审美感受、想象空间和愉快体验，以此使中华文明发扬光大。

目录
mu lu

第三章　文　学 **69**

目　录

第六章　鉴赏收藏 149

第七章　道教佛教 161

第八章　建筑奇葩 173

第一章　思想与哲学

什么是儒家？

儒家是诸子百家中最重要的学派，由孔子开创。儒家倡导"礼乐"和"仁义"，主张"忠恕"和不偏不倚的"中庸"之道，赞成"德治"和"仁政"，看重道德伦理教育和人的自身修养。先秦诸子中属于儒家的有孔子、孟子和荀子。

孔子（前551—前479），名丘，字仲尼，春秋时期鲁国人。他的祖籍是宋国栗（今河南夏邑）。他是儒家的始创人物，后世称他"万世师表"，尊他为"圣人"。

孔子画像

孟子（前372—前289），名轲，字子舆，又字子车、子居，战国时期邹国人。孟子是继孔子之后的圣人，人称亚圣。孟子也曾游历列国，宣传他的"仁政"、"王道"的主张。他提出了"民为贵，社稷次之，君为轻"的观点。孟子晚年回乡讲学著书，留下很多篇章，即后来的《孟子》。

荀子（约前313—前218），名况，字卿，战国时期赵国人。他是继孔子、孟子之后最重要的儒家代表人物。他提出"性恶论"和"人定胜天"等主张。他的思想体现于《荀子》一书中。

什么是道家？

道家是对中国人影响仅次于儒家的思想流派，创始人是老子。道家宣扬关于"道"的学说，用"道"来阐述宇宙万物的本质、本源、构成和变化。他们的观点是天道无为，万物自然化生，提倡道法自然、顺其自然、清静无为、守雌守柔和以柔克刚等。道家的主要代表人物主要是老子、庄子、列子。

老子姓李，名耳，字伯阳，春秋时期楚国人，是道家创始人。在《道德经》中，老子广论"道"的形上学义、人生智慧义，以"有物混成，先天地生"且独立自存玄奥的语言解释了自然宇宙的起源。老子在政治上主张"无为而治"、"小国寡民"。

庄子名周，字子休，战国时期宋国人，生于公元前369年，卒于公元前286年。

庄子早年曾做过蒙地的漆园吏，后一直隐居。他生活贫困却淡泊名利。楚王知道他的贤德，就派使者赠以千金并请他做宰相，却被他毫不犹豫地拒绝了。庄子

庄子画像

此后终身不复仕，隐居在抱犊山中。

庄子学识渊博，交游很广。他所写的《庄子》一书，是继《老子》之后的又一部道家著作。这本书不但是一部哲学著作，而且因飘逸潇洒的文字、意境更在文学领域占据一席之地。

列子，名寇，又名御寇，战国时期郑国人，其生活的年代应早于庄子。他的学说本于黄帝老子，提倡清静无为，著有《列子》。这本书里面大多是民间故事、寓言和神话传说，寓道于事。

什么是墨家？

墨家在春秋战国时代与儒家同为"显学"。它的创始人是墨子。墨家提出了"兼相爱，交相利"的主张。其中"兼"，就是视人如己；"兼爱"，就是爱人如己。在政治上，墨家主张"尚贤"、"尚同"、"非攻"，反对一切侵略战争。在经济上，墨家反对奢侈，提倡节俭，提出"节用"、"节葬"、"非乐"等主张。在世界观方面，墨家的思想是矛盾的，既提出"非命"而又主张"尊天"、"事鬼"。

墨子（约前468—前376），姓墨名翟，战国初期鲁国人，今山东省滕州市人，墨家创始人。墨子出身平民，自称"北方之鄙人"，人称"布衣之士"。

他曾经三为宋国大夫，他说自己"上无君上之事，下无耕农之难"，是个同情"农与工肆之人"的士人。

他提出非攻、尚贤、尚同、节用、节葬、非乐、天志、明鬼、非命的主张。兼爱是他思想的核心。他为人"以绳墨自矫，而备世之急"。为了宣传自己的主张，他广收门徒。平常跟随在他身边的弟子就有数百人，形成了声势浩大的学派。

墨子的事迹主要见于《荀子》、《韩非子》、《庄子》、《吕氏春秋》、《淮南子》等书。他的思想则主要保存在他的弟子门人整理成的《墨子》一书中。

什么是法家？

法家是百家中特别重要的一家。他们主张以法治国，"不别亲疏，不殊贵贱，一断于法"，故称之为法家。法家是历代封建统治阶级的核心指导思想，有"阳儒阴法"的说法。

春秋时期的管仲、子产可以算是法家的先驱。战国初期，李悝、商鞅、申不害、慎到等开创了法家学说。其中商鞅、慎到、申不害三人分别偏重法、势、术，而有各自不同的特点。法是用严刑峻法治理国家；势是主张发挥君主的权威，大权独揽；术就是用帝王之术，驾驭群臣，维护君主地位。到了战国末期，韩非集商鞅的"法"、慎到的"势"和申不害的"术"等法家学说之大成，完成了法家学说的理论系统。

韩非子（约前280—前233），姓韩名非，战国末年韩国人。他出身贵族，是韩国的公子。韩非有口吃的弱点，不擅长言说，而擅长著书。

当时韩国势弱，韩非看到这种情

况曾多次为韩王建言献策，而不为韩王重视。韩非对于韩国这种不修明法治、不思富国强兵而重用好发空论的人的现状十分痛心。因此他观往者得失之变，作《孤愤》、《五蠹》、《内外储》、《说林》、《说难》十余万言。这就是《韩非子》一书，是法家思想的集大成者。

什么是名家？

春秋战国时期，战争频繁，动荡混乱，周朝的礼制可谓名存实亡，因此出现了一批以论辩"名"（名称、概念）、"实"（事实、实在）为主要学术活动的学者。他们就是名家。

名家主张事物应该"名副其实"，从而使天下一切事情走上正确的轨道。它说得"正名实"，就是"正彼此之是非，使名实相符"。名家着重辩论"名"与"实"之间的关系，属于逻辑学。他们"正名实"的方法，主要是以逻辑原理来分析事物，而辩论的内容，又大多是与政治实务无关的哲学问题。因此，名家的学说在中国五千年来的学术沿传过程中，一直背着一个"诡辩"的恶名。

名家的代表人物主要有公孙龙、惠施。

公孙龙，战国时期魏国人。他和庄子、惠施、孟子、邹衍生活在同一个时代。他的辩论主要就语言的自身而展开，是脱离具体、经验的事物辩论。

公孙龙擅长同异之辩，达巅峰之境界。他的主要辩论有白马论、指物论、坚白论、名实论等。

惠施，战国时期宋国人，与庄子是好朋友。他曾担任过魏国的相国。后来惠施联合齐、楚的活动遭到失败，被张仪驱逐。

惠施思维敏捷，博学善辩，擅长雄辩与逻辑推理。他曾和桓团、公孙龙等辩者掀起了名辩的高潮，因此"惠施以之辩给，万石以之讷慎"。

什么是阴阳家？

阴阳家在自然观上，利用《周易》经传的阴阳观念，提出了宇宙演化论；又从《尚书》的"九州划分"进而提出"大九州"说，认为中国为赤显神州，内有小九州，外则为"大九州"之一。

在历史观上，则把《尚书》的五行观改造为"五德终始"，又称"五德转移"。"五德"指五行的属性，即土德、木德、金德、水德、火德。按阴阳家的说法，宇宙万物与五行对应，各具其德，而天道的运行，人世的变迁，王朝的更替等，则是"五德转移"的结果。其目的在为当时的社会变革进行论证。

在政治伦理上，阴阳家认为"止乎仁义节俭，君臣上下六亲之施"，赞成儒家仁义学说。同时，强调"因阴阳之大顺"，包含若干天文、历法、气象和地理学的知识，有一定的科学价值。

汉初阴阳家还存在，武帝罢黜百家后，部分内容融入儒家思想体系、部分内容为原始道教所吸收，作为独立学派的阴阳家便不在了。

阴阳家的代表人物是邹衍。邹衍（前305—前240），齐国（今山东淄博市临淄）人，阴阳家的代表人物，因其学问迂大而宏辩，人称为谈天衍，又称邹子。

什么是纵横家？

纵横家是战国时期的百家之一。战国时期，南与北合为纵，西与东连为横。六国结盟就是南北向的联合，故称

"合纵"。而六国分别与秦国结盟是东西向的联合，故称"连横"。因此人们把当时鼓吹"合纵"或"连横"外交策略，以纵横捭阖的策略来游说诸侯，从事政治、外交活动的人物称作纵横家。

纵横家的活动对战国时代政治军事格局的变化产生了重要的影响。它的创立者为鬼谷子，主要代表人物是苏秦、张仪。

鬼谷子，姓王名诩，春秋时人，籍贯不详，因隐居鬼谷而得名。鬼谷子是纵横家的鼻祖，苏秦和张仪是他最杰出的两个弟子。他的事迹不多，其思想体现在《鬼谷子》一书中。这本书讲的是权谋策略和言谈辩论的技巧。

苏秦，字季子，战国时东周人。他学成纵横之术后游说各国。最初游说秦惠王，不被任用。于是到赵、燕、韩、魏、齐、楚，游说六国合纵抗秦。最终身佩六国相印，被赵王封为武安君。后来秦国令人诳齐、魏伐赵，使得六国的合纵瓦解。

张仪是战国时魏国人，战国时著名的纵横家。他在魏惠王的时候入秦，被秦惠文君任用为客卿。公元前328年，秦派张仪、公子华伐魏，迫使魏割上郡。张仪被任用为相。

秦惠文王更元二年（前323），张仪与齐、楚、魏的执政大臣在啮桑相会。不久被免职。第二年，张仪相于魏，更元八年，又相于秦。更元十二年，张仪相于楚，后又回到秦。惠文王死后，与张仪有隙的武王即位，他离秦又到魏国，并于这一年的五月死去。

什么是兵家？

兵家在这里专指先秦时期研究战略和战争的学术派别。兵家到后来发展成兵权谋家、兵形势家、兵阴阳家和兵技巧家四种。兵家要求通过武力以战争的方式来实现天下一统。

兵家的代表人物主要有春秋末的孙武、司马穰苴和战国时期的孙膑、吴起、尉缭、魏无忌、白起等。兵家的著作保存到现在的有《黄帝阴符经》、《六韬》、《三略》、《孙子兵法》、《司马法》、《孙膑兵法》、《吴子》、《尉缭子》等。

孙武，春秋时期齐国（今山东临淄）人，字长卿。他带着自己所著的《兵法》13篇前往吴国觐见吴王阖闾。到了吴国后，由于伍子胥的大力推荐，被吴王任命为将。孙武后来率领吴军攻破了楚国。

他认为军事是国家的大事，说"兵者，国之大事"。因此提出"知彼知己，百战不殆"，就是说了解敌我双方的情况，才能没有损失。他主张对敌我、众寡、强弱、虚实、攻守、进退等因素进行全面的分析，通过认识和掌握战争客观规律，来实现克敌制胜的目的。《孙子兵法》一书就是由孙武所作，这是世界上最早最杰出的兵书，至今仍受世界各国军事家重视。

孙膑是战国时期齐国阿（今山东阳谷东北）人。他是孙武的后代，大致和商鞅、孟轲是同一时期的人物。他曾和庞涓是同学，一起拜鬼谷子为师，学习兵法。后来庞涓做了魏惠王的将军。庞涓嫉妒孙膑的才能，就把他骗到魏国来，施以膑刑（即去膝盖骨）。这就是孙膑名字的来历。后孙膑被齐国使者营救，做了齐威王的军师，辅佐齐将田忌。后他在桂陵之战、马陵之战中设计大败魏军，迫使庞涓自杀。

孙膑对孙武的军事理论进行了继承

和发展，创立了很多以寡胜众、以弱胜强的战法。他的战略以进攻为主，利用不同地形，形成有利于进攻的形势。他对城邑和阵法的运用十分重视。他的著作有《孙膑兵法》一书。

什么是杂家？

春秋战国时代，百家争鸣，各家都有自己的对策与治国主张。为了打败其他流派，各学派或多或少的吸收其他流派的学说，或以攻讦对方，或以补自己学说的缺陷。然而，任何一个流派也都有其特色与长处，而"杂家"便是充分的利用这个特点，博采众议，成为一套在思想上兼容并蓄，却又切实可行的治国方针。

杂家的代表人物是吕不韦。吕不韦，卫国濮阳（今河南省濮阳市）人，战国后期著名政治家，担任秦相国十三年，为秦最后统一六国奠定了基础。吕不韦长期卖贵，积累大量家产。但他不满足于大商人的地位，一直在寻找机会投身政界。

有一年，他到赵国都城邯郸去做生意，结识了秦国公子异人。当时异人为人质于赵，处境也不太好，吕不韦则以为"奇货可居"，先是以金钱和美女予之，博得异人的欢心。接着，游说华阳夫人之姊，以贿赂买通秦孝文王之后华阳夫人，立异人为太子。

公元前250年秦孝文王死后，公子异人得以回国即位，是谓秦庄襄王，封吕不韦为国相，号曰文信侯，食蓝田十二县。秦庄襄王死，秦王赵政即位，吕不韦被尊为"仲父"，代秦王摄政。

赵政亲政后，吕不韦被免职。先居河南，后徒蜀郡。秦王政十二年，在往蜀郡的途中自杀。著名的《吕氏春秋》就是他组织门客编写的。

什么是农家？

农家出于农稷之官。其言多重播百谷，劝农桑，以足衣食。

农家主张与民同耕，进而论及君民并耕，此可说是一个很大的自由平等之观念，故不免引起重视"正名"的儒者之反对，认为这是弃君臣之义，徇耕稼之利，而乱上下之序。

农家的代表人物是许行。许行是鲁国（今山东西南）的农业专家，亦为先秦诸子农家的代表人物，为神农之言者。

什么是医家？

中国医学理论的形成，是在公元前五世纪下半叶到公元三世纪中叶，共经历了七百多年。公元前五世纪下半叶，中国开始进入封建社会。社会制度的变革，促进了经济的发展，意识形态、科学文化领域出现了新的形势，其中包括医学的发展。医家泛指所有从医的人。

医家的代表人物是扁鹊。扁鹊，渤海郡郑（今河南郑州新郑市）人，或齐国卢邑（今山东省济南市长清区）人，也有记载为渤海郡州（今河北任丘县北）人。"扁鹊"并非真名实姓。人们把他和黄帝时的扁鹊相比，并且称呼他"扁鹊先生"。扁鹊原姓秦氏，名越人。生于公元前407年至公元前310年，大约和孔子同时。扁鹊是中国历史上一位著名医学家，也是历史上第一个有正式传记的医学家，著有《内经》和《外经》，发明了四诊法（即望、闻、问、切）。

扁鹊能够采取实事求是的态度研究医学，并能吸取民间的医疗经验，在医

学上取得了很大成就，在民间享有很高的声望。

什么是《大学》？

《大学》约作于（前505—前434），作者不详。它本是《礼记》中的一篇，在南宋前从没有单独刊印过。由于唐代韩愈、李翱的推崇，《大学》地位开始上升。到了北宋，程颢、程颐对《大学》更是褒奖宣扬有加，说："《大学》，孔氏之遗书而初学入德之门也。"南宋儒学大师朱熹撰写《四书章句集注》时，《大学》第一次从《礼记》中被抽出来，同《论语》、《孟子》、《中庸》并称"四书"，且为"四书"之首。朱熹继承二程的观点，认为《大学》是孔子和他的门徒留下来的书，是儒学的入门读物。

《大学》主要传授做人做事最根本的道理。第一章是全文的总纲，朱熹称之为经文，讲的是"三纲八目"。"三纲"即明明德、亲民、止于至善。"八目"即格物、致知、诚意、正心、修身、齐家、治国、平天下。"明明德"就是让光明的德行兴盛起来，这是对内的。"亲民"是让民众能日新月异，不断进步，革新民意，这是对外的。"止于至善"就是让自己的道德和社会的道德都达到至善的境界。"格物"就是研究事物。"致知"就是从"无知"达到"有知"。"诚意"就是真心实意，不自欺，不欺人。"正心"就是端正思想，去除邪思杂念。"修身"就是修炼自己的品德和能力。"齐家"就是让家庭和睦，团结一心，充满温情。"治国"就是让国泰民安，安定和谐。"平天下"就是让天下太平，没有纷争。首先从"明明德"做起，包括格物、致知、诚意、正心和修身，接着"亲民"包括齐家、治国、平天下，最后达到"止于至善"的境界。"三纲八目"也被说成是"内圣外王"之道："内圣"就是自我管理，也就是"明明德"（包含格物、致知、诚意、正心、修身），而"外王"是自己对外界的管理和行动，即"亲民"（包含齐家、治国、平天下）。

什么是《中庸》？

《中庸》与《大学》一样，也是《礼记》中的一篇，南宋之前从没有单独刊印过。其作者据《史记》说是孔子的孙子子思（前483—前402）。它地位的上升以及成为"四书"之一的过程与《大学》一样。

《中庸》主要阐述中庸之道。《中庸》认为：中庸之道是人们片刻也不能离开的；但要实行"中庸之道"，还必须尊重天赋的本性，通过后天的学习，即"天命之谓性，率性之谓道，修道之谓教"。"天命之谓性"就是说上天赋予的叫做天性（善良的）。"率性之谓道"就是说按照天性行事就是中庸之道（因为人性是善的）。"修道之谓教"就是说修中庸之道就是自我教育。因此行"中庸之道"不仅是率性问题，同时也是修道的问题，这是对孔子"内省"和曾子"自省"的发展。

《中庸》提倡"忠恕之道"，说："忠恕违道不远，施诸己而不愿，亦勿施于人。"显然是"己所不欲，勿施于人"的翻版。《中庸》提出要达到"中庸"的境界，必须好"三达德"，实行"五达道"。"三达德"就是智、勇、仁。"五达道"就是"君臣也，父子也，夫妇也，昆弟也，朋友之交也"。"五达道"的实行，要靠"三达德"。而要做好"三达德"，达到中庸的境界，就要靠"诚"。教育就是通过努力进行主观心性的养成，以达到"至诚"的境界。

此外该书还阐述了"博学之，审问之，慎思之，明辨之，笃行之"的学习程序和"择善而固执之"的勤奋不懈精神。这些为学程序和顽强的学习精神，至今也是不能没有的。

什么是《论语》？

《论语》是记录孔子及其弟子言行的书，以语录体和对话文体为主。《论语》的内容非常丰富，涉及哲学、政治、经济、教育、文艺等诸多方面，集中反映了孔子的政治主张、伦理思想、道德观念以及教育原则等。通行本《论语》为20篇。其语言简洁精炼，含义深刻，其中许多言论为国人奉为至理。

《论语》多处谈到做人的问题，例如"人之生也直，罔之生也幸而免"（《雍也》）。在孔子看来，一个人要正直，只有正直才能光明磊落。然而我们的生活中不正直的人也能生存，但那只是靠侥幸而避免了灾祸。

孔子长期从事教学活动，对于学习和教育也提出了很多真知灼见。学习方面如："知之者不如好之者，好之者不如乐之者"（《雍也》），"学而时习之。不亦说乎"（《学而》），"温故而知新，可以为师矣"（《为政》），"学而不思则罔，思而不学则殆"。

孔子对从政也有诸多论述，例如："无欲速，无见小利。欲速则不达，见小利则大事不成。"（《子路》）

什么是《孟子》？

《孟子》是记录孟子及其弟子言行的儒家经典。到南宋孝宗时，朱熹将其列

入"四书"之一，提到了非常高的地位。南宋之后，《孟子》被定为科举考试的内容，从而成为士子们的必读之物。

孟子认为人生来就有"恻隐之心"、"羞恶之心"、"辞让之心"、"是非之心"，分别是仁、义、礼、智的"善端"，这就是孟子的"四端"说。

《孟子》有七篇传世：《梁惠王》上下；《公孙丑》上下；《滕文公》上下；《离娄》上下；《万章》上下；《告子》上下；《尽心》上下。其学说出发点为性善论，提出"仁政"、"王道"，主张德治。

孟子把伦理和政治紧密结合起来，强调道德修养是搞好政治的根本。他说："天下之本在国，国之本在家，家之本在身。"所以他把道德规范概括为四种，即仁、义、礼、智。同时把人伦关系概括为五种，即"父子有亲，君臣有义，夫妇有别，长幼有序，朋友有信"。孟子认为，仁、义、礼、智四者之中，仁、义最为重要。仁、义的基础是孝、悌，而孝、悌是处理父子和兄弟血缘关系的基本的道德规范。他认为如果每个社会成员都用仁义来处理各种人与人的关系，封建秩序的稳定和天下的统一就有了可靠保证。

什么是《诗经》？

《诗经》是我国最早的一部诗歌总集，也是世界上最早的诗集之一。《诗经》约成书于公元前6世纪，收集了从西周初年至春秋中叶五百多年间的诗歌共305篇，另有6篇笙诗，有目无词。《诗经》在先秦时称为《诗》，或根据篇章数目称为《诗三百》。到了西汉，始称《诗经》，被列为儒家经典"五经"之一，并沿用至今。

《诗经》的作者包括了从贵族到平民

的各个阶层人士，按照音乐性质的不同可分为风、雅、颂三类。

风，即音乐曲调。国风就是各地区的地方乐调。国风包括了周南、召南、邶风、鄘风、卫风、王风、郑风、齐风、魏风、唐风、秦风、陈风、桧风、曹风、豳风共160篇，十五国风。

雅，即正，属于朝廷正乐，是宫廷宴享或朝会时演奏的乐歌。按照音乐的不同，雅又分为《大雅》31篇，《小雅》74篇，共105篇。除《小雅》中有一部分民歌外，其他大部分是贵族文人的作品。

颂，即宗庙祭祀之乐，内容多为歌颂祖先功德。其中包括《周颂》31篇，《鲁颂》4篇，《商颂》5篇，共计40篇。《颂》全部由贵族文人所作。

《诗经》较为全面地展示了周代的社会生活，真实地反映了当时我国奴隶制社会由盛到衰的历史面貌。其中有些作品，如《大雅》中的《生民》、《公刘》、《绵》、《皇矣》、《大明》等，记载了后稷降生到武王伐纣的历史，可视为周部族起源、发展和立国的史诗。

《诗经》是我国现实主义文学的光辉起点，内容极其丰富，有着很高的思想和艺术成就，在我国乃至世界文化史上都占有非常重要的地位。

什么是《尚书》？

《尚书》又称为《书》、《书经》。"尚"即"上"、"上古"。此书是最早的一部上古文献汇编。上起传说中的尧舜时代，下至春秋时期的秦穆公，时间跨度达一千五百多年。书中大部分为古代帝王的文告以及君臣谈话内容的记录，据此推知作者应为史官。

《尚书》素来被视为中国封建社会的政治哲学经典。它不但是帝王治国的教科书，也是贵族子弟及士大夫必遵的"大经大法"，在历史上很有影响。人们常说的"饱读诗书"，就是指《诗经》和《尚书》。

《尚书》按时代可分为《虞夏书》、《商书》、《周书》几个部分。据推测，《虞夏书》是后人根据传说整理或改写而成的。《商书》和《周书》大部分应是当时的作品，但也有一些篇目写成于春秋战国时期。《尚书》所保存的商、周时期的诰、誓等材料，是研究上古历史不可或缺的依据。其中的一些述古之作，因为写作时代甚早而具有极高价值。《尚书》也保存了我国上古时代思想和文化发展的材料，为思想史、文化史的研究者所重视。

什么是《礼记》？

《礼记》是儒家经典，有两种版本：一为西汉戴德所编，称《大戴礼记》；一为其侄戴圣选编，称《小戴礼记》，即通行本。该书主要记载和论述先秦的礼制、礼仪兼及政治、法律、道德、哲学、历史、祭祀、文艺、日常生活、历法、地理等诸多方面，几乎包罗万象，集中地反映了先秦儒家的政治、哲学和伦理思想，是研究先秦社会的重要资料。

《礼记》全书共有49篇，其中关于婚丧祭礼的达17篇之多。这本书对于研究先秦以至秦汉时代的婚丧嫁娶制度、家族制度、社会风俗等都有重要的史料价值。

什么是《周易》？

《周易》也被称为《易》、《易经》，居于儒家经典之首。儒家称《周易》经伏羲、周文王、周公、孔子等历代圣人共同编定而成。此书内容广泛，记录了西周社会各个方面，具有丰富的史料价值、思想价值和文学价值。按照传统观点，宇宙自然与人事变幻规律，从没有脱离《易经》阴阳八卦的思维框架。

传说伏羲在龙马驮"河图"出现于黄河后，据此作八卦。后来周文王被拘，便在狱里将八卦推演成六十四重挂。到了春秋时期，孔子为周易做了"十翼"（帮助今人理解的说明）。《周易》分为《经》和《传》两部分。《经》包括六十四卦卦象、相应的卦名、卦辞、爻名、爻辞等。《传》包括《彖》上下篇、《象》上下篇、《文言》上下篇、《系辞》上下篇、《说卦》、《杂卦》和《序卦》，一共七种十篇。古人将此十篇"传"合称"十翼"。

《周易》无处不在诠释深刻的朴素辩证法思想。《周易》是一部阐述宇宙万物与人类社会的变易法则的书，《周易》的"易"字就是变化的意思。对于变化的事物，《周易》提出"不可为典要，唯变所适"，强调"见几而作"。《周易》处处体现对立面相互转化的思想，"损而不已必益"，"益而不已必决"，揭示"物极必反"的规律，提醒人们避免"亢龙有悔"的局面。《周易》中的朴素辩证法思想，为历代哲学家所重视。它在辩证法史上，具有突出的地位。

《周易》还体现很多先进的政治思想。"革命"的主张最早就是出现于《周易》中的"天地革而四时成。汤、武革命，顺乎天而应乎人"。《周易》提醒人们"穷则变，变则通，通则久"，只有及时调整才能恒久亨通，否则会穷极生变。"损益盈虚，与时偕行"和"时止则止，时行则行"，用今天的话讲就是与时俱进。

什么是《春秋》？

《春秋》是春秋时期鲁国史书，所记载的历史是从鲁隐公元年（前772）到鲁哀公十四年（前481）的历史。它是中国现存最早的一部编年体史书。此书约17000字，其记载的主要内容是春秋时期统治阶级的政治活动，如诸侯国之间的征伐、会盟、朝聘等。另外此书对一些自然现象诸如日食、月食等和一些社会习俗如祭祀、婚丧等也有记载。

在古代，"春秋"代表一年四季，而史书所记载的都是一年四季所发生的大事，因此先秦东周时期各国史书一般称为"春秋"。鲁国史书也是如此。相传孔子周游列国之后，返回鲁国，以"国老"身份问政，因而有资格阅读鲁国档案。孔子为了让自己的政治理想和主张得以流传，就编订了《春秋》等"六经"。

《春秋》处处都体现着孔子的思想和主张。孔子在记述历史的时候暗含褒贬。即不直接讲出对人物和事件的看法，而是通过细节描写，修辞手法（例如词汇的选取）和材料的筛选，委婉而微妙地表达他的主观看法。这就是"春秋笔法"。比如吴楚国君自称"王"，孔子对这种僭越很不满，因此在《春秋》中将其贬为"子"，即"正名"。孔子用"春秋笔法"还揭露了统治者淫秽纳贿、仇杀助乱的恶性。

《春秋》的语言含蓄微妙，遣词井然有序，内含精深切要的义理，又有"微言大义"之称。鉴于其文字过于简质精炼，后人不易理解，因此诠释之作相继出现，对书中的记载进行解释与说明，称之为"传"。主要有左丘明的《春秋左氏传》、公羊高的《春秋公羊传》和穀梁喜的《春秋穀梁传》。这三"传"合称《春秋三传》，亦是儒家经典。

董仲舒有什么学术成就？

董仲舒（前179—前？），汉代思想家、哲学家、政治家、教育家，汉广川郡（今河北省衡水市景县广川镇）人。汉武帝元光元年（前134）任江都易王刘非国相10年；元朔四年（前125），任胶西王刘端国相，4年后辞职回家。此后，居家著书，朝廷每有大议，令使者及廷尉就其家而问之，仍受武帝尊重。董仲舒以《公羊春秋》为依据，将周代以来的宗教天道观和阴阳、五行学说结合起来，吸收法家、道家、阴阳家思想，建立了一个新的思想体系，成为汉代的官方统治哲学，对当时社会所提出的一系列哲学、政治、社会、历史问题，给予了较为系统的回答。

董仲舒认为，天生万物是有目的的。天意要大一统的，汉皇朝的皇帝是受命于天来进行统治的。各封国的王侯又受命于皇帝，大臣受命于国君。家庭关系上，儿子受命于父亲，妻子受命于丈夫，这一层层的统治关系，都是按照天的意志办的，董仲舒精心构筑的"天人感应"的神学目的论，正是把一切都秩序化、合理化，正是为汉皇朝统治者巩固其中央集权专制制度服务的。

董仲舒利用阴阳五行学说来体现天的意志，用阴阳的流转，与四时相配合，推论出东南西北中的方位和金木水火土五行的关系。而且突出土居中央，为五行之主的地位，认为五行是天道的表现，并进而把这种阳尊阴卑的理论用于社会，从此而推论出"三纲五常"的道德哲学。这里所说的三纲是"君为臣纲，父为子纲，夫为妻纲"。三纲五常为董仲舒提倡之后，成为我国古代维护历代封建王朝统治的工具。

刘歆有什么学术成就？

刘歆（前53—23），字子骏。汉哀帝时为应谶纬而改名秀，字颖叔。刘向少子，西汉皇族，沛（今江苏沛县）人。西汉著名经学家、目录学家、文学家，西汉古文经学的真正开创者。

自西汉晚期开始，古文经学的振兴是与刘歆的积极倡导分不开的。他在长期校理中秘书籍的过程中，接触到大批外人无法看到的古文经籍，从而产生了浓厚的研究兴趣，并做出了空前的成绩。具体地说来，有以下几点：

第一，重新排列了六艺的次序，把《易》经提到首要的地位。同时，协助刘向将内朝秘藏中发现的《古文易经》校对当时通行的《易经》各种隶书本，把费氏《易》定为古文经典。

第二，首次披露《古文尚书》和《逸礼》的来历，将秘藏的古文经本传出内朝，使更多的士人有机会学习。鲁恭王从孔子旧宅中发现了古文《尚书》与《逸礼》，后由孔安国献给朝廷，藏于秘府。

第三，首次把《毛诗》归于古文经典。刘歆少时通习今文《诗》学，后来才读到《毛诗》。

第四，首次把《周官》称为"经"，列入古文经典。《周官》名称，始见于《史记·封禅书》，原来不称"经"，与儒家经典没有什么关系。

第五，重新整理《左氏春秋》，探求全书的义理。

王充有什么学术成就？

王充（27—97），字仲任，会稽上虞人，东汉时期杰出的思想家，唯物主义哲学家。

由于王充对传统的儒学，特别是汉代

经学，进行了论难，有时甚至怀疑古经，上问孔孟，著有《儒增》、《书虚》、《问孔》、《刺孟》等专篇，公然向神圣的经典挑战，向孔孟圣贤发难，这就有犯天下之大不韪，因而被视为名教之罪人。素以危言危行著称的大史学家刘知几，因《论衡》书中记载了王充父祖横行乡里的不光彩行径，不合乎子为父隐的纲常名教，说王充"实三千之罪人"。

自《隋书·经籍志》以下，历代目录书都将王充《论衡》列入无所宗师的"杂家"类。根据王充的整体思想来分析定性，综观王充的一生言行，他不仅是一位儒者，而且是一位博学的奇儒。

郑玄有什么学术成就？

郑玄（127—200），字康成，北海高密（今山东省高密市）人。

郑玄最大的功绩是编辑、注释了"三礼"。汉代《礼经》只凭师授而无注解，马融也只注了《丧服》经、传，"三礼"这个名称虽然是马融、卢植提出来的，但却是从郑玄分别为《周礼》、《仪礼》、《礼记》作注之后，才确定下来的。《礼记》49篇的选辑本得以独立成书，也始自郑玄。"三礼"是中国古代典章制度的渊薮，是十分宝贵的历史文献，但其中的很多记载我们是很难直接由原文中弄清楚的，所以郑注是不可或缺的。郑注在帮助我们弄明白"三礼"的内容方面，以及在订正经文的错谬方面，其功绩是不可磨灭的。而且郑玄在解释经文时，又补充了许多经文之外的材料，大大地丰富了文献的内容。这些材料在当时肯定是有文献或师说可据的，而今已大多亡佚，有赖郑注而得保存其若干，这也是郑注的一件大功劳。又由于郑玄作注博综古今，广洽精详，兼采异说，若能详加条分缕析，弄清

其源流，对于后人研究汉代的学术史，亦将大有裨益。

郑玄对礼义的阐发，也为我们研究汉代的政治思想史，留下了一份很有价值的遗产。另外如研究古代的文字学、音韵学、训诂学等等，都离不开郑注。尤其是今天考释地下发掘的先秦以至地下的文物，郑玄的《三礼注》更是必须依靠的重要文献。总的看，郑玄遍注群经，而对"三礼"用力最深，取得的成就也最高。

王弼有什么学术成就？

王弼（226—249），魏晋玄学理论的奠基人。字辅嗣，山阳高平（今山东邹城、金乡一带）人。

王弼人生短暂，但学术成就卓著。他著有《周易注》、《周易略例》、《老子注》、《老子指略》、《论语释疑》等数种。他注《周易》一改汉人支离烦琐的传统方法，不用象数，而用《老子》，以老子思想解《易》，并阐发自己的哲学观点，在学术上开一代新风——"正始玄风"。王弼的易学观体系庞大，内容深奥。王弼综合儒道，借用、吸收了老庄的思想，建立了体系完备、抽象思辨的玄学哲学.其对易学玄学化的批判性研究，尽扫先秦、两汉易学研究之腐迁学风，其本体论和认识论中所提出的新观点、新见解对以后中国思想史的发展具有深远的影响。

在儒学方面，王弼注《易》具有重要的地位和影响。和郑玄一样，王弼注《易》也以费氏《易》为底本，因此是古文《易》学的支流和东汉古文经学演变的新形态。西汉费直以"传"解"经"，即用"传"的某些内容来解释经义，其经说仍是象数之学，带有神学色彩。他对"经"上下篇都作了注，计六卷；而对《文言》、《彖传》、《象传》加注，只

突出"传"之义理以阐发"经"义。至于《系辞》、《说卦》、《序卦》、《杂卦》，均不下注，后来由东晋韩康伯继续注完。王弼《易》注的贡献，首先在于抛弃了费氏的经说，把象数之学变成为思辨哲学。这是《易》学研究史上的一次飞跃。

王弼以言简意赅的论证代替前人的繁琐注释，以抽象思维和义理分析摈弃象数之学与谶纬迷信，在经学上开创了一代新风。

范缜有什么学术成就？

范缜（约450—515），字子真，南朝唯物主义哲学家，原籍南阳舞阴（今河南沁阳西北），先世流寓江南。当时佛教泛滥，皇帝和王公贵族都竞相佞佛之时，他敢于反佛教，宣传无神论思想，因而为权势者所压抑。永明五年（487），南齐竞陵王萧子良盛招宾客，范缜亦预其列。子良笃信佛教，而范缜却公开宣称无佛，否定佛教因果报应说，撰著论文《神灭论》。

《神灭论》说："神即形也，形即神也。是以形存则神存，形谢则神灭。"这就是说，形（肉体，即物质）与神（精神）是互相依存，不可分离的统一体，精神依赖于物质，物质是精神的基础，从而肯定物质是第一性的，而精神是第二性的。他又以刀刃与锋利为喻，论证形神的关系说："神之于质，犹利之于刃；形之于用，犹刃之于利。利之名非刃也，刃之名非利也；然舍利无刃，舍刃无利。未闻刃没而利存，岂容形亡而神在！"大意是如同离开锋利就无所谓刀刃，离开刀刃也谈不上锋利一样，精神岂能在肉体死亡以后仍然存在呢！

《神灭论》是中国古代思想史上划时代的作品，不仅有力地批驳了喧嚣一时的宗教迷信思想，而且在回答物质和精神关系的问题上，达到了空前的高度，闪烁着唯物主义的光辉。

周敦颐有什么学术成就？

周敦颐（1017—1073），字茂叔，号濂溪，宋营道楼田堡（今湖南道县）人，北宋著名哲学家。

周敦颐是理学的开山之祖，其思想在中国哲学史上起了承前启后的作用。

周敦颐的著作《太极图说》和《通书》是其思想的集中体现。

《太极图说》认为宇宙的本源是"太极"，人和万物都是由于阴阳二气和水火木金土五行相互作用产生的。五行统一于阴阳，阴阳统一于太极。《太极图说》突出了人的价值和作用，说"唯人也，得其秀而最灵。"在人群之中，圣人的价值和作用最为突出。他认为"圣人定之以中正仁义，而主静，立人极焉"。

《通书》是《太极图说》的姊妹篇。《太极图说》主要讲天道，而《通书》主要讲人事。它以"诚"为论述核心。"诚"就是真实无妄。"诚者圣人之本。大哉乾元，万物资始，诚之源也；乾道变化，各正性命，诚斯立焉"。他认为圣人本乎"诚"，万物也都始于"诚"，伦理道德也是以"诚"为本。"诚，五常之本，百行之源也。静无而动有，至正而明达也"。周敦颐认为"诚"处在静的状态里是"无"，但并不是真的"无"；"诚"处在动的状态里是"有"。这个时候"诚"始显现于外，它至正不偏，明白通达。这里所说的"诚"，来源于《中庸》的"诚者天之道也，诚之者人之道也"，是对

《中庸》中唯心主义观点的继承。

张载有什么学术成就？

张载（1020—1077），字子厚，大梁（今河南开封）人。因为后来居住在凤翔眉县（今陕西眉县）横渠镇，所以人称他为横渠先生。他是北宋时期一位重要的思想家，是理学的奠基人之一。他创立的学派被称为关学。他的名言"为天地立心，为生民立命，为往圣继绝学，为万世开太平"被古代读书人世代传诵。

关于宇宙的本源，张载认为是"气"。他说："太虚无形，气之本体。"气有聚散而无生天，气聚则有形而见形成万物，气散则无形可见化为太虚。在张载看来，宇宙是一个无始无终的过程，在这个过程中无处不存在着浮与沉、升与降、动与静等矛盾的对立运动。他将事物的矛盾变化概括为"两与一"的关系，提出："两不立则一不可见，一不可见则两之用息。"他认为两与一互相联系、互相依存，"有两则有一"，"若一则有两"。

张载在认识论方面也有独到的观点，"见闻之知"与"德性之知"就是他的主要贡献。见闻之知是从感觉经验得来的。而德性之知则是从修养中获得的精神境界，达到此种境界的人"大其心则能体天下之物"。张载在社会伦理学方面也有贡献，提出了"天地之性"与"气质之性"的区别。张载提倡通过道德修养和认识能力的扩充去"尽性"，通过温和的社会变革，恢复井田制，实现均平。

程颢、程颐有什么学术成就？

程颢和程颐是兄弟，并称二程，洛阳（今河南洛阳）人，是宋代洛学的创始人和程朱理学的奠基者。

程颢（1032—1085），字伯淳，人称明道先生；程颐（1033—1107），字正叔，人称伊川先生。他们的著作是《二程集》。他们认为"理"是宇宙的本体，气化而为万物。由此提出了自己的心物观"心是理，理是心"，说客观事物都是"心"比照的结果。

在形神观方面，他们提出"有是心"，而后才"具是形"（《遗书》）。他们认为只要认识天地间充满了"仁"，就能消除人物界限，达到天人合一。

在人性论上，他们提出人性是理气结合而成的。从理而来的"天命之性"，不论凡圣都具有善质。而从气而来的"气质之性"则有贤和愚、善和不善的分别。因为气有清浊厚薄。尽管如此，但只要"肯学"，"不自暴自弃"，下愚也是能够改变的。

在认识论上，二程继承张载的"见闻之知"和"德性之知"的划分，说"见闻之知"是物交物而知。其中"见闻之知"还有亲身经历的"真知"与间接获得的"常知"的差异。

二程提出了"存天理，灭人欲"，说人之所以为不善，"欲诱之也"（《粹言》卷二）。他们主张通过主一于"敬"和"唯思"等方法来"窒欲"。

关于学习，二程提出幼学、深思、积习、自得等观点。

二程的理学后来经过朱熹发扬光大，到明朝时成为官学，称为程朱理学，受到了后世历代封建王朝的尊崇。

朱熹有什么学术成就？

朱熹（1130—1202），字元晦，号晦庵，南宋思想家，理学集大成者。

"理"是朱熹思想的核心。朱熹说理是太极，是天地万物之理的总体。他认为

"太极只是一个理字"。在朱熹的思想体系中，气是仅次于理的第二位的范畴。气是形而下者，有情、有状、有迹，是铸成万物的质料。世间万物都是理和质料相统一的产物。理气关系中，理生气并寓于气中。理是主，气是客；理为先，气为后。

朱熹认为运动和静止是一个无限连续的过程。动和静不但相对、相排斥，并且相互统一。他还提出了运动的相对稳定和显著变动这两种形态，即"变"与"化"。他指出渐化中渗透着顿变，顿变之中渗透着渐化。渐化积累，就会导致顿变。

朱熹运用《大学》"致知在格物"的命题，展开他的认识论。关于知识的来源，朱熹既主张人生而有知的先验论，又不否认见闻之知。他认为穷理离不得格物，格物才能穷其理。在知行关系上，朱熹认为认为知先行后，行重知轻。

在朱熹看来，"道心"出自天理或性命之正。人本来就有仁义礼智之心，发而为恻隐、羞恶、是非、辞让，则为善。"人心"出自形气之私，指饥食渴饮之类。朱熹认为人心有私欲，所以危殆；而道心是天理，所以精微，从而提出了"遏人欲而存天理"的主张。

朱熹的思想对后世影响很大。从南宋到清，他的思想一直是封建统治阶级的官方哲学，成为封建统治的精神支柱。

陆九渊有什么学术成就？

陆九渊（1139—1192），号象山，字子静，南宋著名哲学家、教育家，抚州金溪（今属江西）人。陆九渊与朱熹同时而齐名，并称"朱陆"。陆九渊是"心学"的创始人，"心学"后来经过明代王守仁发展成为显学，所以又有"陆王"的并

称。

陆九渊与朱熹是同时期的人。两人都是理学家，只不过朱熹属于客观唯心主义，而陆九渊属于主观唯心主义。陆九渊的"心学"源自孟子的"万物皆备于我"。他说"人心至灵，此理至明；人皆具有心，心皆具理"；"宇宙便是吾心，吾心便是宇宙"；"宇宙内事是己分内事，己分内事是宇宙内事"。在陆九渊看来，人们的心和理都是天赋的，永恒不变的。仁义礼智信等封建道德同样也是与生俱来的。学习的意义就在于穷此理，尽此心。人难免受物欲的蒙蔽，受了蒙蔽，心就不灵，理就不明。只有通过师友讲学，切磋琢磨，鞭策自己，才能恢复心的本然。修养功夫就是求诸内，存心养心。具体地讲就是切己体察，求其放心，明义利之辨。陆九渊称这种方法为"简易功夫"，是"立乎其大者"，是"知本"，是"明本心"。关于读书，陆九渊最重视《大学》、《中庸》、《论语》和《孟子》。他要求联系日用事物讽咏自得，反对习注疏章句之学，场屋之文，以谋求利禄。

王守仁有什么学术成就？

王守仁（1472—1528），字伯安，号阳明，浙江余姚人。明代著名思想家、哲学家，心学的集大成者。

因为王阳明曾在余姚阳明洞天结庐，自号阳明子，所以学者们多称其为阳明先生，或王阳明。他的学说因此被称为"阳明学"。阳明学不仅在中国，而且在日本、朝鲜半岛以及东南亚国家都有重要而深远的影响。

王守仁对于程颐、朱熹通过事事物物追求"至理"的"格物致知"之法持反对态度。事理无穷无尽，格之则未免烦

累，所以应另辟蹊径从自己内心中去寻找"理"。他认为"理"全在人"心"。"理"化生宇宙天地万物，人秉其秀气，所以人心自秉其精要。这就是"心外无理"。针对朱熹的"先知后行"之说，王守仁提出"知行合一"。他说既然知道这个道理，就要去实行这个道理。自称知道，却不去实行，就不是真正的知道。真正的知识是与实践分不开的。这就是"知行合一"。"致良知"是王守仁学说的宗旨。他在五十岁时说道："某于此良知之说，从百死千难中得来，不得已与人一口说尽，只恐学者得之容易，把作一种光景玩弄，不实落用功，负此知耳!"王守仁对于"君子之学，唯求其是"的"求是"学风非常推崇，并有很多阐发。

王守仁的最后教导是"四句教"，即"无善无恶心之体，有善有恶意之动，知善知恶是良知，为善去恶是格物"四句。这是王阳明晚年对自己学说的全面概括。

黄宗羲有什么学术成就？

黄宗羲（1610—1695），字太冲，号南雷，浙江余姚人，世称南雷先生，晚年自称梨洲老人，因此又被称为梨洲先生。他是明末清初经学家、史学家、思想家、地理学家、天文历算学家、教育家。黄宗羲的学问极博，思想深邃，著作很多，是清初三大家之一（另两人是王夫之和顾炎武）。

黄宗羲可谓中国思想启蒙第一人。他在《明夷待访录》中提出"天下为主，君为客"、官吏"为天下，非为君也；为万民，非为一姓也"，"天子之所是未必是，天子之所非未必非"、"有治法而后有治人"、"必使治天下之具皆出于学校"、"公其非是于学校"等观点。

黄宗羲揭示了"暴税"的三害：即"有积累莫返之害"，税制改革不但不能减轻反而加重农民的负；"所税非所出之害"，农民纳税需要将粮食变卖为银子，在这个过程中因商人盘剥加重负担；"田土无等第之害"，土地有厚薄，却纳同样的税，负担不均。黄宗羲给出了对策：一、"重定天下之赋"，"以下下为则"；二、"必任土所宜"，出产什么纳什么；三、按土地按等级负担不同的税。

在哲学上，黄宗羲对宋学的"理在气先"持反对的观点。他的看法是"理"不是客观存在的物质实体，只是"气"的运动规律。"气质人心是浑然流行之体，公共之物也"，他的这些观点是唯物的。

黄宗羲在文学上不满明代文学的刻意模拟，摘抄剽窃之风，提倡反映现实社会，表达自己的真情实感。

顾炎武有什么学术成就？

顾炎武（1613—1682），本名绛，字忠清。明亡后改为炎武，字宁人。世称亭林先生。他是江苏昆山人，明末清初著名的思想家、史学家、语言学家。他著有《日知录》、《音学五书》等。

顾炎武的思想就其本质而言，是"明道救世"的思想。顾炎武生于封建社会渐趋没落而资本主义萌芽时期。他没有抱残守缺，而是积极实践，在儒家传统学说与现实社会的新趋势之间架起桥梁，提出了许多进步思想。我国自古以来就"重农抑商"，此时这种观念仍占主导。而顾炎武却预见了商业的重要性，提出"必疾耕，必通商"，还曾亲自经商。这是极为罕见的。顾炎武还提倡民营经济。针对江苏、松江官田过多的现象，他提出紧缩官田，扩张民田。他反对自汉代以来的盐铁官营。顾炎武提倡"众治"，反对"独治"，主张加强地方县令以及宗族家庭的

权力，发挥其在社会治理方面的作用。顾炎武还有实学思想，他治学开始追求"学识广博"，后来渐趋讲求"学有本原"。

顾炎武是伟大的爱国者，他的爱国思想素来为人称道。他的名言"天下兴亡，匹夫有责"激励了无数的仁人志士，为国为民无私奉献。

王夫之有什么学术成就？

王夫之（1619—1692），字而农，号涢斋，别号一壶道人，湖南衡阳人，汉族。晚年居衡阳之石船山，世称"船山先生"。他是明末清初杰出的思想家，哲学家。主要著作有《周易外传》、《周易内传》、《尚书引义》、《张子正蒙注》等。

在本体论方面，王夫之发展了张载"知太虚即气则无'无'"的思想，对"气"的范畴给以新的哲学规定，对理气关系、道器关系问题，进行了较深入的理论探讨，作了明确的唯物主义解释。

他认为，整个宇宙除了"气"，更无他物。他还指出"气"只有聚散、往来而没有增减、生灭，所谓有无、虚实等，都只有"气"的聚散、往来、屈伸的运动形态。他按当时科学发展水平，举例论证"气"的永恒不灭性，认为这种永恒无限的"气"乃是一种实体，并提出"太虚，一实者也"，"充满两间，皆一实之府"等命题，力图对物质世界最根本的属性进行更高的哲学抽象。他把"诚"训为"实有"，以真实无妄的"实有"来概括物质世界的最一般属性。他还认为，客观世界万事万物的本质和现象都是客观实在的，"从其用而知其体之有"，"日观化而渐得其原"，可以通过认识各种物质现象而概括出它们的共同本质。从而否定了唯心主义空无本体的虚构。

在理气关系问题上，王夫之坚持"理依于气"的气本论，驳斥了程朱理学以理为本的观点。他强调"气"是阴阳变化的实体，理乃是变化过程所呈现出的规律性。理是气之理，理外没有虚托孤立的理。从而批判了从周敦颐到朱熹所坚持的气外求理的唯心主义理论。

第二章　历史风云

黄帝是什么人？

黄帝是传说中上古帝王轩辕氏的称号。姓公孙，生于轩辕之丘，故称为轩辕氏。据传他出生几十天就会说话，少年时思维敏捷，青年时敦厚能干，成年后聪明坚毅。

因建国于有熊（河南新郑），亦称为有熊氏。当时蚩尤暴虐无道，兼并诸侯，那时的天下共主发明农耕和医药的"炎帝神农氏"已经衰落，酋长们互相攻击，战乱不已，生灵涂炭，神农氏无可奈何，求助于黄帝。黄帝毅然肩负起安定天下的责任，与蚩尤战于涿鹿，战斗十分激烈。黄帝在大将风后、力牧的辅佐之下，终擒蚩尤而诛之，诸侯尊为天子，以取代炎帝，成为天下的共主。因有土德之瑞，故称为黄帝。

不久，天下又出现骚乱。黄帝知道蚩尤的声威还在，于是画了蚩尤的像到处悬挂。天下的人都以为蚩尤未死，只是被黄帝降服，更多的部落都来归附。后来，蚩尤被尊为战神。

炎帝虽然被蚩尤打败，实力尚存。他不满黄帝成为天下共主，企图夺回失去的地位，终于起兵反抗。炎、黄二帝发生火并，决战在阪泉之野进行。经过三场恶战，黄帝得胜。从此，黄帝天下共主的地位最终确立，号令天下，凡是不顺从的部落，都以天子的身份去加以讨伐。

黄帝在位时间很久，国势强盛，政治安定，文化进步，有许多发明和制作，如文字、音乐、历数、宫室、舟车、衣裳和指南车等。相传尧、舜、禹、汤等均是他的后裔，因此黄帝被奉为中华民族的共同始祖。

黄帝有四妃十嫔。正妃为西陵氏，名嫘祖，她亲自栽桑养蚕，教民纺织，人称她为"先蚕"。次妃为方雷氏，名女节。又次妃为彤鱼氏。最次妃名嫫母，长相丑陋，但德行高尚，深受黄帝的敬重。黄帝有二十五个儿子，其中十四人被分封得姓。这十四人共得到十二个姓，它们是："姬、酉、祁、己、滕、葴、任、荀、僖、佶、儇、衣。"

每个民族都有自己的传说时代，黄帝就是中国传说时代的一位代表人物，人们在他的身上集中了古人的各种优点，诸多创造，他带领中华文明从野蛮向文明发展，从而将他奉为人文始祖。

姜太公有什么功绩？

姜太公，姜姓，吕氏，名尚。姜尚年轻时曾在朝歌（商都）宰牛卖肉，后到孟津卖酒。他胸怀大志，期望有朝一日能够施展抱负。但直到晚年，才遇到机会。

当时，殷商王朝走向灭亡之路。纣王残暴无道，民不聊生。而西部的周国因姬昌施行仁政，社会安定，势力日强，四方诸侯无不心服。姜尚获悉姬昌广求贤能之士，便离开商朝，到渭水边居住，以观世态待机而出。一日，姜尚在垂钓时，巧遇姬昌，二人十分投缘。姬昌向他请教治国良策，姜尚说：

"一曰君以举贤为常，二曰官以任贤为常，三曰士以敬贤为常。"姬昌听后很高兴，于是把他拜为太师，称"太公望"。

纣王怀疑姬昌图谋天下，将其拘捕。于是，姜尚与散宜生献美女和奇玩珍宝于纣王，赎回姬昌。姬昌回来就与姜尚谋划夺取商朝政权。姜尚为他谋划出许多方略，对内促进生产发展，对纣王表面恭顺、麻痹，对邻国暗中拉拢以削弱、孤立纣王，结果是"天下三分，其二归周"。

姬昌死后，姬发继位为周武王，以姜尚为国师，尊为师尚父。周武王在姜尚的辅佐下慎于行赏，以求令行禁止，国政于是更加清明。而殷商王朝更加昏暗，叛殷附周者日多。武王九年（约前1059），周军以姜尚为统帅开到孟津。周武王在此发表了声讨纣王的檄文，这就是"孟津之誓"。有八百诸侯来到孟津与周武王会盟。许多诸侯说"商纣可伐"，而武王与姜尚认为时机不成熟，于是，班师而回。这次行动的影响很大，更多诸侯归附了周武王。

武王十一年（约前1062），殷商王朝发生内讧，比干被杀，箕子被囚，微子启出逃。姜尚建议武王出兵。武王于是遍告诸侯"殷有重罪，不可以不毕伐"，并以姜尚为帅，率领兵车三百乘，虎贲三千名，甲士四万五人，打出"吊民伐罪"的旗号，进军商都朝歌。二月甲子（二月五日），周与其他诸侯国的联军在牧野（距商都朝歌七十里，今河南淇县西南）与纣王的军队展开决战。纣王的军队虽然很多却无斗志，而且还倒戈，结果一败涂地。纣王见大势已去，就在鹿台自焚。这就是牧野之战。至此，殷商王朝灭亡。

周取得天下后，姜尚因功被封于齐，都城为营丘（今山东临淄）。

姜尚在齐国顺应当地的习俗，简化繁文缛节，发展商业，使齐国成为富国。在周成王时，管叔、蔡叔作乱，一些少数民族也趁机叛乱，姜尚获得了征讨不服从诸侯国的权力，于是齐国成为大国。太公姜尚活了一百多岁才去世，但葬地不详。

管仲有什么功绩？

管仲（约前723—前645）名夷吾，又名敬仲，字仲，春秋时期著名的政治家、军事家。管仲出生在颍上（今安徽颍上）人，少时丧父，只有老母在堂。由于生活贫苦，管仲为维持生计，和鲍叔牙合伙经商，后从军，几经曲折。后来，经鲍叔牙力荐，管仲当上了齐国的上卿（相当于丞相）。正是在管仲的辅佐下齐桓公才得以成为春秋时期的第一霸主。

齐桓公称管仲为"仲父"，授权他主持一系列政治和经济改革。管仲的改革包括：将全国划分为若干政区，同时作为军事编制，由官吏管理；制定选拔人才的制度，士经三审选，可担任"上卿之赞"（助理）；划分土地等级，按等级征税，严禁贵族掠夺私产；发展盐铁业，铸造货币，稳定物价。管仲的改革获得显著成效，齐国从此国力大振。对外，管仲打出"尊王攘夷"的旗号，联合北方邻国，抵御了山戎族的南侵。

管仲的言论思想主要见于《管子》、《国语·齐语》和《汉书·艺文志》。《管子》共24卷，85篇，今存76篇，其所含内容极丰，有道、名、法等家的思想兼及天文、舆地、经济和农业等方面的知识，其中的《轻重》等篇，是古籍中不多见的经济文作，对生产、分配、交易、消费、财政等均有论述，对于研究我国先秦农业和经济极具价值。

商鞅是怎么死的？

商鞅（约前390—前338），又称公孙鞅、卫鞅，战国时期政治家、思想家，著名法家代表人物。

商鞅年轻时喜好研究刑名之术，受李悝、吴起等人的影响很大。后来成为魏国宰相公叔痤的家臣，公叔痤病危时对魏惠王说："公孙鞅年少有奇才，可任用为相。"还说："王既不用公孙鞅，必杀之，勿令出境。"公叔痤死后，魏惠王没有采纳公叔痤的意见。公孙鞅闻听秦孝公下求贤令，就带着本李悝的《法经》到秦国去。他通过秦孝公的宠臣景监引荐，三见秦孝公，畅谈变法治国之策，说得孝公大喜。

而商鞅的变法主张遭到旧贵族代表甘龙、杜挚的反对。

周显王十三年（前356）和周显王十九年，商鞅先后两次推行变法，变法内容是：废井田、开阡陌；实行县制；奖励耕织和战斗；实行连坐之法。一次太子犯法，商鞅说"法之不行，自上犯之"，于是惩罚了太子的太傅公子虔和老师公孙贾。秦孝公十六年（前346），太傅公子虔犯法，商鞅处以割鼻的刑法。变法经过一段时间的推广，得到秦国民众的赞同。秦国路不拾遗，山无盗贼。公元前340年，商鞅率秦赵联军诱捕了魏国统帅公子昂，并大败魏军，迫使魏国割让河西之地给秦，将人民迁居至大梁。魏惠王又懊恼又悔恨地说："寡人恨不用公叔痤之言也。"商鞅因功受封商地十五邑。

商鞅的法律太过刻薄寡恩，不但设立了连坐之法，还增加了肉刑、大辟、凿顶、抽肋、镬烹等刑罚。秦国贵族十分怨恨商鞅。赵良说商鞅积怨太深，劝他应该"归十五都，灌园于鄙"、"不贪商、於之富，不宠秦国之教"，商鞅不听。公元前338年，秦孝公驾崩，太子嬴驷即位为惠文王，公子虔诬陷商鞅谋反，商鞅逃亡到边关，欲宿客舍，结果因不能出示证件，店家害怕"连坐"不敢留宿，真是"作法自毙"；欲逃往魏国，魏人因商鞅曾背信攻破魏帅，也不愿收留。后来商鞅回到商邑，发邑兵北出击郑国。秦国发兵讨之，杀商鞅于郑国黾池。商鞅死后遭"车裂之刑"，被灭全族。

秦始皇为何被称为"千古一帝"？

秦始皇（前259—前210），即秦王嬴政，庄襄王之子。公元前247年，嬴政即秦王位，因年仅十三，朝政为太后和相国吕不韦及嫪毐把持。公元前238年，嬴政"亲理朝政"，杀掉吕不韦、嫪毐，重用李斯、尉缭。此后自公元前230年至公元前221年，嬴政先后灭韩、赵、魏、楚、燕、齐六国，统一天下。此后，他自称始皇帝，又做了几件大事，巩固了秦的统一。

秦始皇画像

一是加强了中央集权，规定最高统治者称皇帝，一切军国大事，均由皇帝一人裁决，重要官吏也由皇帝任免。在中央设三公九卿，在地方实行郡县制。二是统一文字、货币和度量衡。战国时期，各国的文字、货币和度量衡各不相同，阻碍了各地经济文化交流。秦统一之后，秦始皇将小篆作为全国规范的文字，将秦国的圆形方孔的铜钱作为统一的货币。另外，他还统一了度量衡。他的这些措施，巩固了秦朝的统一。加强了各地经济文化交流，对后世产生了深远影响。三是攻打匈奴。匈奴是我国北方的游牧民族。战国末年，他们强大起来，占据河套地区，不断南下破坏北方各国的农业生产。秦统一以后，秦始皇派蒙恬率军打败匈奴，夺取河套地区，迁徙内地人民到那里耕田戍守，征发民夫修筑西起临洮东到辽东的万里长城以抵御匈奴。四是征服开发越族地区。越族分布在我国东南沿海和珠江流域。秦统一六国以后，秦始皇派兵征服越族地区，在那里设立桂林、南海、象郡，迁移五十万中原人到那里戍守居住。这期间发生运输困难，秦始皇就派人开凿了沟通湘水和漓水连接长江和珠江两大水系的灵渠。秦统一后，版图空前广阔，为了进行有效统治，秦始皇以首都咸阳为中心，在原来六国车马道路的基础上，修建了统一宽度的驰道。

秦始皇居功至伟但征敛无度，赋税沉重以致出现全国"男子力耕，不足粮饷，女子纺织，不足衣服，竭天下之资财以奉其政"的状况，百姓"衣牛马之衣，食犬口之食"。为了自己的奢欲，秦始皇在首都附近造阿房宫、修骊山墓，动用民夫达七十万人。他的治下法令严苛，一人死罪，诛及三族，一家犯法，邻里连坐，百姓动辄被罚充苦役或惨遭酷刑。为维护统治，铲除异己，他在思想上也实行了严厉的统制，颁布禁书令，收缴焚毁书籍，坑杀非议朝政的四百余儒生。

秦虽二世而亡，但以历史的眼光看，秦始皇之功远大于过，古今中外鲜有比肩者，不愧为"千古一帝"。

刘邦怎样当上皇帝的？

刘邦（前256—前195），西汉王朝的建立者，字季，沛县（今江苏沛县）人。

刘邦出身农家，少有大志，任泗水亭长，奉令押送一批刑徒到骊山服役，因途中刑徒多逃亡，就将其余刑徒都释放，自己亡匿在芒砀山中。秦二世元年（前209）七月，陈胜吴广起义反秦。九月，刘邦聚众数十人，杀沛县县令，响应起义。沛县吏萧何、曹参推刘邦为沛公，征发沛县子弟，得兵3000人，转战于丰、沛之间。后投奔项梁。项梁战死，刘邦与项羽等奉楚怀王心为领袖，继续坚持反秦斗争。当项羽率领起义军和秦军主力决战巨鹿时，刘邦受楚怀王派遣率所部起义军向关中挺进。他迫降宛城，攻占武关，于汉王元年（前206）十月进抵关中霸上。秦王子婴投降，秦朝灭亡。刘邦废秦苛法，与关中父老约法三章，"杀人者死，伤人及盗抵罪"。因而得到人民的欢迎。项羽击溃秦军主力后也引兵入关。之后，项羽自封为西楚霸王，封刘邦为汉王，统治巴蜀、汉中之地。刘邦不甘心亡秦果实被项羽独占。不久，乘项羽东归，拜韩信为大将，率军还定三秦。接着，与项羽展开了长达4年多的楚汉战争。由于刘邦会用人，尤其懂得发挥部下的长处，又能体贴民情，关心民间疾苦，注意在战争中尽量减少对无辜百姓的骚扰，得到人民的拥护，终于使自己转弱为强，最后打败了项羽。

公元前202年，刘邦即皇帝位，建立了汉朝，初都洛阳，不久迁至长安。刘邦在位7年，政治上消灭了韩信、彭越、英布等六个异姓王，巩固中央集权；迁六国旧贵族和地方豪强到关中，以加强控制；命萧何据秦律制定汉律，张苍定历法，叔孙通制礼仪，建立起汉朝制度。刘邦作为西汉的开国皇帝，在建立西汉封建政权、促进汉初社会安定和生产的恢复发展等方面作出重要的贡献。

曹操有什么功绩？

曹操（155—220），三国时政治家、军事家和诗人。字孟德，小名阿瞒，沛郡谯县（今安徽亳县）人。祖父腾，东汉大宦官，任中常侍、大长秋，封费亭侯。父嵩，腾养子，官至太尉。操少任侠，性机警，博览群书，尤好读兵书。20岁时举孝廉为郎，历洛阳北部尉、顿丘令，以骑都尉参与镇压颍川黄巾有功，迁济南相。严肃法纪，惩治贪污，而不避贵戚。灵帝建西园新军，操任统帅之一的典军校尉。董卓之乱时，逃至陈留，聚兵五千，参加以袁绍为首的讨伐董卓盟军。

初平二年（191），引兵入东郡镇压黑山农民军。次年，领兖州牧，诱降青州黄巾军30余万，男女100余万口，以其精锐改编为青州军，势力大振。建安元年（196），汉献帝从长安逃还洛阳，操把他迎至许县（今河南许昌），取得挟天子以令诸侯的政治优势。是年，在许县周围兴建实行屯田，获谷百万斛，部分地解决了当时极为急迫的军粮和流民问题。其后连战皆捷，破袁术、擒吕布、平张绣，消灭黄河以南的许多割据势力。建安五年（200），在官渡战胜北方最大的割据者袁绍，进而消灭袁绍余部，平定乌桓，占领青、冀、幽、并等州。建安十三

年（208），进位丞相，率大军南征，准备统一全国，但受挫于赤壁。十六年（211），平定关中、陇右及河西四郡，完成统一北方大业。

建安十八年（213）进封魏公；建安二十一年（216），更进为魏王。死后被谥为魏武帝。曹操主张唯才是举，不拘一格地提拔一批才能出众的谋臣猛将；谋略过人，又比较能听取部下意见；敢于抑制豪强，虽亲戚亦不加宽宥；法令严明，赏罚必信，故能令行禁止；反对奢华，自奉节俭，蔚成俭朴之风。曹操一生成就很大，他不仅是建安时代政治上的领袖，而且是建安文坛的领袖，建安文学的代表。

诸葛亮有什么政治功绩？

诸葛亮（181—234），三国时期政治家、军事家。字孔明，原籍琅邪郡阳都县（今山东沂水县），东汉末年避乱躬耕于南阳邓县隆中（今湖北襄樊市西）。亮素有大志，富于谋略，被人称为"卧龙"。

建安十二年（207），败走荆州、依附刘表的刘备势力寡弱，乃三顾茅庐求见诸葛亮。诸葛亮洞悉天下大势，为之剖析说："今（曹）操已拥百万之众，挟天子而令诸侯，此诚不可与争锋。孙权据有江东，已历三世，国险而民附，贤能为之用，此可以为援而不可图也。"因此，他提出据荆州、取益州的策略，指出："若跨有荆、益，保其岩阻，西和诸戎，南抚夷越，外结好孙权，内修政理，天下有变，则命一上将将荆州之军以向宛、洛，将军身率益州之众出于秦川，百姓孰敢不箪食壶浆以迎将军者乎？诚如是，则霸业可成，汉室可兴矣。"这就是有名的"隆中对策"。应刘备恳请，诸葛亮出山为之辅佐，刘备自喻是如鱼得水。次年，曹操兴兵南下，孙、刘危急。

诸葛积极主张联吴抗曹，他游说孙权，坚定孙权抗曹的决心，又与周瑜等指挥赤壁之战，表现出杰出的外交和军事才能。赤壁战后，诸葛亮任军师中郎将，刘备西进益州，诸葛亮初与关羽留镇荆州，后率兵夹击刘璋。益州平定后，诸葛为军师将军。刘备领兵出战，诸葛亮保障供给。

刘备称帝，诸葛亮任丞相。蜀汉章武三年（223）春，刘备病死，诸葛亮受命辅佐后主刘禅执政，事无巨细，咸决于己。他遣使通吴，重新缔结蜀吴联盟，解除东顾之忧；继而用兵南中（今云南、贵州和四川南部），采取攻心战术，七擒七纵反叛的少数民族首领孟获，又用叛乱四郡的夷汉首领统治本地，对南中地区的开发和民族融合，起了促进作用。

从建兴六年（228）起，诸葛亮集中兵力进行北伐，先后六次出师，但终因国小力弱、粮运困难，不能有所作为。他治蜀有方，执法严格而公允，赏罚分明，经常亲自检查相府文书和刑狱案件，故政治比较清明，社会比较安定。他重视农业，发展生产，在蜀中则注意兴修水利，出兵则屯田以供军饷；他还设置司盐校尉、司金中郎将，掌管盐铁和铸钱，故虽连年出兵，经济上仍有所发展。

诸葛亮性极聪明，改进"连弩"（一种兵器），发明名为"木牛"、"流马"的运输工具，又精通兵法，著"八阵图"。建兴十二年（234），诸葛亮在北伐曹魏时，因积劳成疾，病逝于五丈原。

隋文帝杨坚有什么政绩？

杨坚（541—604），隋朝的建立者。581—604年在位。杨坚父忠为西魏北周的军事贵族。北周时杨坚袭父爵为隋国公，女为周宣帝皇后。周静帝年幼即位，他任丞相，凭借家世与后父的地位总揽朝政，陆续消灭了内外政敌，于周大定元年（581）代周称帝，建元开皇，建都长安，是为隋文帝。

开皇八年（588），隋文帝下诏伐陈，分兵八路，大举南进。开皇九年平陈，统一了全国，结束了南北分裂的局面。他在位期间采取了一系列有利于完成和巩固统一、加强中央集权的措施。政治方面，总结魏晋以来不断发展的官僚体制，确立了三省六部制为中心的中央官制，这一制度为唐代继承和发展；简化了地方行政机构，废除九品中正制和辟举制，选任官吏大权一律收归中央，实行科举制。兵制方面、改革府兵制，使中央军力得到加强。经济措施方面，继续推行均田制，规定自诸王至百姓的授田限额及所承担的义务，成丁年龄由18岁提到21岁，规定50岁以上可以免役收庸，力役和户调比北朝有所减轻。均田制的实施和输籍定样、大索貌阅等整顿户籍的措施，扩大了赋役征收对象，人民负担相对减轻，促进了劳动力和土地的结合，使社会经济逐步恢复和进一步发展。仁寿四年（604）猝死，据说为太子杨广所谋害。

隋文帝在位23年，完成了统一大业，推行一系列措施，使隋朝在政治、经济、文化等方面都有了很大的发展。他本人雄才大略，勤于政事，文治武功颇有建树，但为人失之于苛察，晚年惑于次子杨广的诈伪废嫡致祸。

唐太宗李世民是怎样当皇帝的？

李世民（598—649）唐朝第二代皇帝，政治家。唐高祖李渊次子。隋末，农民起义风起云涌，统治集团也四分五裂，太原留守李渊在李世民等的策动下，于大业十三年（617）在晋阳起兵，乘王世充与义军胶着于洛阳攻守之战，无暇西顾之机，笼络关中豪酋，长驱攻克长安。

义宁二年（618）隋炀帝被杀后，李渊即位，建国号唐，以世民为尚书令，不久又封为秦王。在唐朝统一全国的过程中，世民建功颇多，引起太子建成猜忌，双方争斗日趋激烈。武德九年（626）六月四日，世民发动"玄武门之变"，杀死建成和弟齐王元吉，为其夺取皇位继承权扫平了最大障碍，因而被李渊立为太子。随后，高祖李渊退位，世民即位，次年改元贞观，是为唐太宗。唐太宗吸取隋亡的历史教训，常用"君者，舟也；庶人者，水也；水则载舟，水则覆舟"的古语来警诫自己，实行轻徭薄赋，减缓刑罚等措施。在隋的基础上，调整和完善了均田制、租庸调和府兵制，注意兴修水利，设立义仓备荒，对唐前期经济的恢复和大发展起了积极作用。

政治上，唐太宗继续完善三省六部制，大兴科举，扩大统治基础，网罗地主阶级知识分子。他本人虚怀纳谏，选用贤能，注意协调地主阶级各集团的利益，故上下一致，政局稳定。房玄龄、杜如晦、魏徵等名相，均为太宗所发现和选用。他气魄恢宏，包容并蓄，推行开明、开放的民族政策，而又致力于边疆的巩固，贞观十五年（641），以文成公主和亲于吐蕃赞普松赞干布，传为历史上的佳话。太宗统治期间，社会比较安定，政治比较清明，社会经济呈升平景象，被史家誉为"贞观之治"。

太宗晚年连年用兵，加重征敛，猜忌大臣，未能慎终如始，暴露了其历史和阶级的局限性。但他为统一的、多民族的、繁荣昌盛的唐帝国奠定了坚实的基础，这一历史功绩不可磨灭。贞观二十三年五月去世，年52岁，在位23年。

武则天是怎样当皇帝的？

武则天（624—705），唐高宗皇后，中国历史上唯一的女皇帝，名曌（即照），并州文水（今山西文水东）人，父武士彟，木材商人。武则天14岁入宫，为太宗才人，太宗死后，入感业寺为尼。

高宗即位，复召入宫，拜昭仪，进号宸妃。在内宫争宠中，则天靠谋略与才华博得高宗欢心。永徽六年（655），高宗力排众议，废王氏而立武则天为后。高宗多病，则天乘机专权用事。上元元年（674），高宗为"天皇"，则天称"天后"，合称"二圣"。弘道元年（683）高宗去世，中宗即位，则天临朝称制。次年，废中宗立睿宗，代唐之心已昭然若揭。天授元年（690），则天在平定叛乱和铲除异己势力后，正式称帝，国号周，以自造字"曌"为己名，取日月当空之意。

武则天执政（包括高宗后期）期间，重修《贞观氏族志》，改为《姓氏录》，以后族为第一等，抑制旧门阀及李唐皇族，提高庶族地主的地位，科举制得到较大发展，不拘一格选拔人才。她重用文词之士，以分宰相之权。社会经济在这一时期呈明显发展趋势，社会人口由永徽三年（652）的380万户猛增至神龙元年（705）的615万户。武则天对边防的巩固与疆土的开拓亦颇有贡献，如设置北庭都护府和恢复安西四镇等。

武则天的弊政及消极行为后人多有抨击，她任用酷吏，滥杀无辜，宠信小人，封赏太滥，大兴土木，耗费民力，晚年尤甚。神龙元年正月，则天患重病期间，大

23

臣张柬之等乘机发动政变，逼则天退位，拥中宗复位，复国号为唐。同年十一月，武则天去世，年82岁。

宋太祖赵匡胤有什么政治功绩？

赵匡胤（927—976），北宋王朝的第一个皇帝，其父赵弘殷曾事周，为赵王镕部下，勇敢善斗。赵匡胤为其次子，善武。年轻时漫游四方，后郭威征讨李守真，应募从军征战。数与北汉军战，又与后蜀等作战，深受郭威、柴荣等喜爱。显德六年（959）为殿前都检点，周恭帝即位为归德军节度、检校太尉。显德七年（960）受部下推戴，在陈桥驿黄袍加身，不久建立宋，史称北宋。

赵匡胤先后平定了大将李筠、李重进的反抗，稳定地位。采取先南后北的战略，逐渐灭亡荆湖、后蜀、南汉、南唐政权，进行统一中国，消除割据状态的统一战争。平定南方后，亲自征取北汉。在战争开始前即以杯酒释兵权的方式取缔了掌握重军的大将石守信等人兵权。战争同时，着手确立北宋王朝的各项制度与政策。在政治上，吸取唐以来的教训，改革官制，削弱分散权力的官员力量与制度，加强中央集权专制。以参知政事为副相，以枢密使掌军权、三司使掌财政，分散宰相权力。基本国策是守内虚外，加强禁军力量，由皇帝亲自掌握，使军队不断更戍地方，兵不知将、将不专兵，削弱地方军力。又以文人官僚任地方知县、知州，称权知，不使军人掌地方政权。以通判分知州之权，以转运使掌管地方财政，并监察地方官。

赵匡胤对于农业生产等亦很注重，兴修水利，奖励农桑，使宋初经济于大乱后能较快地发展起来，充实、吸取了各地已有的先进生产技术与经济发展。在军事

上，无力抵抗契丹力量南下，对宋初发展亦有很重要影响。

岳飞是怎样死的？

岳飞（1103—1142），抗金名将。字鹏举，相州汤阴人（今河南汤阴）。出身农家，少年学射于名师周同，能左右射敌。

岳飞 画像

北宋宣和四年（1122），真定宣抚刘韐招募勇士，应募，多次与盗贼作战取胜。后归宗泽部下，在曹州等地作战多胜，宗泽奇之，并授以阵图。赵构即位，上书越职被罢官，投奔河北张所部，张所待他极厚，命与部将王彦渡河作战。不久因与王彦有隙，复投宗泽。宗泽死后，隶于杜充部下。杜充投金，他自领一军，能秋毫无犯，与金兵统帅兀术部作战屡胜。南宋绍兴三年（1133）镇压江西地区曹成等农民武装，皇帝手书"精忠岳飞"旗赠他。后齐军渡江南伐，杨幺又在洞庭打败宋军，形势紧张，岳飞认为应先破齐，遂率军与齐军作战，收复荆襄之地。不久，即率军擒杀杨幺，受到张浚的赞许，命驻

师鄂州（今湖北武昌），作为江浙后援。他积极联络太行义军，屡次建议北伐。

绍兴十年，金军猛攻河南诸地，受命支援，亲率一路驻于郾城，与兀术大将及龙虎大王所率金军决战，重创金精锐，大败金军，随后又在颍昌击败金军，驱军抵朱仙镇（今河南开封县西南）。金军极困，兀术派人至河北募军，竟无人应之。然而，宋高宗无意与金作战，急于议和，召岳飞回京，岳飞泣泪班师。回朝后，岳飞、韩世忠等三人分别叙功，岳飞为枢密副使，与张浚驻守楚州措置边防。

绍兴十一年，以谋反罪被诬入狱，不久后即遭屠戮，同死者有其子岳云、其将张宪等人。

完颜阿骨打为什么是女真英雄？

完颜阿骨打（1068—1112），金朝的开国皇帝，汉名，史称金太祖，女真完颜部首领劾里钵次子。"幼时与群儿戏，力兼数辈。举止端重，世祖（劾里钵）尤爱之"。成年后助父征战诸部，确立了完颜部在女真联盟中的首领地位。乌雅束任部落联盟首领时，他主掌军政大权，加强了完颜部的实力。

乌雅束死后，他任女真诸部的都勃极烈（即都部长），率女真人反抗契丹国的统治，在宁江州、出河店两次大战役中，指挥女真人大败辽兵。将女真人"诸路以百户为谋克，十谋克为猛安"组织起来，收国元（1115）年即皇帝位，建立金国，指挥女真人打败镇压的辽军，又攻打高丽等地区。改变女真人习俗，不许同姓为婚，倡导农耕。又创立统治制度，命完颜希尹制女真文。在进攻辽的过程中，与北宋联盟，收取幽燕之地，后又背盟自据，为后来金向南方发展打通了道路。

天辅四年（1112）率军西逐辽天祚帝，途中病死于浑河北堵泺，谥为武元皇帝。他是女真的民族英雄。

成吉思汗是怎么死的？

成吉思汗（1161—1227），名铁木真，蒙古帝国的大汗，出身于蒙古乞颜部孛儿只斤氏，为蒙古部首领。

成吉思汗是蒙古族英雄，也是中华民族的英雄，蒙古汗国的开拓人，元朝尊为太祖。蒙古部强盛前，草原上分有上百个部落，蒙古部居住于今鄂嫩河与克鲁伦河流域，受到金朝控制。10世纪初，铁木真父也速该为仇人毒杀，他目睹了各部间疯狂的仇杀与金朝严酷统治，力图恢复本部，重创大业。金末收集旧部众，依靠克烈部，建立宫帐，开始了与各部的剧烈斗争，几经挫折，终于征灭、招降诸部，占有呼伦贝尔草原，在今鄂嫩河畔召集忽里台大会，建立蒙古汗国，被举为大汗，称成吉思汗。他颁布了大札萨（法律），并在蒙古汗国内实行分封制，大封功臣宿将，编列国民为户。在蒙古部统一大草原后，蒙古一词才通用于草原各部，并渐形成统一的蒙古族。成吉思汗还创立了蒙古军主力怯薛军。进行了第一次西征，攻取西辽。又派遣大将木华黎经略夏、金。他在世时开拓的疆土东起兴安岭，西至阿尔泰，南自大漠，北包贝加尔湖。1218年，西征回军后病死于六盘山，葬于起辇谷。

成吉思汗统一草原诸部族，促成了蒙古民族的形成，开创了蒙古帝国，初步形成了蒙族文化系统，使蒙族迅猛发展壮大，在征服草原以外地区的过程中，第一次将蒙古文化传播到欧亚两洲，给世界文明带来了深远的影响。

忽必烈有什么功绩？

元世祖忽必烈（1215—1294），元朝开国皇帝，全蒙古大汗，成吉思汗之孙。

元宪宗继位后，委他以漠南汉地军国之事。他有韬略，攻大理、南宋时，才能充分表现出来。宪宗蒙哥于1259年战死合州，次年在开平（今内蒙多伦西北），召集忽里台大会，被推为蒙古大汗，平定其弟阿里不哥争夺皇位的反叛。

至元元年（1264）击败反叛者，至元八年，正式建立元朝，至元十三年消灭最后一支抵抗的宋军，统一中国。元朝建立后，他逐步确立了元的政权规制，制订了行省制度，这种制度对明清两代影响深远。又在乌斯藏设立行政机构，以宣政院统领，确立西藏地区的僧俗政体，从而将西藏地区划入元的版图；废弃了成吉思汗时建立的分封制，实行赐田制，从而使蒙古贵族转化为地主，大大加强了王朝政权力量；在经济上，提倡发展农业生产，组织兴修农业水利工程，下令将许多牧场还归农田，禁止掠人为奴，以解放生产力，并在皇朝内设立了司农司、营田司等专门负责农业的机构；有效地解决了汉族等民族上层与蒙古族贵族的矛盾，不拘民族出身，任用贤才。这些作为确立了他在历史上的地位。

朱元璋怎样当上皇帝的？

朱元璋（1328—1398），明朝开国皇帝，中国古代有作为的政治家。濠州钟离（今安徽凤阳东）人，出身佃农。少时穷困，17岁在皇觉寺出家，遇荒旱，不得不到外地化缘游食，生活十分艰苦。

元至正十二年（1352）参加濠州郭子兴领导的红巾军，被视为心腹，并嫁以养女马氏。郭子兴死后，他便成为这支农民军首领。至正十六年，攻占集庆，废除元

代一些苛政。时刘福通转战于两淮，河南等地，迫使元军无力南顾；而皖南，浙东一部分地区的元军势力较为薄弱。于是，朱元璋利用有利形势，很快控制了皖南及浙东的东南部地区。在打下徽州（今安徽歙县）时，他采纳老儒朱升"高筑墙、广积粮、缓称王"的建议，以康茂才为都水营田使，实行屯田。

至正二十二年，朱元璋被韩林儿封为吴国公。二十三年，困守安丰（今安徽寿县南）的韩林儿、刘福通遭张士诚袭击，刘福通遇难牺牲，韩林儿被朱元璋救出，安置在滁州（今安徽滁县）。此后，朱元璋西灭以武昌为据点的陈友谅，东败以平江为据点的张士诚。二十六年，发布讨伐张士诚的檄文——《平周榜》，公开诬蔑红巾军"焚荡城郭，杀戮士夫，荼毒生灵，无端万状"。接着他又派大将廖永忠在瓜州凿船沉溺韩林儿于江中。这时的朱元璋已经完全蜕化成了地主阶级的代理人。二十七年，朱元璋平定张士诚，占有东南半壁江山后，就派大将徐达北上伐元。二十八年，朱元璋在应天称帝，国号大明，建元洪武，是为明太祖。不久，以应天为南京。同年，北伐军攻占大都（今北京），结束了元朝的统治。明朝建立后，在四川存在着割据政权夏，在西北、云南等地存在着元朝的残余势力。朱元璋用了近二十年的时间完成了统一。为了防御逃亡到上都的元顺帝及其后裔卷土重来，在长城一线遍立卫所，分军把守，修城屯田，并分封诸子为王，以亲王守边，专决军务。

朱元璋在位期间，下令农民归耕，奖励垦荒；大搞移民屯田和军屯；组织各地农民兴修水利，大力提倡种植桑、麻、棉等经济作物和果木作物；派人到全国各地丈量土地，清查户口等等。经过洪武时

期的努力，明初社会生产得到逐步恢复和发展。洪武十三年借胡惟庸案，废除中书省，取消丞相，提高原先在中书省以下的吏、户、礼、兵、刑、工六部的地位，使直接听命于皇帝。朱元璋以皇帝兼行宰相职权，专制主义中央集权发展到了高峰。他对军事机关也进行了改革，使军权也控制在自己手中。此外，还设立了锦衣卫和巡检司，以侦察、监视大臣。他又与谋臣刘基商定，考试专以四书五经命题，答卷只能以朱熹等人的注为依据，以培养驯服忠顺的官僚。在朱元璋统治时期，封建专制主义中央集权的统治极大地加强了。

朱棣怎样当上皇帝的？

朱棣为朱元璋第四子，受封燕王，洪武十三年（1380）就藩北平（今北京）。朱棣长期在北方筑城兴屯，训练兵丁，多有建树。洪武三十一年明太祖病死，皇太孙朱允炆即位，是为明惠帝。惠帝采用削藩的办法，先废几个弱小的藩王，次及燕王。建文元年（1399），朱棣在谋士姚广孝的策划下，起兵造反，号称"靖难"。经过4年的战争，打败惠帝，夺取政权，称帝于南京，是为明成祖（1403—1424年在位），年号永乐。

朱棣即位后，下令将农器和耕牛发放给山东受兵灾的地区，对各地水旱灾害及时赈济，兴修苏松等地水利，疏浚大运河，使3000里运道畅通。同时继续推行屯垦和移民等政策，使社会经济进一步向前发展。

明成祖在政治方面继续执行削藩政策，将握有兵权的藩王，或削其护卫，或废为庶人，基本上实现了削藩目的。在中央集大权于一身，正式设立了内阁，协助皇帝办理政事；重用宦官，以之为信臣、耳目，但是，也使他们开始干预国政。永

乐18年，又设立从事侦缉、搜捕臣民的特务机构——"东厂"，有特设的法庭和监狱，其权势比洪武中设置的锦衣卫还要大。明成祖为了宣扬国威，招致各国朝贡中华，也为了追寻"靖难"失国后去向不明的皇帝朱允炆的下落，派遣郑和六下西洋；从永乐八年到永乐二十二年，曾五次亲自率兵出击骚扰北部边境的鞑靼、瓦剌。

1403年下诏改北平为北京，并派人营建北京城和紫禁城宫殿。永乐19年正式迁都北京。此举有利于抗击来自北边的蒙古骑兵的袭扰，有利于进一步控制东北地区，对于巩固边防以及维护全国的统一有积极意义。在位期间，命解缙等人以程朱为标准，编成《五经大全》、《四书大全》、《性理大全》，诏颁天下，确立了程朱理学在思想上的统治地位。同时编成22937卷的《永乐大典》及《历代名臣奏议》等类书，保护了文化遗产。1424年，明成祖在率兵出塞的归途中病死于榆木川（今内蒙古乌珠穆沁东南），葬于长陵。

努尔哈赤有什么功绩？

努尔哈赤（1559—1626），后金（后改为清）的创建者，满族爱新觉罗氏。乃明建州左卫指挥使猛哥帖木儿的后裔。青年时常至抚顺互市，广交汉人，通晓蒙、汉文，爱读《三国演义》和《水浒传》等小说，深受汉族封建文化的影响。后投明将李成梁部，屡立战功。

万历十一年（1583）以父、祖遗甲13副起兵，至万历十六年统一建州各部。多次赴北京朝贡，表面上对明朝中央政府极为恭顺，背地里暗自发展势力，扩大地盘。万历十七年，明任命他为都督金事，后又擢左都督，再迁龙虎将军。他收容部众，整顿内部，发展经济，实力日益加

强。万历二十一年古勒山一战，击败海西女真叶赫、哈达等九部3万联军。继之，不断用兵征讨，统一了海西女真扈伦四部和东海女真的大部分。万历二十六年，令额尔德尼和噶盖用蒙文字母标注满语语音，创制了满文，以代替女真人通用的蒙文，适应了女真内部加强联系的需要。

万历三十一年，努尔哈赤由费阿拉城迁至赫图阿拉（今辽宁新宾县），筑城居住。万历三十六年，公然和明朝分庭抗礼，停止向明中央政府朝贡。万历四十四年，努尔哈赤在赫图阿拉称汗，建元天命，正式建立了"大金"（史称后金）政权。与此同时，建立军政合一的八旗制度，设议政大臣五人，参决机务，颁布法制，建立会审制度。从而提高了军队的战斗力，加速了女真社会的发展。天命三年（1618），努尔哈赤以"七大恨"告天，向明朝公开宣战。四年，率军6万在萨尔浒（今辽宁新宾西浑河南岸）大败分四路合围的10万明军，乘胜夺取开原、铁岭。六年攻占沈阳，并乘势攻取辽阳，先后占领辽河以东70余城。十年迁都沈阳。十一年宁远战役中被明将袁崇焕击败，同年八月病死营中。清朝建立后被尊为太祖。

皇太极如何建立清朝？

皇太极（1592—1643），努尔哈赤第八子，亦为清朝的奠基人。努尔哈赤初设八旗，皇太极为正白旗主旗贝勒，后金建立，他与大贝勒代善，二贝勒阿敏，三贝勒莽古尔泰，为四大贝勒，共理国政，成为满族核心人物之一。

萨尔浒之役，他冲锋陷阵，战功卓著，深受父王喜爱。天命十一年（1626），努尔哈赤死，他被拥立为后金汗，改元天聪（1627—1635）。即位后，审度内外形势，采取了一系列增强实力的战略策略。首先，进行改革内政，加强君权，使后金政权进一步封建化。为改变自己与代善、阿敏、莽古尔泰三大贝勒"俱南面坐"的局面，分别将他们治罪或降罚，独自控制了正黄、镶黄、正蓝三旗，增强了汗位的权力。崇德元年（1636）称皇帝，定国号曰"清"。

他重视农业，颁布保护农业的法令，增强国家的经济实力。为入主中原、覆灭明朝，增编汉军八旗和蒙古八旗；征服朝鲜，统一黑龙江流域，以稳定后方；打败蒙古察哈尔部，林丹汗走死，割断明朝的外援。对明朝采取逐步削弱的策略，以和谈为烟幕，多次越过长城大掠京畿北直隶、山东等地，崇德六年发动松山、锦州战役，大败明军。崇德八年，因患脑溢血暴死，葬于昭陵（北陵）。

康熙有哪些作为？

清圣祖玄烨（1654—1722），即爱新觉罗·玄烨。清朝很有作为的一个皇帝，在位61年，年号康熙，故史称康熙皇帝。世祖第三子，八岁即位。初由贵族鳌拜等专擅朝政，强行更换圈占的土地，致使广大农民抛荒不耕。

康熙六年（1667）亲政，八年智擒鳌拜，自握政柄。为安定畿辅，下令停止圈地。以三藩、河务、漕运三大事书宫中柱上，日夜筹思解决办法。为消除分裂，巩固边疆，完成统一大业，毅然采取了一系列重大行动。二十年平定三藩之乱；二十二年降服郑克塽，统一台湾；二十九年、三十五年、三十六年三次亲征准葛尔部噶尔丹分裂势力，安定了漠北地区；六十一年进军乌鲁木齐，加强了多民族国家的统一。与此同时，对西方殖民势力的东侵，也给予沉重的打击。二十四年雅克萨之战，驱逐了盘踞黑龙江流域的沙俄侵略军，遏制了沙俄对华侵略的野心。二十八年派索额图与俄国在平等的基础上订立《中俄尼布楚条约》，划定中俄东段边界。

在位期间重视农业生产，奖励垦荒，实行"更名田"。为了"济运通漕"，任用靳辅大举治理黄河，前后十余年，使水归故道，漕运无阻。曾用传教士参与修改历法，进行土地测量，绘制《皇舆全图》。他本人也勤奋好学，博览群书，尤好数学、天文等自然科学知识。

雍正有哪些功过?

胤禛（1678—1735），姓爱新觉罗。年号雍正，故史称雍正皇帝。清圣祖第四子，敕封雍亲王。在藩邸时，逢两度废太子，为谋储位暗结党人，培植羽翼，采用韬晦之策，博得父皇欢心。

康熙六十一年十一月十三日圣祖崩逝，受遗命承继大统。以而立之年登极，洞悉下情，不满于政治废弛和办事因循苟且，即着手推行改革，刷新政治。元年伊始，便决定实行"摊丁入地"，将康熙末固定了的丁银总数分摊到地亩中征收。二年实行耗羡归公，将征收钱粮的加耗提解藩库，由国家发给官员养廉银，以止滥收加耗和贪污之风。改定有关主佃关系的法令，限制不法绅衿，开豁山陕乐户、绍兴惰民、宁国世仆、徽州伴当、广东旦户、常熟丐户、教坊司乐户等贱民为良，解决了数百年存在的矛盾，安定社会。

为了加强皇权和稳固统治，屡变成法或采用异常手段将塞思黑（允禩）、年羹尧、隆科多等人大狱，不惜杀戮亲兄弟，从而消除皇子反对派和功巨集团，打击朋党；用亲、郡王管理旗务，终结下五旗内的私属关系，八旗巨细事务皆听命于皇帝；六科划归都察院，台省合一，取消

六科谏议权；七年始设军机处，协助皇帝处理军政要务，内阁庶务之权也被削夺；兴文字狱，御制《大义觉迷录》，目的在于达到控制反满思想。元年至二年平定青海和硕特部罗卜藏丹津的叛乱；四年任命鄂尔泰为云贵总督，在"苗疆"（贵州）及云南、四川、广西部分地区实行改土归流，完成这些地区的社会改革；六年派兵入藏平叛，设驻藏大臣领军驻守；七年至十二年对西北用兵，征讨噶尔丹策零不利而划界相守。四年开始与沙皇俄国进行边界谈判，双方签订了布连斯奇条约和恰克图条约，划定了中俄中段边界。雍正是位奋发有为的君主，治国用人论才技而不限成例，鄂尔泰、张廷玉、田文镜皆非藩邸旧人也能受到宠任。勤于政务，以"朝乾夕惕"自励，孜孜求治，仅朱批奏折便有数万件之多，八年以后积劳多病。

胤禛在位13年（1723—1735），上接康熙，下衔乾隆，为康雍乾盛世的承前启后者。十三年八月二十三日故世，葬于易州泰陵（清西陵）。

乾隆的功绩有哪些?

弘历（1711—1799），姓爱新觉罗。清世宗第四子，敕封宝亲王。雍正十三年十一月先皇崩逝，启缄封秘密立储之遗诏继位，时年25岁。改元乾隆，故史称乾隆皇帝。

乾隆皇帝一位颇有政治抱负，也颇有作为的君主。处处以乃祖康熙为榜样，大半生勤于政务，召见大臣，披阅奏章，事必躬亲。

乾隆皇帝缓和内部的紧张关系，减轻民间负担，"罢开垦，停捐纳，重农桑，汰僧尼之诏累下"；解除八旗壮丁的奴仆身份，准其出旗为民；解除矿禁，准民开采。康、雍时期得到发展

的经济更加繁荣，农田垦殖于三十一年（1766）达到741万余顷，岁入国赋达到银4858万两，人口增加到2亿559万；同时，手工业发达的行业增多，商业资本更加雄厚，资本主义萌芽得到了相当的发展，达到康雍乾盛世的高峰。注意对少数民族地区和边疆的开拓与经营，二十年至二十二年先后平定了准葛尔部达瓦齐汗和阿睦尔撒纳的叛乱，派将军、参赞大臣、领队大臣分驻伊犁等地，控制天山北路；二十年至二十四年平定了回部布那敦、霍集占（大、小和卓木）的叛乱，派办事大臣、领队大臣分驻各城，控制天山南路；三十五年蒙古土尔扈特部脱离沙俄，跋涉万里回归祖国，妥善地安置在伊犁；十二年、三十一年，四川大、小金川土司两度发动叛乱，都被平定，四十一年后实行改土归流；十五年平定藏王朱墨尔特叛乱，五十七年击退廓尔喀入侵，提高驻藏大臣职权，两大活佛转世灵童实行金瓶掣签制。这一系列活动，奠立了统一的多民族国家的疆域，北至恰克图，南至南海诸岛，西至葱岭巴尔克什湖，东至黑龙江库页岛。

乾隆皇帝重视发展文化，两度举行博学鸿词科取士，开馆修书，完成了《明史》、《续文献通考》、《皇朝文献通考》、《四库全书》等书的编纂。修书中消极的一面是寓禁于征，借机屡兴文字狱，牵制了思想的发展。高宗在位60年（1736—1795），后朝暮气渐重，自夸"十全武功"，喜欢奉承，经常巡游，大事铺张奢侈，任用和珅为相20多年，吏治腐败，社会弊病丛生，阶级矛盾和民族矛盾都十分尖锐。六十年禅位给仁宗颙琰，自称太上皇帝，名义去位，实则仍掌朝政。嘉庆四年

（1799）正元崩逝，时年89岁。

和珅怎么死的？

和珅（1750—1799），清代大臣。满洲正红旗人，后抬旗入正黄旗。钮祜禄氏，字致斋，少年时家贫，入内务府所辖之咸安宫官学读书，通晓满、汉文字，亦懂蒙、藏文。

乾隆三十四年（1769）承袭三等轻车都尉，并为三等侍卫。官低，但有机会接近皇帝，便以仪表俊美、机灵善辩而深得高宗青睐。四十年以后，历任御前侍卫、步军统领、崇文门监督、总理行营事务、内务府大臣、军机大臣等官。

乾隆皇帝选其子丰绅殷德为和孝公主额驸（驸马）。又连续授其户部尚书、理藩院尚书、御前大臣、领侍卫内大臣、四库全书馆正总裁等职，成为朝中炙手可热的人物。四十六年任钦差大臣，督师镇压甘肃回民苏四十三起义，指挥失误，又委过于人，高宗召他回京，独用大学士阿桂督师，以此衔恨阿桂。他初入部阁、军机处，尚能有所建议、匡正，时久便恃宠而骄，招权纳贿、结党营私、贪赃枉法、倾陷正人，无所不为。因他"善伺高宗意"，深知高宗晚年极端自负，喜听谀词，他又佞于迎合，巧于弥缝，竟使高宗对他恩宠有加，倚任极专。后升任太子太保、吏部尚书、文渊阁大学士等要职，并晋封公爵，阿桂死后为首席军机大臣。和珅柄国20年间，官吏贪污腐败，土地兼并严重，府库日空，人民反抗渐成燎原之势。

清仁宗深恨和珅专权误国，待到嘉庆四年（1799）乾隆一死，即宣布他的罪状二十款，责令自尽，抄没家产，所得金32000余两，银300余万两，全部家产估折银8亿两。民间有"和珅跌倒，嘉

庆吃饱”的说法。

林则徐怎样禁烟？

林则徐（1785—1850）是晚清政治家。字元抚，又字少穆，晚号竢村老人。福建侯官（今福州）人。出身于封建士大夫家庭。嘉庆进士，入翰林院。曾入宣南诗社。从1816年（嘉庆二十一年）起历任江西乡试副考官、云南乡试正考官、江南道监察御史、浙江杭嘉湖道、浙江盐运使、江苏按察使、陕西按察使。

1830年（道光十年）7月授湖北布政使。12月，调任河南布政使。次年8月，调任江宁布政使。他锐意整顿财政，兴修水利，救灾办赈，一时名满天下。11月，升任河东河道总督，亲赴河南黄河沿岸查验河务，修治黄河。1832年3月调任江苏巡抚，竭力维持漕务，注重发展农业生产，倡导兴修水利，调查银贵钱贱问题，开始察觉鸦片走私造成兵竭银涸的恶果。1837年2月升任湖广总督，在两湖地区禁烟收到一定成效。1838年9月上书道光皇帝，支持鸿胪寺卿黄爵滋的严禁鸦片的主张，指出：鸦片流毒天下，危害甚巨，法当从严。12月底被任命为钦差大臣，节制广东水师，赴粤查禁鸦片。次年3月抵达广州，会同两广总督邓廷桢、广东巡抚怡良、水师提督关天培等，一面认真整顿海防，严拿烟贩，一面令外国烟贩缴出全部趸船上的鸦片。他采取撤买办、围商馆等一系列有力措施，收缴英美不法商人的鸦片237万余斤，从6月3日起在虎门海滩当众销毁。继之，令外商出具甘结，保证不再夹带鸦片，以此作为恢复中外正当贸易的前提条件。为抵御侵略，他制定以逸待劳、以守为战的方略，加强沿海战备，补充水师。并相信“民心可用”，从渔民、疍户、盐贩中招募水勇5000人，屡败英军

武装挑衅。11月26日奉旨宣布停止中英贸易。1840年1月实授两广总督。6月，英国发动侵华战争，他和关天培等坚决抵抗。10月，因遭投降派诬陷，被革职。次年6月，被派往浙江镇海，协办海防，旋又发往伊犁。赴戍途中，因黄河在河南祥符决口，奉旨赶赴祥符工地效力赎罪。

1842年12月抵达伊犁，协助伊犁将军布彦泰办理废地垦务，捐资认修龙口水渠工程，奉旨勘察南疆垦地，推广坎井和纺车，并警惕沙俄的侵略，建议改屯兵为操防，实行兵农合一，加强边防力量。1845年11月，释还。12月，命以三品顶戴署陕甘总督。次年4月，授陕西巡抚。1847年4月，升任云贵总督，先后镇压西北和西南少数民族起义；又整顿云南矿政，维护“放本收铜”政策，主张召商集资办矿。1850年受命为钦差大臣，赴广西镇压拜上帝会，行至广东潮州普宁县病死。

曾国藩为何被称为“曾屠户”？

曾国藩（1811—1872），晚清军政重臣，湘军首领。初名子城，字涤生。湖南湘乡人。出身在偏僻山村的一个地主家庭。

1838年（道光十八年）中进士，入翰林院，历任内阁学士，礼、兵、刑、吏等部侍郎。自幼受封建传统教育，尤其崇尚理学。鸦片战争前，在北京常与唐鉴、倭仁、吴廷栋等一般道学先生研讨宋学。为首席军机大臣穆彰阿得意门生，得到穆彰阿的赏识和提拔，十年七迁，连跃十级。鸦片战争失败后，曾两次上奏，建议革除弊政，从政治、军事、经济、文化各方面进行改革。1852年（咸丰二年）丁忧回籍。次年奉诏办理湖南团练。摈除八旗、绿营旧制陋规，仿明代戚继光之营制，招募山乡农民，编练成一支新型的地主武

装——湘军，开近世兵为将有的先河。

1854年初，湘军练成水陆师1.7万人，会师湘潭，发表檄文，极力诋毁太平天国，向正在进行西征的太平军进攻。但出师不利，初败于岳州（今岳阳）、靖港。经过整顿，转入反攻，连陷岳州、武汉。然后三路东进，突破太平军田家镇防线，兵锋直逼九江、湖口。后水师冒进，大败于鄱阳湖，战船丧失殆尽，此后不敢轻举妄动，采稳妥战术，宁迟勿速，不用奇谋。1859年，与湖北巡抚胡林翼制定分四路攻略安徽的战略计划，遂完成包围安庆。次年受命为钦差大臣、两江总督，督办江南军务。亲率一军驻安徽祁门，命曾国荃围安庆，攻其必救，又以多隆阿军、李续宾军屯桐城外围拒援，屡败太平军于安庆、桐城之间，终在1861秋攻克安庆。1862年（同治元年），将大本营迁至安庆，作围攻天京（今南京）部署：命曾国荃部沿江从正面直逼天京，左宗棠部自江西进攻浙江，李鸿章部自上海进攻苏南，对太平天国实行战略包围。1864年7月攻陷天京，大肆烧杀抢掠，人称"曾剃头"、"曾屠户"。以镇压太平天国有功受封一等爵，加太子太保。为镇压太平天国和各族人民反清起义，曾向列强购置洋炮，装备湘军。同时，1861年创办安庆军械所，生产子弹、火药、炸炮，为洋务运动之始。后又和李鸿章于1865年在上海设置江南机器制造局，仿造外国军火，装备湘军、淮军。1864年春，钦差大臣僧格林沁在山东曹州（今菏泽）被捻军击毙后，奉命镇压直隶（今河北）、河南、山东一带捻军，但屡战屡败。

1867年，回任两江总督，旋授大学士。次年8月调任直隶总督。1870年在处理天津教案的过程中，讨好外国侵略者，屠杀不少中国人民，遭人唾骂。同年，再任两江总督。1872年死于南京。

李鸿章有什么功过？

李鸿章（1823—1901），晚清军政重臣，淮军首领。字少荃，安徽合肥人。

1847年（道光二十七年）进士，改翰林院庶吉士，散馆授编修。1853年（咸丰三年）随侍郎吕贤基回籍办团练，抵抗太平军。1858年，赴江西入曾国藩幕府。1861年冬，奉曾国藩之命赴皖北募勇。以淮南团练为基础，仿湘军营制，编练成淮军。次年率淮军赴上海，在英、法、美侵略者支持下，与太平军激战。旋升江苏巡抚。大量购买洋枪洋炮，雇用外国军官，装备和训练淮军。又伙同英人戈登的"常胜军"，采取先剪枝叶、后图根本的作战方针，攻占太平军苏南根据地。在夺占苏州、常州一带之后，积极配合湘军攻陷太平天国首都天京（南京）。由于认识到自鸦片战争给中国社会带来的巨大变化，为了维护清王朝的统治免于垮台和保持半殖民地半封建的社会秩序，与奕䜣、曾国藩、左宗棠等一起，推行洋务运动。从60年代开始，在上海、苏州创办小型洋炮局，仿西法制炮弹。

1865年（同治四年）署两江总督，将原办洋炮局分别合并扩充为江南制造总局和金陵制造局，依靠进口原料，雇用洋匠，采用西方先进技术，制造枪炮、弹药、轮船，用新式武器装备清军。1866年，继曾国藩为钦差大臣，赴山东、直隶（今河北）、河南一带"剿捻"。在承袭曾国藩"剿捻"方略基础上，提出"扼地兜剿"的战略方针，部署重兵，先守胶莱河，继扼运河，在山东、江苏之间剿灭了东捻军。1868年，

32

又在陕甘总督左宗棠等的配合下，集中10余万清军，在直隶、山东之间镇压了西捻军。1870年，由于曾国藩的推荐，接任直隶总督兼北洋大臣，掌管清政府的外交、军事、经济大权，成为清朝统治集团中举足轻重的人物。

李鸿章在"自强求富"的口号下，将洋务运动又推进一步，在继续兴办军事工业的同时，又开始兴办民用工业，先后设立轮船招商局、开平煤矿、天津电报局、上海机器织布局等。与此同时，利用海关税收购买外国军舰，修造旅顺、威海卫（今威海市）军港，在天津、大连、威海分别设立水师学堂、武备学堂和水雷学堂，并抽调军官赴德国学习，仿欧式练兵，于1888年（光绪十四年）编练成北洋海军。为早期北洋军阀的首领。在外交事务中，一贯主张妥协投降。1876年与英国签订《烟台条约》，出卖大量主权。

1884—1885年中法战争中，主张"乘胜而收"，以胜求和，与法国签订屈辱的《中法天津条约》（又称《中法新约》）。1894年中日甲午战争中，幻想"以夷制夷"避战求和，结果陷于被动挨打，招致陆军惨败和北洋海军覆没，以全权代表身份赴日签订了《马关条约》。甲午战争后，在"联俄制日"的思想支配下，于1896年与沙俄签订《中俄密约》（即《御敌互相援助条约》），以中俄共同防止日本侵略为幌子，出卖我国东北三省主权。1900年，八国联军侵华期间，主张镇压反帝爱国的义和团运动，支持"东南互保"。后被任命为全权大臣，1901年与奕劻一起，代表清政府与英、法、俄、德、意、日、美、奥、西、荷、比11国代表签订《辛丑条约》，使得帝国主义进一

步加强对中国的统治，自此清政府完全变成帝国主义统治的工具。1902年9月病死。谥号文忠。

左宗棠有什么功过？

左宗棠（1812—1885），晚清军政重臣，湘军首领之一。湖南湘阴人。太平天国起义后，先充当湖南巡抚张亮基的幕僚，为镇压太平军出谋划策。后于1854年春，为新任湖南巡抚骆秉章所网罗，总揽幕府大权前后6年之久，协助骆秉章派兵镇压湖南省境内的农民军，支持王鑫、刘长佑等筹建或扩招湘军，分发各地镇压农民军。1860年6月，被清政府正式任命为兵部郎中、四品京堂候补随两江总督曾国藩襄办军务。1861年，任浙江巡抚。

1862年（同治元年），率部攻入浙江，次年授闽浙总督。1864年，攻陷杭州。接着，率军进入福建、广东，在嘉应州（今广东梅州市）镇压了太平军余部。1866年在福州创办船政局，修造轮船，并设求是堂艺局，培养造船及海军人才。是年，调任陕甘总督，以钦差大臣督办陕甘军务，制定"先捻后回"、"先秦后陇"方略，先后镇压了西捻军和陕、甘回民起义。

1875年（光绪元年），任钦差大臣督办新疆军务，筹兵筹饷筹转运，准备进疆。1876年设大营于肃州（今甘肃酒泉），制订了"先北后南"、"缓进速战"的战略方针，命道员刘锦棠率大军进疆，先后取得了古牧地、达坂城和吐鲁番作战的胜利，最后直捣喀什噶尔（今喀什市），将阿古柏残匪逐出国境。之后，他出屯哈密，以武力为外交后盾，终于收回伊犁，使新疆重回祖国怀抱。中法战争爆发，力主抗法。1884年，任钦差大臣督办福建军务，进驻福州前线，整顿防务，部

署战守，但于1885年7月病逝。

慈禧太后如何垂帘听政？

慈禧太后（1835—1908）清代同治、光绪两朝的实际掌权者。叶赫那拉氏，满洲镶蓝旗人（后改隶镶黄旗）。

1852年6月（咸丰二年五月）被选入宫，册封为兰贵人。1856年生载淳，即日晋懿妃。1860年英法联军逼近北京，随咸丰帝出逃热河（今承德）行宫。1861年咸丰帝病逝，子载淳6岁即位，改元祺祥，被尊为"圣母皇太后"，徽号慈禧。因住行宫烟波致爽殿西暖阁，故称西太后。时咸丰遗命怡亲王载垣、郑亲王端华、协办大学士户部尚书肃顺等八位王公大臣为"顾命赞襄政务大臣"，辅佐幼皇执政，与慈禧太后及留在北京办理议和事宜的恭亲王奕䜣等人发生矛盾。权力欲极强的慈禧暗中联络奕䜣密谋策划，并于11月2日发动北京政变，逮捕辅政的八大臣，赐死载垣、端华，诛杀肃顺，其余人等革职或流放。同时宣布两太后"垂帘听政"，改年号为"同治"，任命奕䜣为议政王大臣。因东太后钮祜禄氏性懦弱，权操于慈禧之手。

1875年同治帝病逝，无子，理应为之续嗣。为能继续独揽大权，不惜破坏旧制，立自己的5岁侄载湉为帝，改元光绪，仍以皇太后继续垂帘听政。在统治集团中搞势力平衡，扶植淮系，抑制湘系；扶植清流派，牵制洋务派；扶植张之洞，牵制李鸿章；扶植奕譞抑制奕䜣。大大加剧了统治阶级内部各派之间的勾心斗角，使清王朝政治更加腐败。1887年光绪帝成年，本应亲政。她不履行归政诺言，暗中策动奕䜣等奏请继续执政，又"训政"三年之久。1889年为光绪帝举行"亲政"大典，表示"撤帘归政"，退居颐养，实则仍掌握实权。在朝内外培植、提拔大批心腹亲信，派充中央和地方的重要机构，形成所谓"后党"。她穷奢极欲，搜刮民脂民膏，不惜损害国防建设，挪用海军经费修建颐和园，以供享乐。中日甲午战争爆发，和李鸿章一味避战主和，致使中国战败，被迫和日本签订丧权辱国的《马关条约》。极端仇视资产阶级维新运动，支持怂恿封建守旧势力破坏光绪帝推行的"戊戌变法"，并于1898年9月21日发动政变，重新训政，幽囚光绪帝，捕杀维新志士。戊戌政变后依任载漪、刚毅、徐桐等反对改革的大臣，中央政权完全被守旧派中强硬分子所把持。1900年为废光绪帝，与荣禄谋立端郡王载漪之子为大阿哥（即皇太子），受到国内外舆论谴责。义和团运动时，刚愎自用，错乱处置，先利用义和团对英法俄美德日意奥八国同时宣战，诛杀阻谏大臣，泄一己私愤。当义和团攻打使馆，与侵略军战斗时，又暗中接济被围攻的外国人。

八国联军攻进北京，挟光绪帝逃往西安，遂下令血腥屠杀义和团，向侵略者乞降。宣布"量中华之物力，结与国之欢心"的卖国政策，派庆亲王奕劻、直隶总督李鸿章与八国议和，接受苛刻条件，与11个帝国主义国家签订《辛丑条约》。1901年宣布实行"新政"，重新颁发曾被她一手废除的"变法"政令。1905年立宪运动兴起，派五大臣出国考察，次年宣布"预备立宪"。1908年颁布《钦定宪法大纲》，名为立宪，实则继续加强帝制专政。又下令加强训练新军，扩充警力，镇压资产阶级革命派领导的反清起义和人民的反抗斗争。统治中国达半个世纪之久，使国势日益贫弱，陷人民于深重的灾难之中。

孙中山怎样当上临时大总统？

孙中山（1866—1925），中国资产阶级革命家。名文，字德明，号日新，改号逸仙。1897年（光绪二十三年）在日本时化名中山樵，后以中山为名，广东香山（今中山）人。10岁入塾读书。1878年随母亲到檀香山，住在哥哥孙眉家中，先后进英、美教会办的学校读书，初步接受资产阶级教育。1884年到香港求学。1886年入广州博济医院附属南华医学校学医。次年转学香港西医书院。先后结识陈少白、杨鹤龄、尤列，经常聚谈，放言反清，被称作"四大寇"。

1892年毕业后，先后在澳门、广州行医，结交同志，酝酿反清。1894年春赴天津上书李鸿章，提出改革建议，遭到拒绝。10月赴檀香山，创立中国资产阶级第一个革命团体兴中会，提出"驱除鞑虏，恢复中华，创立合众政府"的民主革命主张。次年到香港，与辅仁文社的杨衢云等联络，成立兴中会总部。准备在秋天于广州发动起义，事泄失败，逃往日本，在横滨设兴中会分会。后赴美英等国考察。1896年10月在英国伦敦被清政府驻英使馆人员诱捕，羁囚在使馆，幸经康德黎等营救脱险，留居伦敦，研究欧美资本主义国家政治、经济，接触到社会主义运动和有关学说。1897年秋重到日本。广泛结识日本朝野人士，争取他们支持中国革命。次年秋和流亡日本的康有为、梁启超谈判合作，因康、梁坚持改良主义立场，未能成功。1900年10月组织惠州（今惠阳）三洲田起义，失败后又远涉重洋，四处奔走。先后到日本、越南、檀香山、美洲、欧洲，在留学生和华侨中宣传革命，组织队伍。并同改良派展开论战，断然指出："革命、保皇二事，决分两途，如黑白之不能混淆，如东西之不能易位。"坚持共和革命。

1905年8月在日本东京和黄兴、宋教仁等以兴中会、华兴会为基础，联合其他反清团体和革命分子，组成统一的资产阶级革命政党——中国同盟会，通过革命纲领："驱除鞑虏，恢复中华，建立民国，平均地权。"10月26日《民报》创刊，为撰发刊词，提出"民族"、"民权"、"民生"三大主义，这是更为完整的资产阶级革命纲领。此后，一方面领导与改良派论战，一方面发动武装起义。论战获得了巨大胜利，使许多人摆脱改良派的影响，转向革命；起义接连受挫，从1907年5月潮州、黄冈起义到1911年（宣统三年）4月黄花岗之役，先后8次起义全部失败。武昌起义后，于12月25日从欧洲回到上海，29日被选为临时大总统。1912年1月1日在南京就职，宣布中华民国成立，组织临时政府。3个月中，颁布30多件有利于民主政治和资本主义经济发展的法令，并在3月11日公布具有资产阶级共和国宪法性质的《中华民国临时约法》。但由于资产阶级先天的软弱和革命党人的妥协，被迫于2月13日向临时参议院提出辞去临时大总统职务，推荐得到帝国主义支持的代表大地主大买办利益的袁世凯以自代。4月1日，正式解职。8月同盟会改组为国民党，任理事长。9月接受袁世凯任命，任全国铁路督办，计划10年内修筑20万里铁路。1913年2月赴日本考察铁路，筹办借款。3月宋教仁被刺案发生，主张武力倒袁。7月发动"二次革命"，失败后逃亡日本。次年7月，鉴于国民党涣散，另组中华革命党，被举为总理，准备"再举革命"。1916年5月从日本回到上海发表讨袁宣言。袁世凯死后，为反对段祺瑞废弃《临时约法》而斗争。1917年8月在广州建立中华民国军政府（护法军

政府），任海陆军大元帅，揭起"护法"旗号。次年，因受桂系军阀排挤，被迫于5月向国会非常会议辞职。1918年5月致电列宁和苏维埃政府，祝贺十月革命的胜利，表示希望中俄两国革命党团结一致，共同奋斗。次年，指派廖仲恺，朱执信等在上海创办《建设》和《星期评论》杂志，宣传新文化。10月改组中华革命党为中国国民党，以"巩固共和，实行三民主义"为政纲。1920年命粤军逐走桂军，重返广州。次年召开国会非常会议，决定组织中华民国正式政府，任非常大总统，筹划北伐。

1922年6月陈炯明叛变，炮轰总统府，仓促脱险，于8月回到上海。此后接受中国共产党和苏俄的帮助，思想发生极大变化，决心改组国民党。1923年2月在驱逐陈炯明后回到广州，重建大元帅府，并邀请苏联的政治及军事顾问到广州，帮助中国革命。11月发表《中国国民党改组宣言》，确定联俄、联共和扶助农工三大政策。1924年1月20日在广州召开中国国民党第一次全国代表大会，通过党纲、党章、宣言，确认三大政策，重新解释三民主义，使之成为"革命的三民主义"。6月在广州开办黄埔军校，依照苏联红军的建军原则和军事制度，训练军事干部。因积劳病剧，于1925年3月12日在北京逝世，享年59岁。

什么是禅让制？

禅让制上古时代的部落联盟首领将权位让给别人的一种制度。在古代文献记载中最早实行禅让的是帝尧。尧年老的时候，召集"四岳"——即四方部落酋长议事。他说自己在位七十载，现在需要选择一位继承人，是否可以从"四岳"之中选出一位呢？"四岳"都谦虚地说自己无此才能，不堪当此大任。

尧又让大家推举自己的亲戚以及隐匿在远方的贤能之人，大家便一致推举一位名叫虞舜的人，并介绍了虞舜的情况，说他是民间的一位盲者之子。他的父亲很糊涂，母亲谈吐荒谬，其弟象傲慢无礼，然而舜却能够和谐地与他们相处，全心全意恪尽孝道，并以自己的高尚品德来感化那些邪恶的人。于是尧采取各种方法对舜进行考验，将两个女儿嫁给舜，让她们直接观察舜的言行，又让舜担任各种职务以考察其能力。舜果然不负众望，尧便让舜继承自己的位置。在尧年老的时候，舜便摄行管理各种事务，主持祭祀上帝、山川诸神的礼仪，会见诸侯，外出巡狩；赏赐有功之人，制定各种刑罚处理犯罪之人。尧避位让舜主持政事凡28年才去世。

舜年老的时候见到自己的儿子商均不肖，不能担当治理天下的重任，于是便选拔禹为继承人，并将这个选择祭告于天。此后，过了17年舜去世。禹让位于商均，但天下诸侯皆离去商均而朝拜禹。在这种情况下，禹才正式继位以号令天下。禹去世之前，原拟的继承人皋陶早逝，便又举益为继承人，然而禹死后，益让避禹之子启的时候，却和以前禅让的情况大不相同。

这时，天下诸侯皆离于益而朝拜启，这样，启便继承了权位，称为夏后帝启，这种情况表明禅让制已告结束。禅让制的实质是上古时代的军事民主制，后世的封建帝王虽然也偶有行之者，但其背景和本质已经有了根本性的变化。

什么是井田制？

井田制是周代的主要土地制度。在这种土地制度下，土地划分为"公田"和"私田"。公田就是周天子和各级贵族所掌握的土地，庶人在公田上劳作，其产品全部归周天子和各级贵族所有。贵族们提供给庶人耕种的小块土地称为私田，其收获归庶人私有。

关于公田和私田的结构情况，孟子曾有这样的说法："方里而井，井九百亩，其中为公田，八家皆私百亩，同养公田。公事毕，然后敢治私事，所以别野人也。"按照这种划分方法所形成的土地疆界形状呈"井"字形，所以孟子称之为"井地"，后世又称为"井田"。

古代所谓的"耦耕"，大约是庶人耕种公田的一种形式。按照这种方式，一般是两个人结成一组进行耕作。由于当时生产力水平还比较低，所以在井田上进行耦耕的规模往往很大，故《诗经·噫嘻》说"亦服尔耕，十千维耦"，《诗经·载芟》说"千耦其耘，徂隰徂畛"，可见是成千上万的庶人一同耕作的。

井田制度在一定程度上适应了周代生产力发展水平。井田制是一种非私有性的土地制度，土地不能买卖。其衰退和瓦解一般认为是在春秋战国时期。

三公九卿指什么？

三公九卿是对秦汉中央官制的一种称谓。三公之设，始于周代，但所指说法不一。西汉今文经学家据《尚书大传》、《礼记》等书认为周代以司马、司徒、司空为三公。古文经学家则据《周礼》认为周代以太傅、太师、太保为三公。

秦代不设周代三公，辅佐皇帝治国者为丞相、太尉、御史大夫。丞相为百官之长，总揽行政事务，太尉掌军事，御史大夫为副丞相，掌图籍秘书和监察。西汉初承秦制，仍设丞相、御史大夫。另有最高军事长官太尉，但不常置。

从汉武帝起，因受经学影响，丞相、

御史大夫和太尉也被称为三公。西汉末年，废丞相、御史大夫，仿周制，建立三公，名为大司马、大司徒、大司空。至此官有三员，名称三公，可谓名实相符。东汉因袭西汉之制，但将大司马改为太尉，大司徒改为司徒，大司空改为司空，合称三公。光武帝为加强专制皇权，将实权全归尚书台，三公受制于尚书。和帝以后，外戚、宦官交相专权，三公还要听命于外戚、宦官。三公制逐渐衰落下去。先秦文献中有九卿之说。秦始皇置奉常，掌宗庙祭祀；郎中令，掌宫殿警卫；卫尉，掌宫门屯卫；太仆，掌御用车马；廷尉，掌刑法；典客，掌民族事务；宗正，掌皇族、宗室名籍；治粟内史，掌全国财政；少府，掌山海池泽和皇室生活供给；中尉，掌京师治安；将作少府，掌治宫室。当时无九卿之称，实际上这些中央事务机构也超过9个。

汉初仍如秦，只是名称有所变更，如奉常改太常，郎中令改光禄勋，治粟内史改大司农等。后渐有九卿之称，而将九卿定为九个机构及其长官名称，则始于王莽。现一般以三公九卿概括秦汉中央官制。

什么是郡县制？

郡县制是秦代设置的以郡统县的两级地方行政结构。郡县之设，源于春秋。

当时秦、晋、楚等国在新得的边地设县，以加强边防，后逐渐推行到内地。接着，各国又在边地设郡，作为军事国防区域。由于边地荒僻，地广人稀，所以郡的地位较县为低。战国以后，随着经济的发展，边地日趋繁荣，开始在郡之下分设若干县，于是形成了县统于郡的两级地方组织。战国中期以后，内地也逐渐设郡，成为县与中央之间的一级行政机构，郡县制

逐渐形成了。

秦统一后，丞相王绾等人提议恢复分封，理由是六国刚平定，燕、齐、楚等地离秦京城远，不行分封难以控制，主张封授王子为王。廷尉李斯则坚决反对。他指出，周代曾普封子弟、同姓为王，后来，亲属疏远，诸侯互相攻伐，周天子难以制止，引起长期战乱。他主张废分封，实行郡县制。秦始皇赞同李斯意见，说：天下人苦于干戈不休，就是因为有了侯王。如今天下初定，再来建立许多封国，就是树立战争的根苗。于是，秦始皇把原来秦国实行的郡县制推行于全国，分全国为36郡。每郡设郡守，掌管全郡政务；郡尉，辅佐郡守并管军事；又置监御史，监察郡政。其后随着秦朝疆域的扩大，郡也继续有所增置，到秦始皇末年已有40余郡。每郡统辖若干县。

县设县令或县长，掌管一县的政事；县尉，掌管一县的军事；县丞，助理县令、长，并掌司法、审判。郡县主要官吏均由皇帝直接任免、调动，不得世袭。各郡每年必须定期"上计"，即向中央汇报本郡的租税收入、户口统计及治安情况。秦始皇在全国推行郡县制，加强了中央集权，有利于秦朝政治、经济、文化的发展，对后来历代地方行政制度的建置，也产生了深远的影响。

什么是察举制？

察举制是汉代选拔官吏的一种制度。公元前196年，汉高祖刘邦下求贤诏，令从郡国推举有治国才能的"贤士大夫"，开汉代察举制度的先河。把察举作为选官的一项制度是从文帝开始的。

汉武帝进一步把察举发展为一种比较完备的选官制度。一是对于察举人才的标准有了明确的新规定，凡儒家以外的各家均不得举，开创了以儒术取士的标准。二是取士包括德行、学问、法令、谋略四个方面的内容。三是察举分岁举和诏举两类。岁举为常科，每年推举。科目有孝廉和秀才。孝廉始为孝与廉两科，后来连称为一科。察孝廉的对象是地方六百石以下的官吏和通晓儒家经书的儒生，由郡国每年向中央推举。东汉和帝时制凡满20万人的郡国每年举一人，不满20万人的两年举一人，不满10万人的三年举一人。边境地区郡国人少，10万人以上则可以岁举一人。孝廉的出路最多的是在皇帝身边当郎官，然后再由郎迁中央或地方官吏。举孝廉是察举常科的主要科目，是入仕的正途。举秀才的对象为现任官吏。到东汉为避刘秀讳，改秀才为茂才。茂才由州推举，所以人数比孝廉少得多。茂才的出路大多充任地方县令，比孝廉任用为重，但名额少。诏举，是由皇帝下诏察举人才，是临时性的特科。其特点是：诏举常在灾异之后举行。诏举人数不限，由诏令临时规定。诏举科目很多，也不固定，能把有专门才能的人推举出来。无论岁举孝廉、秀才还是诏举贤良文学，到中央以后均需经过考试。考试办法有对策（命题考试）和射策（抽签考试）两种。对策多用于考试举士，射策多用于考试博士弟子。凡属诏令推举之士一般是由天子策试；郡国岁举之孝廉、秀才则由三公府考试。儒生考经学，官吏考举奏，通过考试选出优等生，报皇帝录用。

察举制在西汉到东汉初曾起过重要作用，为封建国家选拔了大批有用之才。以后随着政治日益腐败，察举不实的现象渐趋严重。到东汉晚期，已成为豪强或官吏安插私人的工具，完全失去了网罗人才的作用。

什么是西域都护？

西域都护是汉代在西域设置的最高军政长官。汉武帝时张骞两次出使西域，促进了中西经济文化的交流。此后，中西交通畅通，西域各地和中原的政治、经济联系日趋密切。但是，当时匈奴贵族还控制着楼兰（今新疆罗布泊西北岸）、车师（今新疆吐鲁番西北）等国，经常出兵截击汉和西域各地的交通，攻杀汉使，掠取财物。

元封三年（前108）汉武帝命赵破奴率军进攻楼兰、车师，并在酒泉（今甘肃酒泉）至玉门关一带设立亭障，作为供应粮草的驿站和防守的哨所。太初元年（前104）又派李广利出征大宛，败大宛后，西域的交通更加畅通，西域各国和西汉的政治经济来往更加频繁。于是西汉把亭障延至盐泽（今新疆罗布泊）一带，又在楼兰、渠犁（今新疆塔里木河北）、轮台（今新疆库车县东）等地设校尉管理屯田，这是汉在西域最早设置的军事和行政机构。宣帝地节二年（前68），遣侍郎郑吉屯田渠犁，与匈奴争车师，有功，迁卫司马，使护鄯善（今新疆罗布泊西）以西"南道"诸国。至神爵二年（前60），匈奴日逐王降汉，使郑吉发兵迎之，"北道"亦通，遂以郑吉为骑都尉，兼护车师以西"北道"诸国。因总领南北两道，故号都护。都护之置始于此。

西汉时都护治所在乌垒城（今新疆轮台东北），当时称之为都护府。都护是汉朝驻西域的最高长官，都护以下，设有属官。都护职在统领大宛（今苏联费尔干纳盆地）及其以东城郭诸国兼督察乌孙（伊犁河流域）、康居（今锡尔河中游地带）

等国，颁行朝廷号令；诸国有乱，得发兵征讨。

什么是屯田制？

屯田制是国家强制农民或士兵耕种国有土地，征收一定数额田租。渊源于西汉，至曹魏形成一套完整的制度。

西汉前元十一年（前169），汉文帝以罪人、奴婢和招募的农民戍边屯田，汉武帝调发大批戍卒屯田西域。但当时屯田主要集中于西、北部边陲，主要方式为军屯，且规模不大。东汉末年，战争连年不断，社会生产力遭到极大破坏，土地荒芜，人口锐减，粮食短缺，形成了严重的社会问题。

建安元年（196），曹操采纳枣祗、韩浩的建议，在许都（今河南许昌）附近进行屯田。屯田的土地是无主和荒芜的土地。劳动力、耕牛、农具是镇压黄巾起义中掳获的，有一部分劳动力号称为招募其实是被迫而来的。曹魏屯田有民屯和军屯两种。民屯每50人为1屯，屯置司马，其上置典农都尉、典农校尉、典农中郎将，不隶郡县。收成与国家分成：使用官牛者，官6民4；使用私牛者，官民对分。屯田农民不得随便离开屯田。军屯以士兵屯田，60人为1营，一边戍守，一边屯田。曹魏屯田对安置流民，开垦荒地，恢复农业生产发挥了重要的作用，为曹操统一北方创造了物质条件。

但屯田制的剥削较重，屯田农民被束缚在土地上，身份不自由，屯田士兵则更加艰苦。三国时期，吴、蜀也都实行过屯田，只是规模和成就都不及曹魏。曹魏后期，屯田剥削量日益加重，分配比例竟达官8民2的程度，引起了屯田民的逃亡和反抗。屯田土地又不断被门阀豪族所侵占，于是屯田制逐渐破坏了。咸熙元年

（264）政府宣布废除民屯。兵屯虽然继续存在，但作用已经不大了。

占田、课田和户调制分别指什么？

占田、课田和户调制是西晋的土地、田租和赋税制度。

太康元年（280），西晋统一全国后，颁布了占田、课田和户调令，实行新的土地，田租和赋税制度。占田、课田令规定：每一男子占田70亩，女子30亩。丁男课田50亩，丁女20亩（男女16—60岁为丁）；次丁男25亩，次丁女不课田（男女13—16岁、60—65岁为次丁）。占田数，是国家允许农民占有土地的限额，不是由国家授予农民的土地数。国家限制农民占田不得超过这个限额，而实际上能否达到这个限额则不管。课田数，是农民必须缴纳的田租的田亩数，每年每亩田租8升，50亩为4斛。边远地区不实行课田的少数民族分三等缴纳：稍远者每户每年交"义米"3斛，较远者5斗，绝远者每人钱28文。户调令规定：丁男为户主者，每户每年交绢3匹，绵3斤；丁女及次丁男为户主者，交丁男户的一半；边远郡县交三分之二，最远者交三分之一；少数民族交"宝布"1匹，远者1丈。西晋土地租赋制度承袭曹魏而对小农的剥削明显加重，田租由曹魏每亩4升增至8升，户调由每户绢2匹、绵2斤增至绢3匹、绵3斤。

不仅如此，曹魏田租承担者是确实拥有私有土地的小农，而西晋小农不管是否拥有50亩土地，却都要交50亩地的田租，丁口越多，田租负担越重，这是不利于小农而有利于豪强大族的政策。

什么是三省六部制？

三省六部制是隋唐时期的中枢制度。三省指中书省（隋称内史省）、门下省、尚书省；六部指尚书省下属的吏部、户部、礼部、兵部、刑部、工部。三省六部制是西汉以后长期发展形成，至隋朝正式确立，唐朝进一步完善。

三省为中央最高中枢政务机构，一般为中书决策，门下审核，尚书执行。三省长官：中书令（隋为内史令）、门下侍中（隋为纳言）、尚书令共行宰相之职。六部为尚书省属下的中央行政机构，分掌各方面的政务及政令的贯彻执行，并对中央担任具体事务的九寺五监及地方上的府、州、县有领导、监督之权。其后，三省长官成为荣誉之职，其决策权逐渐被剥夺，宰相一职为他官参加议政所替代。唐中叶以后，同中书门下平章事成为真宰相，其后，地位尊崇的翰林学士，因拥有起草诏敕权，被称为"内相"。

尚书省六部及下属各司的职权，在安史之乱后，由于使职的趋重与普遍化，逐渐被分割，故三省六部制在唐中叶以后，趋向名存实亡。

什么是科举制？

科举制是隋朝建立、唐朝完善并为后代沿用的选拔官吏的制度。魏晋实行九品中正制，高门士族拥有政治特权，世代垄断高官显位。南北朝时士族门阀已日趋腐朽。隋朝废除了九品中正制，采取科举取士的办法，隋初规定原有的秀才、明经两科，由州县学送生徒到中央参加考试。炀帝时又置进士科，科举制逐渐形成。

唐朝前期，科举制进一步得到完善和发展。科举分为制举和常举两种，制举由皇帝特旨召试，应举科目广泛，应试者身份不限，中第者可获出身或官职。常举每年举行，科目比隋有所增加，但考生主要集中在明经、进士两科，应考者主要是各级学馆学成的生徒和不在学的士子。中第者可获得出身，通过吏部铨选，才能正式做官。明经科考试以帖经为主，进士科始以试策为主，后又加试帖经、杂文，天宝年间始试诗赋。进士科应举人多，而录取人数少，士人举子将考中进士比喻为"登龙门"，一旦登第，声名大振，往往宦途便捷，飞黄腾达。由于进士科在选官中的独重地位，日益为士林举子所重视，在唐后期高官人选中所占比例明显增加。

武则天时创立武举，但地位不甚重要。唐代科举制从应举资格、考试内容、录取原则、审核手续、放榜期限、等第品定、获取出身等都有较严格的规定，形成一套比较完备的制度，它通过考试方法体现的平等竞争精神，有利于广大普通地主步入仕途，扩大了统治基础，成为唐以及后世选官的主要导向。

庆历新政是指什么？

庆历新政是北宋仁宗庆历年间由范仲淹主持的社会改革。宋仁宗时期（1023—1032）宋朝的社会、经济、政治，以及军事都面临巨大问题，集中表现为冗兵、冗员、冗费等现象严重。庆历三年（1043），仁宗以范仲淹为参知政事，富弼、韩琦为枢密副使，他们以整理吏治为中心，条陈十事，推行新政。范仲淹，字希文，苏州吴县人（今江苏吴县）。长期从仕，有政绩。曾多次提出革新倡议，支持者有欧阳修、杜衍等名大臣。

庆历新政的主要内容有以下几方面：1.明黜陟。改变过去文官三年、武官五年一磨勘的旧例，根据政绩，可以破格提前晋级，也可延期或停职，以求改变"人人因循，不复奋励"（《续资治通鉴长编》卷143）的状况。为此择派官长，巡视地方，以执行新政。这对改变冗官问题有一

定作用。2.抑侥幸、精贡举。改变恩荫之制，防止恩荫过滥现象再度出现。同时改变科举之制，避免凭词赋取士，而注重品德与办事才能的考核。这亦对改变冗员问题，整顿吏治有一定作用。3.均公田。公田即职田。主要目的在使官吏廉洁奉公，同时抑制官僚大地主的兼并之势。4.劝农桑、修水利。具体方法是兴修水利，减轻徭役。主要目的在发展生产，增加政府收入，以应付冗费问题。5.覃恩信、重命令。扩大宣传，使百姓感受到皇帝恩泽，取信于民。这有利于提高老百姓的信心，以忠心护卫宋王朝。

范仲淹庆历新政执行范围有限，施行亦不甚系统，但仍受到反对派猛烈攻击，以结朋党为名排挤他。一年多后，新政被彻底放弃，范仲淹被挤出朝，支持者先后遭贬。

元代的等级制度是怎样的？

元代的等级制度是元朝设立的社会制度。元朝建立后，为了建立一种统治秩序，维持社会阶层的稳定，适应多民族统治的状况，基本依照民族成分与被征服先后，将全国居民区列为四级。

第一级为蒙古"国姓"诸部，享有许多政治与经济特权，在任职上，可以担任最重要的官吏，如达鲁花赤等；在法律上，如犯罪所受刑罚均较其他等级轻；贵族们可以拥有大量土地。第二级为色目人。色目人主要指西夏人，今中亚各族人，东欧人等，元大德八年（1304）规定除汉儿、蛮子、高丽外，均为色目人，可以任较低一级官职，法律上规定的也比下二级待遇优厚，如政府括马，色目人可取1/3，还可以携带兵器，专设机构处理他们的案件。第三级为汉人，也称汉儿、乞塔札忽歹，主要指女真、契丹族人以及原

金朝统治下的北方汉族人，及今四川、云南两地区人、高丽人。他们当中的一些十分富有，拥有大量的奴和土地，但在法律上受到限制较多，也有一些人可以担任较高职位，并带兵。第四级为南人，也称蛮子、囊加歹、新附人，主要指原南宋治下的各族，包括汉族。他们中个别人也拥有大量田地、奴及较高地位。元代法律严禁他们携带和私藏武器、习武与集会。他们与汉人的区别主要由于被征的早晚。等级制与诸色户计等方法结合起来，形成了元朝组织与控制社会的网络。虽然有等级制存在，在实际上，蒙古人虽贵为一等，仍有很多贫苦者，只能享受到名义上的法律保护，有一部分竟然也被掠卖为奴。色目人的情况也是一样。汉人和南人虽列三、四等，除有些地位较高外，元末他们甚至组织了保卫政府的武装。

当然由于这种划分的民族色彩极浓，民族歧视的现象明显，实质上这是一种封建社会的阶级压迫与民族斗争的产物，是元朝民族分化政策的具体体现。

什么是内阁与大学士？

内阁与大学士是明清两代的内阁是中央政府的最高办事机构，内阁中的大学士地位类似前代的宰相。

明朝初期，朱元璋撤销中书省，分相权于六部，加强了专制主义中央集权。洪武十五年（1382），朱元璋置华盖殿、英武殿、文渊阁、东阁诸大学士，选用一些翰林院的学士、侍读、编修等官员入值，协助皇帝处理书奏，以及根据皇帝的意图草拟诏书、敕诰。

永乐年间，解缙、杨荣等入值文渊阁，"参与机务"，因其在大内殿阁办事而称"内阁"，内阁正式设立。内阁只是一个辅助性的办事机构。明仁宗以后，内阁权位渐高。宣德时，大学士杨荣、杨士奇、杨溥等兼领尚书，并称"三杨"，权势较大。明中叶以后，由于政治腐败，皇帝"不亲政事，故事权下移"，由内阁代替皇帝草拟诏命、敕诰，六部尚书凡事须请示内阁大学士，而且"朝位班次，俱列六部之上"。

内阁大学士有多人，其中一人为首领，称"首辅"。首辅更是位极人臣，一切朝政归其调度，俨然成为实际的宰相。此后，内阁地位进一步提高。嘉靖时把持朝纲20年的严嵩和万历时主持改革的张居正，都是明后期影响很大的内阁首辅。清代的内阁制度沿袭明朝，并有所取舍。顺治十五年（1658），清廷裁撤内三院为内阁，设立殿阁大学士4人，协办大学士2人，均是满汉各半，其职务为"参赞机务，表率百僚"。内阁下设满本房、汉本房、蒙古房、诰敕房等机构。具体职责是：替皇帝起草诏命、批答奏章，主持大典仪式等。与明代比较，清代内阁制度比较正规、比较完备，但实权远比明代为小。

什么是八旗制度？

八旗制度是清代一种军政合一的制度。八旗制度是在氏族制度的基础上发展起来的。当氏族人员出猎时，每十人中以一人为首领，带领其他九人行动，"各照方向，不许错乱"。这个以十人为单位的组织称作"牛录"，其首领称为牛录厄真（牛录汉语为大箭，厄真是主的意思）。

各牛录又分别以黄、红、蓝、白四色旗为标志，建立了四旗。由于队伍的不断扩大，牛录的增加，万历四十三年，努尔哈赤确定了八旗制度。规定：五牛录为一甲喇，由甲喇厄真（参领）统辖，五甲喇为一固山（即旗）由固山厄真（都统）

统辖。每一固山又另设左、右梅勒厄真（副都统），为固山厄真的副手。各级厄真后改称章京。八旗为黄、红、蓝、白、镶黄、镶红、镶蓝、镶白。每旗兵力7500人，八旗共6万人。努尔哈赤是八旗的最高统帅，八旗旗主都要服从他的指挥。最初，他以子侄统率各旗，称为八旗和硕贝勒。八旗贝勒和各级厄真是奴隶主阶级，他们不仅拥有大量财富和奴隶，而且垄断着后金政权的主要官职。

八旗兵丁是自由民阶层，平时生产，战时出征，不能随意离开牛录，没有迁徙自由。牛录是八旗制度的基层单位，它是以地缘为主，血缘为辅组成的，牛录厄真下设带子二人为副职，再置四名章京、四名拨什库，并把三百人组成的牛录分编成四个塔坦（村或部落），章京和拨什库管理一个塔坦的各种事情。由此可见，八旗制度是"以旗统人，即以旗统兵"的军政合一，又是"出则备战，入则务农"的兵民一体的社会组织形式，具有行政管理、军事征战，组织生产的三项职能。到皇太极时期，对辖区的蒙古人和汉人，也用八旗制度编制起来，称为蒙古旗和汉军八旗。八旗制度把女真人严密地组织起来，使他们在生产和战斗中能够发挥更大的作用。这对女真的发展来说是有重要意义的。

大禹是怎样治水的？

上古时代，水患严重，滚滚而来的洪水给民众造成很大危害，浩浩荡荡的洪水包围了山岭，淹没了丘陵，民众在痛苦中嗟叹。尧选拔治水之人，一位名叫鲧的人被推选上来，但他领导大家治水，连续九年也没有取得什么成绩。

后来，舜在位的时候，巡狩各地，见到鲧治水无功，便把鲧处死，随即又选拔鲧子禹继续领导治水。禹主要采用疏导的办法治水，通过疏导将洪水排到大海和长江里去。

在治水过程中，禹不仅有杰出的组织才能，而且率先垂范，表现出坚韧卓绝、艰苦奋斗的精神。治水时，居外十三载，过家门而不入，身执耒锸，栉风沐雨，奔波劳累，终于率领民众取得了治水事业的辉煌胜利。洪水被治服以后，民众纷纷从高山丘陵，返回到平原地区发展生产，开辟出许多良田和桑土。

后来，舜选拔禹为自己的继承人，将权位禅让给禹，禹受到各部落的普遍拥戴，这些都与大禹治水的业绩有密切关系。

战国有哪些变法？

战国时期最早的变法是魏文侯当政时任用李悝所进行的变法。李悝为魏相，按照"食有劳而禄有功"的原则，废除官爵世袭制。为发掘土地潜力，增加官府的田租收入，又推行"尽地力之教"，要求农民"治田勤谨"以求增加粮食产量。魏官府实行"平籴法"，以防止"籴甚贵伤民，甚贱伤农"，由官府贮藏粮食以平稳粮价。魏文侯还曾派吴起改革魏国的军事制度，严格挑选、训练和考核士兵。这些变法措施使魏国成为战国初年最强盛的国家。

楚悼王时，在魏国受到排挤而奔楚的吴起被任命为令尹，于前382年开始主持楚国的变法。吴起规定，凡是封君传到第三代的就收回爵禄，并把一些旧贵族迁移到边远荒凉地区。精简冗官并削减过高的俸禄，把节省的经费用于军队。又整顿吏治，要求官吏廉洁奉公，不计个人毁誉。吴起变法后，楚国力迅速强盛，但由于楚悼王死后吴起被旧贵族杀害，所以楚的变

法没有能够进行到底。

赵烈侯在位时，赵国也进行改革。赵烈侯采纳牛畜的建议，倡导"仁义"，实行"王道"，又采纳徐越和荀欣的建议，实行"选练举贤、任官使能"的用人政策，在财政上则"节财俭用，察度功德"，以增强赵的国力。

公元前355年，韩昭侯任命申不害为相，主持韩国的改革，建立"循功劳，视次第"的制度，论功行赏，鼓励新兴势力。申不害特别强调"术"的作用。他主张国君"独断"，操纵最高权力以驾驭臣下。

齐威王的改革主要在整顿吏治方面。他赏赐有政绩的即墨大夫以万家食邑，并烹杀了政绩恶劣的阿大夫。后来，齐威王任命邹忌为相，谨修法律，督察奸吏，招抚流民，使得齐国大治。

前316年燕王哙实行禅让，把君位让给燕相子之，并把300石俸禄以上官员的官印全部收回，另由子之任命。燕王哙以"苦身以忧民"，"勤身而忧世"著称，他行禅让的目的是为了赋予子之以全权，让子之改革燕国政治。但是，此举遭到旧贵族的强烈反对，在齐的进攻下燕几乎亡国，只是在燕昭王继位以后，燕国才强盛起来。

战国变法的最成功的是秦国的商鞅变法。从前359年至前350年，商鞅在秦孝公支持下推行过两次大规模的变法。废除了原有的井田制度。建立军功爵制度以奖励军功。在战争中斩获敌人甲士首级1颗的赏爵1级、田1顷、宅地9亩、庶子1人。杀敌越多，赏赐越丰厚。实行重农抑商政策，推行县制和什伍连坐制（五家为伍，十家为什，一家犯法，各家若不告发则都有罪），加强中央对地方的系统管理和控制。颁布标准的度量衡器以统一度量衡并

促进社会经济的发展。商鞅时颁布的标准尺1尺约合今0.23米，标准量器1升约合今0.2公升。商鞅的这些变法措施适应当时秦国社会政治、经济发展的需要，所以获得了很大成功。

焚书坑儒是怎么回事？

战国时期，由于社会关系发生的激烈变动，学术界呈现出一种学派林立、百家争鸣的局面。至其末年，诸国由分裂归于统一；与之相应，思想文化也出现了力求兼收并蓄、冶熔各家学说于一炉的趋势。秦始皇统一六国后，运用封建国家的权力，强制推行思想文化的统治政策。焚书坑儒就是在这样的历史背景下发生的。

公元前213年，秦始皇在咸阳宫大宴群臣。博士淳于越重提恢复分封制的主张，认为"事不师古而能长久者，非所闻也"。丞相李斯反驳指出，时代不同，治理方法也应有所不同。儒生"不师今而学古"，"道古以害今"，如不禁止，不利于政令的贯彻执行，统一局面将遭破坏。因此建议：凡《秦纪》以外列国史书皆焚毁；除博士官外，私藏《诗》、《书》、百家语者，限期交官府烧毁；偶语《诗》、《书》者弃市；以古非今者灭族；官吏知情不举者同罪；令下三十日不烧，黥面，罚四年筑城劳役；仅医学、卜筮、种树（农业）之书不烧。秦始皇批准李斯建议，下令施行。秦始皇晚年，为求长生不老，寄希望于方士寻觅仙药。因此，方士卢生、侯生等很受宠幸。后来卢生、侯生因寻求"不死之药"而未得，无法继续行骗，于是密谋弃官逃走，还讥议秦始皇"刚戾自用"、"贪于权势"、"乐以刑杀为威"。秦始皇闻讯大怒，认为儒生多以妖言惑乱黔首，于是下令御史案问诸生，诸生相互举发，牵引460多

人，最后都被坑杀于咸阳。

焚书坑儒是"师古"与"师今"两种政治思想斗争激化的结果。在当时历史条件下，为了巩固统一局面，禁止"以古非今"活动，采取一些统一思想的措施是必要的。但是，焚书坑儒这种手段是愚蠢而又残暴的。它毁灭了古代许多典籍，造成文化史上难以弥补的损失。

巨鹿之战有什么意义？

陈胜吴广牺牲后，项梁召集各路义军在薛（今山东滕县东南）计议，并接受谋士范增建议，立楚怀王之孙名心的为王，仍称楚怀王。接着项梁率领起义军大败秦军于东阿（今山东阳谷东北），刘邦、项羽也在城阳（今河南范县城濮城东南）、雍丘（今河南杞县）等地打败秦军，斩杀秦三川守李由。项梁在取得一系列胜利后骄傲轻敌，被章邯偷袭以至牺牲。

章邯破项梁军后，认为楚地农民军主力已被消灭，于是就渡河北上，移兵邯郸，攻击以赵歇为王的河北起义军。赵歇退守巨鹿（今河北平乡西南）。秦朝派王离率几十万边防军包围巨鹿，章邯在巨鹿以南筑甬道，以运粮供给王离军。赵歇粮少兵单，危在旦夕，乃遣使求救于楚怀王。楚怀王与起义军首领在彭城（今江苏徐州）召开紧急军事会议，决定分兵两路：一路由刘邦率领向西直指关中。另一路以宋义为上将军，项羽为次将，范增为末将，率起义军主力北上救赵。援赵大军进至安阳（今山东曹阳东南）后，宋义被秦军的气焰所吓倒，逗留46天不敢前进。项羽痛斥宋义的怯懦行为并杀死了他。楚怀王遂封项羽为上将军，并令英布和蒲将军两支起义军也归其指挥。

公元前207年12月，项羽率起义军到达巨鹿县南的漳水，立刻派遣英布和蒲将军率2万义军渡过漳水，援救巨鹿，初战告捷。接着，项羽率领全军渡过漳水，命令全军破釜沉舟，只带三日粮，以示不胜则死的决心，以迅雷不及掩耳之势直奔巨鹿，断绝秦军粮道，包围了王离军队。义军与秦军接连激战，九战九捷。活捉了主帅王离，杀了秦将苏角，另一名秦将涉间被迫自焚而死。巨鹿解围后，章邯军退至棘原（巨鹿南），项羽军驻漳水之南，两军对峙，秦军的连续失败使章邯不见信于秦朝廷。项羽抓住时机，派蒲将军击秦军于漳水南岸。接着又亲率大军破秦军于汙水。

在项羽的沉重打击下，章邯不得不于公元前207年7月在洹水南殷墟（今河南安阳）率其部众20万投降项羽。巨鹿之战是秦末农民战争所取得的一场巨大胜利。它基本上摧毁了秦军的主力，扭转了整个战局，奠定了反秦斗争胜利的基础。

什么是楚汉相争？

自汉元年（前206）初至高帝五年（前202）十二月，历时4年多。秦二世三年（前207），刘邦、项羽相继率兵入关，推翻秦王朝。按照原来楚怀王心的约言"先入定关中者王之"，刘邦先入咸阳，理应王关中。但项羽自恃功高，企图独霸天下。他自封为西楚霸王，王梁楚地9郡，都彭城（今江苏徐州），又分封18路诸侯。刘邦被封为汉王，局促于巴、蜀、汉中一隅。

项羽分封诸侯后即罢兵回归彭城。不久，田荣起兵反楚，自立为齐王，又以兵援助陈余袭击常山王张耳，迎故赵王于代复为赵王。齐、赵的起兵，对西楚构成直接威胁。项羽不得不调遣主力击齐，以稳定局势。此时，刘邦乘项羽无暇西顾之机，听从韩信等人的计策，于八月出兵击

败封王关中的秦降将章邯、司马欣、董翳。继而领军东出，远袭项羽根据地彭城。项羽闻知彭城陷落，亲率3万精兵回击，刘邦兵溃败走，退守荥阳、成皋之间。由于萧何及时调发关中老弱未成年者补充兵力和韩信的增援，汉军才得以重整旗鼓。项羽虽将战略重点移至西线，但他始终未能摆脱两线作战的困境，无法越过荥阳、成皋一线西进。从此楚汉战争便进入了双方相持的阶段。刘邦重新调整了战略部署，一方面坚守荥阳、成皋一线，一方面积极在楚军的后方和侧翼开辟新战场。这一部署打击了项羽在战略上的弱点，很快收到了成效。

汉二年八月至次年十月，韩信接连平定魏、代、赵、燕，矛头直指齐地，逐渐形成了包围西楚的态势。项羽主力虽再度攻克荥阳、成皋，但由于刘邦采取了"高垒深堑勿与战"的战术，不仅保存了汉军的实力，而且牵制了楚军的主力，使项羽更进一步陷入两线作战，首尾不能相顾的困境。汉三年五月，刘邦命彭越率兵渡过睢水，袭杀楚将薛公，直接威胁彭城。八月，刘贾、卢绾将兵2万渡河，进入楚地。彭越在汉军的协助下攻徇梁地，连克睢阳、外黄等17城，完全截断了荥阳、成皋一线楚军主力的后勤补给线。

于是，项羽不得不于九月命大司马曹咎固守成皋，亲自回师救援，夺回陈留等10余城。但是，汉四年十月，刘邦乘机诱使曹咎出击，大破楚军，收复成皋。与此同时，韩信也袭破齐历下军，进据临淄，并于十一月在潍水消灭了楚将龙且率领援齐、号称20万的楚军，尽夺齐地。项羽在正面和侧翼战场上接连遭到重大失败，有生力量丧失殆尽，腹背受敌，进退失据，陷于汉军的战略包围之中。汉四年八月被迫与刘邦议和，约定以鸿沟（今荥阳东南）为界中分天下。东属楚，西属汉。九月，项羽率兵东归，而刘邦则采纳张良、陈平的计策，乘机追击楚军于固陵，并调令韩信、彭越等人率兵围歼项羽。次年十二月，项羽被围困于垓下（今安徽固镇界），汉军四面唱起楚歌，楚军士无斗志，项羽率少数骑兵突围至乌江（今安徽和县东北），自刎而死。历时四年多的楚汉战争，最后以刘邦夺取天下，建立汉王朝而告终。

什么是文景之治？

西汉文帝景帝时期出现的政治安定、社会经济得到显著发展的局面，历来被视为封建社会的"盛世"，史称"文景之治"。文帝刘恒（前203—前157），高祖中子。高帝十一年（前196）受封为代王。

公元前180年吕后死，诸吕谋乱，丞相陈平、太尉周勃与朱虚侯刘章等宗室大臣共诛诸吕，迎立刘恒为帝，刘恒在位23年。景帝刘启（前189—前141），文帝太子，前157年即位，在位16年。文景时期继续推行并发展汉高祖以来的休养生息政策，多次下诏劝农，鼓励农民发展农业生产。同时还注意减轻人民的负担，文帝前二年（前178）和前十二年，曾两次"除田租税之半"，即将田租率由原来的十五税一减为三十税一，并一度全部免除田租。景帝时实行三十税一，成为定制。文帝时算赋也由每人每年120钱减至40钱，徭役则由每年一次减为三年一次（1个月）。

景帝二年（前155）又把秦时17岁傅籍给公家徭役的制度改为20岁始傅。此外，弛山泽之禁，促进农民的副业生产和与国计民生有重大关系的盐铁事业的发展。还废除一些严刑苛法，如诽谤妖言法、妻孥连坐法，停止断残肢体的肉刑，减轻笞刑等。文帝时许多官吏断狱从轻，持政务在宽厚，不事苛求，因此狱事简省，人民所受的压迫比秦时有显著的减轻。

但是，文景时期的"与民休息"政策归根到底是地主阶级的政策。其目的是为了稳定和加强对人民的控制，进一步巩固封建统治，一些看来对农民有利的措施，实则对地主、商人更为有利。例如，文景时期减免田租，获利最大的是地主。因此，在文景之治安定、富足的另一面，就是土地兼并势力的日益发展。

汉朝为什么要"独尊儒术"？

汉初儒家学说虽从秦代的摧残压抑中逐渐复苏，但并未得到重用。武帝即位后，社会经济已有很大的恢复和发展。随着地主阶级及其国家力量的强大，对农民的剥削和压迫也逐渐加重，农民和地主阶级之间的矛盾逐渐加剧。因此，从政治上和经济上进一步强化专制主义中央集权制度，已成为封建统治者的迫切需要。在这种情况下，汉初所奉行"清静无为"的黄老思想已不能满足上述政治的需要，更与汉武帝的好大喜功相抵触；而儒家的春秋大一统思想、仁义思想和君臣伦理观念，显然与武帝时所面临的形势和任务相适应。

元光元年（前134），武帝召各地贤良方正文学之士到长安，亲自策问，得董仲舒所上"天人三策"。董仲舒提出的适应政治上大一统的思想统治政策，受到武帝的称许。元朔五年（前124），布衣出身的儒生公孙弘擢居相位。同年，武帝又批准为五经博士官置弟子员50人，根据成绩高下补郎中文学掌故，吏有通一艺者则选拔担任重要职务。此后，公卿、大夫、士吏都为文学之士，通晓儒家经典成为做官食禄的主要条件。

儒学得到了独尊地位，成为法定的封建统治思想。汉武帝"独尊儒术"有其时代特点。他推崇的儒术，已吸收了法家、道家、阴阳家等各种不同学派的一些思想，与孔孟为代表的先秦儒家思想有所不同。汉武帝把儒术与刑名法术相糅合，形成了"霸王道杂之"的统治手段，对后世有深远的影响。

王莽怎样改汉制？

西汉后期，土地兼并、奴婢和流民问题已成为当时严重的社会问题。阶级矛盾不断激化，封建统治的危机日益加深。

哀帝死后，平帝即位，王莽以大司马大将军辅政，于初始元年（8）代汉称帝，改国号为新。为了缓和早已激化起来的阶级矛盾，摆脱政治危机，王莽宣布改制。他针对土地和奴婢问题，下令将全国土地改称"王田"，奴婢改称"私属"，"皆不得买卖"，并且规定了重新分配土地的办法。一夫一妇授田100亩，一家男丁不满8口而占田超过一井（900亩）者，将多余的田地分给九族邻里乡党。没有土地者可按标准分给土地。又针对豪强富商囤积居奇和高利贷盘剥，下令实行"五均六筦"。在都城长安和洛阳、临淄、邯郸、宛、成都等市设立五均官，负责管理市场、平抑物价和征收工商税。由国家向人民无息或低息贷款，官营盐、铁、酒、铸钱和征收山川税，借以控制和垄断工商业，增加税收。这些措施在实行过程中遭到地主阶级和商人的抵制和反对。尽管法令严禁买卖土地和奴婢，犯令者罪至死，但土地、奴婢的买卖照样进行。始建国四年（12），王莽不得不宣布买卖"王田"及庶人者，勿拘以法。负责推行五均六筦

的人员，大多是富商巨贾。他们与郡县官吏勾结，上下其手，牟取私利，不但没给人民带来好处，反而增加了许多不便和痛苦。王莽还屡次改变币制，铸造大钱、契刀、错刀等货币，名目既十分繁杂，换算比值又极不合理，结果造成社会经济的极大混乱，民犯铸钱，伍人相坐，没入官奴婢的以10万数。

王莽改制的结果，不仅一般人民深受其害，贵族官僚、地主也在混乱中蒙受损失，引起社会各阶层的不满。终于爆发了全国规模的绿林赤眉大起义。

董卓之乱有什么后果？

中平六年（189）汉灵帝死，少帝刘辩继位，外戚何进辅政。何进与贵族官僚袁绍合谋诛杀宦官，不顾朝臣反对私召凉州军阀董卓入京。后因谋泄，何进被宦官张让等所杀。袁绍带兵入宫，杀尽宦官，控制朝廷。随后董卓率军进入洛阳，并领何进所属部曲，又使吕布杀执金吾丁原，并吞其众。由此势力大盛，得以据兵擅政。他废黜少帝，立陈留王刘协为献帝，并自任太尉领前将军事，更封为郿侯，进位相国。又逼走袁绍等人，独揽军政大权。董卓放纵士兵在洛阳城中大肆剽房资物，淫掠妇女，以致人心恐慌，内外官僚朝不保夕。初平元年（190）袁绍联合关东各州郡兴兵声讨董卓。董卓见关东联军势盛，乃挟持献帝退往长安，临行把洛阳的金珠宝器、文物图书强行劫走，焚烧宫庙、官府和居家，并胁迫洛阳几百万居民一起西行，致使洛阳周围"二百里内无复孑遗"，室屋荡尽。次年，董卓又授意朝廷封他为太师，地位在诸侯王之上，车服仪饰拟于天子。他还拔擢亲信，广树党羽，宗族内外，并居列位，子孙年虽幼小，男皆封侯，女为邑君。又筑坞于

郿（今陕西眉县东渭水北），号"万岁坞"，积谷可供30年。

初平三年四月，司徒王允与董卓部将吕布合谋，终于刺杀董卓。董卓部将李傕、郭汜率兵攻入长安，赶走吕布，杀死王允，大肆报复，吏民死者万余人。随后李傕劫持献帝，郭汜扣留公卿大臣。不久，李傕为曹操所杀，郭汜也为其部将所杀。经过这场动乱，关中地区的社会生产遭到严重摧残。

官渡之战有什么影响？

建安四年（199），袁绍集中精兵10万，骑万匹，准备进攻曹操。谋士沮授等加以劝谏，绍自恃地广兵强，不听。曹操闻讯，立即进兵扼守黎阳（今河南浚县东北），继而分兵屯官渡。不久，刘备叛曹袭取徐州，遣使与袁绍连兵。次年（200）正月，曹操派兵进击刘备，时袁绍竟因儿子有病不肯乘机攻曹，丧失了大好战机，使曹操在击溃刘备后从容回师官渡。二月，袁绍始派遣大将颜良进围曹军侧翼刘延于白马，而自领大军进驻黎阳，准备渡河。曹操声东击西，佯装北上延津（今河南延津北）攻击袁军后方，袁绍果然分兵西去迎敌，但曹操却突然引军急趋白马，大破袁军，斩杀颜良。白马之围解除后，曹操率领军队与百姓沿河向官渡撤退，袁绍派大将文丑等领6千骑兵追击。至延津南，曹操令置辎重于道上引诱袁军，袁军中计，纷纷争抢辎重。曹军猛然出击，杀死文丑，大获全胜。此后，两军在官渡相持数月。曹军军粮不继，处境艰难；百姓疲困，多叛而归袁。

曹操准备放弃官渡，退守许昌。谋士荀彧主张不可后退，先退者败，操从彧议，坚守不动。九月，袁绍运粮车数千乘送军粮到官渡，曹操派兵截击，烧毁粮

车。十月，袁绍又从河北运来军粮万余车，由部将淳于琼领兵1万多人押运，以防曹军再次袭击。这时，袁绍谋士许攸叛归曹操，报告袁军运粮至乌巢（今河南延津县境）的情况，并建议派兵夜袭乌巢。曹操遂亲领5千精兵，换上袁军旗帜，每人带一捆干柴，连夜从小道进发。曹军到达乌巢，包围了袁军，放火焚烧军粮，袁军顿时大乱。袁绍得知曹操奔袭乌巢，以为曹军大营必然空虚，派大将张郃以重兵劫营，只派少数骑兵救援乌巢。张郃遭到曹军顽强抵抗，久攻不下，而乌巢已经失守、军粮烧尽，张郃见大势已去，便率军投降曹操。

曹军乘胜出击，袁军完全崩溃。袁绍只带着长子袁谭和800骑兵逃过河北。建安十年（205），曹操彻底消灭了袁绍的残余势力，基本上统一了北方。

赤壁之战有什么意义？

曹操在基本统一北方后，企图一举扫灭南方割据势力，统一全国。建安十三年（208）七月，曹操挥师南征荆州割据者刘表。这时，刘表刚刚病死，继立的次子刘琮闻风丧胆，遣使请降。

原来投靠刘表的刘备匆促南奔江陵，而被曹军轻骑大败于当阳长坂，备妻子人众辎重等多失散，后与刘表长子刘琦及所领万余人会合，退守夏口（今湖北汉口）。曹军进抵江陵，收降荆州七八万军队，总兵力达20余万，而号称80万大军。曹操送信给孙权，胁迫其投降，又顺流东下，直驰夏口，威胁刘备。此时，孙、刘形势至为危急，孙权派鲁肃进见刘备，刘备则派诸葛亮去游说孙权，共商联合抗曹大计。于是，孙权决定与刘备结盟，派遣大将周瑜、程普、鲁肃统领水军3万与刘备共御曹军。初次交锋，曹军失利，遂引

船舰撤至北岸，屯于乌林（今湖北嘉鱼县西北）。周瑜等泊于南岸，两军隔江对峙。曹军长途跋涉，水土不服，军中流行疫病；荆州降卒，缺乏斗志，所以曹军人数虽众，士气却不高。又北人长于陆战，而不习水战，惧怕风浪颠簸，曹军竟用铁索将船舰捆在一起，如此固然使士兵免受晕船之苦，但船舰的行动也就非常不便，适合火攻。

黄盖派人送信给曹操，诈称投降，随后用艨冲斗舰数十艘装载干草枯柴，灌上油膏，上面覆盖帷幕，乘着猛烈的东南风扬帆驰往北岸，一边让士卒高喊："投降！投降！"曹军士兵都出来观看。待离曹军2里余，黄盖令一齐放起火来，火烈风猛，船飞如箭，撞向曹军船舰，曹军船舰顿时烈焰冲天，又迅速延烧到岸上营寨。周瑜等见北岸火起，立刻擂鼓过江，攻击曹军。

曹军大溃，人马烧死、溺死者无数，其余退保南郡。刘备和周瑜又指挥军队乘胜追击，一直追赶到江陵。赤壁一仗，使曹军遭到很大挫折。刘备在赤壁之战后，占领荆州四郡，有了自己的根据地；孙权在解除来自北方的威胁后，政权也更加巩固了。

什么是八王之乱？

晋惠帝是一个白痴，最初政权掌握在皇太后父杨骏手中，引起皇后贾氏的极端不满。贾后权欲极盛，心狠手毒，永平元年（291）乃勾结楚王司马玮等，借口杨骏谋反，诛杀杨氏亲党数千人，迫使杨太后绝食而亡。八王之乱由此开始。杨骏死后，汝南王司马亮与太保卫瓘辅政。贾后犹觉不能逞其所欲，同年六月，再次利用司马玮杀亮、瓘，然后又以假传诏旨之罪除掉司马玮，终于完全攫取了朝政大权。

此后8年，西晋社会相对稳定，但因太子遹非贾后亲生，是贾后的一块心病。

元康元年（299），太子已日渐长大，贾后遂设计诬其阴谋杀害皇帝、皇后，于是废为庶人，继而逼杀之。禁卫军长官、赵王司马伦觊觎帝位已久，这时以替太子报仇为名发动政变，杀死贾后，接着又于永宁元年（301）二月篡夺帝位。司马伦此举，立即遭到宗室诸王，尤其是手握强兵者的强烈反对，酿成长达6年多的血腥混战。这年四月，齐王司马冏首先在许昌发难，起兵讨伐司马伦，成都王司马颖，河间王司马颙则先后响应。三王联军与司马伦军队激战60余日，战死者近10万人。禁卫军见司马伦大势已去，遂杀伦及其党羽，拥惠帝复位，迎三王入京。司马冏以首功辅政，独揽大权。

太安元年（303），司马颙与成都王司马颖联合攻杀长沙王司马乂。冏死，司马颖称皇太弟，以继承人自居。接着东海王司马越奉惠帝攻颖，大败而逃，惠帝被颖所俘，司马颙乘机占领洛阳。越再兴兵，先后杀颖、颙。永兴三年（306）越毒死惠帝，另立司马炽为帝。至此，八王之乱才结束。八王之乱造成极大破坏，北方地区广被战火，历史名城洛阳、长安夷为丘墟，广大农村生产凋敝，生灵涂炭，死者不可胜数。八王之乱还引起一系列连锁反应，激化了阶级矛盾和民族矛盾，直接导致270余年南北分裂的局面。

淝水之战有什么后果？

从建元六年（370）至建元十二年（376），前秦先后攻灭了前燕、前凉和拓跋鲜卑所建的代国，实现北方的统一，并且还攻占了东晋的梁、益二州。在取得一系列胜利后，前秦王苻坚沾沾自喜，踌躇满志，企图进一步消灭东晋，统一全国。建元十四年（378），前秦首先在襄阳（今湖北襄阳）和彭城（今江苏徐州）向东晋发动进攻。

建元十八年（382），苻坚提出亲率大军南征的主张，但多数大臣认为时机尚未成熟，极力加以劝阻。苻坚听不进反对意见，他傲慢地说："（东晋）虽有长江，其能固乎？以吾之众旅，投鞭于江，足断其流。"次年七月，苻坚下令大举南征，戎卒六十余万，骑二十七万，前后千里，旗鼓相望。八月，在强敌进犯之际，东晋谢安从容部署抵抗事宜，派弟谢石为征讨大都督，谢玄为前锋都督，领兵8万应战。双方投入的兵力极其悬殊，东晋显然处于不利地位。但是，这时东晋内部矛盾趋于缓和，政局大体稳定。而且，由谢玄率领的北府兵是一支劲旅，主要由北方流民组成，斗志旺盛。

由于连年用兵，前秦兵疲将倦，而临时被迫当兵的各族人民更不愿为前秦卖命。这些因素使东晋有可能以少胜多、以弱胜强。十月，前秦攻克寿阳，晋军退守硖石，秦军扼守洛涧，企图切断晋军的救援。苻坚赶到前线督战，他自恃兵多，派东晋降将朱序劝降，朱序却建议晋军宜乘秦军尚未集结，速战速决。于是谢玄派刘牢之统领北府精兵5千击溃洛涧的秦军，歼敌1万5千余人。苻坚登上寿阳城头观察形势，见晋军部伍严整，遥望八公山上的草木，以为都是晋军，不禁大惊失色。晋军水陆并进，与秦军隔淝水对峙而阵。谢玄派人到秦军中，要求秦军稍向后移，以便晋军渡河决战。苻坚企图乘晋军半渡时加以攻击，遂同意退兵。秦军本是乌合之众，一退即不可止。晋军在谢玄等的指挥下渡河猛攻，势如破竹。

秦军前锋统帅苻融死于乱军之中，苻坚也身中流矢，单骑逃回淮北。逃亡中的秦军听到风声鹤唳，都以为是追兵来了，昼夜不敢停息，死者十有七八。苻坚在洛阳收拾残兵，只有十几万人。淝水战后，鲜卑、羌族贵族都背叛了苻坚，前秦政权顷刻瓦解了。

什么是贞观之治？

唐太宗李世民即位初始，推行去奢省费、轻徭薄赋、选用廉吏、兴修水利、鼓励垦荒、增殖人口、广设义仓等措施，使隋末战乱一度凋敝的社会生产又呈现生机。太宗本着舍短取长，兼明优劣的用人方针，充分发挥贤者能人的德才之长，亲君子、远小人，士庶并举、新故同进、汉夷并用。

房玄龄、杜如晦、魏徵、虞世南、马周、秦叔宝，或以善谋、或以善断、或以忠直、或以干练、或以文才、或以武勇，各尽所能，效力于太宗，以至人才济济，文武荟萃，成为贞观之治实现的重要因素。太宗极为重视吏治，慎择刺史亲民，执法务求宽简，提倡节俭，抑制旧士族势力，并大兴学校，盛开科举，笼络地主阶级知识分子，为庶民地主广开参政之门。太宗致力于巩固边防，安抚边疆各族降众，广设羁縻州府，缓和了西北、北边的边患，民族间的交往得到加强，因此，北方各族尊太宗为"天可汗"，并开辟"参天可汗"道，以加强羁縻府州同中央的联系。太宗在兼容并蓄、开明开放的民族思想指导下，推行的和亲、团结、德化的民族政策，为统一的多民族国家做出了卓越贡献，文成公主入藏和亲，在汉藏友好史上意义深远。贞观年间一系列的政治、经济、军事措施，效果显著，"贞观之治"所造就的盛世升平景象，史家经常与汉代的"文景之治"相媲美。

安史之乱有什么后果？

安禄山是营州柳城（今辽宁锦州）胡人，因边功得到重用及擢升，一身兼领范阳（今北京）、平卢（今辽宁朝阳）、河东（今山西太原西南）三镇节度使，集军、政、财大权于一己，实力与野心俱长。

玄宗天宝十四年（755）因与权相杨国忠不协，遂以讨杨国忠为名，一月自范阳起兵，南渡黄河，进逼洛阳。唐大将封常清奉诏募兵抗敌，很快为叛军所败，洛阳失陷。天宝十五年（756）正月，安禄山在洛阳称帝，国号燕。各地官民纷纷反抗叛军，如常山（今河北正定）太守颜杲卿、平原（今山东陵县）太守颜真卿和河南一带的地方官张巡、许远等。杨国忠猜忌驻守潼关的大将哥舒翰，促令其放弃固守方针，出关迎敌，结果大败，潼关失守。玄宗匆忙逃往成都，行至马嵬驿（今陕西兴平西），从行军士哗变，杀死杨国忠并迫使玄宗缢杀杨贵妃。长安陷落后，太子李亨从马嵬驿回军北上，同年七月即位于灵武（今宁夏灵武西南），改元至德，是为肃宗，遥尊玄宗为太上皇。肃宗用李光弼、郭子仪为将，会集西北各军，又得到西域各族和回纥的援助，转入反击。至德二年（757），安禄山被其子安庆绪杀死，同年唐军收复长安和洛阳，安庆绪退保邺（今河南安阳）。乾元元年（758），唐派九节度率兵攻邺。次年三月，降唐复叛的安禄山旧部史思明自范阳率兵救邺，数十万唐军溃败。同年九月，史思明南陷洛阳。上元二年（761）三月，为其子史朝义所杀。

宝应元年（762），代宗新即位，借用回纥兵收复洛阳，叛军将领因大势已

去，纷纷降唐。次年正月，史朝义被迫自杀。安史之乱是唐朝由盛而衰的转折点，战火波及地区社会经济遭到极大破坏，西北边防呈空虚状态，吐蕃乘机东侵。在平定叛乱前后增设的节度使，权力日益膨胀，逐渐形成"藩镇割据"的局面。

牛李党争是怎么形成的？

牛李之争的起因及分歧众说不一，历时约半个世纪，是唐后期的重大政治事件。宪宗元和（809—820）年间，牛僧孺、李宗闵等人应"贤良方正、直言极谏科"制举，对策时痛诋时政，引起当朝宰相李吉甫（李德裕之父）不满，向宪宗陈诉，导致主考官被贬，牛僧孺等不予重用，埋下党争前因。在如何对待藩镇割据的问题上，李吉甫一派主张武力平叛，另一派宰相李绛、李逢吉等主张以安抚为主，遂形成对立派系。穆宗至文宗时期，党争循序展开，两派交相进退。穆宗长庆元年（821），因礼部贡举不公，经李德裕等证实，李宗闵等因涉嫌私情，被贬，两派遂由公怨转成私仇，更相倾轧，互引宦官为援。武宗时期，牛党失势，李德裕自淮南节度使入相，李党自此独掌朝政，牛党领袖牛僧孺、李宗闵被贬职流放。

宣宗时期，牛党重新得势，执掌朝政，牛党纷纷被召还朝。李德裕被贬到崖州（今海南琼山东南），后死于贬所。牛李之争以牛党获胜结束。两派之争，既有公事，也有私仇，政治主张除对待藩镇所持态度有别外，在选举制度、对待文化传统等方面亦多有分歧，牛党拥护进士科取士，相互援引，结成朋党；李党则主张改革选举制度，以抑进士科所带来的浮华之风。

王安石如何变法？

王安石（1021—1086）字介甫，北宋政治家、文学家。抚州临川人（今江西抚州市），出身地主官吏家庭，曾与父亲经历许多地方。中进士后，历任幕僚、知县、通判、知州、提点刑狱等职，有政绩。宋仁宗时上《万言书》，希望改革，受到冷遇。宋神宗继位后，得到支持，开始实行改革。

熙宁二年（1069），宋神宗以王安石为参知政事，实行改革。改革以增加财政收入，节俭支出，稳定经济秩序，整理经济环境，加强军事力量为主要内容。均输法：均输法徙贵就贱，用近易远，减少财政支出，限制商人牟利，以稳定经济秩序。农田水利法：由政府计工料、按民户等第出资兴修水利，抑制土地兼并与水利工程垄断，劝种桑柘等经济作物。整理经济环境，以利收入。青苗法：青黄不接时，由政府贷款给农民，半年加息二分偿还。主要目的是抑制土地兼并和高利贷。并强制上等户借贷与纳息。也属整顿经济环境的措施，利于财政收入稳定。方田均税法：清查垦耕田地，标明亩数、产主、田地优劣以定赋税，避免豪强隐产，使岁入有保证。免役法：由政府募役，改变按户等轮流当差办法。费用由主户按等第负担。收取免役钱，由官、或形势诸户纳助役钱。目的在减轻政府支出，解放生产力，便利农耕。将兵法：将黄河流域战区驻军分为几个或十几个单位，设将与副将各一人，训练军士。力图改变军士素质低下，不能作战的状况。保马法：主要在京东、西，河北、东，陕西五路施行。由义勇或保甲养马一匹或二匹，以利征用，养马者受政府支持，可免折变钱等税。目的在加强军事力量，便于与敌作战。

王安石变法陆续至元丰八年（1085）

结束，其中经历了激烈的内部斗争，王安石二次罢相。以司马光为首的政治势力终于在元祐更化中破坏了大部分新法。

靖康之变的前因后果是什么？

宋哲宗死后，徽宗继位，继位之初，向太后述政，打击变法革新派。向太后死后，徽宗改年号为建中靖国（1101），亲自主持政事。

此时，变法守旧两派斗争极严重，成为北宋末统治中极为敏感的问题，徽宗企图清除这种内部斗争，调和两派，成为他执政时期政务的主要内容之一。此时宋朝还面临着农民起义与新兴的强大金政权的双重威胁。徽宗任用蔡京主持政务，以期平弥两派斗争，但蔡京不仅不能平弥二者仇恨，反而，利用权势，打击其他官僚，又借变法强国之政大肆搜刮民力，唆使徽宗崇尚道教力量，挥霍钱财，从而引起了更大的社会动乱，在两浙有方腊的起义，在山东又有宋江为首领的起义，极大地损坏了宋的统治力量，经长期斗争，才使起义平息下来。

在对外族进攻上，蔡京一手遮天，将领难以用命，金兵连续给予北宋以沉重打击。宣和七年（1125）金兵南侵，兵锋直指宋都城，徽宗慌乱不堪，以儿子为监国，准备南逃金陵。在宗泽等大臣迫使下，传位与儿子赵桓，为钦宗，自为太上皇，改元为靖康（1126）。

钦宗在抵抗金军同时，大肆进行投降准备，朝内战与和两派争持不下，暂时达成和议后，两派斗争更加激烈。靖康元年（1126）金兵第二次南下，再次围攻开封，钦宗用道士郭京为将，企图以咒语破金兵于城下，结果大败。靖康二年（1127）金军攻破开封，徽、钦二帝及宗室、大臣三千余人被俘走，北宋王朝灭亡。史称靖康之变。

郑和下西洋有什么意义？

郑和，本姓马，回族，云南昆阳（今云南晋宁）人，世界著名的航海家。

洪武（1368—1398）时入宫，初在燕王藩邸任职，随朱棣起兵有功，擢升为太监，赐姓郑。历事永乐（1403—1424）、洪熙（1425）、宣德（1426—1435）三朝。世称"三保太监"，也称"三宝太监"。明人划分东西洋以今婆罗洲为中心，婆罗洲以西称"西洋"，以东称"东洋"。"文莱，即婆罗洲，东洋尽处，西洋所自起也"。郑和航海所到的地区大都在婆罗州以西，所以俗称"三保太监下西洋"。郑和第一次远航是永乐三年（1405）六月，他与副使王景弘等从苏州刘家河（江苏太仓东浏河镇）出发，首先到占城（越南南部），遍历爪哇（印尼爪哇岛）、暹罗（泰国）、满剌加（马六甲）、苏门答腊、忽鲁谟斯（位于波斯湾）等地，于永乐五年九月返回南京，前后历时两年三个月。郑和这一次航行，共有船只63艘，人员27000多名，最大的船长44丈，宽18丈，可容千余人，是当时海上最大的船只。船上有航海图、罗盘针，具有最先进的航海设备。

从永乐六年到宣德八年（1433），郑和又六次率领舰队远航。前后历时20余年，共经历亚非30多个国家和地区，最远到达非洲东海岸。比西方哥伦布、达伽马等的航行早将近一个世纪，舰队规模和船只之大更是远远超过了他们，是世界航海史上的盛举。

郑和远航的船队，满载瓷器、丝绸、锦绮、铁器等，一方面代表明朝皇帝向各国赠送礼品，邀约他们派使臣到中国访问；同时也和他们进行贸易，交换象牙、

宝石、珍珠、香料等物。郑和的远航，促进了中国人民同亚非各国的经济文化交流，增强了与各国人民的友谊。很多国家在郑和的远航船队访问后派使臣来中国建立邦交和进行贸易。

戚继光如何抗倭？

明初开始，倭寇对中国沿海进行侵扰，从辽东、山东到广东漫长的海岸线上，岛寇倭夷，到处剽掠，沿海居民深受其害。明初筑海上16城，籍民为兵，以防倭寇。至嘉靖时，倭寇又猖獗起来，并与中国海盗相勾结，对闽、浙沿海地区侵扰如故。在倭寇长期为患之时，明朝军队中涌现了抗倭名将戚继光。戚继光（1528—1587），字元敬，山东东牟（今莱芜）人。嘉靖三十四年（1555）调浙江，任参将，积极御御倭寇。他鉴于卫所军有不习战阵的弱点，恳请获准后亲赴义乌招募农民和矿工，组织训练一支3000多人的新军。他治军有方，教育将士要杀贼保民，严格军事训练。由于新军将士英勇善战，屡立战功，被誉为"戚家军"。

嘉靖四十年，倭寇焚掠浙东，他率军在龙山大败倭寇。继之在台州地区9战皆捷，扫平浙东。次年率6000精兵援闽，捣破倭寇在横屿（今宁德东北）的老巢。嘉靖四十二年再援福建，升总兵官，与刘显、俞大猷分三路进攻平海卫（兴化城东）。次年春，相继败倭于仙游城下，福建倭患遂平。嘉靖四十四年又与俞大猷会师，歼灭广东的倭寇。这样，东南沿海倭患完全解除。

张居正如何改革？

张居正（1525—1582），字叔大，号太岳，湖北江陵人。前后当国十年，为人善谋，独揽朝政，是明代最有权威的一个首辅，也是中国封建社会后期不可多得的政治家。当政期间，面对吏治败坏、财政危机、赋役不均、军心涣散的局面，利用手中掌握的权力，雷厉风行地推行了一系列改革，取得了一定成效。

张居正目睹嘉、隆时期的混乱政局，认为其症结在于吏治腐败，吏治不清，贪官为害，故救时之急务便是刷新政治。万历元年（1573）提出考成法。其方法是逐级考核，以部院考查抚按，以六科监督部院，以内阁督察六科。实行相互制约、监督，借此提高内阁权力。同时，抑制宦官势力，整饬学政，加强对生员的控制，重用人才，行政办事效率提高。为挽救当时的财政危机，维持国家财政收支的平衡，张居正一方面裁减冗官冗费，节省皇室的费用。另一方面，严加催征田赋和清理逋欠。万历二年（1574）规定，拖欠七分之中，每年带征三分。第二年又定"输不及额者，按抚听纠，郡县听调"。并用考成法来严厉督促官员奉行。经过一番整顿后，明王朝的财政收入有了好转。万历五年下令清丈土地，凡庄田、民田、职田、荡地、牧地，通行丈量，限三年竣事。万历九年清丈基本完成，全国田亩数字为701万余顷。对豪强地主隐瞒土地起了一定的抑制作用。同时张居正改革赋役制度，实行一条鞭法。

张居正改革，是明朝封建统治者，为了挽救明中叶以后积弱积贫的统治危机而搞的一场改良运动。经过改革整顿，阶级矛盾暂时缓和了，社会经济也有相对的恢复和发展，府库钱粮充羡，边防力量加强，达到了富国强兵的目的。

郑成功怎样收复台湾？

郑成功（1624—1662），本名森，字大木，福建南安人。父郑芝龙是一个长期居于台湾的大商人，对台湾的开发有一定的贡献。后回大陆为官，顺治三年（1646）降清。清军入关南下，对汉族人民实行野蛮的民族压迫，激起郑成功的义愤。他从南澳出兵抗清。以厦门、金门为根据地，不断打击清军。同时，对荷兰殖民者侵占台湾也非常激愤。十六年，郑成功北伐南京为清军所败，被迫退回厦门。清朝下令对东南沿海实行严厉封锁。

这时，曾任荷兰人通事（翻译）的何廷斌自台湾回到厦门，将台湾地图献给郑成功，并报告了荷兰人的军事部署和台湾人民迫切要求驱荷的情况。郑成功于是决定收复台湾。十八年，郑成功留儿子郑经守金门、厦门，自己于三月二十三日率战舰350艘，将士25000多人，从厦门、金门出发，横渡海峡。四月初一到达台湾，在赤嵌城附近的鹿耳门登陆。登陆后，郑成功首先攻打赤嵌城。赤嵌城的荷兰守将猫难实丁，一方面写信派人到台湾城求救，一方面派兵仓促应战。

荷兰总督揆一得信后，派鸟枪兵数百前来冲杀，结果全军覆灭，首领也被打死。随后，郑成功切断了赤嵌城和台湾城之间的联系。不久，赤嵌城的敌军支持不住，宣布投降，写信给郑成功，表示愿意送白银十万两，请求郑成功放弃台湾。郑成功在回信中指出，台湾是中国的领土，一定要收复，表达了收复台湾的坚定立场。郑成功从四月下旬开始对台湾城实行长期围困。八月上旬，从爪哇来的荷兰援军被打败；十二月下旬，走投无路的揆一被迫签字投降。在长达8个月的围困当中，荷兰人死了1600多人。康熙元年（1662）初，荷兰总督揆一带着不满千人的残兵败将，狼狈地离开台湾向爪哇退去。被荷兰殖民者侵占38年之久的台湾，终于被伟大的民族英雄郑成功收复了。

为什么说清代文字狱最盛？

清代统治者为防止和镇压知识分子的反抗，从其作品中摘取字句，罗织罪名，构成冤狱。清代文字狱自顺治开始，中经康熙、雍正、乾隆四朝，历时140余年。少数民族掌权的清朝，对汉人控制极严。文人学士在文字中稍露不满，或皇帝疑惑文字中有讥讪清朝的内容，即兴大狱，常常广事株连。

清代的文字狱多达80余起。除了极少数事出有因外，绝大多数是捕风捉影，纯属冤杀。康熙一朝的大案有庄廷鑨《明书》案和戴名世《南山集》案。

浙江湖州富商庄廷鑨，购得朱国祯《明书》之《列朝诸臣传》稿本。庄廷鑨刊行时，请人增添明末天启、崇祯两朝史事，其中多有指斥满洲的文句。康熙二年（1663）被人告发。是时，庄廷鑨已死，仍被开棺戮尸。庄氏家属及为书作序、校阅、刻字、印刷、买书、卖书者，并地方官吏，被处死者达72人，充军边地者数百人，妻女均发边为奴。康熙十五年（1711）的《南山集》案又称戴名世案，戴名世作《南山集》（因居桐城南山，故名），采用了相城方孝标《滇黔纪闻》中的材料，叙述明末清初的抗清事实，对南明诸王寄以同情，并书南明桂王永历年号。事发，戴名世被斩，300多人受牵连。查嗣庭案亦系较大冤案。查氏为隆科多党人，官至礼部侍郎，雍正四年（1726）出任江西主考。选用《易经》、《诗经》上的"正"、"止"二字（俗传"维民所止"）命题，被人告作要去"雍正"之头。查嗣庭病死狱中，仍被戮尸枭首。乾隆四十三年（1778）又兴徐述夔狱。徐述夔死后留下刻板《一柱楼诗》及《传》各一本。当时清朝搜查"禁书"甚严，将这两本书缴出。江苏藩司陶易、幕

僚陆琰承办此案，未能查出"悖逆"之处，后来被人检出"明朝期振翮，一举去清都"一句加以告发，被定为"大逆"之罪，将徐述夔家族及列名校对人活者处死，已死者戮尸枭首，连陶易及陆琰等人也均身首异处，以惩"大员负恩玩法"之罪。

文字狱严重禁锢了思想，堵塞了言路，阻碍了科学文化的发展，这是封建专制主义日趋腐朽、没落在思想文化领域内的反映。

鸦片战争是怎么引起的？

19世纪初叶，英、法、美等国已经完成或正在完成产业革命，资本主义经济迅速发展，资产阶级迫切需要建立海外殖民地作为商品市场和原料供应地。地大物博、人口众多的中国是它们向东方侵略的重要目标。其时，中国是清王朝统治下的封建国家，小农业和家庭手工业相结合的自给自足的自然经济在社会经济中占主要地位，这种经济形态顽强地抵抗着西方国家的商品输入。在中西方正常的贸易中，中国处于出超地位。

为了改变对华贸易的不利状况，英国殖民主义者一方面扩大对华鸦片走私，以攫取暴利，一方面准备武装侵略，以打破清政府的闭关政策。英国东印度公司自18世纪70至90年代取得鸦片专卖特权后，即向中国大量销售鸦片。1800年（嘉庆五年）外国（主要是英国）输入中国的鸦片为4570箱，1838—1839年（道光十八至十九年）激增为3.5万余箱。鸦片的大量输入，严重毒害了中国人民，造成中国白银大量外流，加重了人民的负担，加深了清朝封建统治危机。1838年6月，鸿胪寺卿黄爵滋上《严塞漏卮以培国本疏》，请严禁鸦片，重治吸食者。9月，湖广总督林则徐上奏极言鸦片之危害，指出"若犹泄泄视之，是使数十年后，中原几无可以御敌之兵，且无可以充饷之银"，主张严加查禁。

道光皇帝采纳禁烟派的主张，于紫禁城先后8次召见林则徐，商讨禁烟事宜。12月底，命林则徐为钦差大臣，加兵部尚书衔，前往广东主持禁烟。次年3月林则徐到达广州，会同两广总督邓廷桢、水师提督关天培，与英、美鸦片贩子坚决斗争，迫使英国驻华商务监督义律及外国烟贩缴出鸦片237万多斤。从6月3日至25日，在虎门海滩当众销毁。同时，林则徐等大力整顿海防，组织团练水勇，加强战守，先后击退英国侵略者从海上和陆上的武装挑衅。中国禁烟的消息传到英国后，英国决定以此为借口发动侵华战争。

1840年4月10日，英国议会正式通过对华战争的决议案。6月英舰船48艘，士兵4000余人，陆续开抵广东海面，封锁珠江口，鸦片战争正式爆发。7月2日英舰抵厦门投文，并作武装挑衅，被击退，5日攻占定海。8月，抵达天津白河口，递交英国外交大臣巴麦尊给清政府的照会，提出赔款、割地、鸦片贸易合法化等一系列侵略性要求。道光皇帝屈服于英军的武力恫吓，派直隶（今河北）总督琦善前往天津与英军谈判。琦善向英方表示一定重治林则徐，"秉公"查办鸦片问题，英军遂于9月中旬陆续南撤。道光皇帝任命琦善为钦差大臣到广州继续与英国侵略者谈判，并将林则徐、邓廷桢革职。11月底琦善到达广州，一反林则徐所为，自动撤除珠江口附近防务，裁减水师，遣散水勇乡勇，并镇压抗英民众。1841年1月7日，英军突然袭击，攻陷大角、沙角炮台，琦善派鲍鹏到穿鼻洋向英军统帅义律求和。

义律提出《穿鼻草约》，并于20日

单方面公布，同时派兵强占香港。《穿鼻草约》包括割让香港、赔款烟价600万银元、恢复广州通商等条款。琦善的卖国行为，引起了广州人民的强烈反对。清政府也感到赔款、割地有伤"天朝尊严"，下令将琦善锁拿进京治罪，派御前大臣、皇侄奕山为靖逆将军，率军1.7万人赴广东同英军作战。义律获知消息后，于2月进攻虎门炮台，守将关天培率军死战，壮烈殉国。4月奕山到广州。5月21日派兵夜袭，次日英军进攻，占据城外四方炮台，猛轰广州城，奕山龟缩城内乞和。27日签订《广州和约》，向英军文纳赎城费600万元，赔偿英国商馆损失30万元，清军退驻广州城外60英里，英军退出虎门。道光皇帝不得已批准了《广州和约》。此后清朝统治者以为战事就此结束，开始裁减军队。但是，英国政府却嫌义律发布的《穿鼻草约》所得侵略权益太少，决定改派璞鼎查为全权代表，扩大侵华战争。璞鼎查率舰队于8月26日攻陷厦门，10月1日再陷定海，10日陷镇海，13日占宁波。道光皇帝被迫于10月18日任命协办大学士、皇侄奕经为扬威将军，率军赴浙江办理军务。

1842年3月奕经集兵万余，从绍兴分兵三路进军，企图同时收复宁波、镇海、定海，结果一败涂地，从此不敢言战。道光皇帝急求妥协，又派耆英、伊里布赶赴浙江议和，遭到璞鼎查拒绝。为胁迫清政府接受其全部侵略要求，英军决定入侵长江，切断运河，直扑南京。5月18日，攻陷江防重镇乍浦。6月中旬，攻陷吴淞口炮台，占领宝山、上海。7月攻陷镇江，8月英军舰船侵入南京江面。8月29日，耆英与璞鼎查在英舰皋华丽号上，按照英国侵略者提出的全部条件签订了丧权辱国的《南京条约》。鸦片战争至此结束。从此，中国由一个封建社会逐步沦为半殖民地半封建社会。

三元里抗英是怎么回事？

三元里位于广州城北五里处。1841年5月（道光二十一年四月）英军攻陷泥城、四方炮台，炮击广州，迫使清将奕山签订了《广州和约》。英军的暴行，清朝的投降丑行，激起了三元里一带人民的义愤。5月29日，一队英军到三元里一带抢劫行凶，调戏妇女。愤怒的群众一拥而上，菜农韦绍光等当场打死英军10多名，其余的狼狈逃窜。

为对付英军寻衅报复，三元里人民齐集村北三元古庙，面对神庙前的三星旗立誓："旗进人进，旗退人退"，后又联络附近103乡人民，共商作战方策。在这支抗英队伍里有贫苦农民，丝织、打石、烧炭工人，渔民，秘密会党成员和爱国士绅。他们利用"社学"组成一支反侵略的武装力量。30日清晨，5000义勇佯攻四方炮台，英军司令卧乌古督率英军迎战。义勇们按计划且战且退，将英军诱至牛栏冈团团围住，展开肉搏。经过一天激战，打死英军少校毕霞等多人，生俘10余人，其余英军逃回四方炮台。义勇跟踪追击，并将炮台层层包围。31日，广州附近番禺、南海、花县、增城等县400余乡群众赶来支援，人数逾万。

英军龟缩在炮台，派汉奸混出重围，向广州地方政府求救，并以"打破议和，大举进攻"相威胁。奕山大骇，令广州知府余保纯以又压又骗的方法，将群众驱散。6月7日，义律为掩饰失败丑态，张贴告示恫吓广东人民"后毋再犯"。广州人民针锋相对加以批驳，宣言：不用官兵，不用国帑，自己出力，杀尽尔等。显示了中国人民敢于同侵略

者进行斗争的英雄气概。

火烧圆明园是怎样发生的？

圆明园位于北京西北，由圆明园、万春园、长春园组成，荟萃中外美景奇观，收藏无数奇珍异宝，是中国最大的皇家园林。

它的修建历康熙、雍正、乾隆三朝150余年，耗费亿万资财和大量人力。1860年10月初（咸丰十年八月）英法联军逼近北京。6日联军循城追击清军至圆明园。法国将军孟托邦率部率先闯入。次日英国侵华军全权专使额尔金等进占。侵略者肆无忌惮地抢劫园中金银珠宝，秘笈古玩。联军官兵几乎每人都掠到数以万计、十万计，乃至百万计的财富。13日留守北京城的清朝大臣交出安定门，英法联军控制了北京。奕䜣代表清政府与英法议和。

为压迫清政府作出更多的让步，掩盖焚掠圆明园的罪行，英法联军以报复清军虐杀俘虏为名，在18日、19日出动数千军队，有计划地焚烧圆明园。园内殿宇楼阁陷入火海之中，大火连烧三天，烟云蔽日，笼罩北京。经此浩劫，这座闻名于世的皇家园林只剩下一片残瓦颓垣。

甲午战争是如何发生的？

中日甲午战争是1894年至1895年日本政府发动的对朝鲜和中国的侵略战争。因爆发战争的1894年（光绪二十年）是农历甲午年，史称"甲午战争"。

日本从明治维新以后，迅速走上军国主义道路，首先把侵略矛头指向朝鲜、中国。1894年1月朝鲜发生东学党起义，朝鲜国王李熙向清政府乞援。日本政府把这一事件看作发动战争的良机。6月2日内阁通过以保护在朝日侨为借口的出兵朝鲜的决定。5日成立战时"大本营"，调遣部队开赴朝鲜。与此同时又劝诱中国出兵赴朝，保证日本"必无他意"。6月5日清政府派直隶提督叶志超、太原总兵聂士成率淮军1500人入朝，驻汉城以南的牙山，并通知日本。鉴于东学党起义已被平定，朝鲜局势趋于平稳，清政府于6月8日向日本建议双方撤兵，遭日方拒绝。日本反而提出两国共同监督朝鲜改革内政的要求，继续增兵，蓄意扩大事态。到6月底入朝日军已达万人，占据了从仁川到汉城一带战略要地，不断向中国军队挑衅，战争迫在眉睫。面对日本的战争威胁，清政府内部意见不一，举棋不定。以光绪为首的帝党主战，但无实权。以慈禧太后为首的后党主和，并占了上风。在慈禧太后的支持下，力主避战求和的李鸿章不作迎战准备，寄希望于俄、美等国出面干涉调停。西方列强均对日本采取偏袒态度，致使清政府希望国际调停的幻想破灭。7月20日，清政府命卫汝贵、马玉昆、左宝贵、丰升阿4军29营、总兵力1万余人入朝，驻守平壤。23日军攻占朝鲜王宫，成立傀儡政权。25日日舰在牙山口外丰岛附近，向护送兵员的中国海军发动袭击。中国的"广乙"、"济远"两舰负伤，运输船"高升"号被击沉，船上中国官兵大部壮烈牺牲。同日，日本陆军4000多人向牙山的中国驻军进攻，挑起了侵略中国的战争。29日双方激战于成欢驿。日军先头部队在安城渡遭伏击，伤亡较大，继以重兵猛攻成欢。清军不支，叶志超、聂士成先后率部撤出，退至平壤。8月1日中日双方正式宣战。9月初日本政府任命山县有朋大将为第一军司令官，指挥日军第三、第五师团1.6万多人，分四路包围平壤，15日发起攻击。中朝军民奋起还击。左宝贵率部在平壤北门玄武门与敌展开血战，不幸中炮牺牲，阵地失守。清军统帅叶志超怯战失措，于当夜弃职逃走，导致全军溃退。16日平壤被日军占领。17日护送运兵船的北洋舰队返航途中行至大东沟海面，遭到日本海军中将伊东祐亨指挥的联合舰队截击。

北洋舰队提督丁汝昌即令各舰列队迎战。双方激战5个多小时，傍晚日舰退走，黄海海战结束。北洋舰队损失5艘军舰，牺牲了邓世昌、林永升等优秀将领，日本亦有5艘军舰负重伤，丧失战斗力。双方各有损伤，中国稍重。李鸿章为保存实力，令北洋舰队退守威海卫（今威海市），不许巡海。日军掌握了海战主动权。10月下旬日军分两路大举进犯中国。山县有朋指挥的第一军从朝鲜义州渡过鸭绿江，击败四川提督、北洋帮办大臣宋庆统率的清军，接连攻占九连城、安东（今丹东）、岫岩、海城等地。清军在摩天岭、田庄台一带重筑防线，坚决抵抗，挡住日军攻势。由陆军大将大山岩指挥的日本第二军于10月24日在辽东半岛的花园口登陆，进犯金州。驻守旅顺的清将徐邦道率部到金州御敌，因敌我力量悬殊，被迫于11月6日弃守。7日日军未经大战，轻取大连。21日日军分三路猛攻旅顺。徐邦道、程允等率部英勇抵抗，因孤军无援而败。22日旅顺失陷。日军占旅顺后屠城4日。为了扫除进犯京津地区的障碍，1895年1月日本决定组成以大山岩为指挥官的"山东作战军"，20日日军以25艘舰船运送2万士兵在威海卫以东的荣成登陆。得逞后，兵分两路直犯威海卫，并用舰队正面封锁威海卫港。清军阻击陆路进犯日军，未奏效。2月1日、2日威海卫港南北炮台相继失守，北洋舰队被合围于刘公岛。北洋官兵在丁汝昌指挥下顽强坚守，伤亡惨重，处于困境。部分将领伙同洋员迫丁汝昌投降。丁不从，又拒绝日军头目

劝降，11日夜自杀殉国。部下托其名致书投敌，刘公岛遂为敌占。清政府经营多年的北洋海军全军覆灭。

戊戌变法有什么意义？

1895年4月，清政府在中日甲午战争中战败，被迫与日本签订丧权辱国的《马关条约》，消息传到北京，群情激愤。正在京参加会试的康有为即联合各省应试举人，聚集达智桥松筠庵，讨论上书请愿。会后由康有为起草《万言书》，提出拒签和约、迁都抗战、变法图强三项建议，联络1300多（又说500多）举人签名，于5月2日呈递都察院，都察院拒绝代呈。

这就是轰动一时的"公车上书"。它是资产阶级改良主义思潮发展为政治运动的起点。5月29日和6月30日康有为又连续两次上书光绪帝，反复陈述变法主张。都察院仅代呈"第三书"，光绪帝阅后颇为赞许。康有为的上书活动引起了帝党的注意，帝师翁同龢（时任户部尚书、军机大臣）曾亲往会晤，并与之多次通信，商讨变法事宜。帝党企图利用资产阶级维新派的力量，通过变法从后党手中夺取实权，富国强兵，以挽救风雨飘摇的封建统治；软弱的资产阶级维新派则希图依靠帝党来实现其政治目的，于是两派联合起来，共同推进变法运动。7月，翁同龢接受康有为的建议，令人草拟12道新政诏书，请在皇族中威望很高的恭亲王奕䜣面陈皇帝，奕䜣断然拒绝。从1895年夏至1898年春，维新派积极创办报纸、组织学会、开办学堂，为变法运动制造舆论，团结力量，培养人才。1895年8月，康有为在京创办维新派的第一份报纸《万国公报》，宣传西学，鼓吹变法。11月中旬，在康有为、梁启超奔走推动下，翰林院侍读学士文廷式出面组织维新派的第一个政治团体强学

会。

1897年至1898年维新人士谭嗣同、黄遵宪、唐才常、梁启超等汇聚湖南长沙，开展维新运动。他们创办《湘学报》，《湘报》，宣传爱国救亡，提倡西学，倡言民权；组织南学会，联络官绅士商，以"收群谋之益"；开办时务学堂，向学生灌输资产阶级民主思想，培养变法中坚。维新派的变法活动，特别是舆论宣传活动，引起封建顽固派和洋务派的憎恨和恐慌，于是双方在思想领域展开了激烈的论战。论战主要围绕着"要不要变法"、"要不要实行君主立宪"和"要不要改变封建教育制度"三方面展开。维新派以进化论批判"天不变，道亦不变"的形而上学思想，以民权观念批判"君权至上"的封建专制思想，以资产阶级教育观点批判"禁锢人心"的科举制度。经过论战，资产阶级的新思想广泛传播，形成中国近代第一次思想解放潮流。

1897年冬，德国强占胶州湾，康有为迅即向光绪皇帝上"第五书"，痛言"瓜分豆剖"的危机局势，建议变法。书呈工部，格未上达。1898年1月，康有为应诏上《统筹全局折》，请大誓群臣以定国是，开制度局以定新制，别开法律局、税计局、学校局、农商局等12局以行新法，各省设民政局，实行地方自治。光绪帝命总理衙门"妥议具奏"，总理衙门却遵照慈禧太后旨意将折中建议逐条驳回。4月，康有为怂恿御史李盛铎在京发起成立以"保国保种保教"为宗旨的政治性团体保国会。此前此后有粤学会、蜀学会、闽学会、关学会、保滇会、保浙会、保川会等。士大夫经常集会，议论时政，变法空气日浓。康有为乘时鼓动帝党官员上书，敦促变法。6月11日，光绪帝接受变法建议，发布"明定国是"诏，正式开始变法。16日，光绪帝召见康有为，商讨变法具体步骤和措施。此后康有为不断上奏和进呈所著书籍，阐述变法理论，规划变法步骤，提出具体变法建议。光绪帝根据康有为等人的建议陆续发布几十道有利于民族资本主义经济发展和资产阶级文化思想传播的新政诏令，并罢黜一批顽固大臣，擢拔一批维新人士。9月4日，诏令将阻挠新政的怀塔布、许应骙等"礼部六堂官"全部革职。次日，擢杨锐、刘光第、谭嗣同、林旭4人为军机章京，参与新政事宜。光绪帝的一系列变法举措受到开明人士的热烈欢迎，一时"欢声雷动"，变法运动达到高潮。同时，维新派和守旧派、帝党和后党的矛盾和斗争也迅速加剧。光绪帝罢黜"礼部六堂官"后，满族亲贵环跪于慈禧太后面前，指责光绪帝妄变祖宗之法，请太后训政。怀塔布、杨崇伊等陆续到天津和直隶总督荣禄密商废立之事。9月18日，杨崇伊上密折请太后"即日训政"。次日下午，慈禧太后从颐和园匆匆赶回皇宫，严密控制光绪帝。21日，光绪帝被迫发布诏书，宣布即日起太后临朝训政，并下令拿办康有为及其弟康广仁。同时，袁世凯又密报说康有为、谭嗣同等有围锢太后、诛杀荣禄的密谋。于是京中大肆搜捕维新党人。28日，谭嗣同、林旭、刘光第、杨深秀、康广仁、杨锐六位维新志士惨遭杀害。康有为、梁启超逃往海外。新政除京师大学堂外，全部被推翻。

戊戌变法失败后，大批年轻知识分子总结失败教训，走上革命道路，推动了资产阶级民主革命的发展。

什么是百日维新?

从1898年6月11日（光绪二十四年四月二十二日）光绪帝发布"明定国是"诏，宣布变法，到9月21日慈禧太后发动政变，历时103天，史称"百日维新"。

其间，光绪帝采纳维新派的建议，发布一系列变法诏令，除旧布新。关于经济方面主要有：设立农工商总局，鼓励垦荒、私人办实业，奖励发明创造，成立铁路、矿务总局，鼓励商办铁路、矿业；裁撤驿站，设立邮政局；改革财政，创办国家银行，编制国家预决算。政治方面主要有：广开言路，准许大小官民上书言事，严禁官吏阻格；删改则例，撤销重叠闲散机构，裁汰冗员；取消旗人寄生特权，准其自谋生计。军事方面主要有：裁减绿营，裁汰冗兵，采甲新法练兵，添设海军。文教方面主要有：废除八股文，改试策论；将各省书院和过多的祠庙改为学堂，鼓励地方和私人办学堂，创设京师大学堂，各级学堂一律兼习中学和西学；允许自由创办学会、报馆；设立译书局，编译外国新书；派人出国游历、留学。为了推进变法，光绪帝还擢拔了一批维新人士。在变法开始后不久即召见康有为，询问变法事宜，命他为总理衙门章京，可以专折奏事。7月3日，召见梁启超，赏六品卿衔，专办译书局事务。9月4日，表彰不畏强御、敢于上书的王照，赏给三品顶戴，以四品京堂候补。5日，赏杨锐、刘光第、谭嗣同、林旭四品卿衔，擢为军机章京，参与新政。四章京代皇帝批阅奏章，属草谕旨，官小权大。与此同时，光绪帝革除了一批守旧官员。

变法危及了守旧派的既得利益，遭到他们顽固抵制和疯狂反对。光绪帝发出的变法诏令，除湖南巡抚陈宝箴多少执行外，其他地方督抚均不执行。慈禧太后则从变法一开始就极力控制局势，精心部署，准备政变。在"明定国是"诏发布的第4天，她就迫令光绪一天中发出三道谕旨：罢免支持变法的翁同龢，逐回原籍；

新授二品以上大臣须到太后前谢恩；任命荣禄署直隶总督，兼领北洋三军。接着从6月16日到24日，又迫令光绪帝任命崇礼为步军统领，怀塔布掌管圆明园八旗、包衣三旗及鸟枪营，刚毅掌管健锐营，使顽固派完全控制京城防卫。到9月，变法开始触及到改革官制，新旧党争迅速加剧。9月21日，慈禧发动政变，重新临朝训政。百日维新至此结束，变法运动宣告失败。

万里长城什么时候开始修建？

长城始建于春秋战国时期，建造历时长达两千多年，总长度达5000千米以上。现存的长城遗迹主要是始建于14世纪时的明长城，西起嘉峪关、东至鸭绿江边的虎山长城，全场8851.8公里，平均高6—7米、宽4—5米。它似一条矫健的巨龙，在崇山峻岭间蜿蜒，经过绝壁草原，横跨沙漠荒地，起伏在万山之巅，穿越黄河彼岸、渤海之滨。古今中外，但凡到过长城的人无不惊叹于它的磅礴气势、宏大规模。

长城在1987年根据文化遗产遴选标准被列入《世界遗产目录》。

琅邪刻石是指什么？

琅邪刻石是歌颂秦始皇统一伟业的石刻之一，原立于山东诸城琅邪台上海神祠内。秦始皇为巩固统一，自前220年起多次出巡，并在峄山、泰山、琅邪台、之罘岛、东观、碣石、会稽等七处立石刻字，歌颂秦的功德。由于地震、雷击、火焚、风雨剥蚀等种种原因，这七处刻石大都早已毁坏无存，仅有泰山刻石和琅邪刻石留存至今。

其中泰山刻石破碎得仅剩10个字，现存泰山脚下的岱庙内。琅邪刻石是七块刻

石中文字最多的，有300多字，清末时此石被雷击碎，弃至荆棘丛中，后经寻找粘接，后半部分基本保存，但文字已大部剥落，现陈列在中国历史博物馆。

秦始皇陵在哪里？

秦始皇陵在今陕西临潼骊山北麓。创建于前246年，历时38年建成。秦始皇将自己的坟墓称"山"，定名"骊山"，将陵园称"骊山园"。他所以不称陵而称山，是为表示皇帝陵的等级要高于战国各国君王之上。

他的陵园规模之大，雄伟壮观也属历代帝王之冠。经考古探测，陵垣是内外两层的"重城"，设有四门及角楼。外城南北长2173米，东西宽974米，周长6250米。陵墓呈方形覆斗式，位于内城的南半部，正当在东、西、南三面的两重六门的交点上，为整个陵园的西南部。按古代礼制，西南隅为尊位。陵墓高76米，周长2000米。据史书载，巨大的墓宫，是穿凿骊山，浇灌铜液铸成的，上具象形日月星辰，下具象形江河湖海，宫观百官奇器珍宝，应有尽有，可构成一座宏伟的地下宫殿。陵墓北半部是建筑群遗址，有寝殿、便殿，西北侧有饮食宫遗址。在陵墓的内外城的南部以东为陪葬区。陵墓的西侧约20米处，发现一铜车马坑，出土两乘彩绘铜车马，前后面西排列，车均为双轮、单辕。

陵园外城东侧发现三座兵马俑坑，据计算，有陶俑7000多个，陶马600多匹，它们面向东方，组成一个拱卫陵墓的屯卫军阵，俑坑以西还有马厩坑等。整个陵园坐西向东，并位于国都咸阳城正东方，而朐县的"秦东门阙"又居于咸阳和骊山园的正东方，这种设计的用

意，正是表示墓主坐镇西方、面向东方的最高尊长的地位。

秦兵马俑在哪里？

1974年在陕西省临潼县秦始皇陵东侧三华里的地方，发现了一处规模巨大的秦始皇陵兵马俑陪葬坑。经发掘和实测，俑坑为土木结构。

一号俑坑最大，东西长约210米，南北宽62米，深约5米左右，面积为12600多平方米，坑的四边各有5个斜坡门道。坑中埋藏着与真人真马近似的陶俑和拖战车的陶马约6000多件，且排列有序，组成一个方阵。在坑东，南北向的长廊里，排列着面向东的三列横队，每列由70个战袍俑组成，当是军阵的前锋。其后，在11个过洞中，排列着由步兵和车马相间组成的38路纵队，是军阵的主体。坑的南北两边和西端各有一列面向外的武士俑，似是军阵的侧翼和后卫。二号俑坑位于一号俑坑的左侧，东西长96米，南北宽84米，深约3.2米，面积约为6000平方米。是由近1000个骑兵俑和步兵俑以及战车混合编队组成的曲形军阵，并出土有多种实用兵器。三号俑坑在二号俑坑的后面，平面呈凹字形，东西长17.6米，南北宽21.4米，深约5米多，面积为500平方米。有卫士俑68件，战车1乘，是一、二号俑坑军阵的指挥部所在地。

秦始皇陵兵马俑坑出土的陶俑一般身高在1.75—1.86米之间，陶马高1.5米，身长2米。所出土的武士俑头梳各式发髻，身穿铠甲或战袍，腰间束带，打绑腿，足穿方口齐头履，有的挟弓挎箭，手执剑、矛、弩机等实用兵器。他们有的挺身站立，有的下蹲跪射，个个神态逼真，威武雄壮，面部刻画细致，静中欲动，栩栩如生。

泰山石刻是指什么？

秦泰山刻石立于始皇二十八年（前219），是泰山最早的刻石。此刻石原分为两部分：前半部系公元前219年秦始皇东巡泰山时所刻，共144字；后半部为秦二世胡亥即位第一年（前209）刻制，共78字。刻石四面广狭不等，刻字22行，每行12字，共222字。两刻辞均为李斯所书。现仅存秦二世诏书10个残字，即"斯臣去疾昧死臣请矣臣"，又称"泰山十字"。

泰山石刻，根据其用途、目的、手段的不同，又形成了不同的门类。一是碑碣石刻。即在石碑石碣上刻有文字、花纹，如秦始皇及秦二世所立的《泰山刻石》等。二是画像石刻。就是在墓室和石祠堂的四壁石块上，用阴线刻、浅浮雕等雕刻技法，镌刻出人物、车马、屋宇等生活画面及神仙灵异、奇禽怪兽等，如建于一世纪时期的长清县孝堂山上传说为汉代孝子郭巨的墓祠。三是佛教造像石刻。大都刻于石龛、石窟之中，有佛、菩萨、金刚、力士等，也有佛教故事或供养人的造像。如泰山周围所存的魏晋南北朝时期的佛教造像及其题记等。四是摩崖石刻。就是在山崖上刻出图画或文字。这类的石刻在泰山及其周围留存遗迹非常多，著名的有刻于南北朝时期的经石峪《金刚经》，经文刻在约三千平方米的大石坪上，隶书，原有2500多字，现尚存1067个。字大达半米，笔力刚健有力，历代尊为"大字鼻祖"、"榜书之宗"，是泰山佛教文化的瑰宝。此外还有在岱顶大观峰崖壁上立于唐玄宗开元十四年由唐玄宗御制御书的《纪泰山铭》摩崖石刻等。五是典籍石刻。如位于泰山斗母宫东北部溪流中大石坪上刻于一千四百多年前的《金刚经》等。六是墓志墓塔铭石刻。主要镌刻死者生平、德行和所任官职等内容，泰山周围留存有大量汉代以后官员和名僧的墓碑和塔铭，如《房彦谦碑》，此碑记载了房玄龄之父徐州都督房彦谦的生平和德行，由虞世南撰文，欧阳询楷书。七是题咏石刻。泰山及其周围，历代皇帝和文人名士如苏轼、蔡京、康熙、乾隆等留下的题字题诗数量众多，仅乾隆皇帝就在泰山及其周围留下了几十首御制题诗。八是建筑石刻。泰山石刻中石雕的人物、动物，浮雕的人物、车马、屋宇、禽兽等图像，石刻的文字等，既是中国古代美术史的有机组成部分，又有哲学、文学、史学、礼仪等方面的内容，是中国古代精神文明的集中体现。同时，泰山石刻中的汉画像石，反映出汉代的生产和生活水平，又是中国古代物质文明的集中体现。

龙门石窟都有些什么？

龙门石窟是中国著名的三大石刻艺术宝库之一，位于河南省洛阳南郊12公里处的伊河两岸。龙门石窟始开凿于北魏孝文帝迁都洛阳（493）前后，后来，历经东西魏、北齐，到隋唐至宋等朝代又连续大规模营造达400余年之久。密布于伊水东西两山的峭壁上，南北长达1公里，现存窟龛2345个，题记和碑刻2680余品，佛塔70余座，造像10万余尊。其中最大的佛像高达17.14米，最小的仅有2厘米。这些都体现出了我国古代劳动人民极高的艺术造诣。

奉先寺是龙门唐代石窟中最大的一个石窟，长宽各30余米。此窟开凿于唐高宗李治和武则天在位时期，于公元675年建成。洞中佛像明显体现了唐代佛像艺术特点，面形丰肥、两耳下垂，形态圆满、安详、温存、亲切，极为动人。石窟正中卢舍那佛坐像为龙门石窟最大

佛像，身高17.14米，头高4米，耳朵长1.9米，造型丰满，仪表堂皇，衣纹流畅，具有高度的艺术感染力，实在是一件精美绝伦的艺术杰作。卢舍那佛像两边还有二弟子迦叶和阿难，形态温顺虔诚，二菩萨和善开朗。天王手托宝塔，显得魁梧刚劲。而力士像更加动人，只见他右手叉腰，左手合十，威武雄壮，栩栩如生。

云冈石窟里有些什么？

云冈石窟位于山西省大同市西16公里的武周山北崖上，自东而西，长约2里，依山势开凿。现存主要洞窟53个，造像5万余尊，其中有佛像、菩萨、力士、飞天等，姿态各异，形象生动。最大的佛像高17米，最小的仅有几厘米。云冈石窟造像以气魄雄伟、内容丰富多彩著称，是我国最大的石窟群之一。

云冈石窟创建于北魏文成帝拓跋濬和平年间（460—465）。当时有一著名和尚昙曜主持监造石窟五座，称"昙曜五窟"。即现在位于云冈石窟西部东头编号为十六窟至二十窟。

传说五窟中的主佛是以道武、明元、太武、景穆、文成五位帝王为楷模雕刻而成的。石窟顶部成穹窿式，外壁满雕千佛，风格古朴。其中十六窟本尊为释迦牟尼立像，高13.5米，面目清秀。十七窟正中是交脚弥勒，坐像，高15.6米，窟小像大，咄咄逼人。十八窟本尊为披千佛袈裟的释迦佛立像，高15.5米，气势磅礴雄伟。十九窟本尊为释迦牟尼坐像，高16.8米，是云冈石窟中第二大造像，体形挺健雄伟的佛和菩萨造像，充分体现了北魏作品的风格和特点。二十窟正中是释迦牟尼坐像，高13.75米，面部丰圆，鼻高唇薄，大耳垂肩，两肩齐挺，造型雄伟，气魄浑厚，堪称云冈石窟的代表作。云冈石窟中除开凿最早的"昙曜五窟"外，其他主要洞窟大多完成于北魏孝文帝太和十八年（494）之前，后世曾多次修缮，并增建了佛寺。

在云冈石窟中，特别值得注意的是在洞窟内外壁面、藻井和佛光上，雕刻着身披锦帛或手持乐器的千姿百态的飞天。飞天是佛教艺术中的香音之神，她们善飞舞，能奏乐，满身异香。古代艺术家用轻软绵长的飘带，衬托出女性优美轻捷的身躯，自由地飞翔在天上人间。

敦煌莫高窟以什么为主？

敦煌莫高窟亦称"千佛洞"。位于甘肃省敦煌县城东南二十五公里的鸣沙山断崖上。南北长约两公里，是我国规模最大，内容最丰富的石窟群。

据唐朝圣历元年（698）《李怀让重修莫高窟佛龛碑》记载：莫高窟始建于前秦建元二年（366），当时有位乐僔和尚来到鸣沙山下，造窟一龛。随后又有法良大师在乐僔窟龛旁继续开窟营建。此后历经北朝、隋、唐、宋、元各代，在近千年的时间内连续不断地在这里开窟千余。现在洞窟492个，其中尤以唐窟最多，最为精彩。最大洞窟高40米，30米见方，而小窟还不足1尺。塑像2000多身，窟中最大的佛像高33米，小的仅有几厘米。造像全部是泥质彩塑，有单身像和群像，佛像居中心位置，两则侍立弟子、菩萨、天王、力士等。佛的庄严、迦叶的宁静、阿难的精明、菩萨的妩媚、天王力士的威武有力，充分显示了塑像技艺的高超。

莫高窟艺术以壁画为主，现存壁画4500多平方米，其题材以佛教故事为主，有佛像、佛经故事、古代神话、供养人、装饰图案等。如《设头罗健变鱼救灾民》、《太子乘象入胎》等生动地描绘出佛教创始人释迦牟尼降生前舍身行善和他的生平故事。在历代壁画中的本生故事画和大幅经变画中，也穿插有关人民生活写照的画面。如行船、走马、耕种、收割等都是人民生产、生活中常见的劳动情景。

赵州桥为什么是世界上最古老的拱桥？

赵州桥又称安济桥。位于河北赵县南门外，横跨洨河之上。由杰出民间工匠李春设计建造。建于隋朝大业年间（605—618），是目前世界上保存下来最古老的一座单孔无墩敞肩石拱桥。全长50.82米，宽约9.6米，拱的跨度为37.37米，拱矢高7.23米。

桥的结构和建造工艺有许多独到之处，桥的跨度与高度之比近于5∶1，使桥面坡度低且平缓，便于车马行人通行。在大拱两侧肩部各造两个小拱，既增加了桥身的美观，节省了建筑材料，又减轻了桥身对地面的垂直压力，利于排洪，减轻激流对桥身的冲击，增强安全度。在建桥工艺上有所创新，桥身由28道并列的石拱圈组成，各道拱圈之间用铁腰相连，使桥形成一整体。因每道拱圈又自成一体，便于部分损坏部分施工修理。桥面的栏板和望柱上，雕刻着精美的蛟龙、天马和雄狮，栩栩如生。

赵州石桥一千三百余年来，历经多次地震和战火的考验，雨、雪和风的浸蚀，至今保存完好。赵州大石桥在中外桥梁建筑史上，占有重要地位。欧洲罗马帝国时代虽建成比它更早的石拱桥，但未能保存至今。

丝绸之路经历哪些地方？

丝绸之路是汉代从长安经河西走廊、天山南北通往中亚西亚各国的贸易通道，因有大量的中国丝绸经此西运，故称为丝绸之路。

汉以前，中国丝绸已经西北各民族之手少量地辗转贩运到中亚、印度。西汉初年，河西走廊曾先后为乌孙、月氏、匈奴所占，西域地区各小国亦为匈奴所控制，汉与西方的道路难以直达。汉武帝元光二年（前133）以后，西汉政府开始大规模反击匈奴。元朔二年（前127），卫青率汉军收复河套以南地区，解除了匈奴对长安的威胁。元狩二年（前121），霍去病率军西征，大败河西匈奴军。匈奴浑邪王率4万人降汉。西汉政府在河西走廊建立了酒泉、武威、张掖、敦煌四郡，打开了汉通西域的道路。以后又从敦煌到盐泽筑造了很多烽燧亭障，以防御匈奴南侵。前77年汉兵攻克当道的楼兰国，更其名为鄯善，将其国都迁至以南的扜泥城。前60年汉置西域都护，屯田于乌垒城，以保西域通道。至此丝绸之路日益畅通，大量丝绸锦绣沿此路不断西运，同时西域各国的"珍奇异物"也输入了中国。

通过这条丝绸之路，汉与欧、亚、非各国经济文化的交流达300年。这条丝绸之路，大致说，东起汉长安，西行上陇坂，通过河西走廊的武威、张掖、酒泉、敦煌四郡，出玉门关或阳关，穿过白龙堆，先到楼兰。由楼兰分南北两道。北道自此向西，沿孔雀河至渠犁、乌垒、轮台，再往西经龟兹、姑墨（今新疆阿克苏）至疏勒（今新疆喀什）。南道自鄯善的扜泥城，西南沿今车尔臣河，经且末、扜弥、于阗（今新疆和田）、皮山、莎车至疏勒。由于千余年戈壁沙漠向南移徙，致使南路东段逐渐沙漠化，伊循、扜泥诸

古城均为沙漠所湮，所以今日的南路东段已远在古南道之南。

什么是金缕玉衣？

金缕玉衣又称"玉匣"，是汉代皇帝、贵族的葬服。由于在编缀玉衣时，按照等级分别使用纤细的金丝、银丝、铜丝，故又有金缕玉衣、银缕玉衣、铜缕玉衣等名称。

1968年在刘胜墓中首次出土一套完整的金缕玉衣，此后，在刘胜妻子窦绾墓中以及江苏、山东等地陆续出土了玉衣。刘胜的玉衣形体肥大，全长1.88米，由2498片玉片和1100克金丝组成。窦绾的玉衣全长1.72米，由2160片玉片和700克金丝组成。这两件玉衣的头部内都有用玉制成的眼盖，耳瑱鼻塞和口琀。玉衣的外貌和人的形体一样，由头部、上衣、裤筒、手套和鞋五大部分组成。头部又可分为脸盖和头罩。根据上述不同部位，玉片的大小和形状也有不少区别，绝大多数玉片是长方形和方形，少数是梯形、三角形和多边形。

马王堆汉墓有哪些文物？

马王堆汉墓发现在湖南长沙市东郊，共有三座墓，墓主人分别为第一代轪侯利苍、利苍之妻和利苍的小儿子。

1972年发掘了1号墓，1973年至1974年初发掘了2号墓、3号墓。三座墓的墓坑，形式基本相同，都是在地面下10多米深的地方修筑长方形竖穴，墓底和椁室周围，都塞满了木炭和白膏泥，然后填土、夯实封固。白膏泥粘性强，渗透性极低，对密封起决定性作用，1号墓室由于有1—1.3米厚的白膏泥，封固严密，使棺椁中形成缺氧、无菌、恒温、恒湿的环境，不仅棺椁保存完好，棺中的女尸及随葬品也都

完好地保存下来。另两座墓，由于白膏泥堆积较薄且不均匀，影响了密封效果，尸骨早已朽掉。

1号墓女尸包裹覆盖20多层丝、麻衣衾，还随葬了大量的丝织品和衣物，由于品种多，保存好，清楚地反映了汉代的纺织水平，其中有2件薄如蝉翼的素纱单衣，重量都不到50克。1号墓和3号墓各在内棺上有一幅彩色帛画，均作"T"形，长近2米，所绘主题是"引魂升天"，内容上既有天界，也有人间，是十分珍贵的艺术品。3号墓中出土了一批写在整幅帛上的书籍，如《周易》、《老子》和医方等，绝大部分是古佚书，有极高的历史价值。在1号墓和3号墓中还出土了共约500件漆器，有耳杯、盘、鼎、壶等，是各地发现汉代漆器中数量最多，保存最好的一批。此外还出土了大量的乐器、木俑、兵器、竹简等物。

《永乐大典》有多少卷？

永乐大典是明朝永乐年间官修的一部百科全书式的类书。永乐元年（1403）由解缙主修，第2年完工。明成祖朱棣认为过于简略，永乐三年再命姚广孝、解缙等人重修，召集的朝廷官员、文人学士达2169人，动用了当时皇家图书馆文渊阁的全部藏书，到永乐六年冬，全书告成。

全书共有22877卷，另加目录60卷，装订成11095册，约37000万字。《永乐大典》辑入上古至明朝初年的各类书籍七八千种，举凡经史子集百家之书，以至天文、地志、阴阳、僧道、技艺之书无不搜罗在内。在目录排列上，按《洪武正韵》，以韵统字，以字系事，辑入各种文史记载，内容包括天文、地理、人事、名物及艺术、经书、史籍、工技、农艺、医学等。它所引材料均直接抄自各书原文，

做到一字不改，许多书籍都是整部、整篇、整段地辑入，保存了我国宋元以前的大量文献资料。

永乐以后，许多书籍失传。到清乾隆38年开四库全书馆时，已经散失2400多卷，咸丰十年（1860）英法联军入侵，又被劫走不少。光绪二十六年（1900）八国联军侵入北京，此书一部分被毁，一部分被劫走。今天国内所幸存者有1960年中华书局影印的《永乐大典》730卷，加上后来从世界各地征集的65卷，共计795卷。

明十三陵指哪些？

明十三陵在北京昌平县天寿山下。各陵墓名称是：长陵（成祖）、献陵（仁宗）、景陵（宣宗）、裕陵（英宗）、茂陵（宪宗）、泰陵（孝宗）、康陵（武宗）、永陵（世宗）、昭陵（穆宗）、定陵（神宗）、庆陵（光宗）、德陵（熹宗）、思陵（思宗）共十三座。

长陵位于天寿山主峰下，建于永乐十一年（1413），为十三陵最早最大的一座陵墓。整个陵园围墙环绕，分为三个院落，有陵门、神库、神厨、碑亭、棱恩门、棱恩殿、棂星门、宝城、明楼等（部分建筑已不存）。宝城砖砌，圆形，直径约340米，周长1公里多，上有垛口，形似城堡。内为高大的封土，封土下面就是地宫的位置。明楼呈方形，四面辟券门，中贯十字形穹窿式天花。顶为黄瓦重檐歇山式，上檐下有匾额，书"长陵"二字。正中碑一座，上刻"大明成祖文皇帝之陵"。长陵地面最大建筑为棱恩殿，其形式、规模与故宫的太和殿差不多。殿面宽九间，进深五间，殿内有32根金丝楠木明柱，高四丈，直径3—4尺。黄瓦红墙，重檐庑殿顶，坐落在绕以汉白玉护栏的三层石台上。

定陵是明代第十三帝神宗朱翊钧和他的两皇后的陵墓。万历十二年（1584）始建。其面积为1195平方米，全部为拱券式石结构，由前、中、后、左、右五个高大的殿堂联成。前、中殿为长方形甬道，后殿横在顶端。前、中、后三殿之间各有一道石券门，券门下是两扇汉白玉门，高3.3米，宽1.7米，重约4吨，门扇上均横以青铜铸成的长方形大梁。中殿有汉白玉宝座三个及点长明灯用的大型青花龙缸和黄琉璃五供。左右配殿为石拱券无梁建筑，内有棺床，其上长形孔穴内填黄土，称"金井"。后殿为地宫最大的殿，殿内棺床中央置朱翊钧和孝端、孝靖两皇后的棺椁，其周围放有玉料、梅瓶及装满随葬器物的漆木箱等。

《四库全书》有多少卷？

《四库全书》是清代官修的一部大型丛书。清高宗弘历为了宣扬文治的盛世，笼络汉族地主知识分子，于乾隆三十八年（1773）开设《四库全书》馆，任命亲郡王、大学士6人为总裁，六部尚书及侍郎10人为副总裁，组织了360人的庞大机构纂修《四库全书》，直到乾隆四十七年全书告成。

全书总计收书3457种，79070卷，装成36000余册；存目6766部，93556卷。书成后，首缮四部，存放在北京大内的文渊阁，圆明园的文源阁，奉天的文溯阁，热河行宫避暑山庄的文津阁。接着又缮录3部，分放在扬州大观堂的文汇阁，镇江金山寺的文宗阁，杭州圣母寺的文澜阁。自四库开馆至七阁书完成，前后历时17年。全书规模宏富，卷帙浩繁，是中国古代文化史上的壮举。它集古代典籍之大成，把晋武帝时荀勖创始的古籍四部分类法发展完备。

书分经、史、子、集四部，部下分类，类下又分子目，便于检索。全书修成对保护古代典籍是一大功劳，但是在修书过程中寓禁于征，对于书中词义有抵触清廷者，皆禁毁之。列入禁毁书目的，约有2400多种。在修书的十年中又兴文字狱40余起。

什么是《古今图书集成》？

康熙四十年（1701），福建侯官人陈梦雷开始编纂《古今图书汇编》，根据诚亲王允祉颁发的协一堂藏书和自己家藏的一万多卷图书，五年后完成初稿。康熙帝改今名。

清世宗继位，允祉受到打击，陈梦雷被流放到东北，编书的功劳也被抹杀。世宗命尚书蒋廷锡等重加编校，雍正四年（1726）全书告成，世宗亲自写序，付梓刊印。全书一亿六千万字，共分为6个汇编，32典，其内容为：历象汇编，包括乾象、岁功、历法、庶征四典；方舆汇编，包括坤舆、职方、山川、边裔四典；明伦汇编，包括皇极、宫闱、官常、家范、交谊、氏族、人事、闺媛八典；博物汇编，包括艺术、神异、禽虫、草木四典；理学汇编，包括经籍、学行、文学、字学四典；经济汇编，包括选举、铨衡、食货、礼仪、乐律、戎政、祥刑、考工八典。每典之下又分若干部，总共6109部。

部是最基本的单位，每部先列汇考，次列总论，有图表、列传、艺文、选句、纪事、杂录、外编等项目。汇考纪述大事，引证各种古书，详其源流；总论收录经史子集各书对该内容的议论；图表视内容需要，用图、表加以说明；列传记载历代名人传记；艺文是采集和该内容有关的诗、文、词、赋等；选句是摘出俪句、对偶，供吟诗作文时使用；纪事是罗列琐细小事；杂录、外编收录前述各项不好安排的有关材料。

全书内容丰富，编排材料有系统，保存史料完整，引证一一详注出处，便于查对原书，是现存中国古代规模最大、体例最善、用途也最广泛的一部类书。

第三章 文 学

《诗经》有什么特点？

《诗经》开创了我国诗歌的现实主义传统，表现了现实的广泛性。《诗经》中的诗歌来源广泛，作者有奴隶、一般的民众、士兵、流民、乞丐、妇人等阶层，此外还有受打击和排斥的部分贵族。他们有着不同的身份地位、遭遇和生活感受，从各个不同的社会侧面反映了当时的社会生活，向人们展示了从西周初年到春秋中叶五六百年间的社会生活状况。《诗经》真实地描绘出了周代如何从全盛走向没落崩溃的历史过程。

《诗经》有着丰富多彩的艺术表现手法，有着朴素自然的风格。作者善于运用朴素的语言、白描的手法，概括地描绘出具体事物特征，如实地反映出现实生活。

《诗经》广泛应用了赋、比、兴手法来叙事、写景、抒情，这大大地增强了诗歌的形象性，提高了诗歌的艺术表现力和感染力。

《诗经》的形式特征多种多样，基本上是四言体诗歌，一句两拍，句式整齐，表现出了一种韵律美。有时为了能够更好地表达内容，《诗经》也会突破该种格式，运用富于变化的句式。除了四言之外，《诗经》中也有一字到九字的多种句型。《诗经》采用多重章叠句，反复回旋，使内容层层深化，感情步步加深。在用词方面，《诗经》的用韵自然而富于变化，语汇丰富，用词鲜明生动而富有形象性。

屈原的诗有什么特点？

屈平（约前340—约前278），字原，通常称为屈原；芈姓屈氏。又自云名正则，字灵均，汉族，战国末期楚国丹阳（今湖北秭归）人，楚武王熊通之子屈瑕的后代。屈原虽忠事楚怀王，但却屡遭排挤，怀王死后又因顷襄王听信谗言而被流放，最终投汨罗江而死。屈原是中国最伟大的浪漫主义诗人之一。

屈原创立了"楚辞"这种文体。

大体说来，《离骚》、《天问》、《九歌》可以作为屈原作品三种类型的代表。《九章》、《远游》、《卜居》、《渔父》、《招魂》、《大招》，其内容与风格可与《离骚》列为一组，大都是有事可据，有义可陈，重在表现作者内心的情愫。《离骚》是屈原以自己的理想、遭遇、痛苦、热情以至整个生命所熔铸而成的宏伟诗篇，其中闪耀着鲜明的个性光辉，是屈原全部创作的重点。《天问》是屈原根据神话、传说材料创作的诗篇，着重表现作者的学术造诣及其历史观和自然观。《九歌》是楚国祀神乐曲，经屈原加工、润色而成，在人物感情的抒发和环境气氛的描述上，充满浓厚的生活气息。然而是代人或代神表述，并非作者自我抒情，它更多地显示了南楚文学传统的痕迹。《离骚》一组，《九歌》一组，构成了屈原作品的基本风格。

从体制上看，屈原以前的诗歌，不

管是《诗经》或南方民歌，大多是短篇，而屈原发展为长篇巨制。《离骚》一篇就有2400多字。在表现手法上，屈原把赋、比、兴巧妙地糅合成一体，大量运用"香草美人"的比兴手法，把抽象的品德、意识和复杂的现实关系生动形象地表现出来。在语言形式上，屈原作品突破了《诗经》以四字句为主的格局，每句五、六、七、八、九字不等，也有三字、十字句的，句法参差错落，灵活多变；句中句尾多用"兮"字，以及"之"、"于"、"乎"、"夫"、"而"等虚字，用来协调音节，造成起伏回宕、一唱三叹的韵致。他的作品从内容到形式都有巨大的创造性。

汉代乐府民歌指的是什么？

汉代乐府民歌是指汉代乐府官署所搜集、保存而流传下来的诗歌。汉乐府掌管的诗歌中有一部分是供统治者祭祀祖先神明使用的郊庙歌辞，其性质与《诗经》中的"颂"非常相似；另一部分则是民间流传的俗乐，称之为乐府民歌。汉乐府的设置最迟是在汉惠帝二年（前193），但在汉武帝时搜集民间俗曲才趋于兴盛。《乐府诗集》现存汉代乐府民歌四十余篇，多数为东汉时期的作品。这些作品反映了当时的社会现实与人民的生活状况，用犀利的语言表现爱憎情感，具有较强的现实主义风格。

汉乐府是继《诗经》之后，我国古代民歌的又一次大汇集，与《楚辞》的浪漫主义手法不同，它开创了诗歌的现实主义新风。汉乐府民歌中女性题材的作品占有重要位置，它用通俗的语言构造出了大量贴近现实生活的作品。它采用叙事写法，在刻画人物方面细致入微，因此创造出来的人物性格鲜明。同时，故事情节也

较为完整，是我国五言诗体发展的一个重要阶段。汉代乐府民歌最基本的艺术特征是它的叙事性。这一特色是由它的"缘事而发"的内容所决定的。在汉乐府民歌中，已经出现了大量由第三者叙述故事的作品，出现了有独特性格的人物形象和较为完整的情节，如《陌上桑》、《东门行》，都是比较有代表性的作品。特别是《孔雀东南飞》，诗的故事性、戏剧性较《诗经》中的作品都大大地增强了。《孔雀东南飞》是汉乐府民歌的代表作品，是我国古代篇幅最长的叙事诗，与《木兰诗》合称为"乐府双璧"。

《陌上桑》与《孔雀东南飞》分别叙述的什么故事？

《陌上桑》又名《艳歌罗敷行》，或叫《日出东南隅》，是一篇虚构的喜剧性的叙事诗。它描写了一名貌美如花的女子去城南端采桑，路人见到她都爱慕不已。正好一个"使君"路过，探问罗敷是否愿意与他同去，结果遭罗敷拒绝。罗敷夸耀自己的丈夫如何之好。全文浪漫而诙谐，是汉代文学发展的表现。

《孔雀东南飞》是汉乐府民纪实性的叙事诗，是汉乐府叙事诗的高峰。《孔雀东南飞》原名《古诗为焦仲作》，描写了发生在封建社会中的家庭悲剧。男主人公焦仲卿是庐江官，与妻刘兰芝从小青梅竹马，感情深厚。但刘兰芝却不讨焦仲卿母亲欢，焦仲卿常常因公务在身不能回，婆媳矛盾愈演愈烈。刘兰芝曾将情于丈夫，埋怨婆婆对她太苛刻。焦去劝母亲，却遭到母亲痛骂，并休妻再娶。焦仲卿在母亲与妻子之间左右为难，最后劝刘兰芝暂住娘家等他公事完毕后马上去接她。刘兰芝

与他作别，回了娘家。一段时日后，县令和太守先后派人来为其子求婚，兰芝的哥哥逼她应允，兰芝在最后一定以死报夫。结婚前一天，焦仲卿赶来，二人抱头痛哭，双方约定"相见"。正当太守家沉浸在喜庆之中的时候，刘兰芝与焦仲卿双双身亡，死后被合葬在一起。《孔雀东南飞》是一幕催人泪下的家庭悲剧，在我国文学史上占有重要的地位，被改编成各种剧本，深受广大人民群众的喜爱。

陶渊明的田园诗有什么特点？

陶渊明（365—427），一名潜，字元亮，浔阳柴桑（今江西九江西南）人。曾祖陶侃曾官至大司马，祖父和父亲也做过太守、县令一类的官，不过到了他，家境已经没落。

陶渊明是中国文学史上杰出的诗人，他最先把田园风光和农村生活带入诗歌创作中，开创了一个全新的表现领域，即田园诗的创作，使田园诗在唐宋以来成为诗歌重要描写内容。田园诗是他为中国文学增添的一种新题材，描写田园景物的恬美、田园生活的简朴，表现悠然自得的心境，或登高游赏，或与朋友闲聊，或酌酒于檐下，或采菊于东篱；还有那些在春风下生长的青苗，日见苗壮的桑麻，都被他写入美妙的诗歌中。他的田园诗平和散淡，自然纯朴，感情流露舒缓自如，抒情方式平淡自然，为历来诗家所赏识。其素淡的风味，脱离了华丽的词藻，发情于内心，返归于自然，如风行水上，水到渠成，并非特意刻画所能达到的境界。

陶渊明田园诗的艺术特点是：艺术风格上恬淡自然、醇厚隽永；艺术境界上高远拔俗、浑然天成。主要体现在

情、景、事、理的交融统一上；语言上自然本色、精练传神。

谢灵运的山水诗有什么特点？

谢灵运（385—433），祖籍陈郡阳夏（今河南太康附近），世居会稽（今浙江绍兴）。祖父是谢玄，他十八岁就袭封康乐公。他热衷政治权势，到了刘宋时代，感到自己的特权地位受到威胁，政治欲望不能满足，心怀愤恨；因此在永初三年作永嘉太守以后，就肆意游遨山水，民间听讼，不复关怀。后来更干脆辞官回会稽，大建别墅，凿山浚湖，经常领着僮仆门生几百人到处探奇访胜，排遣政治上的不满情绪。

谢灵运的山水诗，绝大部分是他作永嘉太守以后写的。在这些诗里，他用富丽精工的语言描绘了永嘉、会稽、彭蠡湖等地的自然景色。例如《石壁精舍还湖中作》："昏旦变气候，山水含清晖。清晖能娱人，游子憺忘归。出谷日尚早，入舟阳已微。林壑敛暝色，云霞收夕霏。芰荷迭映蔚，蒲稗相因依。披佛趋南径，愉悦偃东扉。虑澹物自轻，意惬理无违。寄言摄生客，试用此道推。"这首诗写他从石壁精舍回来，傍晚经湖中泛舟的景色。很像一篇清丽简短的山水游记，语言精雕细刻而能出于自然。"林壑"、"云霞"两句写薄暮景色，观察入微，深为李白所赞赏。但结尾依然残留玄言诗的痕迹。又如《石门岩上宿》："朝搴宛中兰，畏彼霜下歇。暝还云际宿，弄此石上月。鸟鸣识夜栖，木落知风发。异音同至听，殊响俱清越。妙物莫为赏，芳醑谁与伐？美人竟不来，阳阿徒晞发。"这首诗写他夜宿石门，期待知音的感受和山中夜静的环境气氛，相当成功。诗中除借用楚辞的比喻外，没有任何玄言佛理的辞句。但是，像

71

这样把叙事、写景、抒情结合得比较好，玄言佛理成分也不太多，艺术风格较为完整的作品，在他诗中为数很少。

他的山水诗给人印象最深的还是那些散见在各篇中的"名章迴句"。例如："野旷沙岸净，天高秋月明"；"池塘生春草，园柳变鸣禽"；"明月照积雪，朔风劲且哀"等。

谢灵运是扭转玄言诗风，开创山水诗派的第一个诗人。

唐代诗歌有什么特点？

唐代诗歌是我国古典文学的宝贵遗产，在世界文学宝库中也是一颗璀璨的明珠。

唐代诗歌的形式丰富多彩，分为古体诗和近体诗，古体诗有五言和七言两种，近体诗分为律诗和绝句。所以唐诗的基本形式包括五言古体诗、七言古体诗、五言律诗、七言律诗、五言绝句、七言绝句六种。古体诗的风格是前代流传下来的，所以又称古风。在唐代以前，这种诗体没有特定名称。到唐代律诗兴起以后，人们将律诗称为"近体诗"，而把不合格律要求的诗体统称为古体诗。因为近体诗有严整的格律要求，所以又称为格律诗。相对来说，古体诗在音韵格律方面的要求比较宽松，而近体诗在音韵格律方面的要求则比较严格，如一首诗的句数是固定的，即律诗八句，绝句是四句；每句诗中用字的平仄也遵循一定的规律，韵脚不能随意转换；律诗还要求颔联、颈联（即中间四句）成为对仗。

唐代诗人创作的诗歌题材非常广泛，从自然现象到政治动态，从劳动生活到社会风习，都是诗人们写作的题材。有的诗歌从侧面反映了当时的社会状况和阶级矛盾，从而揭露封建社会的黑暗腐败；有的诗歌歌颂正义的战争，也抒发了诗人的爱国情怀；有的诗歌描绘了祖国秀丽多娇的江山；此外，还有的诗歌抒写了诗人的抱负和遭遇，表达了男女的相思之情，诉说了朋友交情、人生悲欢等等。在创作方法上，既有现实主义，也有浪漫主义，在创作中，这两种创作方法常常被结合起来，形成了我国古典诗歌的优良传统。

初唐四杰指哪些人？

初唐四杰，在中国文学史上是一个非常著名的集团，他们分别是卢照邻（约630—680）、骆宾王（约638—？）、王勃（650—676）、杨炯（650—693后）。

四杰活动于高宗、武后时期。以年辈言，卢、骆大约比王、杨年长二十岁左右。

初唐四杰都是英姿逸发的少年天才。骆宾王七岁即能诗，被称为"神童"。杨炯年十岁即应童子举，翌年待制弘文馆。王勃十六岁时，被太常伯刘祥道称为神童而表荐于上，对策高第，拜为朝散郎。卢照邻二十岁即为邓王府典签。但是在仕途上，他们又都是坎坷不遇的。

四人中，仅杨炯官至县令。年少志大，才高位卑，这种人生经历与深刻地影响了他们的思想性格和文学创作。

初唐四杰以他们重刚健、重气质的创作实践，在诗坛上起到了解放诗歌的作用。

陈子昂的诗歌特点有哪些？

陈子昂（661—702），字伯玉，梓州射洪（今四川射洪县）人。自幼具有豪侠浪漫的性格。少年时代曾闭门读书，遍览经史百家，树立了远大的政治抱负。二十四岁举进士，上书论政，得到武后的重视，任为麟台正字，再迁为右拾遗。他一方面支持武后的政治改革，另一方面对武后的不合理的弊政也屡次提出尖锐的指责。他曾在二十六岁、三十六岁两次从军边塞，对边防军事问题提出过一些有远见的建议。后一次出塞，因为和主将武攸宜意见不合，遭受排斥打击。三十八岁后就辞职还乡。最后被武三思指使县令段简加以迫害，冤死狱中。

陈子昂的诗歌创作，鲜明有力地体现了他的革新主张。《感遇诗》三十八首，正是表现这种革新精神的主要作品。这些诗并不是同时之作，有的讽刺现实、感慨时事，有的感怀身世、抒发理想。内容广阔丰富，思想也矛盾复杂。

他的诗中，现实主义和浪漫主义同时存在。那些现实主义的作品，有的叙事慷慨沉痛，有的还兼有政论锋芒。那些偏于抒发理想之作，有的寄兴幽婉，有的又激情奔放，这又是浪漫主义的不同表现。总的来说，他的诗风格并不完全统一。

他是唐诗开创时期在诗歌革新的理论和实践上都有重大功绩的诗人。他的《感遇诗》直接启发了张九龄《感遇》和李白《古风》的创作，李白继承他以复古为革新的理论，进一步完成唐诗革新的历史任务。

孟浩然的诗歌有什么特点？

孟浩然（689—740），襄州襄阳（今湖北襄樊）人，世称孟襄阳。因他未曾入仕，又称之为孟山人。

孟浩然生当盛唐，早年有用世之志，但政治上困顿失意，以隐士终身。他是个洁身自好的人，不乐于趋承逢迎。他耿介不随的性格和清白高尚的情操，为同时和后世所倾慕。

孟浩然的一生经历比较简单，他诗歌创作的题材也很狭隘。孟诗绝大部分为五言短篇，多写山水田园和隐居的逸兴以及羁旅行役的心情。其中虽不无愤世嫉俗之词，而更多属于诗人的自我表现。他和王维并称，虽远不如王诗境界广阔，但在艺术上有独特的造诣。

孟诗不事雕饰，伫兴造思，富有超妙自得之趣，而不流于寒俭枯瘠。他善于发掘自然和生活之美，即景会心，写出一时真切的感受。如《秋登万山寄张五》、《夏日南亭怀辛大》、《过故人庄》、《春晓》、《宿建德江》、《夜归鹿门歌》等篇，自然浑成，而意境清迥，韵致流溢。

王维的诗歌有什么特点？

王维（701—761），字摩诘，盛唐时期的著名诗人，官至尚书右丞，原籍祁（今山西祁县），迁至蒲州（今山西永济），崇信佛教，晚年居于蓝田辋川别墅。

王维诗现存不到400首。其中最能代表其创作特色的是描绘山水田园等自然风景，及歌咏隐居生活的诗篇。王维描绘自然风景的高度成就，使他在盛唐诗坛独树一帜，成为山水田园诗派的代表人物。他继承和发展了谢灵运开创的写作山水诗的传统，对陶渊明田园诗的清新自然也有所吸取，使山水田园诗的成就达到了一个高峰，因而在中国诗歌史上占有重要的位置。

王维的大多数山水田园之作，在描绘自然美景的同时，流露出闲居生活中闲逸萧散的情趣。诗人特别喜欢表现静谧恬淡的境界，有的作品气象萧索，或幽寂冷清，表现了对现实漠不关心甚至禅学寂灭的思想情绪。

王维的创作才能是多方面的。他的五律和五、七言绝造诣最高，同时其它各体

也都擅长，这在整个唐代诗坛是颇为突出的。他的七律或雄浑华丽，或澄净秀雅，为明七子所师法。七古《桃源行》、《老将行》、《同崔傅答贤弟》等，形式整饬而气势流荡，堪称盛唐七古中的佳篇。

李白为什么被称为诗仙?

李白（701—762），字太白，祖籍陇西成纪（今甘肃天水附近），先世在隋末因罪徙居中亚。他诞生于中亚的碎叶，五岁时随父迁居四川彰明县的青莲乡，因自号青莲居士。

李白的诗歌是盛唐气象的典型代表。诗人终其一生，都在以天真的赤子之心讴歌理想的人生，无论何时何地，总以满腔热情去拥抱整个世界，追求充分地行事、立功和享受，对一切美的事物都有敏锐的感受，把握现实而又不满足于现实，投入生活的急流而又超越苦难的忧患，在高扬亢奋的精神状态中去实现自身的价值。

李白的诗歌丰富和发展了盛唐诗歌中英雄主义的艺术主题。他从无数古代英雄的风度、气派中吸取力量，把现实的理想投影到历史中去，从而在诗歌中建立起英雄性格的人物画廊。他歌颂崛起草泽、际

李白画像

会风云的英雄，如《梁甫吟》写太公望："君不见朝歌屠叟辞棘津，八十西来钓渭滨；宁羞白发照清水，逢时壮气思经纶。广张三千八百钓，风期暗与文王亲。大贤虎变愚不测，当年颇似寻常人。"赞美傲岸不驯、坚持布衣尊严的名臣，如《梁甫吟》中的郦食其："君不见高阳酒徒起草中，长揖山东隆准公；入门不拜骋雄辩，两女辍洗来趋风。东下齐城七十二，指挥楚汉如旋蓬。狂客落魄尚如此，何况壮士当群雄！"他笔下的英雄大多是在动荡变乱的非常时期在历史舞台上叱咤风云的人物，而且和抒情主人公打成一片，浑然而不可分。

在中国古代诗人中，李白的个性之活跃和解放是少有的。

他一生不以功名显，却高自期许，以布衣之身而藐视权贵，肆无忌惮地嘲笑以政治权力为中心的等级秩序，批判腐败的政治现象，以大胆反抗的姿态，推进了盛唐文化中的英雄主义精神。

李白反权贵的思想意识，是随着他的生活实践的丰富而日益自觉和成熟起来的。在早期，主要表现为"不屈己、不干人"、"平交王侯"的平等要求，正如他在诗中所说："昔在长安醉花柳，五侯七贵同杯酒。气岸遥凌豪士前，风流肯落他人后！"他有时也发出轻蔑权贵的豪语，如"黄金白璧买歌笑，一醉累月轻王侯"等，但主要还是表现内心的高傲。

李白是时代的骄子、盛世的歌手。他的诗歌以蓬勃的浪漫气质表现出无限生机，成为盛唐之音的杰出代表，从而出色地完成了初唐以来诗歌革新的历史使命，被后人冠以"诗仙"的美誉。

杜甫为什么被称为"诗圣"?

杜甫（712—770），字子美，生于

巩县（今属河南）。他出身于一个具有悠久传统的官僚世家，自十三世祖杜预以下，几乎每一代都有人出任不同的官职。

杜甫是一位富有创造性的诗人。比较而言，李白的诗天然涌发、飘逸而不可模仿；杜甫的诗则千锤百炼、苦心经营，可以为人典则。就这一点来说，杜诗对后人的影响比李白要大。

杜甫的诗歌类型众多、风格也富于变化。其原因主要有二：一是杜甫的诗歌应用范围极广。他不仅用诗歌来叙事抒情，还用来写人物传记和自传、书信、游记、政论、诗文评，几乎无所不能。不过这也带来部分诗歌偏向于理性化的问题。

二是杜甫对前代诗歌的态度比较宽容，主张"转益多师"而不轻易否定。

杜甫善于运用各种诗歌体式。他的五、七言律诗和五、七言古体诗，在唐代都是第一流的。七言绝句虽不如李白、王昌龄那样杰出，但也有自成一家的特色。只有五绝，数量较少，成就亦稍为逊色。在杜甫的诗歌中，有几种类型特别具有独创性，也最能够代表他对中国诗史的贡献。

一类是用五言古体形式写成的自叙性的诗篇，《自京赴奉先咏怀五百字》、《北征》是其中最著名的代表作。这类诗大都篇幅较长，往往是融写景、叙事、抒情、议论于一体，能够表达相当复杂的内容。如《北征》诗长达七百字，叙述作者自凤翔至鄜州探家的一路经历和所见所思，沿途的景物、战乱的疮痕、对国家命运的忧虑、对个人遭遇的感慨、与家人重聚的情形等多方面内容交织在一起，情绪起伏变化，充分表现了杜甫当时复杂的心理。这类诗

是从辞赋体变化而来的，带有明显的散文成分。

一类是以《兵车行》、《丽人行》、"三吏"、"三别"为代表的既有七言古体、又有五言古体的叙事诗。从叙事艺术来看，这些诗善于描绘人物形象，尤其是运用对话来表现人物个性，在中国古代叙事诗的发展过程中占有重要的地位。

再有一类是七律。杜甫在这方面的成就，对中国诗歌艺术作出了巨大贡献。在杜甫以前，七律多用于宫廷应制唱和，这类诗内容贫乏，其语言亦平缓无力，而在这以外，佳作也为数不多。到了杜甫，不但在声律上把七律推向成熟，更重要的是充分发展了这一诗歌形式所蕴涵的可能性。

杜诗语言的功力，表现为两种不同的情况。一是句式、词汇并不特别，但由于写得准确有力，而给人以强烈的感受。如《羌村》中"妻孥怪我在"，读起来是很平常的句子，但它刻画出妻子见丈夫仍在人世、刹那间竟感到奇怪的神情，成为惊心动魄的一笔。另一种情况就是用不寻常的语言和修辞手法，造成新鲜的、能够激活读者心理感受的形象。譬如杜甫的写景诗句，常把表示色彩的字放在开头，然后用一个动词引入实物，像"青惜峰峦过，黄知橘柚来"，"碧知湖外草，红见海东云"，等。这样写来，既醒目又能表现出情感的流动。

杜甫诗歌所要表达的人生情感非常强烈，而同时这种情感又受到理性的节制。他的思虑常常很复杂、心情常常很矛盾，所以他需要找到恰当和适度的表达方法。这使他的风格艺术偏于沉郁。

杜甫是一位集大成和承前启后的诗

人，善于总结前人经验和善于创造，而开启了后代众多诗家、诗派，被后人誉为"诗圣"。

什么是韩孟诗派？

韩孟诗派是中唐时期崛起的一个影响很大的诗派，代表诗人是韩愈、孟郊，还包括贾岛、卢仝、姚合、李贺、刘叉等。他们不想随盛唐诗的后尘亦步亦趋，而要自创新格，另辟蹊径。他们继承并发展了杜甫"语不惊人死不休"的一面，在创作态度上，主张"不平则鸣"与"笔补造化"。而思想内容上，即使是优秀之作，也多以抒写个人的遭遇来揭示社会的弊端，直接反映现实的较少。

最早将韩孟并称的，是孟郊自己。韩孟并称，是因为他们交谊深厚，过往甚密，经常在一起联句斗诗，现存的联句诗还有十三首之多。

元稹、白居易对新题乐府诗有什么影响？

大致与韩愈、孟郊等人同时，有一批诗人在另一个不同的方向上也掀起了一股新诗潮。其显著特点，是以乐府特别是新题乐府的形式，来反映社会问题，针砭政治弊端，以期达到实际的社会效果。同时在艺术表现上，这群诗人也大多努力以平易浅切的语言、自然流畅的意脉来增加诗歌的可读性（这一特点恰好与韩、孟一派诗人相背反）。他们中包括张籍、王建、元稹、白居易、李绅等人。

早在安史之乱前后，杜甫就曾以乐府风格的诗篇针砭现实，《兵车行》、《丽人行》等摆脱古题，"即事名篇"，其实已经是一种新题乐府，只不过"新乐府"的观念没有被明确提出。大历、贞元年间，顾况也写过一些运用俚俗语言反映现实社会问题的诗篇。从贞元末至元和初，张籍、王建、元稹、白居易、李绅诸人先后步入仕途。

他们作为新进官员，具有较高的政治热情和积极表现自己的愿望，而元和初宪宗颇思振作，这也给他们带来一种兴奋。因此，他们彼此唱和，相互呼应，热情地以诗歌形式宣传自己的政治主张，反映各种严峻的社会问题，企图把诗歌作为有力的政治工具来使用。诸人中，张、王最早从事这一类型的写作，而"新乐府"概念的形成，则始于李绅的《乐府新题》二十首。李绅的创作引起元稹、白居易的热烈响应，并由他们——尤其是白居易，把新乐府的创作推向高潮，白氏的《新乐府》五十首，成为这一新诗潮的代表作。这一诗潮的高峰期为元和四年（809）前后，为时不很长。

李商隐、杜牧对晚唐诗歌有什么贡献？

晚唐诗人们大多心怀压抑，在他们的作品中常常体现出一种悲凉沧桑的情绪，如贾岛的苦吟之作、姚合的徘徊竭虑，士人温庭筠、韩偓的爱情诗歌，陆龟蒙、皮日休、司空图等诗人的隐士情怀与淡泊诗风，郑谷、韦庄、罗隐的乱离之感与时世讽谕。其中大量出现的是怀古咏史诗，以它伤悼的基调在晚唐诗歌中占有重要的地位。

李商隐（约812—858），字义山，晚唐著名诗人。他擅长写作骈文，所写诗歌具有很高的文学价值，深受人们喜爱。李商隐的诗现存有六百多首，从题材来分有政治诗、咏史诗、抒情咏物诗、无题诗。政治诗反映了晚唐重大的政治和历史事件，表达了他对晚唐社会清晰的认识和高度的正义感。咏史诗按作者写作意图可分为以古鉴今和借古讽今两类。以古鉴今类多以奢淫的帝王为讽刺载体，为的是向当时的统治者提供借鉴。借古讽今类直接针对的是当朝的统治者。抒情咏物诗清新的意境、悱恻的情思、感伤的情调，反映了晚唐的时代特征。无题诗是李商隐以"无题"为名，或借诗的首二字为题，内容多为男女之情或别有他托。李商隐的诗歌具有独具特色的艺术风格，被前人称为"深情绵邈"或"沉博绝丽"。他的诗歌对我国古典诗歌的发展作出了重大的贡献，在七绝和七律的诗歌形式上，他同样取得了很高成就，其诗歌对晚唐的诗歌发展影响重大。

杜牧（803—约852），字牧之，号樊川居士，京兆万年（今陕西西安）人，晚唐著名诗人。晚唐诗歌风格多柔靡，杜牧以峻峭将它改正。杜牧生于内忧外患和动荡不安的晚唐，从小就忧国忧民，怀有经邦济世的抱负。他关心社会命运和国家军事，渴望凭自己微薄的力量挽转唐朝社会的颓势。杜牧的政治诗多褒贬时政和表达他对社会的关注，对晚唐诗歌的发展有着深远的影响。杜牧擅长七言绝句和文赋，其《阿房宫赋》成为后世传诵的名篇。

王安石的作品有什么风格特点？

王安石（1021—1086），字介甫，晚号半山，临川（今属江西）人，庆历二年（1042）进士。在仁宗、英宗两朝，他在许多地方担任过地方官，也曾在中央部门任职，对于民间情况、政治的弊病和国家所面临的危机有相当的了解，逐渐形成自己的一套政治、经济主张，并曾在给仁宗皇帝的上书中提出变法的建议。

杜甫在宋代逐渐受到高度重视，宋诗逐渐向杜甫的方向靠拢，可以说是以王安石为起点的。另外，他也编过《唐百家诗选》，收的多是不为人重视的中小诗人的作品，显然他有广采博收的意识。在此基础上，他的诗形成了以语言精炼而圆熟、意境清丽而含蓄为主要特点的风格。

王安石的诗对语言的锤炼十分讲究，并善于不留痕迹地化用前人的词汇和意象。传说《泊船瓜洲》中"春风又绿江南岸"一句中的"绿"字，改了十几次才确定下来。另一方面，王安石虽然经常凭借广博的书本知识方便地化用前人语汇，但他并不总是在搬弄学问，他也常常通过细腻的观察，捕捉生动的意象，以平易的语言表现自己内心的情绪、感受。像"北山输绿涨横陂，直堑回塘滟滟时。细数落花因坐久，缓寻芳草得归迟"，后二句对得很工整，读起来却很自然，"细数"、"缓寻"既烘托了萧散旷逸、从容不迫的神态，又暗涵了一种百般无聊的闲愁。

黄庭坚的诗作有什么特点？

黄庭坚（1045—1105），字鲁直，自号山谷道人，晚号涪翁，又称豫章黄先生，洪州分宁（今江西修水）人。

黄庭坚论诗，要求诗歌创作要像杜甫那样"句律精深"，又能做到"无一字无来处"，因而提倡"夺胎换骨"、"点铁成金"。这大致有两方面的涵义：一是指借用前人诗文的词语、典故，加以陶冶点化，化陈为新，使之在自己的诗中起到精妙的修辞作用；二是指师承前人的构思与意境，使之焕然一新，成为自己的构思与意境。

黄诗以鲜明的风格特征而自成一体，当时就被称为"黄庭坚体"或"山谷体"。与此同时，山谷体也具有奇险、生

硬、不够自然的缺点。

李煜的词作有什么风格特点？

李煜（937—978），即李后主，字重光，是五代最有成就的词人，也是整个词史上一流的大家，被称为"千古词帝"。千古杰作有《虞美人》、《浪淘沙》、《乌夜啼》等词。

李煜的词内容主要可分作两类：第一类为降宋之前所写的，主要为反映宫廷生活和男女情爱，题材较窄；第二类为降宋后，李煜因亡国的深痛，对往事的追忆，富以自身感情而作，此时期的作品成就远远超过前期，可谓"神品"。此时期的词作大都哀婉凄绝，主要抒写了自己凭栏远望、梦里重归的情景，表达了对"故国"、对"往事"的无限留恋。他继承了晚唐以来花间派词人的传统，但又通过具体可感的个性形象，反映现实生活中具有一般意义的某种意境，将词的创作向前推进了一大步，扩大了词的表现领域。

李煜前后期词在艺术上是有一致之处的，即它以动态的呈露为词的意脉，因而使词显得流畅连贯；它以抒情为词的目的，因而词中不多用辞藻；它的意象选择得很精心，常能与情感表现融为一体；它的结构设计也很巧妙，能使词的感情基调鲜明突出。但是，前期词题材比较陈旧，语言上受唐五代词人影响较多，而且有些并非出自切身体验，所以不易深入。后期词则发自内心，写的是从未有人写过的作为亡国君主的故国之思，而词中流露的，又主要是追惜年华、感慨人事变迁无情、哀叹命运等容易引起普通人共鸣的情绪，因此艺术感染力大大加强；更由于他采用了唐五代词人少用的白描手法，以清新的语言写情，因而形成了他独特的风格。

什么是婉约派？

婉约，是婉转含蓄之意。词本来是为合乐演唱而作的，起初演唱的目的多为娱宾遣兴，演唱的场合无非宫廷贵家、秦楼楚馆，因此歌词的内容不外离思别愁、闺情绮怨，这就形成了以《花间集》为代表的"香软"的词风。

北宋词家承其余绪，晏殊、欧阳修、柳永、秦观、周邦彦、李清照等人，虽在内容上有所开拓，运笔更精妙，并且都能各具风韵，自成一家，然而大体上并未脱离婉转柔美的轨迹。因此，前人多用"婉美"、"软媚"、"绸缪婉转"、"曲折委婉"等语，来形容他们作品的风调。

婉约词派的特点，主要是内容侧重儿女风情。结构深细慎密，重视音律谐婉，语言圆润，清新绮丽，具有一种柔婉之美。

什么是豪放派？

豪放派特点大体是创作视野较为广阔，气象恢弘雄放，喜用诗文的手法、句法写词，语词宏博，用事较多，不拘守音律，然而有时失之平直，甚至涉于狂怪叫嚣。南渡之后，由于时代巨变，悲壮慷慨的高亢之调应运发展，陈与义、叶梦得、朱敦儒、张孝祥、张元幹、陈亮、刘过等人承流接响，蔚然成风。

它不仅描写花间、月下、男欢、女爱。而且更喜摄取军情国事那样的重大题材入词，使词能像诗文一样地反映生活，所谓"无言不可入，无事不可入"。它境界宏大，气势恢弘、不拘格律、汪洋恣意、崇尚直率，而不以主含蓄婉曲为能事。豪放派内部的分派较少，仅有苏派、辛派、叫嚣派三个阶段性的细支。其风格虽然总称豪放，然而各词人风格亦有微差：苏词清放，辛词雄放，南宋后期的某些豪放词作则显粗放，清朝的豪放词人如陈维崧等亦多寓雄于粗，以粗豪见长。由于豪放词人嗜于用典、追求散化、议论过多，某些豪放词篇遂有韵味不浓、词意晦涩、形象不明、格律欠精等缺点，这些亦是无庸讳言的。

柳永的词有什么特点？

柳永（生卒不详），北宋词人，初名三变，字景庄，后改名永，字耆卿，崇安（今福建武夷山市）人。仁宗景祐元年（1034）进士。先后做过睦州团练推官、余杭县令、晓峰盐场（在今浙江定海县）监和泗州判官等地方官。后官至屯田员外郎，世故称"柳屯田"。

整个唐五代时期，词的体式以小令为主，慢词总共不过十多首。到了宋初，词人擅长和习用的仍是小令。与柳永同时而略晚的张先、晏殊和欧阳修，仅分别尝试写了17首、3首和13首慢词。柳永大力创作慢词，从根本上改变了唐五代以来词坛上小令一统天下的格局，使慢词与小令两种体式平分秋色，齐头并进。

柳永最长的慢词《戚氏》长达212字。慢词篇幅体制的扩大，相应地扩充了词的内容含量，也提高了词的表现能力。

在两宋词坛上，柳永是创用词调最多的词人。他现存213首词，用了133种词调。而在宋代所用八百八十多个词调中，有一百多调是柳永首创或首次使用。词至柳永，体制始备。令、引、近、慢、单调、双调、三叠、四叠等长调短令，日益丰富。

柳永不仅从音乐体制上改变和发展了词的声腔体式，而且从创作方向上改变了

词的审美内涵和审美趣味，即变"雅"为"俗"，着意运用通俗化的语言表现世俗化的市民生活情调。

晏殊的词作有什么特点？

晏殊（991—1055），字同叔。北宋临川人（今属南昌进贤）人，北宋前期著名词人。晏殊历任要职，更兼提拔后进，如范仲淹、韩琦、欧阳修等，皆出其门。他以词著于文坛，尤擅小令，有《珠玉词》一百三十余首，风格含蓄婉丽，多表现诗酒生活和悠闲情致，颇受南唐冯延巳的影响，与欧阳修并称"晏欧"。其代表作为《浣溪沙》、《蝶恋花》、《踏莎行》、《破阵子》、《鹊踏枝》等，其中《浣溪沙》中"无可奈何花落去，似曾相识燕归来"为千古传诵的名句。

李清照的词有什么特点？

李清照（1084—1155），号易安居士，南宋女词人，济南章丘人，婉约派代表词人。

李清照生于书香门第，父亲李格非精通经史，长于散文，母亲王氏也知书能文。在家庭的熏陶下，她小小年纪便文采出众。李清照对诗、词、散文、书法、绘画、音乐，无不通晓，而以词的成就为最高。

一般说来，李清照早期的作品特色在于芳馨俊逸，表现出了妇女敏锐纤细的感觉，而且在表达方面往往用白描之笔，真切而且自然。至于其晚期的作品，则可以分为两种成就：一种仍保有前期的妇女的敏锐纤细的感觉，只不过在意境上较早期作品显得沉郁悲凉了，如《南歌子》的"天上星河转"一首可以为代表；又一种则突破了妇女的情意

和感觉的限制，而在意境上达到了非常健举超逸的境界，如《渔家傲》。

李清照晚期有一种"豪健和飘举"的精神，"生当作人杰，死亦为鬼雄。至今思项羽，不肯过江东"。

苏轼的词作有什么特点？

苏轼（1037—1101），字子瞻，又字和仲，号"东坡居士"，世人称其为"苏东坡"。眉州（今四川眉山，北宋时为眉山城）人，祖籍栾城。北宋著名文学家、书画家、词人、诗人、美食家，唐宋八大家之一，豪放派词人代表。

苏轼的文学观点和欧阳修一脉相承，但更强调文学的独创性、表现力和艺术价值。他的文学思想强调"有为而作"，崇尚自然，摆脱束缚，"出新意于法度之中，寄妙理于豪放之外"。

苏轼的词现存三百四十多首，冲破了专写男女恋情和离愁别绪的狭窄题材，具有广阔的社会内容。苏轼在我国词史上占有特殊的地位。他将北宋诗文革新运动的精神，扩大到词的领域，扫除了晚唐五代以来的传统词风，开创了与婉约派并立的豪放词派，扩大了词的题材，丰富了词的意境，冲破了诗庄词媚的界限，对词的革新和发展做出了重大贡献。名作有《念奴娇》、《水调歌头》等，开豪放词派的先河，与辛弃疾并称"苏辛"。

辛弃疾的词作有什么特点？

辛弃疾（1140—1207），南宋爱国词人。原字坦夫，改字幼安，中年名所居曰稼轩，因此自号"稼轩居士"，历城（今山东省济南市历城区遥墙镇四风闸村）人。

辛弃疾在词史上的一个重大贡献，就在于内容的扩大，题材的拓宽。他现存的六百多首词作，写政治，写哲理，写朋友之情、恋人之情，写田园风光、民俗人情，写日常生活、读书感受，可以说，凡当时能写入其他任何文学样式的东西，他都写入词中，范围比苏词还要广泛得多。而随着内容、题材的变化和感情基调的变化，辛词的艺术风格也有各种变化。虽说他的词主要以雄伟奔放、富有力度为长，但写起传统的婉媚风格的词，却也十分得心应手。

辛词在语言技巧方面的一大特色，是广泛地引用经、史、子各种典籍和前人诗词中的语汇、成句和历史典故，融化或镶嵌在自己的词里。这本来很容易造成生硬艰涩的毛病，但是以辛弃疾的才力，却大多能够运用得恰到好处、浑成自然，或是别有妙趣。以《永遇乐·京口北固亭怀古》一篇为例，百余字的篇幅，叙及孙权、刘裕、刘义隆、拓跋焘、廉颇五个历史人物的事迹，而与作者所要表达的主观情感、意念丝丝入扣；不仅内涵极为丰厚，而且语气飞动，神情毕露，实在是不容易的事情。

纳兰性德的词作有什么特点？

纳兰性德（1655—1685），原名成德，字容若，号楞伽山人，满洲正黄旗人，康熙十二年进士。大学士明珠长子。他淡泊名利，善骑射，好读书，擅长于词。他的词全以一个"真"字取胜，写情真挚浓烈，写景逼真传神。

纳兰性德以词闻名，现存349首，哀感顽艳，有南唐后主遗风，悼亡词情真意切，痛彻肺腑，令人不忍卒读。

纳兰词初名《侧帽》，后名《饮水》，现统称纳兰词。

《左传》写的是什么？

《左传》原名《左氏春秋传》，或称《春秋左氏传》、《左氏春秋》，系春秋末鲁国人左丘明所著的我国现存的第一部叙事性编年体史书。它以史学和文学方面的成就而著称于世，所记载的历史自鲁隐公元年（前722）起到鲁悼公十四年（前453）止。他以《春秋》为原本，详细记载了春秋时期的史实用来阐释《春秋》的要目，是儒家经典文献之一。

《左传》是一部记载春秋时期社会情况的历史典籍。它记载的大多是王室、鲁史、诸侯国史等，记载方式采取《春秋》的鲁十二公次序方式，内容有诸侯国会盟、征战、婚丧、篡弑等，贯穿全书的内容是周朝王室的衰落和春秋诸侯的争霸，涉及春秋时期的礼仪规范、规章制度、民族关系、民情风俗、道德伦理、天文历法、神话传说等方面。

《左传》虽然是一部历史巨著，但它同时也是一部文学巨著。它以"情韵并美，文采照耀"的特色，成为先秦时期的历史散文中最具文学色彩的作品之一。它的史料剪裁具有文学性，它的历史故事非常具有情节化。它对人物性格的刻画生动活泼，非常吸引人。

《左传》在布局谋篇上有独到之处。比如在讲齐鲁长勺之战（庄公十年）的时候，开始对鲁师得胜的叙述简明扼要，接着详细讲了曹刿对于鲁国军队之所以获得胜利进行详细阐述，可谓是由表及里，详略得当。再比如，叙述秦晋崤之战中，开头写蹇叔哭而送师，展现蹇叔的先见之明，末尾写秦穆公哭而迎师，展现秦穆公知错能改，首尾呼应。

《国语》写的是什么？

《国语》是一部国别史，据司马迁、班固、韦昭说，《国语》是左丘明在失明以后将其编著《左传》剩余的资料略加整理、汇编而成。全书二十一卷，分别记载周、鲁、齐、晋、郑、楚、吴、越八国事，是各国史料的汇编。除《周语》3篇、《郑语》1篇涉及西周事以外，其余记载的是春秋时期各国的政治、外交等重点史实。

《国语》与《左氏春秋》有很大的不同，它有自己鲜明的特点。

首先，《国语》是一部各国史官的有关记言的史料汇编，主要分国记录君臣谋议得失的谈话，基本上属于记言体。虽有记事，只是记言体中插叙和补充，比较接近《尚书》。《国语》在记言结束以后，往往缀上几句事情的发展或结果。如《鲁语下》记叔孙穆子论楚公子围，记事言语不多，但构成了完整的史实记叙。

其次，《国语》开创了以国为单位来叙述史实的体例——国别体，它集中叙述某国的历史，又往往可以集中叙述某人生平始末，为传记体的产生起了先导作用。

最后，由于《国语》是各国史料的汇编，素材来源不一，编者亦未作统一润色，其记言水平参差不一，风格也颇有差异。比如《周语》旨在说教，行文委婉，多长篇大论，《鲁语》篇幅不长，语言隽永，《楚语》、《吴语》、《越语》则文字流畅整饬，颇有气势。

《战国策》写的是什么？

《战国策》也是一部有关记言的史料汇编，主要分国记录战国时期策士游说

各国诸侯时陈谋献策或互相辩论的言辞，所载上继《国语》下限，下至秦并六国之后，即从韩、赵、魏三家灭智伯开始，迄秦二世即位为止，245年间各国诸侯政治、军事、外交等重要史实。这些资料大部分是战国时期各国史官和策士所记，来源不一，零散错乱，名称各异，有所谓《国策》、《国事》、《短长》、《长书》、《事语》、《修书》等称呼。到西汉，刘向第一次对这些史料进行系统整理、修订成书，共33篇。因其主要记载"战国时游士辅所用之国，为之策谋"，所以定名为《战国策》。

《战国策》的思想比较复杂，主要表现在：反映了民本思想；有明显的"贵士"的倾向，把士的地位看得非常重要；记录了许多嘉言善行，虽主要是对某些统治者的规劝，但对后世也有一定的教育意义。

《战国策》的文学成就首先表现在人物形象的塑造上。全书对战国时期社会各阶层形形色色的人物都有鲜明生动的描写，尤其是一系列"士"的形象，更是写得栩栩如生，光彩照人。纵横之士如苏秦、张仪，勇毅之士如聂政、荆轲、高节之士如鲁仲连等等，都个性鲜明，具有一定的典型意义，代表了士的不同类型。《战国策》在写人上，一方面继承了《国语》相对集中编排同一人物故事的方法，另一方面又有所发展，出现了一个人物的事迹有机集中在一篇的文章，为以人物为中心的纪传体的成立开创了先例。

《道德经》讲的是什么？

老子，姓李，名耳，字伯阳，谥曰聃，楚国苦县（今鹿邑县）人。约生活于前571年至471年之间曾做过周朝的守藏史。老子幼年牧牛耕读，聪颖勤快。晚年在故里陈国居住，后出关赴秦讲学，死于扶风。

老子遗留下来的著作，仅有《五千文》即《道德经》，也叫《老子》。它是老子用韵文写成的一部哲理诗。它是道家的主要经典著作，也是研究老子哲学思想的直接材料。

《道德经》开创了我国古代哲学思想的先河。他的哲学思想和由他创立的道家学派，不但对我国古代思想文化的发展，作出了重要贡献，而且对我国2000多年来思想文化的发展，产生了深远的影响。

《庄子》讲的是什么？

《庄子》一书是庄子和他的门人以及其他学者所著，是道家经典著作之一。《汉书·艺文志》共收录《庄子》52篇，至今仅存33篇。其中7篇内篇一般被认为是庄子本人所著；15篇外篇与11篇杂篇是他的弟子和其他道家学者的作品。内篇真实反映了庄子的思想。全书以讲寓言故事的形式展开论述，思想深邃，想象丰富，在哲学与文学方面都有很高的学术价值。

庄子的文章善于想象思考，文笔变幻莫测，体现出一种浓厚的浪漫主义色彩。全书多用讲寓言故事的方式，展开对现实的极力讽刺，对以后的文学语言发展产生了很大的影响。

《庄子》一书在哲学、文学方面都有很大的研究价值。它的许多名篇如《逍遥游》、《齐物论》、《养生主》等，特别是《养生主》里的"庖丁解牛"等都是千古传诵的佳话。

司马迁的《史记》在文学上有什么地位？

司马迁（约前145—前90），西汉著名史学家、文学家、思想家。字子长，夏阳（今陕西韩城县南）人。

司马迁10岁开始诵读"古文"典籍，20岁那年开始漫游生活，游踪遍及南北，到处考察风俗，采集传说。归来后，初任郎中，曾出使西南各地。此外，还多次侍从武帝巡狩，封禅，游历了更多的地方。这些实践活动，丰富了司马迁的历史知识和生活经验，扩大了司马迁的胸襟和眼界，更重要的是使他接触到广大人民的经济生活，体会到人民的思想感情和愿望，这对他后来著作《史记》有极其重要的意义。

天汉二年（前99），李陵抗击匈奴，兵败投降，朝廷震惊。司马迁认为李陵投降出于一时无奈，必将寻找机会报答汉朝。正好武帝问他对此事的看法，他就把他的想法向武帝说了。武帝因而大怒，以为这是替李陵游说，并借以打击李广利。司马迁被下狱，并在天汉三年下"蚕室"，受宫刑。这是对他极大的摧残和侮辱。大约经过十年的辛勤写作，他终于在忍辱发愤的境遇中完成了《史记》这部历史宏著。

《史记》是我国第一部纪传体通史，包括十二本纪、十表、八书、三十世家、七十列传共130篇，526500字。"本纪"叙述帝王的政迹；"表"是各历史时期的大事记，是全书叙事的联络和补充；"书"是个别事件的始末文献；"世家"叙述贵族王侯的历史；"列传"主要是各种不同类型、不同阶层人物的传记。它的记事上自黄帝，下至汉武帝太初年间，全面叙述了我国上古至汉初三千年来的政治、经济、文化等方面的历史发展。

《史记》在我国文学史上有着重要的地位和深远的影响。在写作方法、文章风格等方面，后世作家都从中得到有益的启发。《史记》的人物传记在形成我国典型小说的传统风格中起到了重大作用，许多戏剧也取材于《史记》。

什么是古文运动?

古文运动是唐宋时期的文学革新运动。这个"古文"指的是先秦两汉的散文，具有质朴自由的特点，以散行单句为主，在格式上不受拘束，便于反映现实生活、表达思想。南北朝以来，文坛上流行华而不实的骈文，不适合表情达意，因此自西魏苏绰一直到中唐韩愈和柳宗元，一股提倡古文的势力逐渐兴起。其中韩愈、柳宗元提出了完整的古文理论，并写出了很多优秀的古文作品，得到很多追随者的热烈响应，将古文运动推向了高潮。

韩愈（768—824），字退之，河阳（今河南孟州南）人，唐代伟大的文学家、哲学家，祖籍河北昌黎，世称韩昌黎。晚年任吏部侍郎，又称韩吏部，谥号"文"，又称韩文公。他倡导并领导了唐代的古文运动，提倡学习先秦与两汉散文的语言表达方式，主张破骈成散，扩展古文的表达范围。柳宗元（773—819），字子厚，世称"柳河东"，因官至柳州刺史，后称"柳柳州"。他是唐代著名的文学家、散文家、哲学家和思想家，与韩愈一起被称为"韩柳"，是唐代古文运动的倡导者。

欧阳修对诗文变革有什么贡献?

欧阳修（1007—1072），字永叔，吉水（今属江西）人，生长在一个小官吏的家庭，幼年丧父，家境贫寒。天圣八年（1030）中进士，仕于洛阳城，与梅尧臣关系甚好。

欧阳修是北宋中期文学变革的倡导者与领导者。文学变革作为一场北宋王朝文

化建设运动，是为了适应思想统治的需要而进行的。

欧阳修在文学、散文、诗歌、词等方面都有突出的成就，这使得他能够成功领导诗文变革。自北宋建立以来，文学上一直是以道统文、以道代文，文学西昆体的弊端逐渐暴露。欧阳修一方面对这种文风持赞同态度，认为道对文起决定性作用；但另一方面他反对过度偏激的观点。他认为有事功和有道德的人不一定能文，文采有其存在的必要性，只有符合道的文章才有永久价值。

欧阳修反对效仿韩愈怪僻晦涩的文学风气，提倡建立一种质朴流畅的文风。欧阳修对于西昆体有着好评，反对对西昆体诗人的极端态度，他认为骈文的弊端是对形式的要求太严格而导致叙述与论证不够清晰。所以，欧阳修倡导的诗文变革虽然反对西昆体和骈文，但他的最终目的是为了让文学在建立社会秩序方面发挥更加积极的作用。

欧阳修领导的诗文变革结束了骈体与散体的对峙形势，之后的文学创作中文字大多浅显易懂、行文流畅、节奏舒缓。

司马光的《资治通鉴》讲的是什么？

司马光（1019—1086），北宋时期著名政治家，史学家，文学家。北宋陕州夏县涑水乡（今山西运城安邑镇东北）人，出生于河南省光山县，字君实，号迂叟，世称涑水先生。

北宋熙宁三年（1070），司马光因反对王安石变法，出知永兴军。次年，判西京御史台，居洛阳十五年，专门从事《资治通鉴》的编撰。元丰八年（1085），任尚书左仆射兼门下侍郎，主持朝政，排斥新党，废止新法。数月

后去世。

《资治通鉴》全书294卷，约300多万字，另有《考异》、《目录》各三十卷。《资治通鉴》所记历史断限，上起周威烈王二十三年（前403），下迄后周显德六年（959），前后共1362年。全书按朝代分为十六纪，即《周纪》五卷、《秦纪》三卷、《汉纪》六十卷、《魏纪》十卷、《晋纪》四十卷、《宋纪》十六卷、《齐纪》十卷、《梁纪》二十二卷、《陈纪》十卷、《隋纪》八卷、《唐纪》八十一卷、《后梁纪》六卷、《后唐纪》八卷、《后晋纪》六卷、《资治通鉴》中华书局版《后汉纪》四卷、《后周纪》五卷。

《资治通鉴》的内容以政治、军事和民族关系为主，兼及经济、文化和历史人物评价，目的是通过对事关国家盛衰、民族兴亡的统治阶级政策的描述，以警示后人。

晚明小品散文有什么特点？

晚明诗歌与散文同处于变革的阶段，结果却有所不同，以"小品"为代表的晚明散文，取得了相当大的成功。

王思任（1574—1646）是一位具有特异语言风格的小品作家。他字季重，号谑庵，山阴（今浙江绍兴）人。

王思任在《世说新语序》中称其书："本一俗语，经之即文；本一浅语，经之即蓄；本一嫩语，经之即辣，盖其牙室利灵，笔颠老秀。"这也可以视为对自己文章的追求。他的散文用语尖新拗峭，与竟陵派有相似处，然意态跳跃，想象丰富机智，常出人意表，并富于诙谐之趣，又常在瑰丽之辞中杂以俗语、口语，是明显的不同。

张岱（1597—1697），字宗子，一字石公，别号陶庵，山阴（今浙江绍兴），晚明散文的最后一位大家和集大成者。

张岱是一个生活经历、思想情感都非常丰富的人。他的诗文，初学徐文长、袁中郎，后学钟惺、谭元春，最终能不为前人所囿，形成自己的风格，而散文的成就尤为特出。其风格大抵以公安派的清新流畅为主调，在描写刻画中杂以竟陵派的冷峭，时有诙谐之趣。

"小品"风格的散文虽不是到晚明才出现的，但作为散文领域中具有变革意义的现象，小品的盛行却是晚明社会的产物。在打破"道统"对散文的统治、发展散文的审美功能方面，晚明小品实有不可轻视的意义。

施耐庵的《水浒传》写的是什么？

我国第一部章回体长篇古典小说《水浒传》是元末明初著名的小说家施耐庵根据民间关于宋江起义的传闻故事而写成的，主要描写了在北宋仁宗皇帝时期，天下流行瘟疫，再加上北宋政治黑暗，于是在山东梁山泊聚集起以宋江为头领的一百零八位好汉。他们齐集在忠义堂，打着"替天行道"的义旗，一路上打州劫府，实现着他们济贫扶困的伟大抱负，这给北宋政府以致命的打击，严重动摇了它的统治基础，于是北宋政府对梁山英雄实施了打压政策，最后以宋江为首带领众人接受了招安。

《水浒传》以艺术的手法再现了我国封建社会农民起义的爆发、进展和失败过程的原因与本质。它的社会价值在于揭示了封建统治者的昏庸与黑暗，暴露统治阶级的血腥罪恶，证明了农民起义的根本原因在于"官逼民反"。作品开篇写了破落

潦倒的高俅靠踢球而被端王看好，这位端王后来当了皇帝（宋徽宗），高俅因此发迹被一路提拔为太尉。宋徽宗昏庸，信任奸臣蔡京、童贯和杨戬等，形成了一个邪恶多端的统治集团。高俅与蔡京等人狼狈为奸，残害忠良，欺压百姓，对人民进行比猛虎还苛刻的剥削与压榨，最后造成了梁山农民起义。

《水浒传》在揭露统治者的罪行时，叙述了高俅残害王进的故事：当高俅升任殿帅府太尉后，刚上任就官报私仇，诬告王进。王进不得不连夜逃走。作者还描写了高俅怎样谋害林冲，逼其上梁山的事等等。高俅是北宋统治者的化身，在他身上集中暴露了凶狠、阴险的本质。此外，《水浒传》还描写了地主豪强的种种丑恶勾当，如郑屠霸占金翠莲、西门庆害死武大郎等广为人知的故事。

罗贯中的《三国演义》写的是什么？

罗贯中（约1330—约1400），汉族，名本，字贯中，号湖海散人，籍贯山西太原府，一说山西省祁县；一说山西省清徐县；一说钱塘（今浙江杭州）或庐陵（今江西吉安）人。元末明初著名小说家、戏曲家。

《三国演义》描写的是从东汉末年到西晋初年之间近一百年的历史风云，全书反映了三国时代的政治军事斗争，反映了三国时代各类社会矛盾的渗透与转化，概括了这一时代的历史巨变，塑造了一批叱咤风云的英雄人物。在对三国历史的把握上，作者表现出明显的拥刘反曹倾向，以刘备集团作为描写的中心，对刘备集团的主要人物加以歌颂，对曹操则极力揭露鞭挞。

《三国演义》塑造了一大群鲜明生

动，有生命力的人物形象。刻画的近200个人物形象中最为成功的有诸葛亮、曹操、关羽、刘备、赵云等人。诸葛亮是作者心目中的"贤相"的化身，他具有"鞠躬尽瘁，死而后已"的大义胸怀，具有济世救民再造太平盛世的雄心壮志，而且作者还赋予他呼风唤雨、神机妙算的奇异本领。曹操是一位奸雄，他生活的信条是"宁教我负天下人，休教天下人负我"，既有雄才大略，又残暴奸诈，是一个政治野心家阴谋家，这与真实的曹操是有不同的。关羽"威猛刚毅"、"义薄云天"。刘备被作者塑造成为仁民爱物、礼贤下士、知人善任的仁人志士。

《三国演义》开创了历史小说的先河，代表了历史小说的最高成就。自此以后，文人纷纷效法。在中国文学史上，历史小说便蔚然成为一大潮流。

吴承恩的《西游记》写的是什么？

《西游记》作者吴承恩（1500—1582），字汝忠，号射阳山人，淮安山阳（今江苏淮安）人。博学多才，幽默诙谐，在科场上却极不得意，中年以后才补为岁贡生，当了一个小官，不久后他就辞官归隐，以卖文为生。吴承恩对以前取经故事进行了自己的改造，冲淡了故事原有的宗教色彩，丰富了故事的现实内容，并将思想的时代特征深深地印在了小说之中。

孙悟空的艺术形象，在故事结构中都占据着核心地位，通过这个神话英雄，寄托了人们的生活理想。而且，正因为这是一部幻想性的神话小说，它比现实题材的小说能够更充分地反映出人们内心深处的欲望。从开头美猴王出世到大闹天宫失败，共7回的篇幅集中描绘了孙悟空的基本形象。他天生地长，学会了高强的本领，闯龙宫夺得如意金箍棒，又闹冥司一笔勾掉生死簿上的姓名。于是他在花果山上自在称王，无拘无束，无法无天。这是人性摆脱一切束缚、彻底自由的状态，是神话中才能表现出来的人对于自由的幻想。但这种自由显然不现实，龙宫夺宝，触犯了四海龙王；阴司复生，违背了生死循环定律。玉皇大帝本想发兵剿灭孙悟空的，听了太白金星奏议，就招他上天做个弼马温。他一开始恪尽职守，但听说这只是个未入流的马夫时，不由得怒火中烧，打出天宫，回花果山做了"齐天大圣"。玉皇大帝发兵征剿失败，只好认可他自封的尊衔，于是他又在天宫里快活。等他察觉这只不过是个有名无实的骗局后，便搅散蟠桃会，偷吃金丹，回到花果山。

《西游记》直接的创作目的，是为了给读者以阅读的快感，而作者思想又相当活泼，所以小说中一本正经的教训甚少，戏谑嘲弄的成分却十分浓厚。那些庄严尊贵的神佛，在作者笔下常显得滑稽可笑。玉皇大帝的懦弱无能、太白金星的迂腐而故作聪明，像观音菩萨欲借净瓶给孙悟空时，还怕他骗去不还，要他拔脑后的救命毫毛作抵押。就是在西天佛地，阿傩、伽叶二尊者也不肯"白手传经"，迫使唐僧用紫金钵盂换取有字真经，而如来居然堂而皇之地为这种敲诈勒索行径作辩护，佛祖在这里竟成了斤斤计较的生意人。这些游离于全书基本宗旨和主要情节的"闲文"，不仅令人发噱，而且表现出世俗欲念无所不在、人皆难免的意识，透露着商业社会的气息。

三言二拍讲的是什么？

三言二拍指的是明代五本著名的短篇小说集的合称。"三言"是《喻世明言》、《警世通言》、《醒世恒言》的合称，系明代冯梦龙所编订；"二拍"是中国拟话本小说集《初刻拍案惊奇》和《二刻拍案惊奇》的合称，作者是凌濛初。

冯梦龙编的"三言"指的是《喻世明言》、《警世通言》、《醒世恒言》三部小说集的总称，《喻世明言》也称《古今小说》，后来人们习惯于将"古今小说"作为"三言"的通称。

"三言"每集40篇，共120篇，分别发表于1621年的前后、1624年和1627年。"三言"中收录的作品大多是对宋、元、明三代的旧话本进行修改后的辑录，也有根据文言笔记、古代小说、戏曲剧本、人物故事甚至于民间传闻加工而成的，所以"三言"包括对旧本的辑录和最新的创作，标志着我国古代白话短篇小说由文人整理阶段到独立创作阶段的开始。"三言"中的作品收录的无论是宋元旧篇和还是明代新作，都经过了冯梦龙的修改。题材上有讽刺封建官僚腐败生活和对官吏清白行为的赞扬，涉及对友谊、爱情的赞美和对负心行为的谴责，有的还描写市井百姓日常生活。

受"三言"的影响，凌濛初编写了《初刻拍案惊奇》（发表于1628）和《二刻拍案惊奇》（发表于1632）各40卷，被后人称为"二拍"。凌濛初（1580—1644），字玄房，号初成，别号即空观主人，乌程（今浙江吴兴）人。五十五岁之时，以优贡授上海县丞，后擢升为徐州通判并分署房村。崇祯十七年（1644），李自成带兵进攻徐州，他忧愤死去。"二拍"之中的作品反映的是市民生活和他们的思想观念，是作者根据野史传闻、古代小说和当时的民间故事创作而成的，全书展现了一幅资本主义萌芽时期市民追求财富享受并渴望爱情平等的生活画卷。

蒲松龄的《聊斋志异》有什么价值？

蒲松龄（1640—1715），字留仙，一字剑臣，别号柳泉居士，山东淄川（今淄博）人，出身于一个久已衰落的世家。蒲松龄从小随父读书，十九岁时以县、府、道试三个第一补博士弟子生员，得到学使施闰章的称赞。自此文名大振，而自视甚高。但他此后的科场经历却始终困顿不振，一直考到六十多岁，才接受老妻之劝，放弃了仕途幻想。又到七十一岁时，才援例得到一个已经无意义的岁贡生名义。从中年开始，他一边教书一边写作《聊斋志异》，一直写到晚年。书未脱稿，便在朋辈中传阅，并受到当时诗坛领袖王士禛的常识。

《聊斋志异》近五百篇，实际包含两种不同性质的作品：一类篇幅短小而不具有故事情节，属于各类奇异传闻的简单记录；另一类才是真正意义上的小说，多为神鬼、狐妖、花木精灵的奇异故事。两类在篇数上约各其半，但也有些居于两者之间。

《聊斋志异》长期以来受到人们的喜爱，最主要的原因，是其中有许许多多狐鬼与人恋爱的美丽故事。像《娇娜》、《青凤》、《婴宁》、《莲香》、《阿宝》、《巧娘》、《翩翩》、《鸦头》、《葛巾》、《香玉》等，都写得十分动人。这些小说中的主要形象都是女性，她们在爱情生活中大多采取主动的姿态，或憨直任性，或狡黠多智，或娇弱温柔，但大抵都富有生气，敢于追求幸福的生活和感情的满

87

足，少受人间礼教的拘束。像《婴宁》中的狐女婴宁，永远天真地笑个不停，嬉闹玩耍，绝无顾忌，丝毫未曾受到人间文明法则的污染；又像《翩翩》中仙女翩翩，能以树叶制作锦衣，每当情郎意有旁骛，便不动声色地让他的衣衫变回片片黄叶，当场出丑。作者艺术创造力的高超，就在于他能够把真实的人情和幻想的场景、奇异的情节巧妙地结合起来，从中折射出人间的理想光彩。

由于结合了多方面的因素，《聊斋志异》把文言小说的艺术性又推进了一步，成为文言小说的典范。

吴敬梓的《儒林外史》写的是什么？

吴敬梓（1701—1754），字敏轩，晚年自号文木老人，安徽全椒人。他家自其曾祖起一直科第不绝，但到了他父亲时已经衰败。他少年时代生活还颇优裕，受到了良好的教育。这种教育并不局限于八股文训练，还涉及到经史、诗赋。

《儒林外史》约作于吴敬梓四十岁至五十岁时，这正是他经历了家境的剧变而深悉世事人情的时期。

《儒林外史》全书56章，由许多个生动的故事联起来，这些故事都是以真人真事为原型塑造的。全书的中心内容，就是抨击僵化的考试制度和由此带来的严重社会问题.

《儒林外史》是我国古代讽刺文学的典范，吴敬梓对生活在封建末世和科举制度下的封建文人群像的成功塑造，以及对吃人的科举、礼教和腐败事态的生动描绘，使他成为我国文学史上批判现实主义的杰出作家之一。《儒林外史》不仅直接影响了近代谴责小说，而且对现代讽刺文学也有深刻的启发。

曹雪芹的《红楼梦》有什么地位？

曹雪芹，名霑，字梦阮，"雪芹"是他的别号，又号芹圃、芹溪。约生于康熙五十四年（1715），卒于乾隆二十七年（1763）除夕或次年除夕。曹家的祖上本是汉人，约于明永乐年间迁到辽东，后被编入满洲正白旗。清初时他的高祖曹振彦随清兵入关，立有军功，曹家成为专为宫廷服务的内务府人员，家族开始发达起来。他的曾祖曹玺的妻子当过康熙的保姆，而祖父曹寅小时也作过康熙的伴读。

《红楼梦》以爱情故事为中心线索，在贾府这一世代富贵之家从繁盛到衰败的过程中，写出以贾宝玉和一群红楼女子为中心的许多人物的悲剧命运，反映了具有一定觉醒意识的青年男女在封建体制和封建家族遏制下的历史宿命。这里面包含了曹雪芹自身的家族和个人背景，以及他对人生的认识。

贾宝玉是《红楼梦》中的核心人物。这一人物形象无疑有作者早年生活的影子，但也渗透了他在后来的经历中对社会与人生的思考。在贾宝玉身上，集中体现了小说的核心主题：新的人生追求与传统价值观的冲突，以及这种追求不可能实现的痛苦。

《红楼梦》是一部具有历史深度和社会批判意义的爱情小说。它颠倒了封建时代的价值观念，把人的情感生活的满足放到了最高的地位上，用受社会污染较少、较富于人性之美的青年女性来否定作为社会中坚力量的士大夫阶层，从而表现出对自由的生活的渴望。从而，它也前所未有地描绘出美丽聪慧、活泼动人的女性群像。虽然《红楼梦》始终笼罩着一种宿命的伤感和悲凉，但也始终未曾放弃对美的理想的追求。在引导人性毁弃丑恶、趋向完美的意义上，它是有着不朽价值的。

晚清有哪四大谴责小说？

谴责小说属于中国旧式小说的一种。清末政治与社会黑暗，官吏贪污腐败，人们觉悟低下，有些作家对这种情况进行口诛笔伐。这种小说对社会现实进行揭露与批判，并宣扬资产阶级的改良主义，但对社会现实批判不够透彻，还对封建统治者抱有幻想。这类小说写作手法上多用讽刺法，笔无藏锋，文字极为夸张，概括力度和事例典型化不够。《官场现形记》、《二十年目睹之怪现状》、《老残游记》、《孽海花》代表着这类小说的最高成就，后来被人称为"清末四大谴责小说"。

《官场现形记》的作者是李宝嘉（1867—1907），全书共六十回，包括许多可独立成篇的短篇故事。书中描写了一群官位或大或小的封建官僚，他们腐败无能，卖国求荣，清晰地再现了一幅清末官僚的百种丑态图，揭露并讽刺了晚清官场的腐败，反映了封建制度与人民群众的矛盾和清王朝向帝国主义屈辱投降的奴颜态度。

《二十年目睹之怪现状》的作者是吴沃尧（1866—1910），全书共一百零八回。小说用第一人称的方法，记录了主人公坎坷的悲惨遭遇和奇特见闻，反映了发生在社会上的种种怪现状：官场营私舞弊、商场尔虞我诈、洋场嫖赌撞骗等丑象处处可见。全书用大约二百多个短小故事生动地再现了中法战争之后的二十年间发生在中国的诸种肮脏不堪的现象。

《老残游记》的作者是刘鹗（1857—1909），全书共二十回。小说用记录江湖医生老残在行医途中所见到、所听和所做的方式揭露了官吏的昏庸无能，重点抨击了表面名为"清官"实为贪官们的虚假行为。虽然作者对资产阶级革命和义和团运动持同情态度，但对清政府仍抱有幻想。这本小说语言精准，故事生动，在谴责小说中的艺术成就数第一。

《孽海花》的作者是曾朴（1872—1935），全书共三十回，外加附录五回。作品以状元金雯青和名妓傅彩云（赛金花）的爱情展开故事，书中穿插了很多官僚与文人的丑恶故事。这部书描写的是同治初年到甲午中日战争失败后大约三十年间的社会政治、文化、外交和思想状况，作者对维新派和资产阶级革命党人的变革运动表示同情和赞成。

关汉卿对戏剧有什么贡献？

关汉卿（约1220—1300），元代杂剧作家。是中国古代戏曲创作的代表人物。号已斋（一作一斋）、已斋叟。大都人（今河北安国）。与马致远、郑光祖、白朴并称为"元曲四大家"，关汉卿位于"元曲四大家"之首。

关汉卿写了六十多种杂剧，现存的杂剧从思想内容看，大致可分为三类。第一类是歌颂人民的反抗斗争、揭露社会黑暗和统治者的残暴、反映了当时尖锐的阶级矛盾的作品。如著名的《窦娥冤》，还有《蝴蝶梦》、《鲁斋郎》等。

第二类主要是描写下层妇女的生活和斗争，突出她们在斗争中的勇敢和机智的。那些貌似强大的坏蛋，在他们聪明的对手面前，一个个被戏弄得像泄了气的皮球，因此作品也带有更多的喜剧意味。其中以《救风尘》为最有代表性，此外还有《金线池》、《谢天香》、《诈妮子》、《望江亭》、《拜月亭》写的虽不是下层妇女，风格还是相近的。《救风尘》是一

部杰出的喜剧。剧中主角妓女赵盼儿，是个机智、老练而富有义气的妇女形象。她曾经有过幻想，憧憬着同一个知心的男人过自由、幸福的生活，终于在残酷的现实里一次又一次地破灭了。

第三类是歌颂历史英雄的杂剧，以《单刀会》的成就最为突出。

关汉卿塑造典型人物的成就是非常突出的。在我国古典戏剧作家中还没有一个人能像他那样塑造出如此众多而鲜明的人物形象。他笔下的人物大多数是个性鲜明，血肉饱满的。

关汉卿是我国文学史上伟大的作家之一，是中国戏曲的奠基人。他一生创作了六十多种杂剧，不仅鼓舞了当时广大人民反对阶级压迫和民族压迫的斗争；而且对后来的戏剧创作有巨大的影响。根据他的《拜月亭》杂剧改编的《拜月记》在南戏与传奇里一直起着广泛而深远的影响。他的部分作品如《窦娥冤》、《拜月亭》、《单刀会》等七百年来一直上演不衰，并为我国戏曲里的悲剧、喜剧的关键处理，各种人物的舞台形象的塑造，提供了典范。

王实甫的《西厢记》讲的是什么？

王实甫，大都人，生平资料很少。

王实甫的《西厢记》以《西厢记诸宫调》为基础，在一些关键的地方作了修改，从而弥补了原作的缺陷。这主要表现在：一方面删减了许多不必要的枝叶和臃肿部分，使结构更加完整，情节更加集中；另一方面，也是更重要的，是让剧中人物更明确地坚守各自的立场——老夫人在严厉监管女儿、坚决反对崔、张的自由结合、维持"相国家谱"的清白与尊贵上毫不松动，张生和莺莺在追求爱情的满足上毫不让步，他们加上红娘为一方与老夫

《西厢记》插图

人一方的矛盾冲突于是变得更加激烈。这样，不仅增加了剧情的紧张性和吸引力，也使得全剧的主题更为突出、人物形象更为鲜明。再加上它的优美而极富于表现力的语言，使得这一剧本成为精致的典范之作。

剧中主要人物张生、崔莺莺、红娘，各自都有鲜明的个性，而且彼此衬托，相映成辉；在这部多本的杂剧中，各本由不同的人物主唱，有时一本中有几个人的唱，这也为通过剧中人物的抒情塑造形象提供了便利。

《西厢记》歌颂了以爱情为基础的结合，否定封建社会传统的联姻方式，

白朴的杂剧代表作品是什么？

白朴（1226—？）字太素，号兰谷；原名恒，字仁甫。白朴出生时，金王朝已经在南宋和蒙古的两面夹击下处于岌岌可危的状态，八九年后，为蒙古所灭。白朴幼年经历颠沛流离，母亲也死于战乱中。长成后，家世沦落，郁郁不欢，不复有仕

进之意，几次拒绝了官员的荐举，漂流大江南北十五年之久。

白朴出身于具有浓厚文学气氛的家庭，少年时又随著名诗人元好问学诗词古文，在传统的文人文学方面有相当好的素养。在元代，他是最早以文学世家的名士身份投身于戏剧创作的作家。他的剧作见于著录的有十六种，完整留存的有《墙头马上》与《梧桐雨》两种。

《墙头马上》是一部爱情喜剧，取材于白居易新乐府诗《井底引银瓶》。在白朴杂剧之前，同样取材于此诗的已有宋官本杂剧、金院本等多种，虽均无剧本存世，但可以想见，白朴的《墙头马上》与这些早期剧作是有继承关系的。

与《墙头马上》的世俗化倾向和本色的语言不同，白朴的另一剧作《梧桐雨》更多地表现出文人化的趣味，尤其以典雅优美、富于抒情诗特征的曲词著名。从全剧的核心部分——曲词来看，它的重心实际是以作者自身的体验为依据，来摹写唐明皇的内心世界：由于政治上的失败和因此造成的唐王朝由盛及衰的转变，他从权力的顶峰跌落，失去繁华辉煌的生活，失去美如天仙的杨妃和如痴如迷的爱情，在孤独与苍老中感受着美好往日如梦消逝以后的寂寞与哀伤，一种对盛衰荣枯无法预料和把握的幻灭感。这既是写历史人物，也渗透了作者因金国的灭亡而产生的人世沧桑和人生悲凉之感。

马致远的杂剧有哪些？

马致远，以字行，名不详，晚号东篱，大都人。他的年辈晚于关汉卿、白朴等人，生年当在至元（始于1264）之前，卒年当在至治改元到泰定元年（1321—1324）之间。

马致远从事杂剧创作的时间很长，

名气也很大。他的作品见于著录的有十五种，今存《汉宫秋》、《荐福碑》、《岳阳楼》、《青衫泪》、《陈抟高卧》、《任风子》六种，另有《黄粱梦》，是他和几位艺人合作的。

《汉宫秋》是马致远早期的作品，也是马致远杂剧中最著名的一种，演王昭君出塞和亲故事。

《荐福碑》也是马致远的早期剧作，写落魄书生张镐时运不济，一再倒霉，甚至荐福寺长老让他拓印庙中碑文，卖钱作进京赶考的盘缠，半夜里都会有雷电把碑文击毁。后时来运转，在范仲淹资助下考取状元，飞黄腾达。

《青衫泪》是由白居易《琵琶行》敷演而成的爱情剧，虚构白居易与妓女裴兴奴的悲欢离合故事，中间插入商人与鸨母的欺骗破坏，造成戏剧纠葛。在士人、商人、妓女构成的三角关系中，妓女终究是爱士人而不爱商人，这也是落魄文人的一种自我陶醉。

马致远写得最多的是"神仙道化"剧。《岳阳楼》、《陈抟高卧》、《任风子》以及《黄粱梦》，都是演述全真教事迹，宣扬全真教教义的。这些道教神仙故事，主要倾向都是宣扬浮生若梦、富贵功名不足凭，要人们一空人我是非，摆脱家庭妻小在内的一切羁绊，在山林隐逸和寻仙访道中获得解脱与自由。

马致远杂剧的语言偏于典丽，但又不像《西厢记》、《梧桐雨》那样华美，而是把比较朴实自然的语句锤炼得精致而富有表现力。

郑光祖的杂剧代表作是什么？

郑光祖，字德辉，平阳襄陵（今山西临汾附近）人，生卒年不详。他与关汉卿、白朴、马致远并列，后人称为"元曲

四大家"。

《倩女离魂》是郑光祖的代表作。此剧据唐人陈玄祐传奇《离魂记》改编而成，写王文举与张倩女原系"指腹为婚"，但张母嫌文举功名未就，不许二人成婚。文举被迫上京应试，倩女忧念成疾，灵魂离开躯体去追赶王文举，与之相伴多年。王文举中状元后，携倩女魂归至张家，离魂与病卧之身重合为一，遂欢宴成亲。

在艺术描写方面，《倩女离魂》具有浓厚的抒情气息，笔墨细腻但并不感纤巧，文词精美却不显雕琢。第二折写离魂月夜追赶王文举的情景，曲词和宾白水乳交融，如行云流水，一气呵成，把倩女焦急盼望的心理，慌忙赶路的情形，以及江岸月夜的景色都描绘得十分细致逼真。尤其是写离魂追到江边的几支曲，充满了诗情画意。

《倩女离魂》的情节和人物形象，受到《西厢记》的启发，而又对《牡丹亭》有较大的影响。

郑光祖的《㑇梅香》是一部模仿《西厢记》的爱情剧，虚构裴度之女装小蛮与白居易之弟白敏中的恋爱关系，也有个老夫人从中阻碍，又有个婢女樊素传书递简。在戏剧结构方面缺乏创意，人物形象也不够丰满，但有些细节写得颇为生动有趣，曲词也很为人称赏。

洪昇的《长生殿》讲的是什么？

洪昇（1645—1704），字昉思，号稗畦，浙江钱塘（今杭州）人，出身于已趋中落的世宦之家。他本人做了二十来年的太学生，其间十余年旅食京华，未获一官半职。

《长生殿》写唐明皇与杨贵妃的爱情故事。

《长生殿》是一部以写"情"为主、兼寓政治教训与历史伤感的作品。

《长生殿》艺术上的长处，主要表现在以下两点：其一，在结构方面，全剧长达五十出，场面壮丽，情节曲折，而组织相当严密。其二，《长生殿》的曲词优美，尤为人们称道。从文字上说，它具有清丽流畅、刻画细致、抒情色彩浓郁的特点。

孔尚任的《桃花扇》有什么特点？

孔尚任（1648—1718），字聘之，又字季重，号东塘、岸堂，别署云亭山人。山东曲阜人、孔子后裔。

《桃花扇》剧本的创作，经十余年苦心经营，三易其稿始成（见《桃花扇本末》）。它以复社（东林党后身）名士侯方域与秦淮名妓李香君的爱情故事为主线，描绘了南明弘光王朝由建立到覆灭的动荡而短暂的历史，从而也就写出了明王朝最后的崩溃。

《桃花扇》可谓中国古典戏剧的最后一部杰作，在许多方面均富有艺术创造性。《桃花扇》的悲剧性的结局，有力地打破了古代戏剧习见的大团圆程式，给读者或观众留下了更大的思考余地。尽管作者未必是有意识的，但他确实触及了一个相当深刻的问题：在强调个人对群体的依附性的历史状态下，某种群体价值的丧失便直接导致个人价值的丧失，这造成了人生的不自由和巨大痛苦。

宋玉的《神女赋》写的是什么？

宋玉，又名子渊，相传是屈原的学生，战国时鄢（今襄樊宜城）人。流传作品有《九辨》、《风赋》、《高唐赋》、《神女赋》、《登徒子好色赋》

等。

《神女赋》的大意是，宋玉跟着楚襄王游云梦，宋玉给楚襄王讲了巫山神女的故事，并为他作了《高唐赋》之后，当夜宋玉果然梦见神女了。第二天他把他梦见的神女的形象描述给楚襄王听，楚襄王叫宋玉用赋的形式把他梦中的情景描写一番，宋玉照办了。和《高唐赋》一样，这段散文小序也非常精彩。它描写宋玉作梦的情景说："晡夕之后，精神恍忽，若有所喜，纷纷扰扰，未知何意，目色仿佛，若有所喜"，这恰如今天人们开玩笑所说的"第六感觉"。宋玉对楚王描述神女的形态说："其始来也，耀乎若白日初出照屋梁；其少进也，皎若明月舒其光。须臾之间，美貌横生。晔兮如华，温乎如莹。五色并驰，不可殚形。详而视之，夺人目精。"这里突出地描写了神女的精神气质，她是那样地神采焕发，摄人魂魄。她作用于人们的，不仅是视觉的痴迷，而是整个灵魂的震颤。接着楚王又描写神女的装束与身段说："其盛饰也，则罗纨绮缋盛文章，极服妙采照万方。振绣衣，被袿裳，秾不短，纤不长，步裔裔兮曜殿堂。忽兮改容，婉若游龙乘云翔。"这里不仅形象描写得生动传神。而且句法错落，韵节浏亮，读起来有一种音乐美。其中"白日初出照屋梁"、"皎若明月舒其光"、"罗纨绮缋盛文章"、"极服妙采照万言"、"婉若游龙乘云翔"诸句，形式新颖，被人称为"后来七言之祖"。

序文和赋辞两部分中都有对宋玉与神女梦遇景象的描摹，似乎重复，实际却各有侧重。序文中对话部分的描摹，侧重在传写神女初临时给宋玉带来的印象，妙在从虚处落笔。才思横溢的宋玉竟然也因神女的显现而陷入失态和拙于言辞的境地，正有力的烘托出神女的惊世骇俗之美，给读者以非同寻常的审美感受。赋辞部分侧重在对神女的容貌、情态作精工细雕的刻画。肖像的勾勒中特别注重其生气、神情的活现。静态的描摹之后是动态和心理的传写，展现出神女美丽多情，但又洁清守身，非礼难近，似乎向世人表明她的心早已交付给长眠幽冥的先王。赋辞尾部又刻画了神女脉脉含情和依依不舍的一瞥，读来令人更加令人回肠荡气和思致绵远。

汉赋有什么特点？

汉赋在结构上，一般都有三部分，即序、本文和被称作"乱"或"讯"的结尾。汉赋写法上大多以丰辞缛藻、穷极声貌来大肆铺陈，为汉帝国的强大或统治者的文治武功高唱赞歌，只在结尾处略带几笔，微露讽谏之意。

汉赋分为大赋和小赋。大赋又叫散体大赋，规模巨大，结构恢弘，气势磅礴，语汇华丽，往往是成千上万言的长篇巨制。西汉时的贾谊、枚乘、司马相如、扬雄，东汉时的班固、张衡等，都是大赋的行家。小赋扬弃了大赋篇幅冗长、辞藻堆砌、舍本逐末、缺乏情感的缺陷，在保留汉赋基本文采的基础上，创造出篇幅较小、文采清丽、讥讽时事、抒情咏物的短篇小赋，赵壹、蔡邕、祢衡等都是小赋的高手。

汉赋，特别是那些大赋，尽管有着如上所述的缺点，在文学史上仍然有其一定的地位。

首先，即以那些描写宫苑、田猎、都邑的大赋来说，大都是对国土的广阔，水陆物产的丰盛，宫苑建筑的华美、都市的繁荣，以及汉帝国的文治武

功的描写和颂扬，这在当时并不是毫无意义的。而赋中对封建统治者的劝谕之词，也反映了这些赋作者反对帝王过分华奢淫靡的思想，表现了这些作者并非是对帝王贵族们毫无是非原则的奉承者和阿谀者。尽管这方面的思想往往表现得很委婉，收效甚微，但仍然是不应抹杀的。

其次，汉大赋虽然炫博耀奇，堆垛词藻，以至好用生词僻字，但在丰富文学作品的词汇、锻炼语言词句、描写技巧等方面，都取得了一定的成就。建安以后的很多诗文，往往在语言、辞藻和叙事状物的手法方面，从汉赋得到不少启发。

最后，从文学发展史上看，两汉辞赋的繁兴，对中国文学观念的形成，也起到一定促进作用。

汉赋在流传过程中多有散佚，现存作品包括某些残篇在内，共约二百多篇，分别收录在《史记》、《汉书》、《后汉书》、《文选》等书中。

贾谊有什么作品传世？

贾谊（前200—前168），西汉文帝时代的政治家、文学家，洛阳（今属河南省）人。18岁时，闻名郡中，得到郡守吴公的赏识，收为弟子。文帝即位后，因吴公的推荐，被擢升为太中大夫。由于贾谊上书言事，切中时弊，提出了一套改革政治法制的主张，任公卿之位。朝廷上许多法令、规章的制定，都由他主持进行。

贾谊的才华和文帝对他的信任，引起了一部分朝臣的不满，一些王侯重臣却嫉才诽谤——以"洛阳之人，年少初学，专欲擅权，纷乱诸事"的流言，动摇了文帝对贾谊的信任，汉文帝便渐渐地疏远他，让他离开京城，去长沙做长沙王的太傅（老师）。

贾谊横遭贬斥，茫然湘江，触景生情，写《吊屈原赋》，寄托悲愤。三年后召回京师长安，改梁怀王太傅，终未得到重用。郁郁寡欢，忧愤成疾，年仅三十三岁。

贾谊作品，《汉书·艺文志》著录有文58篇，赋7篇，其文即现存的《新书》，亦名《贾子》，曾经西汉末年刘向校定，虽然在流传过程中有所错乱和散失，但基本可信。首篇《过秦论》，是贾谊政论文中的名篇。另一篇著名政论文《陈政事疏》，又称《治安策》，载于《汉书·贾谊传》。贾谊的辞赋大多已亡佚。除《吊屈原赋》、《鵩鸟赋》外，还有刘向所编《楚辞》中收入《惜誓》一篇，作者题贾谊。

司马相如有什么成就？

司马相如（前179—前127），字长卿，汉族，蜀郡（今四川省成都人）。西汉大辞赋家。

司马相如的文学成就主要表现在辞赋上。现存《子虚赋》、《天子游猎赋》、《大人赋》、《长门赋》、《美人赋》、《哀秦二世赋》6篇。

他是汉赋的奠基人，扬雄欣赏他的赋作，赞叹说："长卿赋不似从人间来，其神化所至邪！"

司马相如还充分地掌握了辞赋创作的审美规律，并通过自己的辞赋创作实践和有关辞赋创作的论述，对辞赋创作的审美创作与表现过程进行了不少探索，看似只言片语，但与其具体赋作中所表露出的美学思想相结合，仍可看出他对赋的不少见解。他已经比较完整地提出了自己的辞赋创作主张。从现代美学的领域，对其辞赋美学思想进行阐释，无疑是有益的和必要的。

两千多年来，司马相如在文学史上一直享有崇高的声望，产生了深远的影响。两汉作家，绝大多数对他十分佩服，其中最有代表性的是伟大的历史学家司马迁。在整个《史记》中，专为文学家立的传只有两篇：一篇是《屈原贾生列传》，另一篇就是《司马相如列传》，仅此即可看出相如在太史公心目中的重要地位。

扬雄有什么成就？

扬雄是继司马相如之后又一辞赋大家，历来人们往往将他与相如并称为"马扬"（或"扬马"），可见其地位之高。扬雄生于公元前53年，卒于公元18年，字子云，蜀郡成都（今属四川）人。年少好学，博览群书，为人简易，口吃不能剧谈，好深思，少嗜欲。早年喜好辞赋，倾慕司马相如，每作赋，常拟之以为式；又曾拟屈原之作。成帝时，出蜀游于长安，有荐雄帝者，谓其文似司马相如，遂待诏承明庭。后任黄门侍郎，作为皇帝的文学侍从。曾奉命作《甘泉》、《河东》、《羽猎》、《长杨》等四赋。哀帝即位，外戚丁氏、傅氏及宠臣董贤擅权，附之者多贵。雄自守泊如，专心著书，仿《周易》作《太玄》，仿《论语》作《法言》，又作《训纂篇》、《九州岛箴》等。时有嘲雄者，雄仿东方朔《答客难》，作《解嘲》。

扬雄赋，今存《甘泉赋》、《河东赋》、《羽猎赋》、《长杨赋》、《蜀都赋》、《太玄赋》、《逐贫赋》。此外，《反离骚》、《解嘲》、《解难》、《酒箴》等，虽不以赋名，而实

为赋体。就性质言，这些作品大致可以分为京殿苑猎郊祀与述志抒情两类；京殿苑猎郊祀赋写于前期，述志抒情赋则大多写于后期。

班固的《两都赋》有什么特点？

东汉明帝、章帝时期最负盛名的赋家是班彪之子班固（32—92），其代表作品是作于明帝永平（58—75）年间的《两都赋》。

班固《两都赋》的创作大约比杜笃《论都赋》晚二十年，其内容仍然关涉东汉王朝的建都问题。所以，说班赋之产生受了杜赋的启发或影响应该是不错的。然而就其主张建都于长安或是都于洛阳的倾向性来看，班固与杜笃截然不同。《两都赋》有序，其中述其创作缘由说："臣窃见海内清平，朝廷无事，京师修宫室，浚城隍，起苑囿，以备制度。西土耆老，咸怀怨思，冀上之眷顾，而盛称长安旧制，有陋雒邑之议。故臣作《两都赋》，以极众人之所眩曜，折以今之法度。"

班固《两都赋》相对于司马相如、扬雄赋中的同类描写，写实性明显有所增强，自觉汰除了前代赋家津津乐道的离奇的神话成分，荡漾着不语怪力乱神的理性精神。某些必要的夸张渲染，也多处理得较有分寸，比之扬、马，整体上给人以内容富赡而描写平实的印象。语言上很少使用艰深奇僻之字，排偶句式趋多，音调也趋和谐。

张衡有什么文学成就？

张衡（78—139），字平子，南阳西鄂人。他少时善文章，淡于名利，不愿出仕，直到33岁时，才应朝廷之召为郎中，时当安帝时，再迁为太史令，去官。顺帝

即位，再为太史令，久之为侍中，永和初，出为河间王相。永和四年卒，年62。张衡是中国文化史一个著名人物，对天文学有很深的研究，着有《灵宪》，对地震亦有很深的研究，制出了水平相当高的候风地动仪。他反迷信，倡科学，学问渊博，是一个重要的思想家。

张衡的文学作品，今存有赋、诗等。诗有《同声歌》、《四愁诗》，是五言诗成熟期和七言诗创始时期的重要作品。今存完整的赋作有《思玄赋》、《二京赋》、《南都赋》、《归田赋》、《骷髅赋》、《冢赋》、《应问》；存有残文的赋有《温泉赋》、《定情赋》、《舞赋》、《羽猎赋》、《扇赋》、《七辩》。其中以《思玄赋》、《二京赋》、《归田赋》、《骷髅赋》流传千古成为经典。

《思玄赋》是张衡在顺帝朝任侍中时所作。据本传说，此时宦官专政，衡有名，为顺帝引在帷幄，讽议左右，宦官于是共谗之，这给张衡以极大的威胁，于是他"常思图身之事。以为吉凶倚伏，幽微难明"，遂作此赋。《二京赋》是张衡早年的作品，是他看到和安之间，贵族王侯过于奢侈而作的，但赋的内容却远远超出了张衡自己的想法。

张衡所有的赋，在语言上有极为显著的特点，那就是严格的骈偶化。汉赋格律化，是从张衡开始的。这种格律化，对后来文学形式的影响很大，骈赋的出现，律赋的形成，以至于影响及于文的领域，都和这有着不小的关系。

曹植的《洛神赋》写的是什么？

曹植（192—232），三国时魏国诗人，字子建，沛国谯（今安徽亳州）人。他是曹操之妻卞氏所生第三子。曹植自幼颖慧，年10岁余，便诵读诗、文、辞赋数十万言，出言为论，下笔成章，深得曹操的宠信。

《洛神赋》为曹植辞赋中杰出作品。作者以浪漫主义的手法，通过梦幻的境界，描写人神之间的真挚爱情，但终因"人神殊道"无从结合而惆怅分离。

《洛神赋》全篇大致可分为六个段落，第一段写作者从洛阳回封地时，看到"丽人"宓妃伫立山崖，这段类话本的"入话"。第二段，写"宓妃"容仪服饰之美。第三段写"我"非常爱慕洛神，她实在太好了，既识礼仪又善言辞，虽已向她表达了真情，赠以信物，有了约会，却担心受欺骗，极言爱慕之深。第四段写洛神为"君王"之诚所感后的情状。第五段"恨人神之道殊"以下二句，是此赋的寄意之所在。第六段，写别后"我"对洛神的思念。

《洛神赋》传神的描写刻画，兼之与比喻、烘托共用，错综变化巧妙得宜，给人一种浩而不烦、美而不惊之感，使人感到就如在看一幅绝妙丹青，个中人物有血有肉，而不会使人产生一种虚无之感。在对洛神的体型、五官、姿态等描写时，给人传递出洛神的沉鱼之貌、落雁之容。同时，又有"清水出芙蓉，天然去雕饰"的清新高洁。

第四章　艺　术

什么是甲骨文？

甲骨文是指殷墟中出土的甲骨文，又称为殷墟文字、殷契、契文、卜辞等，是殷商时期刻在龟甲兽骨上的文字，主要被商代王室用来占卜记事。甲骨文是我国古代的一种文字，是中国古代汉字的最初原型。甲骨文以武丁时期的甲骨最为完整，该时期现存的甲骨数量最多。

甲骨文的发现至今已有一百年的历史。甲骨文出土的地方——小屯村，正是古殷都的所在地。商朝第二十代帝王盘庚把国都迁到此地，直至灭亡，历经二百七十三年，有八代十二王一直以此为都。周武王灭商之后，殷都被废弃，由于年代久远，被后人称为"殷墟"。

清光绪二十五年（1899），河南安阳小屯村的农夫在耕作时偶然发现了一些龟甲和兽骨，将其当成中药卖给药铺。后来，有人将其作为药材"龙骨"贩运到北京，恰遇清末金石学家王懿荣。他偶然在中药材"龙骨"上发现有类似古文字的符号，这引起了他的极大关注。后来，他托商人买回一批"龙骨"。经过辨别，他认为甲骨上的刻痕是一种比"篆籀"更为古老的文字。后来经过研究，这些文字被确认为殷商时代的文字，这是最早关于甲骨文的发现的事迹。

在殷商时期，各代帝王十分崇信鬼神，所谓"国之大事，在祀与戎"，不论做什么事，都要占卜，所以会经常性地举行祭祀活动，祈求神灵的保佑。事无巨细，遇事必须占卜，这是殷商时期的社会风气。从一些解读的卜辞内容上来看，主要是商代王室的祭祀活动，此外还有每年农作物的丰歉、雨水的有无、捕获猎物的多少、外夷的入侵等等，甚至生病、牙疼、生育等问题都要举行祭祀活动，询问神灵。有学者将卜辞细分为四大类二十二小类，内容涉及范围有奴隶、平民、奴隶主、官吏、刑罚、战争、贡纳、农业、渔猎、手工业、商业、交通、天文历法、气象、建筑、疾病、生育、祭祀、梦境等。

什么是金文？

我国古代称铜为金，古代在各种青铜器物上铸刻的铭文称为金文，也称吉金文。古代人把钟鼎作为重器，多在上面铸以文字来记事，金文因此也称为"钟鼎文"。金文主要承袭甲骨文字而来，

最初开始于商代末期，盛行于西周。它的内容主要是记录当时社会，特别是王公贵族的活动情况，大多以祭祀典礼、军队征伐、各类契约等事情为主。

金文可大致分为四种类型，即殷金文（约前1300—前1046）、西周金文（约前1046—前771）、东周金文（前770—前222）和秦汉金文（前221—219）。

殷代金文的形体与甲骨文相近，

字数较少，字体都取纵势，布白参差有致，大小不齐，有自然之妙。从金文的字体和书写来分析，金文的产生正是由殷周时甲骨文发展到大篆时期的过渡阶段，因此其风格与甲骨文相近。金文出现在商周时代，这与甲骨文同属于一个体系。可以这么说，金文继承了甲骨文，在部分的文字当中甚至保存了比甲骨文更早的文字书写方法。与此同时，金文却又以跨越式的形式为汉字的进一步发展奠定了基础。金文所使用的字体比甲骨文多且丰富，特别是形声字多，这充分体现了汉字形声构字的原则。形声字开始在汉字的发展史上取得优势性地位，也正是从这时开始的。此外，金文书写的笔画明显减少了，字体书写与甲骨文相比较更为简练、规范，体现了汉字由繁到简的一个发展过程。

周朝初期仍然延承了殷代的风格：笔致方折、体势多纵、文词增多、辞藻茂美，布局上日趋整齐、大小均匀，例如盂鼎、静敦、楚公钟等。其中"盂鼎"有铭文19行，291字，落笔雄壮。

西周中期至东周初期，金文的用笔由折变锋，收锋处常以抽毫为注墨，末笔波磔全部消除；文字书法渐趋整齐宏伟；铭辞趋于长篇，有近五百字左右的作品出现。历史上的著名铜器大都出自该时期，如毛公鼎、散氏盘、虢季子白盘、颂鼎、大克鼎、宗周钟等。

秦汉时期，小篆兴起，金文走向衰落。

什么是大篆？

大篆，也称籀文，因为其记录于字书《史籀篇》而得名。大篆是西周时期普遍采用的字体，上承西周的金文，下启秦代的小篆，相传为夏朝伯益所创。

春秋时期，秦人作的《史籀篇》中收录了223个字。史籀是周宣王时的史官，他别出心裁，创立了这种新字体，以求书写简便。后来就用史籀的名字为该种文字命名，故世称"籀文"。

西周后期，大篆在相当大的程度上保留西周后期文字的风格，只是略有改变。大篆的书写逐渐线条化，无明显的粗细不均的现象。早期粗细不匀的线条变得均匀、柔和，笔势圆整，随着实物刻画出的线条非常简练生动。它的形体结构比金文工整，字形结构也趋向于整齐一致，逐渐摆脱象形的拘束，奠定了后来方块字的基础，同一器物上几乎没有异体字。

唐初在天兴县陈仓（今陕西宝鸡）南之畴原出土的径约3尺，上小下大，顶圆底平，形状像馒头一般的十个鼓状的石敦子。据考证它是秦献公时所刻写，石墩子的上面刻有秦献公十一年（前649）所作的十首四言诗，是我国最早的刻石文字。唐代诗人韦应物认为石墩的形状像鼓，称其为"石鼓文"。石鼓文上所刻写的文字与《史籀篇》中文字相同，是籀文的代表作。

什么帛书？

帛书，是以丝帛作为书写材料的书体，是一种将文字、图像及其他特定的符号描绘在丝织品上的书籍形式。帛是指白色的丝织品，汉代总称丝织品做帛或缯，或合称缯帛，所以帛书也叫做缯书，帛书的起源可以追溯到春秋时期。帛书字体扁平而显得稳定，均衡且对称，端正严肃，字形介乎篆隶之间。它的笔法圆润流畅，直有波折，曲有挑势；在粗与细的变化之中显得很秀美，在点画的顿挫当中展现出清韵；充分体现了作者对文字艺术化的追求。

汉帛书主要发现于长沙马王堆汉墓的3号墓，有12万余字。1979年，在敦煌马圈湾汉代烽燧遗址发现了一件长条形帛书，上面以墨写隶书30字，主要记录有边塞地区的绢帛价格以及来源。

什么是隶书？

隶书是汉字的一种字体。它的书写庄重，略微宽扁，横画长而直画短，讲究"蚕头雁尾"、"一波三折"。隶书孕育萌芽于战国时期，在秦代有所发展，到西汉时期基本定型，在东汉时期达到顶峰。

有关于隶书的起源，众说纷纭，归纳起来大约有以下两个方面：一是秦代篆书写起来烦冗，不利于流通和使用，因此代以"篆之捷"的"佐书"，而在民间中下层中，草率急就的"草篆"体十分流行；二是这种"简捷易写"的"草篆"体格式上并不统一，后来秦狱吏程邈提出的一套改进方案被官方采用，由于他曾经入狱为徒隶，所有这种字体就被称作"隶书"，这就是历史上的程邈创立隶书说。隶书的演变过程称为"隶变"，隶变承前启后，对草书和楷书的形成有重要的作用。

隶书也叫"八分"，初为古隶，后来出现的汉隶被称为八分。一般认为，隶书包括八分，八分是隶书中的一个部分。

西汉初期仍然沿用秦隶的风格，到新莽时期开始发生重大的变化，产生了点画波尾的写法。西汉中期以后，隶书脱离篆体作为独立的字体已经完全得到确立。

什么是章草？

章草是风格上仍然带有一些汉隶特点的草书，笔画上有隶书的波磔和挑笔，字与字之间没有牵连而单独存在。其草法艺术仅表现在单个字体上，结构

上比较平整，结体和笔法上解散隶法，为以后出现的草、行、真书的结体、笔法的萌生奠定了基础。

章草是一种对隶书的草写，是从秦代草隶中发展演化出来的一种新书体。西汉元帝时史游通过整理后编写了《急就章》，使得章草这一书体规律化，表现在书体有了范本。章草的特点是每个字都是独立的，不似今草字与字纽结纠缠在一起。它的笔画特点是：圆转如篆，点捺如隶；单个字笔画间有牵丝萦带、缠绵连接；笔画的粗细轻重变化比较大，有些横画常常似隶书捺脚状向右上方重笔挑出，仿似隶书收笔。

章草省掉隶书的蚕头却保留了雁尾。因为雁尾的重笔挑出，对于快速书写很不方便，因此章草后来逐渐发展为今草，并被其所取代。

今草与狂草有什么区别？

今草，又称"小草"，是草书的一种。今草是在继承章草的基础上适应隶书形体上的发展演变，减少章草的点画波磔而发展起来的。它的行笔自然，刚柔相济、疏密相宜、笔画连绵回绕，文字之间有连缀，书写较之长草，更加自由便略。

相传，今草起源于东汉末年张芝的冠军帖，后世将张芝列为"草圣"。东晋以后逐渐成熟，为东晋王羲之所发扬完善。今草代表作是王羲之的《十七帖》。

狂草，又称为大草，是在今草的基础上将点画连绵书写，形成的"一笔书"，在章法上与今草一脉相承。狂草笔意奔放，体势连绵。在唐代时出现的以张旭、怀素为代表的狂草，是完全脱离实用的书法艺术创作。张旭的狂草左

驰右骛、千变万化，极诡异变幻之能事。他喜欢饮酒，往往大醉后挥毫作书，或以头发濡墨作书，如醉如痴，世人称之为"张颠"。

怀素擅长草书，也喜好饮酒，每至酒酣兴发之时必挥毫书写，笔走龙蛇，人称"醉僧"。他的笔法圆劲有力，使转如环，奔放流畅，一气呵成。怀素的草书笔法瘦劲圆转、飞动自然、法度完备。

什么是行书？

行书是介于楷书、草书之间的一种字体。行书一定程度上可以说是楷书的草化或草书的楷化。偏向于楷书的叫做"行楷"，偏向于草书的叫做"行草"。它是为了弥补楷书的书写速度过慢以及草书的难于辨认而产生的。

行书大约产生于东汉末年。

行书的出现大概与八分楷法时间相近，其形式也和八分楷法及后来的正书十分接近，只不过游走一些，所以称为"行"。因此，可以认为它是在隶书向（章）草书转变过程中，由"正体字"中出分支出来的。桓、灵时期的"正体字"除了隶书之外，还有"八分楷法"，所以行书又被人们认为是"八分楷法"的别支。

行书书写确实比草（章）书、楷书要简便，它接近正体字，比较容易识别。所以这种字体一直到今天还为人们所使用，也是所用的范围最广的一种。

什么是魏碑？

魏碑是南北朝时期北朝的碑刻书法作品的统称。魏碑原称北碑，在北朝相继的各王朝当中，以北魏的享国时间最长，后世就用"魏碑"来代称包括东

魏、西魏、北齐和北周在内的整个北朝的碑刻书画作品。魏碑多在悬崖峭壁上刻像造石，故碑刻居多，其碑版、墓志、塔铭、造像题记、幢柱刻经等数千万计。

北朝是历史上石刻书法兴盛的时期，它是继东汉桓、灵时期隶书兴盛之后出现的第二个石刻书法的高峰。这一时期的石刻书法继承汉隶的笔法，结体谨严，笔姿厚重大方、雄健挺拔，为世人所宗。魏碑的书法艺术，主要分为两大类：一类主要是佛教的造像题记。这些题记有三千余品，最为著名的是《龙门二十品》。另一类是民间的墓志铭。墓志在南北朝时期十分流行，北魏时期的墓志铭比以往各朝代的都要多，书法作品带有汉隶笔法。

我国现存的魏碑书体都是楷书。魏楷和晋楷、唐楷并称"三大楷书字体"，其特点是笔力、字体强劲，是我国传统书法作品的楷模。

什么是楷书？

楷书，又称"正书"、"真书"，是汉字书法中常见的一种字体。这种字体的特点为形体方正、笔画平直，可作楷模，因此而得名。

楷书是从古隶演变而来的。初期楷书仍然残留极少的隶笔，横画长而直画短。

在北魏前后的一段时期中，楷书的时代共性感很强烈，艺术个性也是千姿百态。此时的楷书带着汉隶的遗型，笔法古拙劲正，而风格质朴方严，长于榜书，形成了中国书法史上楷书的第一个高峰——魏碑。唐代时，楷书的发展达到鼎盛时期，书体成熟，大家辈出，楷书迎来了又一次发展的顶峰——唐楷。

楷书对大篆、小篆、汉隶、汉简、章草等各种书体的笔画进行综合，提炼出一套基本笔画：点、横、竖、撇、捺和提、折、弯、钩。这几个常用的笔形极为精简，做到以简驭繁而又不失基本造字之旨。随后，楷书确立了各种笔画的标准形态，使得汉字的形体空前规范。特别是在笔画的穿插、组合和各类偏旁结构的处理上，楷书做得非常精密、合理。楷书是长期汉字书写实践的产物，是中华民族文化智慧结晶。

陆机的《平复帖》有什么价值？

陆机（261—303），字士衡，吴县华亭（今上海市松江区）人。祖陆逊、父陆抗，都是东吴名将。吴亡后入晋，官至平原内史、前将军。后为司马颖所杀。"少有异才，文章冠世"，是著名的《文赋》的作者。他的书法，在书坛有一定地位，王僧虔、庾肩吾等都曾有记述。《平复帖》是现存最早的传世墨迹。

《平复帖》内容涉及三个人物，贺循，字彦先，是陆机的朋友，身体多病，难以痊愈。陆机说他能够维持现状，已经可庆，又有子侍奉，可以无忧了。吴子杨，以前曾到过陆家，但未受到重视。如今将西行，复来相见，其威仪举动，自有一种较前不同的气宇轩昂之美。最后说到夏伯荣，他因寇乱阻隔，没有消息。

《平复帖》的书写年代距今已有1700余年，是现存年代最早并真实可信的西晋名家法帖。它用秃笔写于麻纸之上，笔意婉转，风格平淡质朴，其字体为草隶书。《平复帖》在中国书法史上占有重要地位，同时对研究文字和书法变迁方面都有参考价值。

王羲之的《兰亭序》有什么价值？

王羲之（321—379）字逸少，琅琊（今山东临沂市）人。他自幼师从书法家卫夫人，得其精华，后又备精诸体，融会贯通，博采众长，开创了妍美流畅的行、草书法先河，从而一改汉魏质朴的书风，因此有"书圣"的盛誉。

东晋永和九年（353）的三月初三，时任会稽内史、右军将军的王羲之邀许多位名流隐士集会于会稽山阴的兰亭溪头，在"崇山峻岭、茂林修竹"间列坐宴饮。众人沉醉在酒香诗美的回味之时，有人提议不如得当日所作的41首诗汇成册，以资纪念。王羲之酒意正浓，在蚕纸上畅意挥毫，作序一篇。这就是名噪天下的《兰亭序》。王羲之的书法艺术在这篇序文中得到了酣畅淋漓的发挥，它是王羲之生平最好的手迹。文中，凡有相同的字，笔法姿态必不相同，如出现的20个"之"字，竟然无一雷同，成为书法史上的一绝。

王献之书法有什么成就？

王献之（344—386），字子敬，汉族，东晋琅琊临沂人，书法家、诗人，祖籍山东临沂，生于会稽（今浙江绍兴），王羲之第七子。与其父并称为"二王"。

王献之自小跟随父亲练习书法，胸有大志，后期兼取张芝，别为一体。他以行书和草书闻名，但是楷书和隶书亦有深厚功底。由于唐太宗并不十分欣赏其作品，使得他的作品未像其父作品那样有大量留存。

王献之的书法艺术，主要是继承家法，但又不墨守成规，而是另有所突破。在他的传世书法作品中，不难看出他对家学的承传及自己另辟蹊径的踪

迹。

他的草书，更是为人称道。他的传世草书墨宝有《鸭头丸帖》、《中秋帖》等，皆为唐摹本，他的《鸭头丸帖》，行草，共十五字，绢本。他的《中秋帖》行草，共二十二字，神采如新，片羽吉光，世所罕见。清朝乾隆皇帝将它收入《三希帖》，视为"国宝"。他还创造了"一笔书"，变其父上下不相连之草为相连之草，往往一笔连贯数字，由于其书法豪迈气势宏伟，故为世人所重。

王献之学书和他的父亲一样，不局限于学一门一体，而是穷通各家。所以能在"兼众家之长，集诸体之美"的基础上，创造出自己独特的风格。

张旭为什么称草圣？

张旭，字伯高，一字季明，吴郡（江苏苏州）人。张旭为人洒脱不羁，豁达大度，卓尔不群，才华横溢，学识渊博。是一位极有个性的草书大家，因他常喝得大醉，就呼叫狂走，然后落笔成书，甚至以头发蘸墨书写，故又有"张颠"的雅称。后怀素继承和发展了其笔法，也以草书得名，并称"颠张醉素"。张旭性格豪放，嗜好饮酒，常在大醉后手舞足蹈，然后回到桌前，提笔落墨，一挥而就。

张旭的书法，始化于张芝、二王一路，以草书成就最高。史称"草圣"。他自己以继承"二王"传统为自豪，字字有法，另一方面又效法张芝草书之艺，创造出潇洒磊落，变幻莫测的狂草来，其状惊世骇俗。相传他见公主与担夫争道，又闻鼓吹而得笔法之意；在河南邺县时爱看公孙大娘舞西河剑器，并因此而得草书之神。颜真卿曾两度辞官向他请教笔法。

颜真卿书法有什么成就？

颜真卿（709—784），字清臣，京兆万年人，祖籍唐琅琊临沂（今山东临沂）。在书法史上，他是继二王之后成就最高，影响最大的书法家。

颜真卿的楷书一反初唐书风，行以篆籀之笔，化瘦硬为丰腴雄浑，结体宽博而气势恢弘，骨力遒劲而气概凛然，这种风格也体现了大唐帝国繁盛的风度，并与

颜真卿《多宝塔碑》（局部）

他高尚的人格契合，是书法美与人格美完美结合的典例。他的书体被称为"颜体"，与柳公权并称"颜柳"，有"颜筋柳骨"之誉。

颜体书对后世书法艺术的发展产生了深远影响，唐以后很多名家，都从颜真卿变法成功中汲取经验。尤其是行草，唐以后一些名家在学习二王的基础之上再学习颜真卿而建树起自己的风格。

颜真卿一生书写碑石极多，流传至今的有：《多宝塔碑》，结构端庄整密，秀媚多姿；《东方朔画赞碑》，风格清远雄浑；《谒金天王神祠题记》，比较端庄遒劲；《臧怀恪碑》，雄伟健劲；《郭家庙碑》雍容朗畅；《麻姑仙

坛记》，浑厚庄严，结构精悍，而饶有韵味；《大唐中兴颂》，是摩崖刻石，为颜真卿最大的楷书，书法方正平稳，不露筋骨，《宋暻碑》，又名《宋广平碑》，书法开阔雄浑；《八关斋报德记》，气象森严；《元结碑》，雄健深厚；《干禄字书》，持重舒和；《李玄静碑》，书法遒劲，但笔画细瘦和其他碑刻不大一样。

米芾书法上有什么成就？

米芾（1051—1107），北宋书法家，画家，书画理论家。字元章，号襄阳居士、海岳山人等。吴人，祖籍太原。世号米颠。书画自成一家。

米芾对书法的分布、结构、用笔，有着他独到的体会。要求"稳不俗、险不怪、老不枯、润不肥"，即要求在变化中达到统一，把裹与藏、肥与瘦、疏与密、简与繁等对立因素融合起来，也就是"骨筋、皮肉、脂泽、风神俱全，犹如一佳士也"。章法上，重视整体气韵，兼顾细节的完美，成竹在胸，书写过程中随遇而变，独出机巧。

米芾的用笔特点，主要是善于在正侧、偃仰、向背、转折、顿挫中形成飘逸超迈的气势、沉着痛快的风格。字的起笔往往颇重，到中间稍轻，遇到转折时提笔侧锋直转而下。捺笔的变化也很多，下笔的着重点有时在起笔，有时在落笔，有时却在一笔的中间，对于较长的横画还有一波三折。

《蜀素帖》，亦称《拟古诗帖》，墨迹绢本，行书。书于宋哲宗元祐三年（1088），米芾三十八岁时，共书自作各体诗八首，计71行658字，署戥款。

《蜀素帖》书于乌丝栏内，但气势丝毫不受局限，率意放纵，用笔俊迈，笔势飞动，提按转折挑，曲尽变化。《拟古》二首尚出以行惜，愈到后面愈飞动洒脱，神采超逸。米芾用笔喜"八面出锋"，变化莫测。此帖用笔多变，正侧藏露，长短粗细，体态万千，充分体现了他"刷字"的独特风格。

宋徽宗开创的瘦金体有什么特点？

宋徽宗（1082—1135），姓赵名佶，是大书画家。

瘦金体是宋徽宗创造的书法字体，亦称"瘦金书"或"瘦筋体"，也有"鹤体"的雅称，是楷书的一种。

其特点是瘦直挺拔，横画收笔带钩，竖划收笔带点，撇如匕首，捺如切刀，竖钩细长；有些联笔字像游丝行空，已近行书。其用笔源于褚、薛，写得更瘦劲；结体笔势取黄庭坚大字楷书，舒展劲挺。现代美术字体中的"仿宋体"即模仿瘦金体神韵而创。

瘦金书的运笔飘忽快捷，笔迹瘦劲，至瘦而不失其肉，转折处可明显见到藏锋，露锋等运转提顿的痕迹，是一种风格相当独特的字体。此书体以形象论，本应为"瘦筋体"，以"金"易"筋"，是对御书的尊重。

宋徽宗流传下来的瘦金体作品很多，比较有名的有《楷书千字文》、《秋芳诗》等。

中国的史前绘画有哪些特点？

石器时代是中国绘画的萌芽时期，伴随着石器制作方法的改进，原始的工艺美术有了发展。那时期产生的中国绘画的实例还只是那些描画在陶瓷器皿上的新石器时代的纹饰，以及一些岩画。

云南沧源发现的岩画反映了人类的活动，包括狩猎、舞蹈、祭祀和战争。

岩画的构图复杂，所表现的内容由单个的物体发展为互相关联的具有动感的人。这个时期的"艺术家"们在绘制岩画的时候并没有任何的边界的限制，岩面也并没有作任何的处理，它们的创作是无拘无束的。

这一切的改变源自于陶器和木结构建筑的出现，具有创造力和想象力的艺术家们马上就发现这些材料是绝好的作画之处，于是，缤纷的色彩和丰富的纹样出现在这些器物上。以质朴明快、绚丽多彩为特色的仰韶文化与马家窑文化的彩陶图案，是我国先民的杰出创造。仰韶类型的彩陶以在西安出土的半坡陶盆《人面鱼纹盆》最具特色，也最耐人寻味。庙底沟类型的彩陶的图像中最引人注目的是绘制于陶缸上的《鹳鸟石斧图》，出土于河南临汝闫村。该图以写实手法所描绘的鸟、鱼及斧据说代表了鹳氏族兼并鱼氏族的历史事件。此外，在青海大通出土的马家窑类型的舞蹈纹彩陶盆，描绘了氏族成员欢快起舞的景象，堪称新石器时代绘画艺术的杰作。

什么是人物画？

人物画，是中国画中的一大分类，是以人物为主要描绘对象的绘画的统称，大致可以分为道释画、仕女画、肖像画、风俗画、历史故事画等种类。

人物画的出现要早于山水、花鸟等画科。早在商周时期，就出现了以劝善戒恶为目的的历史人物壁画。到战国秦汉时期，涌现了大量的以史实、神话中人物故事和人物活动为题材的作品。如战国楚墓出土的帛画《人物龙凤》、《人物驭龙》等就是目前已知最早的单幅人物画作品。

魏晋时期，以顾恺之为代表的第一批人物画大师的出现，开启了人物画由简而精的过渡。这时，宗教画逐渐兴盛，以《魏晋胜流画赞》、《论画》等为代表的人物画论为中国人物画奠定了重要的理论基础。

到盛唐时期，吴道子把宗教人物画推向了更富于表现力、更生动感人的新高度。人物画在五代两宋时期进入了深入发展的新阶段。宋代宫廷对绘画的重视、宫廷画院的兴办等加速了工笔重着色人物画朝着更加精美的方向前进。随着文人画的兴起，民间稿本被李公麟提升成一种被称为白描的绘画样式。南宋时，受禅宗思想影响的梁楷的泼墨、简笔写意人物画标志着写意人物画的兴起。中国人物画的发展方向发生转变，仕女画、高士画大量涌现。明末的陈洪绶、清末的任颐都有不少优秀的人物画作品。

东晋顾恺之的《洛神赋图》、唐代韩滉的《文苑图》、五代南唐顾闳中的《韩熙载夜宴图》、北宋李公麟的《维摩诘像》、南宋梁楷的《李白行吟图》、元代王绎的《杨竹西小像》、明代仇英的《列女图》、清代任颐的《高邕之像》等，都是历史上非常著名的人物画代表作。

什么是山水画？

山水画，是中国画的一大分类，是以山川自然风光景色为主要描绘对象的绘画的统称，大致分为水墨山水、青绿山水、金碧山水、没骨山水、浅绛山水、淡彩山水等形式。山水画在魏晋南北朝时期已经逐渐发展起来，但当时仍作为人物画背景，附属于人物画。到隋唐两代，山水画开始独立于人物画之外，如展子虔的设色山水、李思训的金碧山水、王维的水墨山水、王洽的泼墨山水等。到五代末宋初时，山水画开始兴盛，大家纷起，如长于水墨山水的荆浩、关仝、李成、董源、巨然、范宽、许道宁、燕文贵、宋迪、王诜、米芾、米友仁等，长于青绿山水的王希孟、赵伯驹等，南北相映成趣，群星竞辉。到元代，山水画更加趋向写意，以虚带实，侧重笔墨神韵，开创了一代新风。明清以后，山水画继续向前发展，呈现出新貌，在表现技法上讲究位置的经营和意境的表达。

中国山水画作为一个独立的绘画科目比人物画晚，隋唐时期方进入成熟阶段，但其后期发展迅速，在元代至明、清两代就成为中国古代绘画艺术的主流。

山水画描绘的是中国的风景，但又不是简单的临摹自然风光，而是画家的精神诉求与流露，是画家人生态度的表达，是画家精神追求的体现。

什么是花鸟画?

花鸟画，是中国画的一大分类，是对以动植物为主要描绘对象的绘画的统称，包括花卉、蔬果、草虫、畜兽、鳞介等分支。

花鸟画技法多样，按照描写手法来区分，可以分为工笔花鸟画和写意花鸟画两种。其中写意花鸟画又可分为大写意花鸟画和小写意花鸟画；按照使用的水墨色彩来区分，又可以分为水墨花鸟画、泼墨花鸟画、设色花鸟画、白描花鸟画、没骨花鸟画等。

早在原始社会，工艺、雕刻与绘画尚没有明确分工的时候，已出现中国花鸟画的萌芽，发展到两汉六朝则初具规模。东晋画家刘胤祖（南齐谢赫《画品》记载）是已知的第一位花鸟画家。经唐、五代至北宋，是花鸟画发展成熟的阶段。五代出现的黄筌、徐熙两种绘画流派，已能通过选材和手法上的变化，表达出或富贵或野逸的志趣。北宋《宣和画谱》的编撰者在综合以往创作经验的基础上，撰写了第一篇花鸟画论文《花鸟叙论》。此后，花鸟画名家辈出，流派纷呈，风格更趋丰富。在工笔设色花鸟画发展的同时，到南宋、元代时，写意花鸟画和白描花卉也相继出现。明代末期时，花鸟画名家徐渭将草书入画，并主张绘画要抒发个性情感，开启了花鸟画创作的变革。至清代初期，八大山人朱耷的花鸟画创作达到了史无前例的高度。

什么是界画?

界画是中国画的一种，是中国绘画中十分具有特色的一个门类，即在作画时使用界尺引线而得名，用以画建筑等物。具体方法为：将一片约为一支笔的三分之二长度的竹片，一头削成半圆磨光，另一头依笔杆粗细刻一个凹槽，作为绘画时的辅助工具。作画时把界尺放在所需部位，将竹片凹槽抵住笔管，手握画笔与竹片，使竹片紧贴尺沿，按界尺方向运笔，使画出的线条均匀笔直。界画适于画建筑物，其他景物用工笔技法配合，通称为"工笔界画"。

早期的界画，专指以亭台楼阁为主要表现对象，用界尺引笔画线的表现方法。但随着时间的推移，界画的内涵发生了一些变化，扩展到广义上，包括宫室、器物、车船等。界画的早期形式不同程度地借鉴了人物画和山水画的创作方法，以及建筑的设计方法。然而随着界画的发展，不断得到社会各阶层的欢迎和喜爱，许多画家以工谨绚丽的画

笔，孜孜不倦地描绘宫苑的奢华。

扬州八怪指哪些人？

清乾隆年间在江苏扬州从事艺术活动的八个画家的总称。具体人物说法不一，总计有15人之多，金农、黄慎、郑燮、高翔、汪士慎、李鱓、李方膺、罗聘八人，八人都不是扬州人但都活动于扬州地区，他们之间有的相互往来，关系密切，在生活情趣、艺术观点、绘画风格上都有共通的地方，自然形成一个流派。由于不同时流，被保守派目之为骚乱画坛的"怪物"，故有"扬州八怪"之称。

"八怪"都是对当时社会现实不满，具有叛逆精神的人，或大都是不愿做官，终身布衣，或做个小官因触犯统治集团利益被罢官的人。他们均以卖画为生，读画对象主要是士大夫或商人。

"八怪"来自各地，出身、经历、个性及师承等不完全相同，每个人的画风也不尽相同。汪士慎善画花卉，特别精于墨梅，笔致疏落，清妙独绝。黄慎擅长人物、山水、花卉，用笔酣畅，纵横驰骋，富于变化，与正统派的画风迥然不同，所画人物，多属社会下层。金农好古力学，精鉴赏，善于识别古书画的真伪，50岁后始绘画，善用焦墨，以梅、竹、佛像最为著名，亦善画马及花鸟山水，苍劲疏拙，风格高逸，尽脱时习。高翔善山水，取法于山水画家弘仁的静简而又参以于山水画家道济的纵恣，用笔简洁、气势豪迈，又善画梅。李鱓，善画花鸟，随意点染，不拘绳墨，却有一种大自然的情趣，生平爱画五松图，老干权桠，笔飞墨舞，尝以此自许。郑燮虽是著名诗人、书法家，又是很有成就的画家，擅长花卉木石，尤

工水墨兰竹，笔墨劲秀，风致潇洒，给人以清新之感。李方膺善画松、竹、梅、兰，尤以梅为最，纵横排戛，不守寻常法度。罗聘的人物、山水、花卉画都很精妙，尤善画神怪，以《鬼趣图》为最。

顾恺之的《洛神赋图》有什么特点？

顾恺之（约344—405），字长康，小字虎头。是中国东晋时代的画家，江苏无锡人，约364年在南京为石棺寺画维摩诘像，引起轰动。他的画风格独特，被称为"顾家样"，人物清瘦俊秀，所谓"秀骨清像"，线条流畅，谓之"春蚕吐丝"。

《洛神赋图》是根据曹植著名的《洛神赋》而作，为顾恺之传世精品。全卷分为三个部分，曲折细致而又层次分明地描绘着曹植与洛神真挚纯洁的爱情故事。人物安排疏密得宜，在不同的时空中自然地交替、重叠、交换，而在山川景物描绘上，无不展现一种空间美。此画是以魏国的杰出诗人曹植的名篇《洛神赋》为蓝本创作的。《洛神赋》以浪漫主义手法，描写曹植与洛水女神之间的爱情故事。顾恺之的《洛神赋图》发挥了高度的艺术想象力，富有诗意地表达了原作的意境。此长卷采用连环画的形式，随着环境的变化让曹植和洛神重复出现。原赋中对洛神的描写，如"翩若惊鸿，婉若游龙"，"仿佛兮若轻云之蔽月"，"皎若太阳升朝霞"等，以及对人物关系的描写，在画中都有生动入神的体现。此画用色凝重古朴，具有工笔重彩画的特色。作为衬托的山水树石均用线勾勒，而无皴擦，与画史所记载的"人大于山，水不容

泛"的时代风格相吻合。

阎立本的《步辇图》有什么特点？

阎立本，生年不详，卒于673年，唐代画家。雍州万年（今陕西西安）人，祖籍榆林盛乐（今内蒙古和林格尔）。工书法，擅画人物、车马、台阁。有"丹青神化"、"冠绝古今"之誉。传世作品有《步辇图》、《历代帝王图》、《锁谏图》等。

《步辇图》是以贞观十五年（641）吐蕃首领松赞干布与文成公主联姻的历史事件为题材，描绘唐太宗接见来迎娶文成公主的吐蕃使臣禄东赞的情景。

图卷右半是在宫女簇拥下坐在步辇中的唐太宗，左侧三人前为典礼官，中为禄东赞，后为通译者。画中的唐太宗面目俊朗，目光深邃，神情庄重，充分展露出盛唐一代明君的风范与威仪。作者为了更好地突现出太宗的至尊风度，巧妙地运用对比手法进行衬托表现。一是以宫女们的娇小、稚嫩，以她们或执扇或抬辇、或侧或正、或趋或行的体态来映衬唐太宗的壮硕、深沉与凝定，是为反衬；二是以禄东赞的诚挚谦恭、持重有礼来衬托唐太宗的端肃平和、蔼然可亲之态，是为正衬。该图不设背景，结构上自右向左，由紧密而渐趋疏朗、重点突出，节奏鲜明。

从绘画艺术角度看，作者的表现技巧已相当纯熟。衣纹器物的勾勒墨线圆转流畅中时带坚韧，畅而不滑，顿而不滞；主要人物的神情举止栩栩如生，写照之间更能曲传神韵；图像局部配以晕染，如人物所著靴筒的折皱等处，显得极具立体感；全卷设色浓重淳净，大面积红绿色块交错安排，富于韵律感和鲜明的视觉效果。

张萱的《捣练图》有什么特点？

张萱（生卒年不详），京兆（今陕西省西安市）人。开元（713—741）年间可能任过宫廷画职。流传下来的著名作品是《捣练图》和《虢国夫人游春图》。

他善画人物、仕女。他画仕女尤喜以朱色晕染耳根，画婴儿既得童稚形貌，又有活泼神采。画贵族游乐生活场景，不仅以人物生动和富有韵律的组合见长，还能为花蹊竹榭，点缀皆极妍巧，注意环境和色彩对画面气氛的烘托和渲染。他的人物画线条工细劲健，色彩富丽匀净。其妇女形象代表着唐代仕女画的典型风貌，是周昉仕女画的先导，直接影响晚唐五代的画风。

《捣练图》描绘了从捣练到熨练各种活动中的妇女们的情态，刻画了不同人物的仪容与性格。表现的是妇女捣练缝衣的场面，人物间的相互关系生动而自然。从事同一活动的人，由于身份、年龄、分工的不同，动作、表情各各不一，并且分别体现了人物的特点。人物形象逼真，刻画维肖，流畅，设色艳而不俗，反映出盛唐崇尚健康丰腴的审美情趣，代表了那个时代人物造型的典型时代风格。

此卷涉及人物12人，其中8名宫中贵妇皆体态丰腴、面若皎月，衣饰华美。她们按劳动场景分成3部分。画面右首起4名贵妇正进行艰苦的捣练劳作；两人屈身执杵下捣，一人握杵稍事休息，而另一妇人则倚杵而立，还以左手挽起衣袖，似已累得微汗溱溱，又似歇息之后欲再次操杵捣练。画卷中部的两名贵妇组成第二部分，一人理丝，一人缝制新练。理丝者背身侧面坐于碧毯之上，眼随手动，和谐而专注；其对面坐于脚凳

之上的贵妇正手捏金针聚精会神地缝制新练，两人一高一低，心、手、眼配合微妙、协调，画者的匠心跃然纸上。画卷的第3组由三妇人及二侍女组成：两妇人勾首仰身费力扯练；一妇人轻握熨斗细心熨练，神态从容娴雅；二侍女一人执扇煽火，一人撑新练。新练之下一天真烂漫的女童兀自嬉戏，为画面平添几分情趣。通览全图，画家对于布局的安排，对于诸妇人动作、神情的描写不禁令人叹为观止。

周昉的《簪花仕女图》有什么艺术特色？

周昉（生卒年不详），字仲朗，一字景玄，京兆（今陕西西安）人。

名画《簪花仕女图》是唐代杰出画家周昉的传世名作，描写贵族妇女春夏之交赏花游园的情景。全图分为四段，分别描写妇女们采花、看花、漫步和戏犬的情形。人物线条简劲圆浑而有力，设色浓艳富贵而不俗。作者画了嫔妃和两侍女，作逗犬、执扇、持花、弄蝶之状，以主大从小的方式突出主要人物，这是中古时期人物画常用的表现手法。

《簪花仕女图》的构图采取的是平铺列绘的方式，卷首与卷尾中的宫女均作回首顾盼宠物的姿态，将全图的人物活动收拢归一。画面描绘的是春夏之交之时，六位服饰艳丽的贵族妇女在庭园里嬉戏、赏花的生活片断。画中的妇女体态丰硕，却显得百无聊赖，真实地反映了贵族妇女的苦闷心境。她们打扮艳丽入时，云髻高耸，顶戴的折枝花朵皆不相同，脸上晕染娥眉，身着低胸长裙，外罩薄纱，显出半透明的质感，这是中晚唐以后典型的贵妇形象。在她们的脸上、手上罩染的白粉，给人肤若凝脂、粉妆玉琢的细腻感觉。全画光彩照人，仕女们神态安闲，或戏犬、或漫步、或赏花、或拈蝶，在庭院中闲散地消磨着时光。她们虽然形体丰肥，但从其垂弧的肩颈和纤细的手腕看，仍可显出贵族妇女柔弱的风致。作品对唐代宫廷妇女的生活把握的非常准确，人物以静为主，以动为辅，缓慢的动作表现了宫中生活寂寞苦闷的特点。

作者在画纱衣时，既表现了纱的挺，也表现了纱的软。画中对细小动作的表现也非常到位，比如画中右数第二人，由于宫中女子比较胖，夏天即使穿着纱衣，一运动也会出汗，纱衣就会沾在身上，所以该人物轻轻伸手拎了拎衣领，如此仔细的观察是非大家所做不到的。画中对人与狗之间的感情表现的也很细腻，右起首处的那名贵妇手执拂尘，与左侧妇人一同戏狗，动作轻柔，曼妙生姿。其余则表现出漫不经心的慵懒神色，仿佛即便是再有趣的东西也不会引起她们的兴致。作者用色以红紫为主，配以绿蓝，表现了宫中女子的高贵华丽而不俗气。

韩滉的《五牛图》有什么艺术特色？

韩滉（723—787），字太冲，长安（今陕西西安）人，少师休之子，以荫补骑曹参军。擅画农村风俗景物，写牛、羊、驴等走兽神态生动，尤以画牛"曲尽其妙"。传世作品有《五牛图》卷，笔墨稳健，生动有神。

他所画的五头牛，不仅形似，而且形态各异，各具特征，肥瘦有别，牛色互异，笔法简朴，曲尽其妙，真是神妙之笔。这画虽为长卷形式，但所画牛却各有独立，除了一丛荆棘之外，别无景物。这幅画在用色上很有特点的。现实的黄牛，品种虽多，但色相变化不多，三头黄色，两头深褐色基本是最典型的毛色，全画虽然只用两种颜色，给人的感觉却是丰富多彩的。这幅画还有个很大的特点能从牛身上看到一种感情，从它们不同的姿势，各自的眼神，似乎可以感受到它们憨诚、健壮、朴厚、执拗、勤奋的性格。

顾闳中的《韩熙载夜宴图》有什么艺术特色？

顾闳中（约910—约980），五代南唐画家。元宗、后主时任画院待诏。工画人物，用笔圆劲，间以方笔转折，设色浓丽，善于描摹神情意态。存世作品有《韩熙载夜宴图》卷。

《韩熙载夜宴图》全长三米，共分五段，每一段画面以屏风相隔。第一段描绘韩熙载在宴会进行中与宾客们听歌女弹琵琶的情景，生动地表现了韩熙载和他的宾客们全神贯注侧耳倾听的神态。第二段描绘韩熙载亲自为舞女击鼓，所有的宾客都以赞赏的神色注视着韩熙载击鼓的动作，似乎都陶醉在美妙的鼓声中。第三段描绘宴会进行中间的休息场面，韩熙载坐在床边，一面洗手，一面和几个女子谈话。第四段是描绘韩熙载坐听管乐的场面。韩熙载盘膝坐在椅子上，好像在跟一个女子说话，另有五个女子做吹奏的准备，她们虽然坐在一排，但各有各的动作，毫不呆板。第五段是描绘韩熙载的众宾客与歌女们谈话的情景。

这幅画卷不仅仅是一幅描写私人生活的图画，更重要的是它反映出那个特定时代的风情。由于作者的细微观察，不放过任何一个细节，把韩熙载生活的情景描绘得淋漓尽致，画面里的所有人物的音容笑貌栩栩如生。在这幅巨作中，画有四十多个神态各异的人物，各个性格突出，神情描绘自然。

王希孟的《千里江山图》有什么艺术特色？

王希孟（1096—？）以一张画而名垂千古的天才少年。然而史书中没有他的记载。王希孟十多岁入宫中"画学"为生徒，初未甚工，宋徽宗赵佶时系图画院学生，后召入禁中文书库，曾奉事徽宗左右，但宋徽宗慧眼独具，于是亲授其法。经赵佶亲授指点笔墨技法，艺精进，画遂超越矩度。工山水，作品罕见。徽宗政和三年（1113）四月，王希孟用了半年时间终于绘成名垂千古之鸿篇杰作《千里江山图》卷，时年仅十八岁，不久英年早逝。

画中描写岗峦起伏的群山和烟波浩渺的江湖。依山临水，布置以渔村野市、水榭亭台、茅庵草舍、水磨长桥，并穿插捕鱼、驶船、行路、赶脚、游玩等人物活动。形象精细，刻画入微，人物虽细小如豆，而意态栩栩如生，飞鸟虽轻轻一点，却具翱翔之势。山石皴法以披麻与斧劈相结合，综合了南、北两派的特长。设色继承了唐以来的青绿画法，于单纯统一的蓝绿色调中求变化。用赭色为衬托，使石青，石绿颜色在对比中更加鲜亮夺目。整个画面雄浑壮阔，气势磅礴，充满着浓郁的生活气息，将自然山水，描绘得如锦似绣，分外秀丽壮美，是一幅既写实又富理想的山水画作品，是中国传统山水画中少见的巨制。

张择端的《清明上河图》有什么艺术特色？

张择端（1085—1145），字正道，又字文友，东武（今山东诸城）人，北

《清明上河图》局部

宋末年画家。宋徽宗时供职翰林图画院，专工界画宫室，尤擅绘舟车、市肆、桥梁、街道、城郭。是北宋末年杰出的现实主义画家。存世有《清明上河图》为我国古代的艺术珍品。

《清明上河图》本是进献给宋徽宗的贡品，流传至今已有800多年的历史。其主题主要是描写北宋都城东京市民的生活状况和汴河上店铺林立、市民熙来攘往的热闹场面，描绘了运载东南粮米财货的漕船通过汴河桥涵紧张繁忙的景象。作品气势恢弘，长528.7厘米、宽24.8厘米。画有587个不同身份的人物，个个形神兼备，并画有13种动物、9种植物，其态无不惟妙惟肖，各种牲畜共56匹，不同车轿二十余辆，大小船只二十余艘。

《清明上河图》是我国绘画史上的稀世奇珍，画之瑰宝。它用现实主义手法，全景式构图，生动细致地描绘了北宋王都开封汴京时的舟船往复，飞虹卧波，店铺林立，人烟稠密的繁华景象和丰富的社会生活习俗风情。全图规模宏大，结构严密，构图起伏有序，其笔墨技巧，兼工带写，活泼简练，人物生动传神，牲畜形态，房舍、舟车、城郭、桥梁、树木、河流、无一不至臻至妙，称得上妙笔神工。

赵孟頫的有什么美术成就？

赵孟頫（1254—1322），元代著名画家，楷书四大家（欧阳询、颜真卿、柳公权、赵孟頫）之一。赵孟頫博学多才，书法和绘画成就最高，开创元代新画风，被称为"元人冠冕"。

唐宋绘画的意趣在于以文学化造境，而元以后的绘画意趣更多地体现在书法化的写意上，那么，赵孟頫在其间起到了桥梁作用。作为一位变革转型时期承前启后的大家，赵孟頫有以下几方面突出的成就为前人所不及：

一是他提出"作画贵有古意"的口号，扭转了北宋以来的画坛颓势，使绘画从工艳琐细之风转向质朴自然。

二是他提出以"云山为师"的口号，强调了画家的写实基本功与实践技巧，克服"墨戏"的陋习。

三是他提出"书画本来同"的口号，以书法入画，使绘画的文人气质更为浓烈，韵味变化增强。

四是他提出"不假丹青笔，何以写远愁"的口号，以画寄意，使绘画的内在功能得到深化，涵盖更为广泛。

五是他在人物、山水、花鸟、马兽诸画科皆有成就，画艺全面，并有创新。

六是他的绘画兼有诗、书、印之美，相得益彰。

七是他在南北一统、蒙古族入主中原的政治形势下，吸收南北绘画之长，复兴中原传统画艺，维持并延续了其发展。

八是他能团结包括高克恭、康里子山等在内的少数民族美术家，共同繁荣中华文化。

综观赵孟頫的画迹，并结合其相关论述，可以知道，赵氏通过批评"近世"、倡导"古意"，从而确立了元代绘画艺术思维的审美标准。这个标准不仅体现在绘画上，而且也广泛地渗透于诗文、书法、篆刻等领域中。

作为一位士大夫画家，他一反北宋以来文人画的墨戏态度，这是十分可贵的。赵孟頫既维护了文人画的人格趣味，又摈弃了文人画的游戏态度；既创建文人特有的表现形式，又使之无愧于正规画的功力格法，并在绘画的各种画科中进行全面的实践，从而确立了文人画在画坛上成为正规画的地位。

赵孟頫的山水画不但将钩斫和渲淡、丹青和水墨、重墨和重笔、师古和创新，乃至高逸的士夫气息与散逸的文人气息综合于一体，使"游观山水"向"抒情山水"转化；而且使造境与写意、诗意化与书法化在绘画中得到调和与融洽，为"元季四大家"（黄公望、王蒙、倪瓒、吴

镇）那种以诗意化、书法化来抒发隐逸之情的逸格文人画的出现，奠定了坚实的基础。

黄公望的《富春山居图》为什么成为两段？

黄公望（1269—1354），元代画家，书法家，元四家之一。

黄公望50岁后始画山水，师法赵孟頫、董源、巨然、荆浩、关仝、李成等，晚年大变其法，自成一家。其画注重师法造化，常携带纸笔描绘虞山、三泖、九峰、富春江等地的自然胜景。以书法中的草籀笔法入画，有水墨、浅绛两种面貌，笔墨简远逸迈，风格苍劲高旷，气势雄秀。黄公望的绘画在元末明清及近代影响极大，画史将他与吴镇、倪瓒、王蒙合称元四家。著《山水诀》，阐述画理、画法及布局、意境等。有《富春山居图》、《九峰雪霁图》、《丹崖玉树图》、《天池石壁图》、《溪山雨意图》、《剡溪访戴图》、《富春大岭图》等传世。

《富春山居图》，纵33厘米，横636.9厘米，纸本，始画于至正七年（1347），于至正十年完成。该画于清代顺治年间曾遭火焚，断为两段，前半卷被另行装裱，重新定名为《剩山图》，现藏浙江省博物馆。

此画在明成化年间，为著名画家沈周所得。至明万历年间，又归大书画家董其昌所有。但不久就转手为宜兴吴之矩所藏。吴又传给其子吴洪裕。吴洪裕特意在家中建富春轩藏之。吴洪裕爱此画若宝，临终之际，竟想仿唐太宗以《兰亭序》殉葬之例，嘱人将此画投入火中，焚以为殉。幸得其侄子吴子文眼明手快，以另一卷画易之，将《富春山

居图》从火中抢出，才免遭"火殉"。但画的前段已烧去寸许，从此分为长短两段。

唐寅的绘画有什么艺术特色？

唐寅（1470—1523），字伯虎，一字子畏，号六如居士、桃花庵主等，据传于明宪宗成化六年庚寅年寅月寅日寅时生，故名唐寅。吴县（今江苏苏州）人。他玩世不恭而又才气横溢，诗文擅名，与祝允明、文征明、徐祯卿并称"江南四才子"，画名更著，与沈周、文征明、仇英并称"吴门四家"。

唐寅早期绘画，拜吴门画派创始人沈周为师。沈周和周臣都是当时苏州名画家，唐寅兼其所长，在南宋风格中融元人笔法，一时突飞猛进，以至超越老师，名声大振。唐寅画得最多也最有成就的是山水画。他的山水画大多表现雄伟险峻的重山复岭，楼阁溪桥，四时朝暮的江山胜景，有的描写亭榭园林，文人逸士悠闲的生活。山水人物画，大幅气势磅礴，小幅清隽潇洒，题材面貌丰富多样。唐寅在拜周臣为师后，主要是宗南宋院体，但其画有时也有与沈、文画风相近的作品，如《南游图》。这是唐寅三十六岁时当琴士杨季静离开苏州时赠送给他的。唐寅擅长写意花鸟，活泼洒脱、生趣盎然而又富于真实感。传说唐寅所作的《鸦阵图》挂在家中，有一天有数千只乌鸦纵横盘旋在屋顶，恍若酣战，堪称奇绝。唐寅花鸟画的代表作是《枯槎鸲鹆图》。其构图用折枝法，枯木枝干由右下方弯曲多姿地向上伸展，以枯笔浓墨画之，苍老挺拔。以积墨法画一只栖于枝头的八哥，正引吭高鸣，树枝似乎都在应节微动，从而显现出自然界生命律动的和谐美。秃笔点叶，一两条细藤与数笔野竹同枯树上的老叶画在

一起，增添了空山雨后幽旷恬静与清新的气氛。这幅画在画法上属小写意，一路运腕灵便，以书法入画，以写代描，笔力雄强，造型优美，全画笔墨疏简精当，行笔挺秀洒脱，形象饶有韵度，从中可以窥见唐寅在探讨写意技法和开拓花鸟画新境界方面的卓越建树。

唐寅的水墨花鸟画基本上是以水墨提炼形象，墨韵明净、生趣盎然。其著名的还有《雨竹图》，画面以二组浓叶为主枝，后出淡叶，再出叶数笔以相呼应，叶均向下急趋，一派雨打竹叶之势。

他的人物画，大体上分为两种，一种是线条劲细，敷色妍丽，气象高华，出自南宋院体画。如《王蜀宫妓图》，画家以传统的工笔重彩的手法，以"三白法"染仕女的面部，突出了宫女的浓施艳抹。衣纹用细劲流畅的铁线描，服饰施以浓艳的色彩，显得绮罗绚烂。把宫妓们竞相装扮，斗绿争绯的情态刻画得生动入微，不愧为唐寅仕女画的优秀之作。另一种是从南宋的院体脱胎而出，笔墨流动爽利，转笔方劲，线条抑扬起伏，代表作品有《秋风纨扇图》以及《李端端图》等，画风由工丽变为简逸高雅。

唐寅书画的贡献，还表现在其他方面，比如深化了文人画的题材内容，促进了山水、人物、仕女、花鸟各科的全面发展，加强文人画自我表现意识等，都给后世造成深远影响。

仇英的《汉宫春晓图》有什么艺术特色？

仇英（1498—1552），名英，字实父，一作实甫，号十洲，又号十洲仙史，太仓（今江苏太仓）人，移家吴县（今江苏苏州）。

他出身工匠，早年为漆工，兼为人

彩绘栋宇，后从而业画。年轻时以善画结识了许多当代名家，为文征明、唐寅所器重。他的创作态度十分认真，一丝不苟，每幅画都是严谨周密、刻画入微。

仇英擅长画人物、山水、花鸟、楼阁界画，尤长于临摹。他功力精湛，以临仿唐宋名家稿本为多，如《临宋人画册》和《临萧照高宗中兴瑞应图》，前册若与原作对照，几乎难辨真假。画法主要师承赵伯驹和南宋"院体"画，青绿山水和人物故事画，形象精确，工细雅秀，色彩鲜艳，含蓄蕴藉，色调淡雅清丽，融入了文人画所崇尚的主题和笔墨情趣。

《汉宫春晓图》是他是代表作，用手卷的形式描述初春时节宫闱之中的日常琐事：妆扮、浇灌、折枝、插花、饲养、歌舞、弹唱、围炉、下棋、读书、斗草、对镜、观画、图像、戏婴、送食、挥扇，画后妃、宫娥、皇子、太监、画师凡一百一十五人，个个衣着鲜丽，姿态各异，既无所事事又忙忙碌碌，显示了画家过人的观察能力与精湛的写实功力。人物皆唐以来衣饰，取名汉宫，是当时对宫室的泛指。

全画构景繁复，用笔清劲而赋色妍雅，林木、奇石与华丽的宫阙穿插掩映，铺陈出宛如仙境般的瑰丽景象。除却美女群像之外，复融入琴棋书画、鉴古、莳花等文人式的休闲活动，诚为仇英历史故事画中的精彩之作。

郎世宁的《百骏图》有什么艺术特点？

郎世宁（1688—1766），意大利米兰人。原名朱塞佩·伽斯底里奥内。年轻时在欧洲学习绘画，曾为教堂绘制圣像。清康熙五十四年（1715）作为天主教耶稣会的修道士来中国传教，到京后约于雍正元年（1723）进入如意馆，成为宫廷画家。他很好地融合了中西绘画技法，既讲究西方绘画中的立体效果，注意透视和明暗，重视写实和结构准确的合理性。由于他能画并精通建筑学，曾参与增修圆明园建筑工事。擅画肖像、走兽、花果、翎毛尤善画马。所作大多以西画法入绢纸，略参中法，以写实为工，专注形似。他将欧洲的绘画品种和方法传授给中国的宫廷画家，为中西文化艺术的交流作出了积极贡献，颇得皇家青睐。存世作品有《聚瑞图》、《嵩献英芝图》、《百骏图》、《弘历及后妃像》、《平定西域战图》等。

清代是中国宫廷绘画的顶峰，来自意大利的传奇画家郎世宁，则是清代宫廷绘画领袖，正是在他中西合璧绘画技法的影响下，才形成了别具一格的清代宫廷画风。郎氏善画马，《百骏图》是其平生百余幅马作品中的杰作。此图描绘了姿态各异的骏马百匹放牧游息的场面。全卷色彩浓丽，构图复杂，风格独特，别具意趣。

先秦音乐有什么特点？

商（约前17—前11世纪）与西周（约前11世纪—前770年），达到了青铜文化的鼎盛时期，音乐也达到了一个新的高度。这一时期，作品有乐舞《桑林》、《漫》、《械》、《大武》；在乐器品种上出现了更多的种类；发展出了多种音阶调式，并确立了十二律；在观念上已经有了绝对音高、半音的区分，初步认识了旋宫转调，也兴办了不少音乐教育事业。

春秋战国（前770—前221）既是一个奴隶社会向封建社会转化时期，也是一个封建社会初步形成的时期。这一时期，由于生产力的发展和各地区之间交流加大，音乐文化也得到很大发展。最初在郑、卫、宋、齐（今河南、山东）各国，商周

旧乐"雅颂"不再具有往昔至高无上的神圣地位，民间新乐"郑声"逐渐兴起。

城市里面的音乐文化生活也非常丰富，涌现出不少杰出的民间歌手和器乐演奏家，以编钟为主的钟鼓乐队的发展很充分。南方楚、越、滇等地的音乐文化气氛十分浓厚，出现了由著名诗人屈原填词、由楚国女巫祀神时演唱的楚声——"九歌"，还有出土的越国裸体女巫跪唱祭祀的铜雕以及滇人祭祀时敲击的铜鼓、羊角编钟，这些都向我们展示了神韵奇特的南国艺术风采。

春秋战国时期，我国的音乐理论发展很快。刻在曾侯钟上的乐律铭文以及《管子·地员篇》、《吕氏春秋·音律》中提出的三分损益法，是我国最早的计算乐律的方法。在音乐美学方面，出现了许多取向不同的音乐美学观点：儒家的孔丘、荀卿、公孙尼着重功利和情理；道家的老聃、庄周重视艺术和精神，他们的取向对中国音乐的发展影响深远。

巫与商代音乐有什么关联？

巫在原始社会指的是掌握很多知识，并且能歌善舞的人，传说他们有通神的神秘能力。巫主要从事占卜、祭祀活动，一般以唱歌跳舞来配合。因此，巫在商殷时期也是最精通音乐与舞蹈的人。商代的音乐可以说是巫文明。

在盘庚迁殷之前（约前16—前14世纪），社会还处在奴隶制早期，音乐文化还不发达，这可以从郑州二里岗等早商遗址中发现的二音孔或三音孔埙得到证明。这一时期举行祭祀等重大活动时，常常巫表演商族的传统乐舞《桑林》和赞颂汤代夏立商武功的乐舞《濩》等。商代音乐就是由于带有浓厚的原始古风，所以显得粗野离奇、荒诞不经。

定都安阳后，商代音乐才发展到盛期，这可以从在安阳殷墟王室墓葬的各类乐器得到证明，这些乐器是成组的，饰有狰狞恐怖的饕餮、夔龙等纹样。这一时期，除了王畿及其邻近地区，在一些偏远的方国也出现了很多青铜乐器，比如武丁时进贡的编铙、出土很多青铜大铙的今湖南宁乡以及安徽、浙江、江西等地。

商代后期，乐器的种类繁多，制作工艺也非常巧妙，仅打击乐器就有多种形制，如铙、铎、磬和鼓等。铙最初是象征氏族贵族权力的礼乐之器，以陶土制成，而商代的铙则都是青铜铸造，以手持演奏或者是放在座上演奏。商代的磬按材料有石制、玉制和青铜制等多种。磬按形式分为两种：一种是单个的大磬，在安阳武官村殷代大墓发现的虎纹石磬就是此类，它的纹饰瑰丽，声音悠扬；另一种是编磬，一般都是三枚一套，在殷墟西区也曾经出土过五枚一套的编磬。鼓在原始社会就已经出现。商代的鼓的种类很多，通常鼓身下面都有鼓座，鼓身上面装饰有羽毛。这些虽然仅是殷商时期全部乐器中很少的一部分，却也可见当时的音乐文化已经达到的高度了。

相和歌与清商乐各指什么？

相和歌是在汉代民歌的基础上发展起来的，是对周代"国风"和战国"楚声"传统的继承和发展。它具有"丝竹更相和，执节者歌"的特点。

最初的相和歌，只是"街陌谣讴"的"徒歌"（没有乐器伴奏的清唱）与"但歌"（一人唱三人合的歌唱形式），因此曲式结构比较简单。相和歌逐渐发展成与舞蹈、器乐演奏相结合的形式，称为"大曲"或称"相和大曲"，著名的《广陵散》、《陌上桑》

就是其中的代表。后来它又和歌舞脱离，发展成纯器乐合奏曲，叫做"但曲"。相和歌有瑟、清、平三调以及楚调、侧调。

到了三国魏晋时期，相和歌发展到了一个新的阶段。曹操父子十分重视相和歌的整理，曹丕还设立了"清商署"这个专门整理西汉以来旧曲和创作新曲的音乐机构。在西晋时，清商署在著名音乐家荀勖的领导下从事相和歌的加工改编工作，把相和歌的艺术推向了一个新的阶段。这一时期的作品主要有曹操的《短歌行》（周西）、《步出夏门行》（碣石），曹丕的《燕歌行》（秋风）、《艳歌何尝行》（何尝），曹植的《野田黄雀行》（置酒）等。

西晋之后，由于战乱和政权南迁，社会上流行的相和歌大多失传，取而代之的是新兴的清商乐。

清商乐，也称为"清乐"。它是在南方民歌"吴声"、"西曲"的基础上发展起来的新乐种，是对相和歌传统的一种继承。"吴声"就是在江浙地区流行的民歌，西曲"就是在湖北荆楚地区流行的民歌。清商乐中借鉴"吴声"、"西曲"的形式，通常是五言四句一曲，较为齐整，也有个别的歌词是由长短句构成的。在曲式上，在每一唱段——也就是每一"曲"的后面都加一个尾声，叫做"送"或"送声"。比如《子夜》"送"的歌词是"持子"，《凤将雏》的是"泽雉"。有时除了"曲"尾的送声之外，在"曲"的中间有的也用"送声"，比如《子夜变歌》。

清商乐中的"大曲"称为"清乐大曲"，较之相和大曲有了新的发展。清商乐中的题材以反映爱情或离别之情的居多。清商乐中的杰出作品有东晋桓伊的《三弄》，陈后主的《玉树后庭花》、《春江花月夜》，刘宋临川王刘义庆的《乌夜啼》，南齐檀约的《阳春》等。

什么是唐代大曲？

唐代大曲是一种大型歌舞曲，它是以当时的民歌、曲子为基础，对汉魏以来清乐大曲的传统加以继承而发展起来的。

唐朝初年社会安定，经济发展，因此大曲创作非常突出，主要有《破阵乐》、《庆善乐》、《景云河清歌》与《鸟歌万岁乐》。《破阵乐》也称《秦王破阵乐》或《七德舞》，是由唐太宗亲自创作的，表现唐太宗东征西讨，开创唐帝国的丰功伟绩的情景，观之令人振奋。盛唐时期经济繁荣，国势强盛，而同时唐玄宗纵情声色、追求神仙等恶习也在滋长，社会矛盾在酝酿、发展，此时大曲创作题材也非常复杂，主要有《夜半乐》、《霓裳羽衣曲》、《胡旋》、《胡腾》、《伊州》、《何满子》。《夜半乐》歌颂的是唐玄宗从潞州夜半入京，诛杀韦后，重整河山；《霓裳羽衣曲》讲述了唐玄宗游月宫邂逅嫦娥的神话故事；《胡旋》、《胡腾》则是用作娱乐，脂香粉气、故作媚态的作品；《伊州》在一定程度上表达对唐玄宗穷兵黩武的不满；《何满子》描写的是沧州乐工何满子的愤懑之情。

安史之乱后的中唐时期，藩镇割据，国势衰颓。相应地，著名大曲中除了《中和乐》等少数作品外，剩下的如《定难乐》、《越古长年乐》、《继天诞圣乐》等，都是由各地节度使的"衙前乐"中的乐工创作的。其中《南诏奉圣乐》和《葱岭西曲》是最为突出的。前者是南诏王异牟寻（今云南白族）令人用南诏民间乐曲为素材创作的，表现南诏地区人民渴望归

顺唐朝的心情；后者反映葱岭地区人民"乐河湟故地归唐"的愿望。

大曲的曲式由三部分组成，即"散序"、"歌"、"破"。"散序"为一种散板的引子，多用器乐演奏；"歌"也叫做"中序"，多用抒情的慢板歌唱，并配合着舞蹈；"破"多是快速的舞曲。在曲调上唐代大曲常用一个宫调贯穿到底，但在"犯调"（即转调）上也较为普遍。唐代大曲的乐队伴奏形式多样：清乐乐队的伴奏乐器有编钟、编磬、琴、瑟、击琴、琵琶（阮）、箜篌、筑、筝、节鼓、笙、笛、箫、篪、埙等十五种；西凉乐队的伴奏乐器则有编钟、编磬、弹筝、卧箜篌、竖箜篌、琵琶（曲项）、五弦琵琶、笙、箫（排箫）、大筚篥、长笛（箫）、横笛、腰鼓、齐鼓、檐鼓、铜钹、贝等十九种；燕乐乐队的伴奏乐器有编磬、大方响、筑、卧箜篌、大箜篌、小箜篌、大琵琶、小琵琶、大五弦琵琶、小五弦琵琶、大笙、小笙、大筚篥、小筚篥、大箫、小箫、正铜钹、和铜钹、长笛、短笛、尺八、楷鼓、连鼓、桴鼓、贝、吹叶、毛员鼓等二十九种。

什么是俗讲与散乐？

俗讲指在唐代佛教寺院里的一种通俗讲唱，是佛教利用民间艺术形式宣传教法的一种方式。

俗讲在六朝时期就已经出现，到了唐代，俗讲为统治者大力提倡，单是长安就有十几个寺院设有俗讲。

主持俗讲的人称为法师。他们讲唱的内容，通常是利用佛经故事宣扬因果报应、地狱轮回等迷信思想的《维摩诘经变文》、《地狱变文》、《降魔变文》等所谓"变文"。

这些变文中，除讲说之外，大都有

歌唱，变文的唱腔构成了俗讲音乐的主要部分。另外，俗讲音乐还包括"唱释题目"、"梵音"、"念菩萨"、"念佛赞"等。俗讲的音乐虽具有浓厚的地方特色：在南方的江浙一带，其特点是"纤婉为工"，曲调艳逸婉转；在北方的陕西、河北一带，其特点是"音词雄远"，多用高亢的声音，曲调较为朴素。

除了俗讲之外，为了敛财和招揽游客，唐代的寺院还设有专供民间艺人表演百戏即散乐的戏场。

唐代的散乐非常丰富，有寻橦、跳丸、吞刀、吐火、旋盘、筋斗等杂技，有《踏谣娘》、《五方狮子》、《旱税》等歌舞戏，还有参军戏、杂剧等民间新出现的艺术形式。

《踏谣娘》也叫做《谈容娘》，说的是北齐时有一个叫苏郎中的人，常常酒后殴打妻子，其妻气愤不过因此向邻居哭诉。这是一种有歌唱有对白的歌舞戏。《五方狮子》表演的时候，以人装扮成狮子，被其他人拿红拂引导着跳舞。《旱税》反映的是贞元二十年（804），关中地区遭遇大旱，老百姓颗粒无收，而官府不管老百姓死活，依然抽税把老百姓逼得走投无路。唐代的参军戏，以讽刺前代贪官为主要内容。

唐朝时在歌舞戏与参军戏发展的基础上，戏曲已经诞生，后来发展成一种重要的艺术形式。

什么是弹词与鼓词？

弹词和鼓词是明清时期流行的说唱音乐。

弹词主要流行于南方。目前只知最早的弹词是宋以来的陶真。

明代弹词的伴奏乐器除了少数用小

鼓、拍板外，大多数用的是琵琶。

在清康熙、乾隆年间，弹词盛行于南方各地，特别是在苏州、杭州、扬州、江宁（南京）等大的工商业城市，另外，北京及其他的北方城市也有流传。当时，弹词已经形成了一种由开篇、诗、词、赞、套数、篇子等组成的大型形式。另外还有一些小型形式，由基本曲调大致相同的若干唱段（篇子）组成，中间不插说白和表白，只在末尾加一段表白和一首终场诗。此时，弹词的伴奏乐器在琵琶之外又增加了三弦，因而形成了一套三弦琵琶紧密结合的伴奏形式。清代的弹词在发展过程中，崭露出了很多著名的艺人，在乾隆年间有苏州弹词艺人王周士，在嘉庆、道光年间有陈、毛、俞、陆四大家，就是陈遇乾、毛菖佩、俞秀山、陆瑞廷。

清代弹词反映的内容主要是明末社会的阶级矛盾，借此表达人民的心声。丘心如的《笔生花》和程惠英的《凤双飞》通过妇女的身份控诉了封建压迫和束缚。但是这些作品在内容上也是有缺点的，即封建道德迷信思想和猥亵描写的糟粕。

鼓词则主要流行于北方。它和宋代的鼓子词有些联系，最早的明代鼓词是《大唐秦王词话》。

清代乾隆前后，鼓词快速发展。风行于北方的城市，此外在南方的扬州等工商业城市也有流传。此时，有一种以唱为主的小型鼓词在山东、河北一带产生，它以一个曲调不断反复而构成，后来传播到北京等地，比如《白宝柱借当》等鼓词就是以《太平年》一曲编成的。

鼓词的伴奏乐器，开始只有小鼓和拍板，后来增加了三弦。嘉庆年间，北京的鼓词艺人最著名的是梅、清、胡、赵四家，有"清家弦子梅家唱"的说法。

乾嘉时期，在山东、河北等地，鼓词与本地民歌、小曲相结合，产生了一种叫做"大鼓"的说唱形式。

明清时期主要的琴派有哪些？

琴等器乐独奏，在明清时期仍继续发展。在明代主要有浙派、虞山派与江派。

浙派在明初以浙江琴家徐诜为代表，他作有《文王思舜》等曲，形成了徐门琴派。他们主张将琴作为独奏乐器来使用。不过当时也有一些人主张把琴作为声乐曲（琴歌）的伴奏乐器来使用。

在明代嘉靖、万历年间，以江苏虞山（常熟）的严澄为首形成了"虞山派"或"熟派"，这个琴派对明清时期的琴坛产生了重大影响。

严澄著有《松弦馆琴谱》一书，他认为音乐是人的"性灵"的语言，在艺术风格上讲求"清微淡远"的风格。这种主张颇合那些忘情山水的文人士大夫的品味，因而该派在兴起之后很快就独步明代琴坛，成为重要琴派。

万历以后到南明淮王东武覆亡期间，虞山派的琴家中徐上瀛最负盛名。他在审美原则上不反对严澄提出的"清微澹远"，不过却更推崇"和、静、清、远、古、澹、恬、逸、雅、丽、亮、采、洁、润、圆、坚、宏、细、溜、健、轻、重、迟、速"等原则。

清朝初年，虞山派在常熟、苏州一带以徐上瀛的弟子夏博为代表继续流传。

此时，在扬州新兴起一个琴派，就是"广陵派"，其代表人物是徐琪、徐俊父子。通过以他们父子为首的一批琴家的努力，广陵派最终成了清代的一个重要琴派。广陵派的主要特点是既重视传统又注重创新，追求左右两手轻重疾徐、刚柔虚实与灵巧跌宕的对比变化。徐琪父子的主要作品有《洞天春晓》、《墨子悲丝》、

《潇湘水云》、《胡笳十八拍》等。

除了广陵派以外，清乾隆年间还有以苏璟等人为代表的新浙派和以王善为代表的中州派，他们的影响也较大。

在嘉、道、咸、同、光年间，出现了张鞠田和张孔山两位琴家。前者以"不知琴音者便可乐听焉"为出发点，曾将昆曲和《傍妆台》、《五瓣梅》、《劈破玉》等小曲转换成琴歌；后者曾对浙派《流水》作了改编，以"七十二滚拂"指法增加了两个乐段，以表现奔腾的流水。

什么是昆腔和弋阳腔？

昆腔和弋阳腔是清代的民间曲艺音乐。

昆山腔在清代也叫做"民曲"。在清朝初年，产生了很多反映民族矛盾，抒发爱国主义情感，暴露现实黑暗的优秀作品。有李玉的《千钟禄》、洪昇的《长生殿》、孔尚任的《桃花扇》等。《千钟禄》也叫《千忠戮》，它表面上讲的是明初燕王朱棣起兵夺取侄儿建文帝帝位的故事，实际上是用来影射现实的剧作，引起了具有民族感情的人们的极大共鸣。《长生殿》讲述唐玄宗与杨贵妃的爱情故事。《桃花扇》以侯方域与李香君的爱情故事为线索，揭露了南明统治阶级政治的腐败和祸国罪行，颂扬了史可法的民族气节，肯定了李香君不为利诱、不畏强权的精神。

清代初年，这些反映现实的剧作使得昆腔曲坛一度呈现繁荣的局面。然而自乾隆年间起，清廷统治阶级对文化实行压制，遂使昆腔走向衰亡。

弋阳腔原本是流行于江西弋阳一带的南戏声腔。在元末明初，它的流传范围扩大到徽州、福建等地。明永乐年间，又扩大到云贵一带。明代的弋阳腔，除了单个的只曲以外，大多是由各个曲牌联成各种形式的套曲和集曲，并且根据内容的需求，还加进了滚调和帮腔的手法。其伴奏乐器只有锣与鼓等打击乐器，所谓"其节以鼓，其调喧"。

明代嘉靖年间，流传于各地的弋阳腔已经和当地的民间音乐、地方语言结合，从而产生了乐平（江西），徽州、青阳（二者皆安徽）等声腔。到万历年间，又产生了义乌（浙江）、潮调（广东潮州）、调腔（浙东）等声腔，稍后又产生了石台腔与太平腔（皆安徽）。

弋阳腔发展到明末清初，改称为高腔。到清康熙年间，传播到北京的又称为京腔。当时，弋阳腔在北京非常盛行，而它的范围已经遍及广东、湖南、四川、湖北、山西、山东、河南、云南、贵州、浙江、安徽、福建等省，成为非常重要的剧种。

什么是京剧？

京剧在我国各种戏剧中影响是最大的，它形成于北京，流传于全国，历史上有皮黄、二黄、黄腔、京调、京戏、平剧、国剧等别称。它的主要腔调是西皮、二黄。

徽剧是京剧前身，在清初流行于江南地区，以唱吹腔、高拨子、二黄为主。徽班具有很强的流动性，因而得以频繁接触其他剧种。在发展过程中，徽剧吸收了很多昆腔戏、啰啰腔和其他一些杂曲的特点。

清乾隆五十五年（1790），高朗亭率领第一个徽班即三庆班进入北京演出，庆祝乾隆帝八十寿辰。除了三庆班外，相继还有很多徽班进京，这就是"四大徽班进京"。四大徽班指的就是著名的三庆、四喜、春台、和春四大徽班。

在乾隆、嘉庆年间，徽班继续博采众家所长，对秦腔（包括部分京腔）的剧目和表演方法进行了广泛吸收，同时还对众多的昆腔剧目及其舞台艺术体制进行了继承，因而在艺术上提升得很快。

徽剧这一时期的成长发展过程，同时也是它向京剧嬗变的过程。这个嬗变完成的标志就是徽汉合流和皮黄交融及以西皮、二黄两种腔调为主的板腔体唱腔音乐体系的形成，即京剧的唱念做打表演体系的最终确立。道光年间，汉调演员进京加入徽班演唱的就更多了，最著名的有王洪贵、李六。汉调，即西皮调，在当时的北京已经流行。王洪贵、李六"善为新声"，对西皮调的革新发展起了推动作用。在徽、汉演员的共同努力下，西皮与二黄两种腔调的交融逐渐实现。最初不同的剧目，按照来源的不同，分别唱西皮或二黄；渐渐地，有些戏就既可唱西皮又可唱二黄，以至同一唱段中先唱二黄，后转为西皮，还可以相互协调，浑然一体。

到了道光末年，西皮戏大量出现，徽班中皮黄并奏已经十分平常了。虽然当时还不称京剧，而徽剧向京剧的嬗变已基本实现。

古代四大名琴指哪四大？

所谓"琴、棋、书、画"当中的"琴"，是我国历史上最古老的弹拨乐器之一，现称古琴或七弦琴。古琴的制作历史悠久，许多名琴都有文字可考，而且具有美妙的琴名与神奇的传说。其中最著名的是齐桓公的"号钟"、楚庄王的"绕梁"、司马相如的"绿绮"和蔡邕的"焦尾"。这四张琴被人们誉为"四大名琴"。

"号钟"是周代的名琴。此琴音之洪亮，犹如钟声激荡，号角长鸣，令人震耳欲聋。传说古代杰出的琴家伯牙曾弹奏过"号钟"琴。后来"号钟"传到齐桓公的手中。齐桓公是齐国的贤明君主，通晓音律。当时，他收藏了许多名琴，但尤其珍爱这个"号钟"琴。他曾令部下敲起牛角，唱歌助乐，自己则奏"号钟"与之呼应。牛角声声，歌声凄切，"号钟"则奏出悲凉的旋律，使两旁的侍者个个感动得泪流满面。

琴以"绕梁"命名，足见此琴音色之特点，必然是余音不断。据说"绕梁"是一位叫华元的人献给楚庄王的礼物，其制作年代不详。楚庄王自从得到"绕梁"以后，整天弹琴作乐，陶醉在琴乐之中。有一次，他竟然连续七天不上朝，把国家大事都抛在脑后。王妃樊姬异常焦虑，规劝楚庄王说："君王，您过于沉沦在音乐中了!过去，夏桀酷爱'妹喜'之瑟，而招致了杀身之祸；纣王误听靡靡之音，而失去了江山社稷。现在，君王如此喜爱'绕梁'之琴，七日不临朝，难道也愿意丧失国家和性命吗？"楚庄王闻言陷入了沉思。他无法抗拒"绕梁"的诱惑，只得忍痛割爱，命人用铁如意去捶琴，琴身碎为数段。从此，万人羡慕的名琴"绕梁"绝响了。

"绿绮"是汉代著名文人司马相如弹奏的一张琴。司马相如原本家境贫寒，徒有四壁，但他的诗赋极有名气。梁王慕名请他作赋，相如写了一篇"如玉赋"相赠。此赋词藻瑰丽，气韵非凡。梁王极为高兴，就以自己收藏的"绿绮"琴回赠。"绿绮"是一张传世名琴，琴内有铭文曰："桐梓合精"，即桐木、锌木结合的精华。相如得"绿绮"，如获珍宝。他精湛的琴艺配上"绿绮"绝妙的音色，使"绿绮"琴名噪一时。后来，"绿绮"就成了古琴的别称。

"焦尾"是东汉著名文学家、音乐家蔡邕亲手制作的一张琴。蔡邕在曾于烈火中抢救出一段尚未烧完、声音异常的梧桐木。他依据木头的长短、形状，制成一张七弦琴，果然声音不凡。因琴尾尚留有焦痕，就取名为"焦尾"。"焦尾"以它悦耳的音色和特有的制法闻名四海。

什么是琵琶？

琵琶又称"批把"，最早见于史载的是汉代刘熙《释名·释乐器》："批把本出于胡中，马上所鼓也。推手前曰批，引手却曰把，像其鼓时，因以为名也。"意即枇把是骑在马上弹奏的乐器，向前弹出称做批，向后挑进称做把；根据它演奏的特点而命名为"批把"。在古代，敲、击、弹、奏都称为鼓。当时的游牧人骑在马上好弹琵琶，因此为"马上所鼓也"。大约在魏晋时期，正式称为"琵琶"。

琵琶由历史上的直项琵琶及曲项琵琶演变而来，据史料记载，直项琵琶在我国出现得较早，秦、汉时期的"秦汉子"，是直柄圆形共鸣箱的直项琵琶（共鸣箱两面蒙皮），它是由秦末的弦鼗发展而来的。"阮咸"或"阮"是直柄木制圆形共鸣箱，四弦十二柱，竖抱用手弹奏的琵琶。晋代阮咸善奏此乐器，故以其名相称，即今天的阮。

南北朝时，通过丝绸之路与西域进行文化交流，曲项琵琶由波斯经今新疆传入我国。曲项琵琶为四弦、四相（无柱）梨形，横抱用拨子弹奏。它盛行于北朝，并在公元6世纪上半叶传到南方长江流域一带。

在隋唐九、十部乐中，曲项琵琶已成为主要乐器，对盛唐歌舞艺术的发展起了重要作用。从敦煌壁画和云冈石刻中，仍能见到它在当时乐队中的地位。

什么是三弦？

三弦又称"弦子"，我国传统弹拨乐器。柄很长，音箱方形，两面蒙皮，弦三根，侧抱于怀演奏。音色粗犷、豪放。可以独奏、合奏或伴奏，普遍用于民族器乐、戏曲音乐和说唱音乐。

早在公元前214年，秦始皇灭六国完成统一后，就征发黎民百姓去边疆修筑有名的万里长城，为了调剂繁重的劳役，我国北方各民族人民，曾把一种有柄的小摇鼓加以改造，在上面栓了丝弦，制成了圆形、皮面、长柄、可以弹拨的乐器，当时称为"弦鼗"。这就是三弦的前身，最早在北方边疆的军队中使用。

元朝时，三弦盛传于中原，是元曲的主要伴奏乐器，当时曾称弦索。元王实甫词清沈远曲之《北西厢弦索谱》即以三弦为伴奏乐器。

二胡是什么时候出现的？

二胡始于唐朝，已有一千多年的历史。它最早发源于我国古代北部地区的一个少数民族，那时叫"奚琴"。

到了宋代，又将胡琴取名为"嵇琴"。在北宋时已有了马尾的胡琴。

元朝《元史·礼乐志》所载"胡琴制如火不思，卷颈龙首，二弦用弓掜之，弓之弦以马尾"进一步阐述了胡琴的制作原理。到了明清时代胡琴已传遍大江南北，始成为民间戏曲伴奏和乐器合奏的主要演奏乐器。

到了近代，胡琴才更名为二胡。刘天华先生是现代派的始祖，他借鉴了西方乐器的演奏手法和技巧，大胆、科学地将二胡定位为五个把位，从而充扩了二胡的音域范围，丰富了表现力，确立了新的艺术内涵。由此，二胡从民间伴奏中脱颖而出来，成为独特的独奏乐器，也为以后走进大雅之堂的音乐厅和音乐院校奠定了基础。

什么是马头琴？

马头琴因琴头雕饰马头而得名。据岩画和有些历史资料中显示古代蒙古人开始把酸奶勺子加工之后蒙上牛皮，拉上两根马尾弦，当乐器演奏，称之为"勺形胡琴"。目前很多专家认为这就是马头琴的前身。

勺形胡琴当时最长的也是二尺左右，共鸣箱比较小，声音也就小多了。至今蒙古国的西部也有人把马头琴叫"勺形胡琴"。当时琴头不一定是马头，有人头、骷髅、鳄鱼头、鳖甲或龙头等，此外这种琴的琴头有呈猴头或玛特尔头的形状。玛特尔形似龙，面似猴，象征一种镇压邪魔的神物。

马头琴是适合演奏蒙古古代长调的最好的乐器，它能够准确的表达出蒙古人的生活，如辽阔的草原、呼啸的狂风、悲伤的心情、奔腾的马蹄声、欢乐的牧歌等。与此相关，元代的蒙古民族乐器，其总体地位有了明显的提高，不仅仅是用于舞蹈和歌曲伴奏，而且还产生了纯器乐曲。

到十八世纪初，马头琴的外观及结构有了很大的变化。随着马头琴琴体的革新，马头琴的演奏技巧也有了新的创造和发展，涌现出不少民间说唱演奏家。

什么是月琴？

我国汉、彝、苗、侗、布依、白和哈尼等族人民共同喜爱的弹弦乐器。历史久远，流传广泛，音色清脆，常用于独奏、民间器乐合奏、歌舞、戏曲和说唱音乐伴奏。

月琴自晋代起就在民间流行，约从唐代起就有月琴之名，取其形圆似月、声如琴。当时和阮相似，后来逐渐变化，清时月琴就与阮完全不同了，比阮简化，琴杆变短，音箱呈满圆形，而且在各族人民中广泛流传。

月琴常用于说唱音乐四川清音的伴奏。这种曲艺形式是清乾隆年间由民歌小调发展而成的，深为四川人民所喜爱。解放前，艺人多在茶馆坐唱或在街头即地作场演唱，用琵琶或月琴伴奏，故也称"唱琵琶"或"唱月琴"。

什么是筝？

筝是我国最古老的弹拨乐器之一。据考证，筝在春秋、战果时期及广泛流传，至今已有两千五百多年的历史。筝，通常又被人们叫做古筝，和琴之被称为古琴一样。这恐怕与它具有古老的历史渊源、浓郁的民族特色，以及丰富的传统筝曲给人们留下的古朴雅致的情趣有关。在古代，筝还被称为秦筝、瑶筝、银筝、云筝、素筝等。

我国的乐器发展史是先有打击乐器，后有弹拨乐器的。筑的右手奏法，以竹尺击之，沿用了打击乐器的奏法，这与筝相比用指弹奏简单的多。筝与筑有着一定的渊源关西，筝是由筑发展而来的，筑之源可能即筝之源。

筝很可能来源于一种大竹筒制作的五弦或少于五弦的简单乐器。年代当在春秋战国时期或春秋战国之前。筝、筑、瑟的关系，既不是分瑟为筝，也不是由筑演变为筝，而很可能是筝筑同源，筝瑟并存。五弦竹制筝演变为十二弦木制筝，筑身筒

状共鸣结构演变为瑟身长匣形共鸣结构，可能是参照了瑟的结构而改革的。

什么是笛？

笛是中国最古老的乐器之一。古代称为"篴"。秦汉后，笛才成为竖吹的箫和横吹的笛的共同名称。

笛是中国最具特色的吹奏乐器之一。1986年5月，在河南舞阳县贾湖村东新石器时代早期遗址中发掘出16支竖吹骨笛（用鸟禽肢骨制成），根据测定距今已有8000余年历史。竖吹，音孔由五孔至八孔不等，其中以七音孔笛居多，具有与现在我们所熟悉的中国传统大致相同的音阶，骨笛音孔旁刻有等分符号，有些音孔旁还加打了小孔，与今天的中国音调完全一致，仍可用其吹奏现在的民间乐曲。

黄帝时期，即距今大约4000多年前，黄河流域生长着大量竹子，开始选竹为材料制笛，《史记》记载："黄帝使伶伦伐竹于昆谿、斩而作笛，吹作凤鸣"，以竹为材料是笛制的一大进步，一者竹比骨振动性好，发音清脆；二者竹便于加工。秦汉时期已有了七孔竹笛，并发明了两头笛，蔡邕、荀勖、梁武帝都曾制作十二律笛，即一笛一律。

笛在古代称为"篴"。到了汉代，许慎的《说文解字》有"笛，七孔，竹筩也"的记载。

《高山流水》是如何产生的？

《高山流水》是我国著名十大古曲之一。传说春秋时代，有个叫俞伯牙的人，精通音律，琴艺高超，是当时著名的琴师。

一夜伯牙乘船游览。面对清风明月，他思绪万千，于是又弹起琴来，琴声悠扬，渐入佳境。忽听岸上有人叫绝。伯牙闻声走出船来，只见一个樵夫站在岸边，他知道此人是知音当即请樵夫上船，兴致勃勃地为他演奏。伯牙弹起赞美高山的曲调，樵夫说道："真好！雄伟而庄重，好像高耸入云的泰山一样！"当他弹奏表现奔腾澎湃的波涛时，樵夫又说："真好！宽广浩荡，好像看见滚滚的流水，无边的大海一般！"这个樵夫就是钟子期。从此二人成了非常要好的朋友。

两人分别约定，明年此时此刻还在这里相会。第二年，伯牙如期赴会，但却久等子期不到。于是，伯牙就顺着上次钟子期回家的路去寻找。半路上，他遇到一位老人打听子期的家。这一打听才知道，原来，这位老人正是子期的父亲。老人告诉伯牙，子期又要砍柴又要读书，再加上家境贫寒，积劳成疾，已经在半月前去世了。子期去世时担心伯牙会这在里久等，叮嘱老人一定要在这一天来通知伯牙。听到这个消息后悲痛欲绝。他随老人来到子期的坟前，抚琴一曲哀悼知己。曲毕，就在子期的坟前将琴摔碎，并且发誓终生不再抚琴。

俞伯牙两千多年前的绝响如今已可不再闻，然而，关于"高山流水"的旋律并没有绝迹，反而衍生出多个版本，光是古筝曲就有河南、山东、浙江三个流派之多。

三个筝派的《高山流水》均是以描述高山与流水的自然景观为主要表现内容，但在传承、风格、技巧诸多方面各具特色。河南筝派的《高山流水》是河南板头曲，又名《花流水》，在河南南阳地区，艺人们初次见面时必定以此曲相会，借乐曲互尊为知音。山东筝派的《高山流水》以山东老八板筝曲为素材，原由《琴韵》、《风摆翠竹》、《夜静銮铃》、《书韵》四首连缀变奏而成。山东筝派名家高自成先生改编时将《书韵》去掉，并稍加改动，突出高山和流水的形象，成为如今较为通用的一个版本。浙江筝派的《高山流水》原是浙江某些关帝庙用于水陆道场所吹奏的笛曲，后移植到杭州丝竹乐中。

浙江派的《高山流水》典雅秀丽、含蓄清幽。品山品水，仿佛一幅江山烟雨图，虚实相生，远观之山峰高耸云天，若隐若现，却待近看，烟雾时开时合，方见山峦叠嶂，树木葱郁。清泉石上流，鸟鸣山更幽，耳边水滴叮咚，山涧肆流，时而跳跃回旋，却越显平缓宁静。

《广陵散》有什么来历？

《广陵散》，又名《广陵止息》。是古代一首大型琴曲，它是我国著名十大古曲之一。至少在汉代已经出现。其内容一般是将它与《聂政刺韩王》琴曲联系起来。《聂政刺韩王》主要是描写战国时代铸剑工匠之子聂政为报杀父之仇，刺死韩王，然后自杀的悲壮故事。

《广陵散》乐谱全曲共有四十五个乐段，分开指、小序、大序、正声、乱声、后序六个部分。正声以前主要是表现对聂政不幸命运的同情；正声之后则表现对聂政壮烈事迹的歌颂与赞扬。正声是乐曲的主体部分，着重表现了聂政从怨恨到愤慨的感情发展过程，深刻地刻画了他不畏强暴、宁死不屈的复仇意志。全曲始终贯穿着两个主题音调的交织、起伏和发展、变化。一个是见于"正声"第二段的正声主调，另一个是先出现在大序尾声的乱声主调。正声主调多在乐段开始处，突出了它的主导体用。乱声主调则多用于乐段的结束，它使各种变化了的曲调归结到一个共同的音调之中，具有标志段落，统一全曲的

作用。

《广陵散》的旋律激昂、慷慨，它是我国现存古琴曲中唯一的具有戈矛杀伐战斗气氛的乐曲，直接表达了被压迫者反抗暴君的斗争精神，具有很高的思想性及艺术性。或许嵇康也正是看到了《广陵散》的这种反抗精神与战斗意志，才如此酷爱《广陵散》并对之产生如此深厚的感情。

《广陵散》在历史上曾绝响一时，建国后我国著名古琴家管平湖先生根据《神奇秘谱》所载曲调进行了整理、打谱，使这首奇妙绝伦的古琴曲音乐又回到了人间。

《平沙落雁》的作者是谁？

《平沙落雁》是我国著名十大古曲之一，有多种流派传谱，其意在借大雁之远志，写逸士之心胸。

《平沙落雁》最早刊于明代《古音正宗》（1634），又名《雁落平沙》。自其问世以来，刊载的谱集达五十多种，有多种流派传谱，仅1962年出版的《古琴曲集》第一集收入了六位琴家的演奏谱，关于此曲的作者，有唐代陈立昂之说，宋代毛敏仲、田芝翁之说，又有说是明代朱权所作。因无可靠史料，很难证实究竟出自谁人之手。

《平沙落雁》的曲调悠扬流畅，通过时隐时现的雁鸣，描写雁群在空际盘旋顾盼的情景。现在流传的多数是七段，主要的音调和音乐形象大致相同，旋律起而又伏，绵延不断，优美动听；基调静美，但静中有动。

《十面埋伏》有什么来历？

琵琶古曲《十面埋伏》是我国著名十大古曲之一，以其丰富的演奏技巧和

音乐表现力，流派纷呈而流传于世。

这首乐曲是根据公元前202年楚汉两方在垓下（今安徽省灵璧县东南）进行决战时，汉军设下十面埋伏的阵法，从而彻底击败楚军，迫使项羽自刎乌江这一历史事实加以集中概括谱写而成的。

垓下决战是我国历史上一次有名的战役。秦朝末年，刘邦的汉军和项羽的楚军展开了逐鹿中原、雄霸天下的斗争。到公元前202年，楚汉双方已进行了长达数年的战争，到垓下决战时，刘邦以三十万的绝对优势兵力包围了项羽的十万之众。深夜，张良吹箫，兵士唱楚歌，使楚军感到走投无路，迫使项羽率八百骑兵连夜突围外逃，而汉军以五千骑兵追击，最后在乌江边展开一场决斗，项羽因寡不敌众而拔剑自刎，汉军取得了辉煌的胜利。琵琶曲《十面埋伏》出色地运用音乐手段表现了这场古代战争的激烈战况，是一幅生动感人的古战场音画。

早在十六世纪末，明代王猷定在《四照堂集》一书中就记述了当时琵琶名手汤应曾演奏《楚汉》一曲的生动状况。

乐曲以小标题的形势如"列营"、"吹打"、"点将"、"排阵"、"埋伏"、"小战"、"大战"等，对全曲的故事情节起到了一种指向性的作用。全曲气势宏大，景中有情，情中有景，情景交融。把千军万马、杀声震天的悲壮古战争场面描绘的有声有色、淋漓尽致、栩栩如生，使人如身临其境，并集思想性和艺术性为一体，闪耀着中华民族的智慧之光。

《渔樵问答》有什么来历？

《渔樵问答》是我国著名十大古曲之一。此曲在历代传谱中，有30多种版本，有的还附有歌词。

《渔樵问答》曲谱最早见于明代《杏庄太音续谱》此曲反映的是一种隐逸之士对渔樵生活的向往，希望摆脱俗尘凡事的羁绊。

乐曲采用渔者和樵者对话的方式，以上升的曲调表示问句，下降的曲调表示答句。旋律飘逸潇洒，表现出渔樵悠然自得的神态。

乐曲开始曲调悠然自得，表现出一种飘逸洒脱的格调，上下句的呼应造成渔樵对答的情趣。主题音调的变化发展，并不断加入新的音调，加之滚拂技法的使用，至第7段形成高潮。刻画出隐士豪放无羁，潇洒自得的情状。其中运用泼刺和三弹的技法造成的强烈音响，应和着切分的节奏，使人感到高山巍巍，樵夫咚咚的斧伐声。

历史上最有名的"渔"的代表是东汉的严子陵，早年他是汉光武帝刘秀的同学，刘秀很赏识他。刘秀当了皇帝后多次请他做官，都被他拒绝。严子陵一生不仕，隐于浙江桐庐，垂钓终老。历史上"樵"的代表则是汉武帝时的大臣朱买臣。朱买臣早年出身贫寒，常常上山打柴，靠卖薪度日，后妻子因忍受不了贫困而离开了他。《渔樵问答》一曲是几千年文化的沉淀。

《夕阳箫鼓》有什么来历？

《夕阳箫鼓》又名《春江花月夜》，为中国古代琵琶曲文曲中代表作品之一，也是中国著名十大古曲之一。此曲最迟在十八世纪就流传在江南一带。

《夕阳箫鼓》的曲情基本来自《春江花月夜》的诗情。《春江花月夜》的作者张若虚在初唐算不上是著名诗人，与贺知章、张旭、包融一起被誉为吴中四士。

该曲名最早见于清姚燮（1805—1864）的《今乐考证》。乐谱最早见于鞠士林与吴畹卿的手抄本，1875年前后吴畹卿抄本传谱为共6段加1尾声，无分段标题。其后各派传谱分段不一。在平湖派李芳园1895年所编的《南北派十三套大曲琵琶新谱》中，曲名《浔阳琵琶》，曲体有所扩展，共10段，1923至1925年上海大同乐会的柳尧章、郑觐文将此曲改为丝竹合奏曲，同时根据《琵琶记》中的"春江花朝秋月夜"更名为《春江花月夜》，至今犹用此名。

《夕阳箫鼓》是一首抒情写意的文曲，旋律雅致优美。音乐开始，鼓声、箫声，疏密有致地悠然兴起；接着，委婉如歌的、富有江南情调的主题款款陈述；其后各段，运用扩展、紧缩、移易音区和"换头合尾"等变奏手法，并适时点缀以水波声、桨橹声等造型乐汇，表达了意境幽远的情趣。

《汉宫秋月》有什么来历？

《汉宫秋月》是我国著名十大古曲之一，但乐曲的历史并不长。原为崇明派琵琶曲，此曲旨在表现古代受压迫宫女细腻深远的幽怨悲愁的情绪及一种无可奈何、寂寥清冷的生命意境，唤起人们对她们不幸遭遇的同情，具有很深的艺术感染力。

《汉宫秋月》很可能与《汉宫秋》有一定的关系。而《汉宫秋》是一出元末杂剧，作者是马致远。《汉宫秋》讲的是王昭君和亲出塞的故事。

王昭君出塞时，是否充满了悲怨情绪，后人已无法得知。

昭君在匈奴生了两个儿子。呼韩邪单于死后，他的儿子继位，欲娶昭君。父死后，子可娶继母，兄死后，弟可娶其嫂，这本是胡俗，在匈奴是很自然的事情。但昭君觉得难以接受，于是上书汉成帝求归，成帝敕令其可以不尊汉习从胡俗，昭君后来只好服从。

宫女之怨是个传统话题。汉乐府中有不少关于宫女之怨的题材，如《玉阶怨》、《昭君怨》、《昭君悲》等。后来甚至形成了专门描述后宫的诗体，名为宫词。

《梅花三弄》有什么来历？

《梅花三弄》是中国著名十大古曲之一，又名《梅花引》、《玉妃引》，是中国传统艺术中表现梅花的佳作。

《神奇秘谱》记载此曲最早是东晋桓伊所奏的笛曲。此曲借物咏怀，通过梅花的洁白、芬芳和耐寒等特征，来颂具有高尚节操的人，曲中泛奇曲调在不同的微位上重复了三次，所以称为"三弄"。

关于《梅花三弄》的乐曲内容，历代琴谱都有所介绍，南朝至唐的笛曲《梅花落》大都表现怨愁离绪的情感。

明清琴曲《梅花三弄》多以梅花凌霜傲寒，高洁不屈的节操与气质为表现内容，原来是一首笛曲，后来才改编成古琴曲（作者究竟何人，难以定论）。

今演奏用谱有虞山派《琴谱谐声》（清周显祖编，1820年刻本）的琴箫合谱，其节奏较为规整，宜于合奏；广陵派晚期的《蕉庵琴谱》（清秦淮瀚辑，1868年刊本），其节奏较自由，曲终前的转调令人耳目一新。此曲结构上采用循环再现的手法，重复整段主题三次，每次重复都采用泛音奏法，故称为《三弄》。体现了梅花洁白，傲雪凌霜的高尚品性。

《阳春白雪》是谁创作的？

《阳春白雪》是中国著名十大古曲之一，相传这是春秋时期晋国的乐师师旷或齐国的刘涓子所作。

《阳春白雪》是一首广泛流传的优秀琵琶古曲。它以清新流畅的旋律、活泼轻快的节奏，生动表现了冬去春来，大地复苏，万物向荣，生机勃勃的初春景象。

历来有"大阳春"和"小阳春"（又名"快板阳春"）两种不同版本。前者指李芳园、沈浩初整理的十段与十二段的乐谱；后者是近代琵琶家汪昱庭（1872—1951）所传，全曲只有七个乐段，可划分为起承转合四个部分，是一首具有循环因素的变奏体的乐曲。

《胡笳十八拍》是谁创作的？

《胡笳十八拍》是中国著名十大古曲之一。相传为蔡文姬作，由18首歌曲组合的声乐套曲，由琴伴唱。"拍"在突厥语中即为"首"，起"胡笳"之名，是琴音融胡茄哀声之故。

现有传谱两种，一是明代《琴适》（1611年刊本）中与歌词搭配的琴歌，其词就是蔡文姬所作的同名叙事诗；一是清初《澄鉴堂琴谱》及其后各谱所载的独奏曲，后者在琴界流传较为广泛，尤以《王知斋琴谱》中的记谱最具代表性。

全曲共十八段，运用宫、徵、羽三种调式，音乐的对比与发展层次分明，分两大层次，前十来拍主要倾诉作者身在胡地时对故乡的思恋；后一层次则抒发出作者惜别稚子的隐痛与悲怨。

此曲全段都离不开一个"凄"字，被改编成管子独奏，用管子演奏时那种凄切哀婉的声音直直的透入人心，高则苍悠凄楚，低则深沉哀怨。

第五章　科技教育医学

什么是司南？

司南出现在我国春秋战国时期，是一种最早的指示南北方向的指南器，还不是指南针。它是用青铜盘和天然磁体制成的磁勺组成，青铜盘上刻有二十四向，磁勺形状像一把汤勺，底部为圆形，可以放在铜盘中心圆上并保持平衡，可以自由旋转。当它静止时，勺柄就会指向南方，古人称其为"司南"。

东汉王充在《论衡》中有关于司南的形状以及用法的明确记载。司南是用整块天然磁石经过琢磨后制成勺型，勺柄指向南极，并使整个磁勺的重心恰好落在勺底的正中，将磁勺放置在光滑的铜盘中，铜盘星岛形状为外方内圆，四周刻有干支四维，合成二十四向。司南的发明是古代人们对磁体指极性认识的经验结晶。

此外，司南也有许多缺陷，天然的磁体不容易寻找到，在加工时容易因为打击、受热而失去磁性。司南的磁性比较弱，它与铜盘的接触处点要十分的光滑，否则会因为转动的摩擦阻力过大而难于旋转，无法达到指南效果。司南的体积和重量较大，不方便携带，这有可能是司南在长时间内未得到广泛使用的原因之一。

造纸术是什么时候出现的？

造纸术相传是由东汉时期的蔡伦（63—121）所发明，但是也有考古方面的证据说明，造纸术在西汉时就存在了，蔡伦只是改进造纸术的重要人物。造纸术被列为中国古代四大发明之一。

东汉许慎在《说文解字》中谈到"纸"的来源说："纸"从系旁，也就是"丝"旁。可见当时的纸主要是用绢丝类物品制成，与现在意义上的纸是完全不同的。

中国是世界上最早养蚕织丝的国家之一。古代人主要用上等蚕茧来抽丝织绸，剩下的劣等蚕茧则用漂絮的方法制取丝绵。完成漂絮以后，在篾席上会遗留下一些残絮。日复一日，当漂絮的次数多了，残留在篾席上的丝絮便会积淀成一层纤维薄片，经过晾干以后剥离下来，可以用来书写。当时的古书称这种漂絮的副产物为"方絮"，产量很少。这说明了中国造纸术的起源与丝絮有着很强的渊源关系。

根据考古的发现，我国最早出土的纸是1933年在新疆罗布淖尔古烽燧亭中发现的西汉麻质纤维纸，年代不晚于公元前49年。它质地粗糙，生产的数量少，成本很高，没有在社会中普及。东汉元兴元年（105），蔡伦在前人造纸的基础上改进了造纸术。他用树皮、麻头、敝布以及渔网等材料，经过挫、捣、抄、烘等工艺制造出纸张。造纸术发明以后，纸张开始全面进入人们的文化生活之中，并在华夏大地传播开来，后来又传到世界各地，对世界科学、文化的传播产生深刻的影响。

活字印刷术是谁发明的？

印刷术是按照文字和图画的原稿，

制成印刷品的技术。我国在隋唐之际发明了雕版印刷术，到宋代又发明了活字印刷术。

唐朝晚期，雕版印刷已很流行，并达到了相当成熟的阶段。

雕版印刷术发展到宋代，达到了鼎盛时期，据记载，971年在成都雕印了全部《大藏经》，雕版十三万块，用了22年时间。

雕版印刷既费工，又不易保存。北宋庆历年间（1041—1048），平民毕昇发明了活字印刷术。用胶泥做成反体单个字模，用火烧坚，便制成了单个的泥活字，排版时，在四周带框的铁板上，铺一层松脂、蜡和纸灰，按需印刷的书稿拣字排版，排好后的版用火烘烤，使蜡和松脂融化，再用一铁板压平版面，待冷却后，活字固定，便可涂墨印刷了，通常以两块铁板交替使用。印刷完毕，再用火烘烤铁版，待蜡和松脂再次融化，取下活字，以备下次再用。毕昇发明的泥活字印刷方法，对后世产生了深远的影响。元朝农学家王祯试制成功了木活字印刷法，并创制了"以字就人"的转轮排字盘。明弘治三年（1490），我国已开始用铜活字印刷书籍。明正德三年（1508），我国开始采用铅活字印刷。

火药是什么时候发明的？

火药是我国古代炼丹家于公元七世纪，在炼制丹药的过程中发明的。火药发明后，首先被古代军事家所利用，制造出火药武器，用于战争。

《武经总要》记有火药配方和火药武器。火药的主要成分是硝石、硫磺和木炭，这是目前世界上所知年代最早的军用火药配方。据记载，唐昭宗天祐元年（904）郑璠攻豫章（今江西南昌）时，

曾用飞火攻城，这是我国目前已知使用火药武器的最早记录。飞火是用弓发射的火箭，在箭杆上绑一火药团，点燃引线，用弓发射，以烧伤敌人。宋元时期，人们利用火药所具有的束缚力越紧爆炸力越强的特性，制成了爆炸性火器，如霹雳火球、火蒺藜、震天雷等。这类火器用生铁或陶器做外壳，内装火药，点燃后能发出极强的爆炸力。宋元时期还制成了管状火器，突火枪就是其中的一种，外壳最初用竹筒制成，内装火药和"子窠"（子弹），利用火药的爆炸力将子窠射出，射程可达一百五十步。因竹筒的抗压力有限，且易燃，后改用金属做外壳，称"火铳"。

火药发明后，约在公元十三世纪经阿拉伯人传入欧洲。

什么是圭表？

圭表是一种简单而又重要的测天仪器，它由两部分组成，即垂直的表（一般高8尺）和水平的圭。圭表主要用来测定冬至日，从而确定回归年长度，另外，通过对表影变化的观测也可确定方向和节气。

很早的时候，人们通过对房屋、树木等物在太阳光照射下所投出影子的变化进行观察，得知这些影子的变化存在一定的规律。故此在平地上直立一根杆子或石柱来研究影子的变化，这根立杆或立柱称作"表"；拿一把尺子量一下表影的长度和方向，就能知道时辰。经研究发现，正午时的表影总是投向正北方向，就把用石板做成的尺子平铺在地上，和立表垂直，尺子的一头与表基连着，另一头则伸向正北方向，这个用石板做成的尺子叫"圭"。正午时表影投在石板上面，古人就可以直接读出表影的长度值。

经过长期观察，古人不仅知道了一天中表影在正午最短，而且还知道了一年内夏至日的正午表影最短，而冬至日的正午，表影最长。从此，古人就用正午时的表影长度来确定节气和一年的长度。比如，连续两次测得表影的最长值，这两次最长值所间隔的天数，就是一年的时间长度，故此我国古人早就知道一年等于365天多的数值。

什么是日晷？

日晷也叫做"日规"，是我国古代的一种计时仪器，它利用日影测算时刻，一般由铜制的指针和石制的圆盘组成。铜制的指针称为"晷针"，垂直地贯穿圆盘中心，充当圭表中立杆，所以，晷针也叫做"表"。石制的圆盘称为"晷面"，置于石台上，南高北低，使晷面与天赤道面平行，如此，晷针的上端刚好指向北天极，而下端刚好指向南天极。在晷面的正反两面划分出12个大格，每个大格表示两个小时。当太阳光照射在日晷上的时候，晷针的影子就投向晷面，太阳自东向西移动，投向晷面的晷针影子相应地自西向东移动。如此，移动着的晷针影子就好比现代钟表的指针，晷面好比钟表的表面，用来显示时刻。

因为从春分到秋分期间，太阳运行于天赤道的北侧，故晷针的影子投于晷面上方，而秋分到春分时，太阳运行于天赤道的南侧，故晷针的影子投于晷面的下方。因此在观察日晷时，应先了解两个不同时期晷针的投影位置。

日晷是利用太阳光的投影来计时的工具，是中国在天文计时领域的重大发明。不过日晷存在着一个重大的缺点——在阴雨天和夜里不能使用。

什么是漏刻？

漏刻也是古代的一种计时工具，除了古代中国，在古埃及、古巴比伦等文明古国都曾使用过。漏就是计时用的漏壶，刻为划分一天的时间单位，它通过漏壶的浮箭来计算一昼夜的时刻。最开始，人们受水从陶器的裂缝中一滴一滴地漏出的启发，于是特意制造出一种留有小孔的漏壶，将水注入漏壶内，水就从壶孔中流出来，流出的水用另外一个容器收集，在这个容器里面有一根刻有标记的箭杆，相当于现代钟表上有刻度的钟面，用一个竹片或木块托着箭杆漂浮在水面上，容器盖的中央开一个小孔，箭杆从盖孔中穿出，这个容器称为"箭壶"。箭壶里面收集的水逐渐增多，木块托着箭杆也随之慢慢地往上浮，人们从盖孔处看箭杆上的标记，就可以得知具体的时刻。

候风地动仪有什么作用？

候风地动仪是世界上第一架测验地震的仪器，由东汉时期天文学家、科学家张衡于汉顺帝阳嘉元年（132）时制成。

地动仪模型

据《后汉书·张衡传》记载，候风地动仪用精铜铸成，直径2.7米，其外形像一个大型的酒樽，上面有一个隆起的圆盖，仪器的外表雕刻有篆文以及各种山、龟、鸟、兽等图案。地动仪内部有精巧的结构，中央有一根铜质"都柱"，柱旁分别有八条通道，称为"八道"。樽体外部相应地设置有八个含有小铜珠的龙头，按东、南、西、北、东南、东北、西南、西北八个方向布列。每个龙头下面都有蟾蜍张嘴向上，如果某地发生较强的地震，樽体会随之运动，都柱因受到震动而失去平衡，这样就会触动八道中的一道，使相应的龙头张开嘴，小铜珠即落入蟾蜍口中，由此便可知道地震发生的方向。

什么是浑天仪？

浑天仪是浑仪和浑象的合称。浑仪是我国古代的一种天文观测仪器，主要用来测量天体球面坐标，而浑象是中国古代用来演示天象的仪器。浑天仪是我国东汉时期的天文学家张衡制造的。

在我国古代，"浑"字带有圆球的意思。古人认为天是圆形的，形状像蛋壳，天上的星星就像是镶嵌在蛋壳上的弹丸，地球则是蛋黄，人们在地球这个蛋黄上测量日月星辰的方位，因此把这种观测天体方位的仪器叫做"浑仪"。模仿肉眼所能看到的天球形状，把仪器制成多个同心圆环，整体看起来就像一个圆球。浑仪上的圆环一般有三个，分别为"子午环"、"赤道环"和"赤经环"，然后根据赤道环和赤经环来观测天体的方位。浑仪是现代天文观测仪的始祖。

浑象是在一个可转动的大圆球上刻画有星宿、赤道、黄道、恒稳圈和恒显圈等，与现代天球仪相似。浑象有两种形式，一种形式为天球的外围一地平圈，象征着地面。天球在转动时球内的地仍然不动，现代天文学著作中把这种地在天内的浑象称为"浑天象"。

沈括有什么科学成就？

沈括（1031—1095），字存中，宋代科学家、政治家。沈括博学善文，对于天文、地理方志、律历音乐、医药卜算等学科无所不通，而且有多种论著，约有40种。

其中价值最大的是《梦溪笔谈》一书。此书为笔记体裁，乃他58岁闲居润州梦溪园时写成。内容涉及到天文历法、数学物理、地质化学、药物，及文学艺术、自然科学常识、工程技术、政治军事等众多方面。其中除他自己考察研究所得外，还收录了许多平民发明家的创造及工艺，是一部百科全书式的著作。

他在书中记录了北极星与北天极距离为三度多，这是他长期观测的结果，从而打破了认为北天极与北极星基本相合的误解。12气历的基本创制思想亦由他在此书中提出。他创造的隙积术，是求有空隙堆积体体积的方法，是一项著名的数学发明。还发明了求弧长的会圆术。他还对磁针指南的现象，以及相关的情况进行综合分析，指出了磁偏角的现象，是世界上第一个指出这种现象的人。对小孔成像、声学中共振现象、反光镜成像以及成虹原理等诸多物理现象做过分析研究。他长期考察华北平原情况后，得出华北平原为冲积平原的结论，并第一次采用24至的表示方法构画地图，打破了原有八至方法的局限，使地图准确性极大提高。对地史、矿床生成及矿物质等也作过详细考察，并录入《梦溪笔谈》。

《授时历》是谁制定的？

郭守敬（1231—1316），字若思，邢州人（今河北邢台地区）。元代天文学家、水利工程家，在数学方面也有成就。与王恂一道开拓出我国独特而先进的球面三角学——招差术。在天文学方面，参与并创制了仰仪、简仪、候极仪、玲珑仪、灵台水浑仪等十几种天文观测、演绎仪器。

郭守敬的最大成绩在历法制定方面。他参与制定的历法《授时历》在我国行使近360年。历以365.2425日为一年，比实际运行的天象仅差26秒，与格利哥里历周期同，又比它早制出300周年。

《授时历》正式废除了上元积年日法，采用近世截元法。上元积年法是古代编历的传统方法，既从制历或颁历时的冬至夜半上推所选上元的年数，为了能推算出结果，以往的历法家往往牵强凑合，来求出一个理想的上元。郭守敬放弃了这种推算，而以至元十七年（1280）作为推算的起点，由于《授时历》便于应用，朝鲜、安南等地区也相继使用。

《历象考成后编》与《坤舆全图》分别是什么时候创作的？

德国传教士戴进贤（1680—1746）应康熙之召，于康熙五十五年（1716）来到中国，雍正年间任钦天监监正。鉴于雍正年间以第谷理论推算日食有失于精确，乃主持纂修《历象考成后编》，书成于乾隆七年，计10卷。书中介绍了开普勒发现的行星运转轨道为椭圆的

论点，传入了牛顿计算地球和太阳、月亮距离的方法。但该书内容仍未提及日心说，仍以地球为中心，太阳绕地球运转。

乾隆二十五年（1760），日心说才传入中国。乾隆十年（1745），法国传教士蒋友仁奉乾隆之召进入北京。他以设计精美的圆明园水法工程而得乾隆宠眷。为解答乾隆关于地理方面的询问，他于乾隆二十五年进献了《坤舆全图》（世界地图）。图高、长分别为1.84米和3.66米，图的四周有许多文字和插图。文字多涉天文，插图均为天文图。文字与插图说明哥白尼日心说是唯一正确的学说，还介绍了开普勒行星运动三定律，并指出地球不是正圆球体。此外，有关太阳黑子、太阳自转、月面结构、金星位相、木星4颗卫星及土星的5颗卫星的绕行周期、土星环、太阳系天体自转及数据、恒星发光、彗星绕日运转等内容，也作了介绍。但该图几十年秘不示人，被当成奇珍异宝锁入深宫密室。

《时宪历》是如何推行的？

中国天文学的发展在明代受到很大阻碍。为保证朱氏天下传之万世，明王朝竟于开国之初就下令严禁民间学习和研究天文历法。长达270年的明代，始终使用着元代的历法，只不过把元代《授时历》之名改为《大统历》而已。相袭日久，误差甚大，以至于国家天文台——钦天监竟接连测算日食失误。徐光启主持并起用西方传教士编纂的《崇祯历书》，介绍了较先进的欧洲天文与历法知识，本来可据以改正《大统历》，竟因晚明社会动荡，尤其保守派反对而束之高阁。《大统历》虽多错讹，竟照行如旧。

顺治元年五月（1644年6月），传教士汤若望（1592—1666）请求清廷保护天文仪器及《崇祯历书》书版。随即摄政王多尔衮命汤若望以新法正历，其历名为《时宪历》。经过对日食的测验，证明明代之《大统历》、《回回历》皆误，惟新法准确。清廷乃令监局学习新法，并颁行《顺治二年时宪书》。顺治三年，汤若望对《崇祯历书》略加改订，改名为《西洋新法历书》进呈顺治皇帝。顺治命令监局官生习读。汤若望本人因新法正历之功，被朝廷授予要职和殊荣：钦天监监正、太常寺卿、通政使司通政使、光禄大夫、通玄教师、一品封典，等等。

然而，《时宪历》的推行并非一帆风顺。钦天监原设回回科，后汤若望因行新法而罢置回回科。回回科秋官正吴明炫乃上疏诬告汤若望推算错误。幸顺治皇帝未轻信流言。康熙即位后的第四年（1664），吴明炫之友杨光先等人又上疏参劾汤若望，攻击新法。时鳌拜等人专权，竟错误地下令废止《时宪历》，复用《大统历》和《回回历》，将汤若望和比利时传教士南怀仁（1623—1688）逮捕入狱，给汤若望加上邪说惑众、潜谋造反、新法荒谬的罪名，并定处磔刑（分尸）。只是因康熙五年春宫中大火，京城连日地震，统治者以为不祥，才决定从宽免死，释放出狱。汤若望与南怀仁获释后幽居北京，汤若望于康熙六年逝世。

杨光先、吴明炫成为钦天监监正、监副，但复用旧法，与天象多有不符。二人无法解释。南怀仁上疏康熙，辨旧法之误。康熙遣人实测立春、雨水节气及太阴、火、木二星躔度，南怀仁所言属实，而吴明炫所造《康熙八年七政时宪书》所言逐款皆错。于是，守旧派气焰一落千丈。康熙九年（1670），南怀仁被授钦天监监副（4年后擢升监正）；废除《大统历》和《回回历》，重行《时宪历》；杨光先、吴明炫被革职查办；汤若望昭雪平反。

我国的《地理志》有什么内容？

在我国地理学史上，《汉书·地理志》是一部有着特殊价值的地理学著作。它是正史中第一篇地理志，更是地理学著述史上一种全新体例疆域地理志的开辟者。

《汉书·地理志》全文由三部分构成：第一部分是引《尚书·禹贡》与《周礼·夏官·职方氏》的内容相合并而成，第二部分是详述西汉王朝全部郡县的情况，第三部分是汇录刘向、朱赣有关分野、土风的内容。

全书的精华与核心，是班固自己所撰写的第二部分。

在这一部分中，班固根据汉平帝元始二年全国的政区建置，详细记述了103个郡（国）、1587个县（道、邑、侯国）的政区地理情况。具体内容包括：人口数、县制、山川、水利、特产、官营工矿、关隘、祠庙、古迹等。

这一部分不仅在内容上极其重要，更为后世树立了体例上的标范。在此后的正史中，有地理志的还有15部，它们的体例全都以《汉书·地理志》为基准格式。不仅正史的地理志如此，许多地理总志（如《元和郡县志》、元、明、清三代的《一统志》）与地方志都不同程度地遵循了《地理志》所开辟的这一体例。

从《汉书·地理志》开始，古代中国的地理学进入了一个新的历史时期。

为什么编《元一统志》？

《元一统志》原名《大元大一统志》，简称《元一统志》，是由元政府主持编纂的一部空前完备而丰富的全国性地理志书。全书600册，共1300多卷，按诸路州县史地分别编写，分建置沿革、坊郭乡镇、里至山川、土产风俗、古迹人物、仙释等部分，历时17年，于成宗大德七年（1303）编成。

《元一统志》编纂的起因是由于元朝建立后，全国出现了空前大一统的局面，但全国行政区域发生变更，路府州县的名称也多有改动，加之连年战争，各郡邑的图志也残缺不全，所以客观上极需一部全国性的地理著作。同时，元朝统治者为了更有效地进行统治，显示"皇元疆里无外之大"的盛况，也十分需要编纂一部全国地理著作。

至元二十二年（1285）七月，元世祖忽必烈下令由秘书监负责修此地理书。具体由扎马鲁丁主持。

《元一统志》的编纂经过两个时期方最后完成。第一时期是从至元二十三年（1286）世祖诏令编修开始，到至元三十一年（1294）止，历时9年，初步告成。第二时期是从成宗元贞元年（1295）至大德七年（1303），历时8年，最后完成共600册的《元一统志》。第二期主要是补充了边远地区的内容和绘了一些图册，属补修性质，由孛兰肹、岳铉等人编纂。

《舆地图》是谁绘制的？

元朝在地图绘制方面，以朱思本的成就最大。他继承了魏晋间裴秀（223—271）和唐代贾耽（710—785）的画方之法，即画图时打上方格，每格代表一定里程，绘制了《舆地图》，使他成为元代地理学及中国地图史上的划时代人物。

朱思本（1273—1333），字本初，号贞一，临川（今浙江杭州）人。大德三年（1299）他奉命至大都，协助玄教大宗师张留孙、吴全节处理道教事务。到了武宗、仁宗时期，他常奉命代天子祭祀名山河海，同时中朝大夫还让他编绘地图。这两项任务正好与他早想绘制一幅全国性地图以纠正前人地图中谬误的想法吻合，故他对此投注了极大热情。他可以获得中央有关部门和地方政权的支持，查阅有关资料并进行实地查访。这样既有书面知识，又有实地考察，为他绘制《舆地图》打下了坚实的基础。

朱思本实地考察历时20多年，足迹遍华北、华南、华东、中南诸地区，可谓"跋涉数千里间"。

朱思本利用前人成果是有所取舍的，他以自己渊博的地理学知识，剔除那些不够准确的东西，借鉴吸收其合理部分。如在绘法上就吸收了唐贾耽《海内华夷图》与伪齐阜昌七年所刻《禹迹图》中计里画方的方法。具体绘制时又十分严谨细密。朱思本的《舆地图》在精确性上大大超过了魏晋裴秀和唐代贾耽的地图，并且一直影响了明清间的地图绘制。

朱思本用画方之法，先绘制各地分图，然后合成长广各7尺的《舆地图》。该图以中国为主体，外国作衬映；内容较详细，图形轮廓较准确；系统地使用了图例符号，是元、明、清初各代绘制全国总图的范本。由于图幅过大，不便舒卷，后明人罗洪先依据此图把大幅地图分绘成小幅，刊印成书，取名《广舆图》。朱思本不仅是中国元代的著名地

理学家、地图学家，而且具有世界性影响。

《九章算术》主要讲些什么？

《九章算术》是现存最早的中国古代数学著作之一，是《算经十书》中最重要的一种。其作者已不可考，一般认为它是由历代各家增补修订而成。

《九章算术》内容丰富，系统地总结了战国、秦、汉时期的数学成就。《九章算术》在数学上有其独到的成就，例如最早提到了分数、盈不足等问题，"方程"章还在世界数学史上首次阐述了负数及其加减运算法则。《九章算术》的问世，标志着中国古代数学体系的形成。它是中国古代数学体系的初期代表作，同时也是当时世界上最先进的应用数学著作。

《九章算术》全书采用问题集的形式，收入了246个与生产、生活实践有联系的应用问题，其中每道题有问（题目）、答（答案）、术（解题的步骤，但没有证明）。有些问题是一题一术，有的则是多题一术或一题多术。这些问题根据性质和解法分别隶属于方田、粟米、衰分、少广、商功、均输、盈不足、方程以及勾股，共有九章。

《九章算术》的九章的主要内容分别是：第一章"方田"，关于田亩面积计算；第二章"粟米"，关于谷物粮食的按比例折换；第三章"衰分"，关于比例分配问题；第四章"少广"，已知面积、体积、求其一边长和径长等；第五章"商功"，关于土石工程、体积计算；第六章"均输"，合理摊派赋税；第七章"盈不足"，即双设法问题；第八章"方程"，关于一次方程组问题；第九章"勾股"，利用勾股定理求解的各种问题。

祖冲之有什么科学成就？

祖冲之（429—500），南朝科学家。字文远，原籍范阳遒县（今河北涞水北），祖先流寓江南。历仕宋、齐，曾任娄县令、谒者仆射、长水校尉等职。在科学技术上有许多发明创造，尤精于数学、历法和机械制造。关于圆周率，东汉张衡推算为3.1466，魏晋之际数学家刘徽以割圆术计算圆周率，得出3.1416的数值。在此基础上，祖冲之精确地计算出圆周率在3.1415926和3.1415927。

此外，祖冲之还研究出运用二次、三次代数方程求"开差幂"、"开差立"的问题（前者为已知长方形的面积和长、宽之差，用开平方的方法求它的长和宽；后者为已知长方柱体的体积和长、宽、高的差，用开立方的方法求它的边长）。历法方面，祖冲之编制的《大明历》是当时中国最先进的一部历法。由于他善于汲取前人的研究成果，应用"岁差"原理和改进置闰方法，得出一年为365.24281481日，这与现今的准确数据仅差46秒。他又求得"交点月"（即月亮连续两次经过黄道和白道的同一交点所需的时间）为27.21223天，这与现在的准确数据差不到1秒。在机械制造方面，祖冲之曾造指南车、千里船、水碓磨及机械运输工具等。为表彰祖冲之的卓越贡献，如今月球上的一座山即以他的名字命名。

《数书九章》是谁创作的？

秦九韶（1202—1261），南宋数学家，普州安岳人。《数书九章》成书于1247年，是他在兵荒马乱的年代，是在长期艰苦的环境中写成的。

《数书九章》共十八卷，全书分九类，每类九个问题，共81题。

第一类为"大衍"，即"大衍求一术"，在前文中已详细介绍。

第二类为"天时"，主要内容为推算古代历法中的上元积年、五星运动以及计算雨量、雪量等方法。

第三类为"田域"，计算土地面积。在《数书九章》卷三中求解环形、大圆和小圆三个图形的面积，其中运用了将含有无理数系数的方程化成整系数方程的方法。

第四类为"测望"，主要涉及勾股重差问题。

第五类为"赋役"，主要是粟米互易、各种粮食及加工后的换算，卷九中提到复邑修赋术，题目大意为某海滩地冲毁后重新淤成。按肥瘠程度分给新设的六乡，然后按冲毁前的交纳赋税的数字，求这六年应交的夏税、秋税和附加税。这实际上是比例分配问题。

第六类为"钱谷"类，计算粮食转运、仓窖容积等。

第七类为"营建"，涉及工程施工中的数学问题。

第八类为"卑族"，主要是关于军事方面设营、布阵、后勤等方面的计算问题。

第九类为"市易"，主要是关于交易和利息计算等问题。

此外，《数书九章》还反映出秦九韶继承了贾宪的"增乘开方法"。书中的"开方图"表明了求解高次方程时用算筹进行演算的整个运算过程。他提出了"正负开方术"，将增乘开方法发展成一种完整的高次方程数值解法，这是中国数学史的重要成就。在西方直到1819年英国数学家霍纳才创造了类似的方法，比秦九韶晚500多年。

珠算是如何演变而来的？

我国关于珠算的记载，最早见于元代。算盘这种新的计算工具当时在我国已颇普及。

珠算的出现是由筹算演变而来的。筹算数字中，上面一根筹当5，下面一根筹当1；珠算盘中的上一珠也是当5，下一珠也是当1。由于筹算在乘除中出现某位数字等于10或大于10的情形，所以采用上二下五形式，珠算盘也如此。元代数学朱世杰《算学启蒙》"总括"中所列出的"九归除法"口诀：

一归如一进，见九进成十。二一添作五，逢二进成十。三一三十一，三二六十二，逢三进成十。四一二十二，四二添作五，四三七十二，逢四进成十。五归添一倍，逢五进成十。六一下加四，六二三十二，……九归随身下，逢九进成十。

这种歌诀本来为筹算设计，但歌诀的便捷与筹码移动的笨拙产生了矛盾，于是人们为了使用起来得心应手便创造出更先进的计算工具"珠算盘"。其歌诀也借用不误。元代数学家为珠算盘的出现准备了条件，做出了贡献。

珠算的发明是我国数学计算法上的一件大事，它在元代已有一定程度普及的基础上，到明代达高峰，后来还远传日本、朝鲜等国。

耒耜有什么来历？

传说，炎帝和大家一起围猪，来到一片林地。林地里，凶猛的野猪正在拱土，长长的嘴巴伸进泥土，一撅一撅地把土供起。一路供过，留下一片被翻过

的松土。

野猪拱土的情形，给炎帝留下很深的印象。经过反复琢磨，炎帝在刺穴用的尖木棒下部横着绑上一段短木，先将尖木棒插在地上。再用脚踩在横木上加力，让木尖插入泥土，然后将木柄往身边板，尖木随之将土块撬起。这样连续操作，便耕翻出一片松地。

这一改进，不仅深翻了土地，改善了地力，而且将种植由穴播变为条播，使谷物产量大大增加。这种加上横木的工具，史籍上称之为"耒"。

在翻土过程中，炎帝发现弯曲的耒柄比直直的耒柄用起来更省力，于是他将"耒"的木柄用火烤成省力的弯度，成为曲柄，使劳动强度大大减轻。为了多翻土地，后来又将木"耒"的一个尖头改为两个，成为"双齿耒"。

经过不断改进，在松软土地上翻地的木耒，尖头又被做成扁形，成为板状刃，叫"木耜"。"木耜"的刃口在前，破土的阻力大为减小，还可以连续推进。木制板刃不耐磨，容易损坏。人们又逐步将它改成石质、骨质或陶质，有的制成耐磨的板刃外壳，损坏后，可以更换，这就是犁的雏形了。为了适应不同的耕播农活，先民们又将耒耜的主要组成部分制成可以拆装的部件，使用时，根据需要进行组合。

有了耒耜，才有了真正意义上的"耕"和耕播农业。

水车是什么时候开始应用的？

民间最早的汲水用具该是"桔槔"。《庄子·外篇·天地篇》中，载子贡南游，反途路过汉阴时，看到一个老丈人辛苦的抱瓮汲水灌溉，事倍而工半，于是告诉老翁一种省力的器具，名

曰之"槔"。它的制作方式是："凿木为机，后重前轻，挈水若抽，数如沃汤。"也就是用一条横木支在木架上，一端挂着汲水的木桶，一端挂着重物，像杠杆似的，可以节省汲水的力量。从抱瓮灌地到桔槔汲水初步利用器械，可以说是水车发明的先驱。

中国正式记载中的水车，则大约到东汉时才产生。东汉末年灵帝时，命毕岚造"翻车"，已有轮轴槽板等基本装置。

水车的发展到了唐宋时代，在轮轴应用方面有很大的进步，能利用水力为动力，作出了"筒车"，配合水池和连筒可以使低水高送。不仅功效更大，同时节约了宝贵的人力。

到了元明时代，轮轴的发展更进步。一架水车不仅有一组齿轮，有多至三组，而有"水转翻车"、"牛转翻车"或"驴转翻车"，可以依风土地势交互为用。

都江堰由谁主持修建？

都江堰位于今四川省灌县西北的岷江中游。历史上岷江上游因流经川北山区，水流湍急，挟带大量泥沙，到达灌县后，就进入了成都平原，水流突然变缓，泥沙在灌县地带壅积，河床垫高，极易泛滥成灾。

为战胜水患，秦国蜀郡守李冰（前256—前251在任）征发民工，主持兴修了都江堰大型水利工程。他们在灌县县城附近新建一条内江河道，把流入灌县附近的岷江江水分出部分流入内江，而岷江的原河道叫外江，当洪水泛滥时，内江的分流作用可减轻外江负担，免除外江水域的水患；同时，在外江新开辟灌溉河渠，兼具灌溉和排洪作用。内江

系统也开辟许多河流渠道，既可灌溉也可通航。在这一大型工程中，有几项关键设施，一是修筑"百丈堤"。这是全部工程的起点，目的是保护河岸，不被上游带下来的石块冲毁。二是"鱼嘴"工程，这是都江堰中最重要的部分。在离百丈堤不远的岷江中心，用大竹笼装卵石，堆砌成鱼嘴形状的分水堤，把浩浩荡荡的岷江一劈为二，从这里开始江水分别流入内江和外江。三是沿内江河岸的金刚堤修建"飞沙堰"，它起堤岸作用，但并不很高，如果内江江水超过需要而可能引起水灾时，一部分水流可越过飞沙堰流入外江，起到确保内江灌溉系统安全作用。四是在灌县附近的离堆地方，凿开山道，而成"宝瓶口"，内江流经宝瓶口而下，分出大小干支渠，穿入成都平原。在治水中，人们还总结出一些经验性格言，如"深淘滩，低作堰"。即为防止沙砾卵石充填河底，每年利用冬春枯水季节进行淘挖。淘内江时，截断流入内江的水，使之全部流入外江，然后又以同样方法掏挖外江。

都江堰工程经历了2200多年，经历代维修整治，灌溉面积最大时曾达300多万亩，使成都平原成为"沃野千里"，古今闻名的"天府之国"。虽然历代不断开辟新的干支渠，但它的基本规模和主要设施，当时就已具备。

贾思勰的《齐民要术》是本什么书？

贾思勰，青州齐郡益都（今山东寿平）人，为我国北魏末期和东魏时著名的农业科学家。《齐民要术》是中国现存最完整的一部综合性农书，同时也是世界农学史上最早的专著之一。

《齐民要术》主要记述了黄河流域下游地区，即今山西东南部、河北中南部、河南东北部和山东中北部的农业生产，概述了农、林、牧、渔、副等部门的生产技术知识。

《齐民要术》主要研究北朝时期的生产活动，书中的内容十分丰富，涉及面十分广泛。书中举凡五谷、瓜果、蔬菜、树木的栽培，对牲畜、家禽、鱼的养殖，酒、酱、醋、豉脯、羹、腥（肉羹）、菹（泡菜）、饼、饭、饴、糖等的制作，以及煮胶、造墨的方法等均有论及，而且许多的制作方法都是作者亲身验证的第一身经验。

《齐民要术》是贾思勰在总结古人经验的基础上，结合自己在农业生产中的亲身实践与体验，广泛采集民众的经验方法，认真分析、系统整理、概括而成的伟大著作。

王祯的《农书》写的是什么？

王祯，字伯善，元代农学家，东平人（今山东省东平县）。曾任旌德县（今安徽境内）和永丰县（今江西省境内）县尹，在任职期间，注意发展农业生产，组织修筑水利工程，劝课农桑。也注意考察农业生产技术，积累了许多农业生产知识。在旌德县尹任中，综合整理平日笔录，写作《农书》，在永丰县尹任内完成，时间约在元皇庆二年（1313）。

《农书》是一部重要的农业科学著作，它上续《齐民要术》，总结前人的经验，补充了大量实地考察的结果。基本内容分为农桑通诀、百谷谱、农器谱三大部分。第一部分主要讲述农业史与主要农耕技术；第二部分叙述各种粮食、蔬菜、瓜果与林木作物的栽培与管

理；第三部分绘制各种农具与农业机械图281幅，并加以说明。《农书》是第一部兼论南北，力图从全国范围内对农业作系统性介绍，并把南北农业技术以及农具的异同和功能进行分析比较的农业科学著作。《农桑通诀》为总论性的部分，其他如《谷谱》等可视为各论，全书总论、各论系统分明，体例完整齐备。在各论中，如《谷谱》中对每一种作物的性状都作了说明，这在古代农书中是一个创举。农器谱图约占全书篇幅的五分之四，较复杂的机械也编排进去，也是《农书》中较突出的内容，后代农书中的图谱多抄录自《农书》，是对我国古农具记载最完备的。《农书》还注意推广生产经验，以便利农业生产。

《农书》是极值得重视的农业著作。《农书》后附录有《造活字印书法》，详细讲述制造木活字及排版、印刷的情况与经验。王祯还创制了转轮排字盘，使用情况也载在附录中。

徐光启的《农政全书》主要内容是什么？

徐光启（1562—1633），明代科学家。字子先，号玄扈，上海人。万历三十二年中进士，历任翰林院庶吉士，礼部尚书兼文渊阁大学士等职，终生从事科学研究和实验。

他既能融会中西双方的科学传统，又能以理论与观察、实验相结合，因而使他的科学成就超过前人，达到新的高度。其一生著述丰富，代表作为《农政全书》，这部书是他毕生从事农业试验和研究，搜集整理农学资料编著而成的，是中国古代农业科学技术集大成的著作。

《农政全书》分成农本、田制、农事、水利、农器、树艺、蚕桑、种植、牧养、制造和荒政等12部分，共60卷、60多万字。书中利用历代文献225种，同时，还以夹注或评论的方式，加进自己试验的新成果和看法。《农政全书》涉及的范围很广，从政策、制度到农田水利、土壤肥料、选种、播种、果木嫁接、防治害虫、改良农具，以及食品加工、纺织手工业等作了全面论述。其中记录了劳动人民的生产发明和农学、植物学的知识，如在《除蝗疏》中，记载了蝗虫的出现、成熟、习性等，是早期昆虫学知识的记录；西方农业知识，如水利的原理和新式提水工具等也有所记载；还批判了当时阻碍生产技术进步的落后思想和落后方法。他还强调了农业在中国经济上的重要作用，并且针对当时灾荒的情况提出"预防为上，有备为中，赈济为下"的积极主张，为说明问题，书中还绘制了大量图谱，很有参考价值。

宋应星的《天工开物》讲些什么？

宋应星（1587—？），明代杰出的科学家。字长庚，江西奉新人。他一生中把主要精力投入于社会实际的考察，尤其重视收集被人们所轻视的农业和手工业生产经验。

宋应星的著述丰富，其代表作为《天工开物》。"天工开物"即是自然形成万物，由人开发利用的意思。《天工开物》刊行于明崇祯十年（1637），此书是一部总结我国古代农业、手工业技术的著作，内容广博，记述扼要。书中讲述了农作物的栽培技术和纺织、制盐、制糖、陶瓷、冶铸、采煤、榨油、酿造、舟车、纸墨、兵器等手工业的制造工艺和方法，并附图123幅。

该书图文并茂，形象生动地反映了我国劳动人民的智慧和创造才能，是研究我国古代科技的宝贵资料。此书的篇目次序是依照"贵五谷而贱金玉"的观点排列的，体现了中国传统的重农思想。因此书中首先讲述的是五谷的种植和调制。以水稻为例，书中对于水稻的栽培、施肥、灌溉、防治病虫害、优良品种的选育等都做了详细的介绍。由于明代手工业的发展和资本主义萌芽的出现，也使作者更多地注意了手工业的生产。在手工业生产的记载中，纺织占有较大比重，从缫丝、调丝、卷纬、上浆，以至织成成品，对每道工序都有具体说明。提花机是当时最先进的织机，作者详细地介绍了它的构造和操作方法。同时总结了绫、罗、绸、缎等十几种织物的织造工艺。对制盐、钻井、陶瓷等具体制作都有详尽的叙述。

书中所绘插图，比例恰当，有立体感，已具备现代工程画的一些特点。但是由于时代的局限，书中也有一些迷信和不科学的叙述。

黄道婆对纺织业有什么贡献？

黄道婆（1245—？），元代棉纺织业手工艺人，又称黄婆，松江乌泥泾镇人（今上海华泾镇）。

黄道婆幼年做童养媳，因长期受到虐待，逃亡至海南岛地区，那里的黎族妇女精于纺棉织布，黄道婆与她们相处30余年，学会棉纺织术，并加以改良，至大、大德年间返回松江，把技术带回故里，同时带回了她改进的棉纺织工具。她的家乡此时的棉纺织技术还很落后。据记载她传回的先进工具有"捍、弹、纺、织之具"。捍即搅车，用于除去棉桃中棉籽，在此之前，松江地区妇女主要使用手工方式摘除棉籽，费工费时，效率极低。弹即弹棉弓。

在此之前，江南弹棉用弓极短小，仅有一尺五寸，线弦竹弓。她带回的是长四尺的大弓，以绳为弦，体大而效率高。纺即纺车。黄道婆带回的为三锭纺车，以脚踏为动力源，提高了机械水平，也极大提高了工作效率。多锭纺车是一个划时代的成就，黄道婆带回的多锭纺车比欧洲同类机械早出现很多年。她还推广错纱、配色、综线、挈花等技术。用这些技术可以织出丰富多彩的棉布，棉织品由此开始与丝织品争艳夺奇。松江妇女很快发展了这种工艺，织成的"乌泥泾被"一时风靡全国，乌泥泾镇也因黄道婆的贡献成为棉纺业中心，推动了元代的棉纺织业发展。

古代学校都有哪些名称？

中国在4000多年前就有了学校。那时学校的名字叫"痒"。高一级的大学叫"上痒"，低一级的小学叫"下痒"。到了夏朝把学校又分成了四个等级，按级别叫做："学"、"东序"、"西序"、"校"。

到商朝时，又把这四种学校的名字给为："学"、"右学"、"左学"、"序"。后来的朝代还有在王府里设立的学校，叫"辟雍"、"成均"等。

到汉代，最高一级的学校称做"太学"，下面分别称做"东学""西学""南学""北学"。再后来把"太学"改为"国子学"、"国子寺"、"国子监"。汉代，是中国古代教育史上一个比较昌盛的时期。汉代的学校分为官学与私学两种。其中私学的书馆，亦称蒙学，系私塾性质，相当于小学程

度。

到离现在最近的明朝、清朝，"国子监"已经不是学校的性质了，成为国家专门管理教育的机构。而这时候一般的学校称为"书院"、"书堂"、"私塾"等。

光绪二十九年，清政府颁布《奏定学堂章程》，不但明确了整个学校教育制度，还规定了各级学校的课程。《奏定学堂章程》里公布的小学课程是我国第一套正式的小学课程。

什么是稷下学宫？

稷下学宫是战国时期齐国设立的官学。"稷"是齐国首都的一个城门名，因为该校位于稷门附近，故此得名。

稷下学宫是田氏齐国的第三代国君齐桓公为聚集人才而创设的。稷下学宫有"不任职而论国事"、"不治而议论"、"无官守，无言责"的特点，因此学术气氛浓厚，思想活跃，有多个学派并存。当时稷下学宫的学者被称为稷下先生，其门徒称为稷下学士。在齐威王时期，由于革新政治，选贤任能，广开言路，稷下学宫得到进一步发展。到了齐宣王时期，政策更加开明，百家各派的学者们聚集一堂，就天人之际、古今之变、礼法、王霸、义利等话题进行探讨，盛况空前，后来乐毅伐齐的时候稷下学宫遭到破坏。齐襄王时期，进行重建，但没能恢复到原来的盛况。稷下学宫最为著名的两个人是孟子和荀子。他们都曾在稷下学宫任职，荀子在齐襄王时期曾三次担任"祭酒"。稷下学宫随着秦始皇灭齐而消失。

稷下学宫对后世产生了很大影响。秦朝的七十员博士官制度，就是齐国稷下学宫传统的延续。后来为汉朝制定朝礼的著名博士叔孙通就号称"稷下生"。稷下学宫的成员既是政府的智囊团，又从事学术研究著述立说。战国时期，其他各国或纷乱，或落后，或文化未盛，只有齐国学术昌盛，执文化界之牛耳。稷下学宫是中国自秦以后的各种文化思潮的源头，如此后的儒学，大体上是孟、荀两派交替得势。再比如邹衍的阴阳五行学说，也一直十分盛行，并且是中医学的理论基础。此外，汉初流行的黄老思想也发源于此。

古代私学为什么兴起？

私学相对于官学，指私人或民间组织出资兴办并管理的学校，在近现代叫做私立学校。

私学在春秋中叶发轫，到战国中期已经十分兴盛。当时，由于官学衰微，不能满足社会对人才的需要，这是私学兴起的背景。诸子百家与私学的兴起是有着密切关系的。

秦朝时焚书坑儒使得私学发展遭受挫折。汉初吸取秦亡教训"休养生息"，提倡私学，私学从而复兴，蒙学也在此时产生。魏晋南北朝时，私学在战国之后再度繁荣，当时有儒道佛玄四种私学，规模庞大。

唐宋之时，官学势力转强，科举制也趋于完善，高、中级私学的发展因此被抑制，不过层次较低的蒙学得以发展。南宋时的蒙学有村学、义学、族塾、冬学等。到元代，私学延续了蓬勃发展的趋势，社学、庙学等特殊私学也十分繁荣。

明清时代的私学不但蒙学，高级私学的发展也呈现兴旺发展的势头。不过清初的高级私学，遭到了当时政府文教政策的限制。

私学是古代教育事业的重要组成部分，为中华文明的发展作出了巨大的贡献。在学术上，先秦诸子，后世大儒都通过办学讲学的形式把自己的学术思想广为传播。而私学所在地往往就成了一时的学术中心。

什么是蒙养教育？

古人特别注重人生的正本慎始，主张在婴幼儿智慧蒙开之时就进行正面影响，开启其智慧，以便孩子更好地成才，这包含两方面。一方面是胎教"正本"。根据刘向《列女传》所说，早在三千多年之前，周王室就特别重视胎教。另外，《新书》、《大戴礼记》、《论衡》等著作，以及很多家训都对周初的胎教思想进行了发展。另一方面是注重儿童少年期的早期教育。

古人主张，"养正"教育或者品德教育是蒙养教育的根本。从"始生"以至婴幼儿期、少年期的各个阶段都按照循序渐进的原则，进行不同的养成教育内容。

古人注重习惯的养成。北宋著名学者朱熹就提出，对于十五岁以前的儿童，应该就日常生活接触到的"知之浅而行之小者"和"眼前事"予以教育训导。如我国古代家训和蒙学读物中的《弟子规》，更是对未成年子弟、学童的行为习惯规定得非常详尽，以使其养成品质，从而积善成德。

什么是六艺？

六艺是中国古代早期学校的六门教育教学课程，就是礼、乐、射、御、书、数，是五礼、六乐、五射、五御、六书、九数的简称。五礼包括：用于祭祀的"吉"礼，用于丧葬的"凶"礼，用于田猎和军事的"军"礼，用于朝见或诸侯之间的往来的"宾"礼，用于宴会和庆贺的"嘉"礼。六乐包括："云门"、"大咸"、"大韶"、"大夏"、"大武"等古乐名。五射包括："白矢"、"参连"、"剡注"、"襄尺"、"井仪"。白矢就是箭穿过鹄的，用力要适当，射中目标，并刚刚露出白色箭头。参连就是先发一矢，后三矢连续射出去，矢矢中的，看上去就像一根箭。剡注就是箭射出，箭尾高箭头低，徐徐行进的样子。襄尺就是臣和君一起射箭的时候，不与君并立，而应退让一尺。井仪就是连中四矢，射在鹄的上的位置，并且上下左右排列像个井字。五御包括："鸣和鸾"、"逐水曲"、"过君表"、"舞交衢"、"逐禽左"。鸣和鸾指的是车上的铃铛，车走动时，挂在车上的铃铛要响得和谐。逐水曲是指驾车经过曲折的水道不致坠入水中。过君表就是驾车要能通过竖立的标杆中间的空隙而不碰倒标杆。舞交衢就是驾车在交道上旋转时，要合乎节拍，像舞蹈一样。逐禽左就是在田猎追逐野兽时，要把猎物驱逐到左边，便于坐在车左边的主人射击。六书也叫六甲，是古代童子练习写字的材料。因十天干和十二地支配合，得出甲子、甲戌、甲申、甲午、甲辰、甲寅，因此称为六甲。九数就是九九乘法表，古代学校的数学教材。

什么是鸿都门学？

鸿都门学设立于东汉灵帝光和元年（178）二月，因校址在洛阳鸿都门而得名，它是汉代学习、研究文学艺术的高等专科学校。东汉灵帝时，宦官派借汉灵帝酷爱辞、赋、书、画的缘由，设立

了这所新型学校，其目的是为了同代表士族势力的太学相抗衡。

鸿都门学所招收的学生和教学内容都与太学有很大不同。学生来自州、郡、三公的择优选送，多数为士族看不起的社会地位不高的平民子弟。开设的课程有辞赋、小说、尺牍、字画等，从而改变了专习儒家经典的惯例。宦官派为了发展自己的势力，对鸿都门学的学生非常优待。学生毕业之后，都有高官厚禄，有的出为刺史、太守，入为尚书、侍中，还有的封侯赐爵。鸿都门学一时非常兴旺，学生多达千人，可是持续时间不长。由于士族猛烈的攻击和黄巾起义，它随着东汉王朝的灭亡而结束。

鸿都门学是中国最早的专科大学，也是世界上创立最早的文艺专科大学。在"独尊儒术"的时代，它一改以儒家经学为唯一教育内容的旧观念，开展对文学艺术的研究，这是教育上的一大贡献。它招收平民子弟入学，打破了贵族、地主阶级对教育的垄断，使平民获得施展才能的机会，这是它的进步意义。鸿都门学的诞生，为后来尤其是唐代的科举和设立各种专科学校开辟了道路。

《颜氏家训》讲的是什么？

颜之推（531—约595），字介，原籍琅琊临沂（今山东临沂），世居建康（今江苏南京），出身士族，他遍读群书，为文辞情并茂，为梁湘东王所赏识，十九岁就被任为国左常侍。后投奔北齐，经过二十年，一直做到黄门侍郎。577年，北齐被北周灭亡，他被征为御史上士。581年，隋又灭北周，他在隋文帝开皇年间，又被召为学士，不久无疾而终。

颜之推结合自己的人生经历、处世哲学，写成了《颜氏家训》一书，是对其子孙的告诫。《颜氏家训》是我国历史上第一部内容丰富，体系宏大的家训，也是一部学术著作，全书共20篇。该书包含很多关于南北朝社会、政治、文化的细致的观察和通达的议论。这本书还谈到梁代子弟的脆弱、邺下读书人教子之方法，以及江南侨姓之未有力田等等，这些都是南北朝时的重要史实。

什么是书院？

书院最初是唐代中书省修书或侍讲的机构。唐玄宗开元六年（718）的时候，出现了丽正修书院，由乾元院改号而来，开元十三年（725），丽正修书院又改为集贤殿书院，设有学士、直学士、侍读学士、修撰官，主要任务是刊辑经籍、搜求遗书、辨明典章，以备皇帝顾问应对。

而宋至清私人或官府设立的书院则是供人读书、讲学的处所，有专人主持。宋代书院的教学内容以讲论经籍为主，其中最有名的是四大书院，即白鹿、石鼓（一说为嵩阳）、应天、岳麓；元朝时各路、州、府已经普及书院；明清书院更多，是为习举业而设。清光绪二十七年（1901）之后，全国省、县书院改为学堂，书院这个名称逐渐废弃不用。

书院起源于佛教禅林讲经制度。唐末五代时期，战乱频繁，官学衰微，很多读书人避居山林，于是模仿了佛教禅林讲经制度创立书院，这是中国封建社会特有的教育组织形式，它具有藏书、教学与研究三种功能。北宋时，书院日渐以讲学为主。南宋时，理学的发展推动了书院的发展，书院演变成学派活动的场所。书院的校舍建造等经费大多是自筹，教学形式采取以自学为主，自学、共同讲习和教师指导相结合的形式。其目的是为了教育、培养人的学问和德性，而不是为了应试获取功名。

明朝时，书院增加到一千两百多所，但其中有的是官办书院。私立书院中最著名的是江苏无锡东林书院，它自由讲学、抨击时弊，是思想舆论和政治活动场所。东林书院的对联就是顾炎武的"风声雨声读书声，声声入耳；家事国事天下事，事事关心"。因此朝廷曾先后四次毁禁书院，然而书院的生命力十分顽强，多次毁而不绝，尽管政治压迫十分严酷，可书院师生宁死不屈。

清代书院发展到两千余所，可是官学化也达到了极点，大部分书院与官学并无差异。到了光绪二十七年（1901），书院逐渐退出了历史舞台。

什么是殿试？

殿试是由皇帝主持的考试，凡新科贡士经磨勘合格者均应参加殿试。最初殿试在天安门外举行，顺治十五年（1658）改在太和殿前丹墀，遇雨在太和殿东西两庑举行。考试内容为经史时务策，简称对策。

殿试是以皇帝的名义出题策问，因此评卷不能称评卷，而称读卷。读卷官由大学士、六部九卿中选派。乾隆二十五年（1761），读卷官由十四名减为八名，其中钦简大学士两员，其余六员从相当于会试总裁级别的官员中选任。评卷完毕，读卷官将排列前十名的试卷进呈皇帝，由皇帝最后确定名次。顺治时皇帝亲自排定一甲的第一、二、三名。康熙时，皇帝排定前十名。前三名，按顺序称为状元、榜眼、探花，赐进士及第；二甲若干名，赐进士出身；三甲若干名，赐同进士出身。统称进士。名次排定之后，分别书写小金榜、大金榜各一份。小金榜交奏事处进呈皇帝御览，大金榜由内阁学士捧至乾清门钤盖"皇帝之宝"大印，于传胪日张挂。

传胪即发榜，要举行隆重传胪大典，皇帝以全副仪仗亲临太和殿，文武百官穿朝服侍立，诸贡士穿公服列于文武百官班次之后。鸿胪寺官传"制"，贡士跪听，逐一宣布名次。传胪大典完毕，皇帝回宫，将金榜张挂于东长安门外，三日后交内阁收藏。传胪后第三天，皇帝赐宴新科进士，称为琼林宴，亦称恩荣宴。其后，状元率进士上表谢恩，并朝拜孔庙。国子监立碑，镌刻新科进士名单，以备永存。

"苏湖教法"指的是什么？

胡瑗（993—1059），字翼之，北宋著名教育家、思想家，泰州海陵（今江苏泰州）人，因世居陕西路安定堡，故人称安定先生。庆历二年（1042）至嘉祐元年（1056）先后任太子中舍、光禄寺丞、天章阁侍讲等。后以太常博士退休，归老于家。他与孙复、石介并称为"宋初三先生"，是宋代理学酝酿时期的代表人物。

胡瑗在苏州、湖州两地办学时采用了一种新的教学方法，称做"苏湖教法"，也叫做"分斋教学法"。此种教法一改当时重辞赋的学风，注重经义和时务。他在校中设置"经义"、"治事"两斋，经义斋主修经学基本理论，治事斋主修农田、水利、军事、天文、历算等实学知识，一人各治一事，又兼摄一事。范仲淹主政时期在兴学时就采用这种办法。

"苏湖教法"的意义在于，它在

中国教学制度发展史上第一次按照实际需要，在同一学校中分设经义斋和治事斋，进行分科教学。治民、治兵等实用学科被正式纳入官学教学体系之中，取得了与儒家经学平起平坐的地位，并且开创了主修和副修制度的先声。

魏源的教育思想主要是什么？

魏源（1794—1857），字默深，湖南邵阳人。道光进士，曾任内阁中书。魏源是龚自珍和林则徐的挚友，他反对外国侵略，主张严禁鸦片；不满清末政治腐败状况，提出一系列社会改革的思想和计划。其中，关于文化教育方面的改革，主要有以下主张：

废除书法试帖，培养有真才实学的人才。他从鸦片战争失败的教训中，认识到人才的重要性，因此要求以国家之力，正人心，进人才，而要培养人才，就必须改革科举制度，因为科举专重书法，以八股取士，害人误国。

讲求经世致用的学问。他和龚自珍一样，都极力提倡"经世致用"的今文经学；反对偏重训诂考据、脱离现实的古文经学。他斥责宋明理学为"俗学"，批评汉学（考据学）禁锢天下聪明智慧。

向西方学习，"师夷长技之以制夷"。他从鸦片战争失败的教训中，体会到"船坚炮利"的优越性，认为，要想抵抗外国侵略，必须了解夷情，还必须向西方学习。他反对当时顽固派把一切西学都看作是"奇技淫巧"，他认为是有用之物，是"奇技"而非"淫巧"，并且主张学习这些"奇技"。为此，他编辑《海国图志》并附录《筹海篇》等，介绍外国史地和其他情况，主张学习西方制造战舰、火器的先进技术

和选兵、练兵、养兵之法。

蔡元培对中国教育有什么贡献？

蔡元培（1868—1940），字鹤卿，号子民，浙江绍兴人，原籍浙江诸暨，民主主义革命家和教育家。蔡元培曾多次赴德国和法国留学、考察，研究哲学、文学、美学、心理学和文化史。蔡元培致力于改革封建教育，担任过教育总长、北京大学校长、中央研究院院长等职。他的一生为中国新文化教育事业的发展、中国资产阶级民主制度的建立作出了重大贡献，可谓"学界泰斗、人世楷模"。他提出的"五育"即军国民教育、实利主义教育、公民道德教育、世界观教育、美感教育并举的教育方针以及"尚自然"、"展个性"的儿童教育主张至今仍是十分先进的理念，具有积极意义。他曾经尝试通过贫儿院的试验和推广，逐渐以学前儿童公共教育来代替当时的家庭教育，最终实现学前儿童公育的理想。他积极提倡美育，主张从家庭教育、学校教育、社会教育三方面开展美育，他还做了设想，通过胎教院、育婴院、幼稚园三级机构来实现学前儿童美育：把胎教作为美育的起点；将婴儿及其母亲置于由自然美和艺术美构成的环境之中；他设想幼稚园的美育包括两方面，一方面通过舞蹈、唱歌、手工等"美育的专题"进行，另一方面是充分利用其他课内含的美育因素，如"计算、说话，也要从排列上、音调上迎合它们的美感，不可枯燥的算法与语法"。

蔡元培七十四年的人生历程，横跨清政府时代、南京临时政府时代、北洋政府时代和国民党政府四个时代，尽管一路风风雨雨，他始终抱着爱国和民主的政治理念，积极投身于废除封建主义的教育制度的事业当中，为我国新式教育制度的建立

奠定了基础，为我国教育、文化、科学事业的发展作出了富有开创性的贡献。

陶行知对中国教育有什么贡献？

陶行知（1891—1946），中国近代伟大的人民教育家，1891年10月18日生于安徽歙县。

陶行知自幼聪明好学。1906年，他进入所在县的教会学校崇一学堂免费读书，这里的课程有英文、数学、理化等，使他接受到了西方资产阶级的新教育。但由于他出身于寒门，对民间的疾苦有深切的感受，特别关注中国的农村，因此立下了为改变中国贫穷落后的面貌和广大中国农民受剥削压迫的悲惨处境而奋斗的志向。陶行知于1914年从金陵大学毕业，后赴美留学，1917年回国，相继担任南京高等师范学校教授、教务主任等职务。陶行知反对"沿袭陈法，异型他国"，推行平民教育。"五四"运动后，陶行知从事平民教育试验，创立晓庄师范。1930年4月，国民党反动政府以"勾结叛逆，阴谋不轨"为名，强行关闭晓庄学校。陶行知遭到通缉，被迫到日本避难。1931年春，陶行知返回上海，任《申报》总管理处顾问，推动了当时《申报》的革新。他从1932年起相继创办了"山海工学团"，"晨更公学团"，"劳工幼儿团"，发明了"小先生制"，创立了"中国普及教育助成会"，开展了"即知即传"的普及教育运动。1934年，陶行知任《生活教育》半月刊主编。7月，正式宣布把自己的名字从"知行"改为"行知"。

"九一八事变"后，陶行知积极开展抗日救亡运动。1938年8月，陶行知回国路过香港，倡导举办了"中华业余学校"，号召香港同胞共赴国难。1939年7月，在重庆附近的古圣寺为儿童发起育才学校，培养有特殊才能的儿童。1945年，陶行知成为中国民主同盟中央常委兼教育委员会主任委员。1946年1月，陶行知在重庆发起社会大学，推行民主教育。1946年7月25日，陶行知终因"劳累过度，健康过亏，刺激过深"而患脑溢血逝世，享年五十五岁。

何为中医？

中医指中国传统医学，它承载着中国古代人民同疾病作斗争的经验和理论知识。是我国一项民族文化遗产。它是在古代朴素的唯物论和自发的辩证法思想指导下，通过长期医疗实践逐步形成并发展为独特的医学理论体系。中国古代的医学理论认为，人体的阴阳保持中和才会取得平衡不会生病。若阴阳失衡，则疾病必来。中医大夫有"持中守一而医百病"的说法，意即身体若无阳燥，又不阴虚，一直保持中和之气，会百病全无。所以"尚中"和"中和"是中医之"中"的真正含意。

"中医"这个名词真正出现得到鸦片战争前后。东印度公司的西医为区别中西医给中国医学起名中医。这个时候的中医的名称是为和西医做一个对比。到了1936年，国民党政府制定了《中医条例》正式法定了中医两个字。过去人们又叫中国医学为"汉医"、"传统医"、"国医"这些都是区别于西医而先后出现的。两千多年前，《汉书》里的那个中医概念，倒是体现了中国医学中的一个最高境界。

中医发源于中国黄河流域，很早就建立了学术体系。中医在漫长的发展过程中，历代都有不同的创造，涌现了许多名医，出现了许多重要学派和名著。

什么是中医"四诊"？

中医诊病，主要有望、闻、问、切四种方法，简称为"四诊"。

望诊，就是医生用眼睛观察病人全身和局部神色、形态的变化。中医通过大量的医疗实践，认识到人体的外部，特别是面部、舌质、舌苔与内在脏腑有密切关系。中医望诊中最有特色的是"舌诊"，"舌诊"包括看舌质和舌苔。舌质，指的是舌的本体；而舌苔是舌质表面覆盖着的苔垢。看舌质可以了解正气的盛衰，看舌苔可以知道邪气的深浅；正常人舌面上有一层薄白的苔，叫舌苔。如果外来的邪气侵入人体，影响脾胃的消化功能，苔就要变厚。舌面光滑如镜，那是因为正气太虚的缘故。舌苔之所以能反映疾病，是因为它通过"胃气"与五脏六腑发生密切的关系，"胃气"就是脾胃的功能状态，它的生理和病理状态对于其他各脏的活动有非常重要的影响。

闻诊，就是医生用耳朵来听病人的语言声息，用鼻子来嗅病人身上或者排泄物、分泌物的气味。这些对辨别病情的状态也很有价值。

问诊，它在中医临床上是很重要的。有关疾病发生的时间、原因、经过，过去得过什么病，患者病痛的部位，以及生活习惯、饮食嗜好等与疾病有关的情况，都要通过询问病人或家属才能了解。

切诊的"切"是用手触摸病人身体的意思。医生用手指在病人身上的一定部位进行触摸或者按压以了解病情的变化，它包括切脉和按诊两个部分。按诊就是医生手按病人的胸腹和触摸病人其它部位的诊法。切脉，平常又叫"摸脉"。全身的脉络在人体内是一个密闭的管道系统，它四通八达，像网一样密布全身。在心气的推动下，血液在脉管里循环周身。所以，只要人体任何一个地方发生病变，就会影响气血的变化而从脉搏上显示出来，中医摸脉能诊病，道理就在这里。

望、闻、问、切四诊在观察疾病做出诊断的过程中，都有它们各自独特的作用，不能相互取代。

《黄帝内经》写的是什么？

《黄帝内经》，简称"内经"，是中国现存最早的中医理论著作，也是第一部冠以中华民族先祖"黄帝"之名的著作，对后世中医学理论的奠定有着深远的影响。它为中医学理论体系的建立打好了结构框架，奠定了中医学发展的基础，所以中医又称为"岐黄之术"。

《黄帝内经》总结了春秋至战国时期的医疗经验和学术理论，并吸收了秦汉以前有关天文学、历算学、生物学、地理学、人类学、心理学，在理论上建立了中医学上的"阴阳五行学说"、"脉象学说"、"藏象学说"、"经络学说"、"病因学说"、"病机学说"、"病症"、"诊法"、论治及"养生学"、"运气学"等学说，并运用阴阳、五行、天人合一的理论，对人体生理学、病理学以及疾病的诊断、治疗与预防等都做了比较全面的阐述，确立了我国中医学独特的理论体系，成为中国医药学发展的理论基础和源泉。

医圣张仲景有什么贡献？

张仲景（约150—219），名机，字仲景，南阳（今属河南）人，东汉末年著名医学家，被人们称为"医圣"。

张仲景努力学习《黄帝内经》，广泛涉猎、收集各种医方，著有《伤寒杂病论》一书。书中所确立的辨证论治原则，是中医临床的基本原则，也是中医灵魂之所在。《伤寒杂病论》在方剂学方面作出了巨大贡献，创造出了许多剂型，记录了很多有效的方剂。《伤寒杂病论》是中国第一部从理论到实践确立辨证论治法则的医学专著，是中国医学史上影响最大的著作之一，是后学者研习中医学必备的经典著作。

《伤寒杂病论》面世不久就散失了，经过后人多次的收集整理成《伤寒论》、《金匮要略》两书，分论外感寒热与内科杂病。

何为麻沸散？

"麻沸散"就是世界上第一个被发明和使用的麻醉剂，由东汉末年和三国年间杰出的医学家华佗所创造，公元2世纪我国已用"麻沸散"全身麻醉进行剖腹手术。

到19世纪中期欧美医生才开始施用麻醉药，比我国整整晚了1600多年。这无法比拟的创举，使祖国医学一直遥居世界前茅。

1979年中外出版社出版了一本《华佗神方》，由唐代孙思邈编集，里面就有人们所渴望而急欲一观为快的"麻沸散"配方。它的组成是：羊踯躅9克、茉莉花根3克、当归30克、菖蒲0.9克，水煎服一碗。

《针灸甲乙经》讲的是什么？

皇甫谧，字士安，小时名静，晚年自称玄晏先生。西晋安定朝那（今甘肃灵台人县朝那镇）人。著名医家，其著作《针灸甲乙经》是我国第一部针灸学的专著，在针灸学史上，占有很高的学术地位。

40岁时，他患了风痹病，十分痛苦。

他抱病期间，自读了大量的医书，尤其对针灸学十分有兴趣。但是随着研究的深入，他发现以前的针灸书籍深奥难懂

而又错误百出，十分不便于学习和阅读。于是他通过自身的体会，摸清了人身的脉络与穴位，并结合《灵枢》、《素问》和《名堂孔穴针灸治要》等书，悉心钻研，著述了我国第一部针灸学的著作——《针灸甲乙经》。

该书除了论述有关脏腑、经络等理论，还记载了全身穴位649个，穴名349个，并对各穴位明确定位，对各穴的主治证、针灸操作方法和禁忌等都做了详细描述，并一一纠正了以前的谬误。

可以说，《针灸甲乙经》是针灸学发展中的一部重要著作，唐朝太医署在学习针灸学时就是以该书为教材的。后来，此书流传到了日本、朝鲜等国家，在国际上声望也很高。

孙思邈的《千金要方》讲的是什么？

孙思邈（约581—682），唐代医学家，中医医德规范制定人，人尊为"药王"。京兆华原（今陕西耀县）人。自幼多病，立志于学习经史百家著作，尤立志于学习医学知识。青年时期即开始行医于乡里，并获得良好的治疗效果。他对待病人，不管贫富老幼、怨亲善友，都一视同仁，无论风雨寒暑，饥渴疲劳，都求之必应，一心赴救，深

孙思邈画像

147

为群众崇敬。

孙思邈在数十年的临床实践中，深感古代医方的散乱浩繁和难以检索，因而博取群经，勤求古训，并结合自己的临床经验，编著成《千金要方》和《千金翼方》反映了唐初医学的发展水平。

《千金要方》总结了唐代以前医学成就，书中首篇所列的《大医精诚》、《大医习业》，是中医学伦理学的基础；其妇、儿科专卷的论述，奠定了宋代妇、儿科独立的基础；其治内科病提倡以脏腑寒热虚实为纲，与现代医学按系统分类有相似之处；其中将飞尸鬼疰（类似肺结核病）归入肺脏证治，提出霍乱因饮食而起，以及对附骨疽（骨关节结核）好发部位的描述、消渴（糖尿病）与痈疽关系的记载，均显示了相当高的认识水平；针灸孔穴主治的论述，为针灸治疗提供了准绳，阿是穴的选用、"同身寸"的提倡，对针灸取穴的准确性颇有帮助。

李时珍的《本草纲目》讲的是什么？

李时珍（1518—1593），明代杰出的药物学家。字东壁，号濒湖，湖北蕲州（今蕲春）人，其家世代为医。他曾在楚王府和北京太医院任职，不久就辞官回乡，行医并从事医学著述工作。经过多年的临床实践和药物研究，李时珍发现前人所著《本草》中门类重复，名称驳杂，谬误很多。他立志辨疑订误，决心重新编纂一部本草。从嘉靖三十一年（1552）开始，李时珍遍访名医宿儒，远涉崇山峻岭，在樵夫、药农、猎户的帮助下，观察和收集药物标本，并参阅古书八百多种。经过27年的努力，三易其稿，到万历十五年（1587）终于最后编成了空前的药物巨著——《本草纲目》。

《本草纲目》全书分为16部，52卷，62类。收载药物1892种，比前人增加374种，载入药方11096个，比前人增加四倍。全书共190多万字，附有插图1160幅。《本草纲目》对每种药物名称、性能、用途、制作都作了说明，并订正了历代相沿的某些错误。对于以前和当时医药书中的迷信记载，李时珍亦给予了一定的批判。

《本草纲目》不仅是一部药典，也是一部植物学、动物学、矿药学的重要分类著作。它已被译成日文、拉丁文、英文、法文、德文、俄文等文字，流传全世界。

第六章　鉴赏收藏

我国石器时代的陶器是如何发展的？

根据考古发掘材料及其研究，我国陶器的发明和应用，已有近万年的历史。

在黄河流域和长江流域许多新石器时代的遗址中，都出土了大量的陶器，其中江西万年仙人洞遗址和广西桂林甑皮岩遗址出土了8千多年前的陶器。我国古代制陶工艺首先是原料的选择和加工。所需原料要选择含铁量高、黏性适度、可塑性强的黏土，一般还要在黏土中加羼和料（石英、长石、砂石粉末、草木灰、碎陶片末等），目的是增强陶土的成型性能和成品的耐热急变性能，提高成品率。原料配制以后，须进行粉碎，以减少其中的颗粒度，使坯泥细腻。成型方法主要有手制法和轮制法两种，手制陶器最常见的是泥条盘筑法。先将泥坯搓捏成泥条，由底部螺旋向上盘绕，直至口沿，用手和木拍里外抹平，便制成了各种器型。小型陶器则可用手直接捏塑而成。某些特殊的器形（如鬲）往往采用局部模制的方法。轮制法是将泥料放在快速转动的陶车上，两手随着轮盘的转动，塑拉出器形。再经打磨修饰，便成为待烧的坯体。坯体晾干后，才能入窑焙烧。如制彩陶，需在焙烧前先上彩绘。入窑焙烧是制陶器的关键工序，烧成温度一般为800—1000℃。

新石器时代陶器种类很多，有灰陶、红陶、彩陶、黑陶、白陶、釉陶等。陶器之所以呈现出不同的颜色，主要是因制陶原料中含有呈色元素和烧窑后期人们能够改变、控制火焰的性质所致。灰陶是在烧窑后期，采用还原焰，使制陶原料中铁的氧化物大部分转化为二价铁，在这种情况下，烧成的陶器呈灰色或灰黑色。灰陶是人们日用陶器中最多的一种，质地较疏松、粗糙。红陶是在氧化焰气氛中烧成的，质地较坚硬细致。彩陶是新石器时代文化遗存中最精美的陶器，仰韶文化的彩陶堪称其代表作。常见的器皿有饮食器、贮藏器和吸水器。如钵、碗、盆、盘、杯、罐、瓶等。西安半坡遗址出土的人面鱼纹彩陶盆，制作精美，纹饰带有浓厚的生活情趣。青海出土的舞蹈纹彩陶盆，生动地描绘了五人一组的集体舞场面，堪称彩陶精品。

黑陶是在焙烧时，前期采用氧化焰，烧窑快结束时用浓烟薰翳（这时火焰是还原焰），经短时间渗透，便呈现黑色。烧成温度在1000℃左右。有的黑陶表面乌黑发亮，胎体薄如蛋壳。白陶是用高岭土烧成的白色陶器，胎质细腻坚硬，烧成温度在1000℃左右。在我国江南地区和东南沿海一带，还出土了独具特色的印纹硬陶。此后，人们还创烧了表面施釉的陶器，称釉陶。

彩陶是怎样在我国产生的？

装饰着彩绘图案的陶器，是我国原始社会新石器时代文化遗存中一种精美的陶器。主要特征是在陶胎上描画红、黑、赭、白等色的彩绘，经过压磨，然后用火烧结，作为原始社会新石器时代人们的日

常用具。

新石器时代彩陶生产遍布各地，比较著名的，中原地区有仰韶文化、龙山文化，长江下游地区有河姆渡文化、马家浜文化、菘泽文化、良渚文化，长江上游地区有大溪文化、屈家岭文化、青龙泉三期文化，黄河中上游地区有马家窑文化、齐家文化，黄河下游地区有大汶口文化等等。常见的彩陶器物有饮食器、盛储器、汲水器等，如钵、碗、盆、盘、杯、罐、瓶等。彩陶不仅是实用品，而且是有很高欣赏价值的工艺美术品。彩陶上的彩绘形式基本上可以分为图案和写实绘画两大类。图案主要包括植物花纹和几何形线条。

人们在长期的采集与农业劳动中熟悉了许多植物，创造了变化多端的植物花纹，不但枝叶、花瓣、籽实等配置得体，匀称相宜，而且以各种形状表现出来，构成种种图案。几何线条的形状也很多，如水波纹、垂幛纹、平行条纹、弧线三角纹、圆圈纹、方格纹、葫芦形纹、锯齿纹、人字形纹等。图案结构优美，富有韵律感。许多纹样如水波纹、绳纹、网格纹，是自然现象和日常生活的片断，反映出人们对自然和生活的观察。彩绘中的写实形象虽少，但艺术价值很高，已经发现的有奔驰的野鹿，独立的云鹤，飞翔的野鸟，同窝对嘴相戏的雏鸟，长嘴啄鱼的猛禽，张口露齿吞噬食物的大鱼等；还有人面与成群鱼纹的组合，有伸肢爬伏的蛙类，屈肢爬伏的大龟，游划行进的小虫，这些艺术形象反映了当时渔猎经济和种植经济的情景。西安半坡遗址发现的彩陶器上的人像，滚圆的头形，戴尖顶饰物，细长的弯眉，双眼眯成一条线，倒丁字形鼻子，嘴作上下对顶的三角形，紧连耳部还各有一条小鱼，生活趣味浓郁而有神秘感。

彩陶显示出中华民族祖先无穷的创造力，是研究我国原始社会史和美术史极为重要的资料。

青铜器在我国古代如何发展？

青铜器是铜和锡的合金，因有青灰色的光泽，故被称为青铜。青铜器是奴隶主阶级权力和财富的象征。冶炼青铜、铸造和使用青铜器在我国有悠久的历史，它的冶铸始于夏代，发展于商代，完善于西周春秋。甘肃东乡林家出土一柄距今5000多年的青铜刀，是目前所知我国最早的青铜器。

以盘庚迁殷为界，前期以郑州商代遗址和湖北黄陂盘龙城遗址为代表，在铸造技术上有较大发展，铜器种类和数量都有很大增长，已有较精细的花纹。铜器按用途大致可分为工具、兵器、礼器和车马器等，其中最主要是礼器。礼器品种，有鼎、鬲、簋、觚、爵、斝、卣、罍、盘等，此期铜礼器胎质一般仍较薄，花纹仍较简单，大都是单线条的花带纹。商代后期以安阳殷墟为代表。这时是商代铜器发展的极盛时期，冶铸技术日趋成熟。青铜礼器发展更快，出现很多新器类。器型也有明显的变化，如妇好墓出土的三联甗（炊具）、偶方彝（盛酒器）都是前所未有的。这时期还盛行以鸟兽形象为器形的，如四羊尊、象尊、猪尊和鸮尊等。铜礼器一般都较厚重，花纹也较繁缛，并且出现了铭文。最著名的是河南安阳出土的司母戊大鼎。西周是我国古代青铜器发展的重要阶段。铜器种类和数量均有较大增长，且多有长篇铭文。各诸侯国的铜器多有发现。西周早期铜器是商代铜器的继续和发展。常见的青铜礼器、食器有鼎（包括方鼎）、鬲、甗、簋、盂；酒器有觚、爵、角、斝、觥、觯、尊（包括动物形尊）、卣、方彝、罍、壶及陈器用的禁；水器有盘、盉等。少见的还有乐器铙和日用器铜镜。常见的兵器有戈、戟、短剑等。这时期铜器的花纹造型庄重典雅，仍属青铜器的鼎盛时期。西周中期的铜器有简朴的趋势，早期常见的方鼎、瓿、爵、角、斝、觯、觥、卣、方彝等，已减少甚至消失。列鼎（用大小有序的一组鼎表示其主人的身份、地位，如祭祀时，天子用九鼎，诸侯七鼎，大夫五鼎，士三鼎）和编钟开始出现，簠、盨、匜等新器型出现。晚期铜器以简朴为主。常见的炊器有鼎、鬲、簋；酒器有尊、罍等；水器有盘、匜等。列鼎、编钟件数增多。

春秋战国时期青铜器转向规格化和朴素的作风。主要是礼器和乐器，也包括一些生活用具、车器、马饰、兵器及工具等。当时以各国诸侯和卿大夫的礼器数最多。这时期青铜工艺有很大发展，礼器种类有明显变化。商和西周盛行的酒器大量减少，常见的有罍、盉、壶等，日用铜器增多，如蒸任器有鼎、鬲、甗；盛食器有簋、簠、豆、敦；水器有盆、鉴、盘、匜等，鼎和簋均成组使用。最能代表当时工艺水平的是带钩和铜镜。由于冶铁术的发生和普及，我国的青铜器时代终于被早期铁器时代所取代。秦汉时期铜器继承了春秋战国时期的倾向，铜器多为素面，只有铜镜的花纹造型不断发展。

司母戊大鼎是如何铸就的?

司母戊大鼎是商代后期青铜礼器。1939年河南安阳武官村出土。长方形、立耳、柱足。鼎的四角各有突出的牙扉一道。器身以云雷纹为地纹，腹部的四面、四角及足部分别饰有饕餮纹。两耳外侧左右各饰一虎纹，两虎张口相向，作欲吞噬

一人头状。腹内壁铸铭文"司母戊"三字，据此可知该鼎是商王文丁为祭祀其母而作。鼎身及足是浑铸的，鼎耳则是采用分铸法，后铸接上去的。鼎通高133厘米，器口长112厘米、宽79厘米，重875公斤。

根据其体积和重量估计，当采用安阳小屯苗圃北地铸铜遗址所出直径约60—70厘米的较大的熔炉，以槽铸法浇注而成的。据测定，该鼎成分为含铜84.77%、锡11.64%，这一比例与《考工记》所载《六齐》中的"六分其金而锡居一，谓之钟鼎之齐"的青铜配比规律大体相符。该鼎造型庞大、浑厚，是我国已发现最重的青铜器，它集中地反映了商代青铜冶铸技术的高度成就。

四羊尊是什么样的?

四羊尊是盛酒器，作于商代后期，1938年湖南宁乡月山铺转耳仑出土。尊呈方形侈口，通高58.3厘米、口径52.4×52.4厘米。该尊通体遍布精美细致的多种纹饰。颈部饰蕉叶形相对龙纹，尊四面肩部中央各有一突出带角的龙头，肩之四角各饰一突出的大角羊，羊头上有卷曲的巨大双角，耳甚小，向上竖起作静听状。两眼微微凸起。口、鼻悉备，蹄足分明。腿上部饰凤纹。尊之边缘处均饰有出戟的扉棱。古代的匠师们把装饰纹样、动物形象与整个器形的结合巧妙，和谐得体，不愧为光辉灿烂的商代青铜文化的杰作。

曾侯乙墓编钟是做什么用的?

曾侯乙墓编钟是1978年湖北随县擂鼓墩战国曾侯乙墓出土。共64件，其中钮钟19件，甬钟45件。编钟以大小和音高为序编排，分别悬挂在钟架上。钟

架为铜木结构，分上、中、下三层，呈曲尺形。钮钟全部悬挂在上层，甬钟挂在中、下层，镈钟挂在下层右面甬钟中间。木质梁架上满饰黑漆彩绘花纹，两端都套有浮雕和透雕的青铜套，起着装饰和加固的作用。钟架十分坚固，承受重达2500余公斤的全套编钟，历时2000多年，出土时仍矗立如故。

编钟上都有错金篆体铭文，其内容除甬钟正面钲部均为"曾侯乙"字样外，其余均为有关音乐方面的记载。钮钟的铭文为乐律名和阶名。甬钟正面隧、鼓部位（即钟口沿上部正中和两角部位）的铭文为阶名，如宫、商、角、徵、羽等，反面各部位铭文可以连续，记载了曾国与楚、晋、齐、周等地律名和阶名的相互对应关系。每枚能发两音，即隧部和鼓部音，实测音响与铭文标记的音相符。全套编钟音域十分宽广，共有5个八度，而且有比较完备的变化音，因此，能演奏中外各种曲调，能进行独奏、合奏、伴奏。演奏时由3个乐工双手各执丁字形木槌，分别敲击中层3个组的甬钟，另有2名乐工，各执一根大木棒，分别撞击下层低音甬钟，配以合声，起烘托气氛的作用。曾侯乙编钟，其枚数之多，钟体之大，乐律资料之丰富，保存之完好，实属空前，举世瞩目。

嵌错攻战宴乐纹铜壶描绘什么场景？

嵌错攻战宴乐纹铜壶是酒器，1965年四川成都百花潭战国墓出土。通高40厘米，口径13.4厘米，腹径26.5厘米。壶通体嵌错有丰富多彩的图像，以3条带纹分为四层画面。以壶肩两耳为左右，壶前后两面图像是对称的。

第一、二、三层图像又分别分为左右两组，共有6种，包括竞射、采桑、宴乐、狩猎、攻城和水战等场面。第一层左面和第二层右面上部图像为竞射场面。在右边建筑物旁设箭靶，参加竞射者皆着长裳，其中一个正在瞄准，引弓待发，一个刚刚发弦，箭在空中飞过。后面一人，一手持弓，一手抽矢，作接射状。下面五人，有的回首召唤，有的持弓挟矢，作准备竞射状，姿态极为生动。第一层右面一组为采桑图像。上面有桑树两株，枝叶茂盛。树上有人用篮采桑，下边众人用篮运桑，另有一人歌舞助乐，再现了当时采桑的情景。第二层左边一组为宴乐场面。一高大宽阔建筑物内，上层人皆腰悬短剑，一人凭几而坐，身后有执长柄扇的侍者，面前有两人举觯进献。右面有四个佩剑者执矛作舞。

下层有钟、磬、建鼓、笙、箫等演奏。第三层右面一组为水陆交战图像。人皆着齐膝战袍，有帻。分上、下两层。上层中间，左竖一旃旗，右竖一悬有羽旃的钩兵，表示两军阵式分明。武士分别持矛、盾、剑、戟等，左边一人踞坐于地，双手各持一桴，鸣金（丁宁）击鼓，相对步战。下层为舟战图像，双方均佩短剑，呈用力摇桨冲击对方，两舟对战。从上下两层图像看，可能是陆地、水上相互配合的水陆交战。壶上六组图像生动地再现了由奴隶制向封建制转变的社会变革时期，耕战和社会风貌。

何为铜镜？

铜镜是古代用以照面饰容的用具。青铜铸造，一般作圆形，镜面磨光发亮，背面中央多设钮，在钮周围常铸各

古代铜镜

种花纹和铭文。

根据考古发掘，在原始社会末期的齐家文化遗址中就出土有距今4000多年的铜镜。

春秋战国之际是我国铜镜铸造业迅速发展时期。春秋时期铜镜铸造数量有所增加，在河南、山东、山西、辽宁、湖南等地都有发现，主要仍为小型素面镜，制作粗糙，出现的少量花纹，仍显出稚拙，未脱离原始状态。战国时期铜镜数量增多，质量显著提高。制镜工艺以楚国最为发达。早期铜镜镜背花纹精致，多采用蟠龙纹、饕餮纹、兽纹、涡纹等。中期以后，镜背花纹分为"地纹"和"主纹"两层。此时铜镜多数为圆形，也已出现方形镜。有的镜背铸出透雕式兽纹和蟠龙纹，也有用金银错的工艺饰出各种生动复杂的花纹，十分精致。

汉代是我国铜镜铸造业昌盛时期，铜镜的制作和使用比战国更为普遍。西汉前期铜镜形制、花纹仍保留战国时代作风。当时最流行的是蟠龙纹镜，另外出现了"规矩形"纹样。这时铜镜上开始铸有铭文。汉武帝时期，铜镜的形制和花纹出现

了显著的变化。镜钮普遍作半球状，还有伏兽、蛙形和连峰状。花纹严格对称于镜面中心，铭文增多。中、后期主要铜镜种类有"草叶纹镜"、"星云纹镜"、"重圈纹镜"、"日光镜"等。

王莽时期，大量流行"方格规矩镜"。此外，还有青龙、白虎等"四神"纹样和子、丑、寅、卯等十二辰文字的。镜铭中开始出现纪年。东汉前期最常见的是"方格规矩镜"和"连弧纹镜"。中、后期又开始流行"兽首镜"、"龙凤镜"、"盘龙镜"、和"双头龙凤纹镜"，都以图案化的动物为纹饰。在长江流域，从东汉中期开始，还出现了"神兽镜"（以东王公、西王母等神像和龙虎等兽为主纹）和画像镜（车马、歌舞、历史人物、传说故事等图像）。花纹多对称于镜面圆心，还出现了对称於镜面直径的，纹样为浮雕式，内容丰富，立体感强。隋唐是我国铜镜铸造业高度发展时期。在形制、花纹等方面都呈现出新的面貌。在形制上突破了方、圆二形，创造性地设计出葵花形、菱花形、荷花形，还有钟形、盾形等多种式样，并出现了有柄镜。镜钮以圆形居多，也有兽形、龟形、花纹状。盛唐以后，镜上大量饰有瑞兽、凤凰、鸳鸯、蜻蜓、蝴蝶、葡萄、团花、宝相花和人物故事等新纹样。还采用了鎏金、金银平脱、螺钿和宝石镶嵌等工艺，使唐镜脱离汉代铜镜的拘谨古朴状态，显示出其多姿多彩、流畅华丽之风。

宋、元、明、清时期，我国铜镜铸造业日趋衰落。北宋铜镜在形制和纹饰方面承唐遗风。南宋铜镜主要为湖州和饶州"铸鉴局"所造。在形制上最突出的是有柄镜增多。镜上多无纹饰，只铸出印章，标明铸造者的名号。元、明时期铜镜铸造都较粗糙，形状多为圆形，花纹有云龙

纹、双龙纹和双鱼纹等。许多铜镜无花纹，只铸出纪年铭文。唐、宋以后，特别是明代，仿古镜风气盛行，主要是仿造各种汉镜。清代以后，则逐渐为玻璃镜所取代。

古代有哪些瓷器窑口？

我国古代的窑口按形制来分，窑炉有馒头窑（圆窑）、龙窑、阶级窑、葫芦形窑、蛋形窑等多种。其中的馒头窑与龙窑是最为常见的，且沿用时间较长，北方的平原地区多使用馒头窑，而南方的山区、半山区则多依山建造龙窑。下面就谈一下这几种形制的窑炉。

馒头窑又称"圆窑"，火膛与窑室合为一个馒头形的空间，故而得名。馒头窑大约出现于西周晚期，一直沿用至今，它是北方地区流行的陶瓷窑炉形制，由窑门、火膛、窑室、烟囱等部分组成，多在生土层掏挖修制或以坯、砖砌筑而成。

龙窑又称长窑，多依山坡或土堆倾斜建筑，窑长多在30—80米之间，形似长龙，故称之龙窑。龙窑结构分窑头、窑床、窑尾三部分。龙窑出现于商代，这个时期的龙窑既烧制印纹硬陶，又烧制原始青瓷，即通常所说的"陶瓷同窑合烧"，至东汉晚期结束了陶瓷同窑合烧的状况，出现了专烧瓷器的龙窑。此后，龙窑逐渐增长，各朝的倾斜度和结构也不断改进，使龙窑烧成效果不断完善，宋、元时期的龙窑出现了一种在窑室内砌筑多道挡火墙，将其分成若干小室，挡火墙下部设烟火孔，使室与室之间相通，即所谓的"分室龙窑"。直至当今，南方有的地区仍然在使用龙窑烧制陶瓷器。龙窑的特点是建筑方便，装烧量大，产量高，其升温、降温都很快，容易维持还原气氛，适合于焙烧胎体较薄、高温下釉黏度较小的石灰釉

瓷器，所以有人说龙窑是青瓷的摇篮。

阶级窑出现于明福建德化窑，由宋元时期的分室龙窑发展而来。它是以砖等材料依倾斜的山坡建筑，倾斜度在21度左右，由窑门、火膛、若干个室和烟囱等组成，各室依次相连，自下至底形成层层阶级，故称之"阶级窑"。它集龙窑装烧量大、产量高与馒头窑容易控制升、降温速度的优点于一身，同时具有节省燃料的长处，适合于烧制德化窑白釉瓷器等含氧化钾成分较高、釉在高温下黏度较大的瓷器。

葫芦形窑是由龙窑发展而来的，对龙窑做了较大的改造，由窑门、火膛、前室、后室、烟囱等部分组成，适合烧制氧化钾含量较高、釉在高温下黏度较大的瓷器。

蛋形窑出现于明末清初江西景德镇，由元明时期的葫芦窑发展演变而成，由窑门、火膛、窑室、护墙和烟囱等部分组成。其结构合理，所需材料造价低廉，施工方便，烧造量大，适合于多种坯釉，多类品种瓷器可一次烧成；蛋形窑以柴做燃料，烧成时间短，产品质量好，它对于清代景德镇瓷器的发展，起到了非常重要的作用。

何为青瓷？

青瓷是中国著名传统瓷器的一种。在坯体上施以青釉（以铁为着色剂的青绿色釉），在还原焰中烧制而成。

青瓷以瓷质细腻，线条明快流畅、造型端庄浑朴、色泽纯洁而著称于世。

青瓷色调的形成，主要是胎釉中含有一定量的氧化铁，在还原焰气氛中焙烧所致。

早在商周时期就出现了原始青瓷。目前在河南郑州、安阳、洛阳、巩义、偃

师，河北藁城，北京，陕西西安，山东益都，安徽屯溪，江苏南京、丹徒等地商周遗址和墓葬中，先后出土了许多原始青瓷及残片，主要器形有尊、碗、盘、瓶、瓮、罐、豆等。

越窑青瓷熏炉

青瓷历经春秋战国时期的发展，到东汉有了重大突破。在浙江、江苏、江西、安徽、湖北、河南、甘肃等地东汉墓葬和遗址中，都出土了东汉的青瓷器。仅在浙江上虞市就发现了四处东汉瓷窑窑址，对其中小仙坛窑址做了发掘，并对其典型瓷片做了科学测定，结果表明，含铁量比原始青瓷少，胎体呈灰白色，胎质烧结，吸水最低的一片仅有0.16％，烧成温度为1310℃，采用龙窑焙烧，显微镜结构与近代瓷器基本相同，透明度也达到较高水平。说明东汉时期青瓷烧造技术已达到成熟阶段。因浙江上虞市一带曾是古越人的故乡，战国时属越国管辖，唐朝时称越州，所以这一带的瓷窑统称越窑。

到三国两晋南北朝时期，南北各地烧制青瓷更为普遍，瓷窑增加，种类繁多，

质量进一步提高，南方和北方所烧青瓷各具特色。南方青瓷，一般胎质坚硬细腻，呈淡灰色，釉色晶莹纯净，常用类冰似玉来形容。北方青瓷胎体厚重，玻璃质感强，流动性大，釉面有细密的开片，釉色青中泛黄。河北景县北齐封氏墓出土的青瓷莲花尊，造型非常漂亮，堪称北方青瓷的代表作。

宋代瓷器有什么特点？

宋代制瓷手工业在唐和五代的基础上，取得了突出成就。瓷窑遍布全国各地，目前在全国十九个省一百七十多个县市发现宋代瓷窑窑址一千多处。

汝、钧、官、哥、定是当时的五大名窑。此外，景德镇窑、磁州窑、耀州窑的产品也极负盛名。汝窑在河南临汝，是北宋经营的官窑，所烧瓷器的釉色青绿发蓝，器表有细碎开片。钧窑在河南禹县八卦洞，钧窑的突出成就是制瓷工匠在釉料中掺进了铜的氧化物，用还原焰烧成通体天青色与彩霞般的紫红色交相掩映的釉色，称窑变釉。宋代官窑是北宋朝廷在开封经办的一处青瓷窑场。窑址目前尚未发现，产品流传下来的很少。官窑青瓷色泽青白如玉，釉质肥润晶莹，器表有较大开片。哥窑制瓷工匠，利用胎和釉在焙烧过程中收缩率的差别，使瓷器釉面呈现出疏密不等，大小不匀的裂纹（即开片）。定窑窑址在河北省曲阳县涧磁村和东西燕山村一带。定窑以烧白瓷器著称，也兼烧绿釉、褐釉、黑釉等品种。定窑白瓷胎薄质坚，釉色洁白莹润，因胎泥中含有大量氧化钛，所以定窑白瓷的釉色呈现出白中泛黄的颜色，且有泪痕。定窑白瓷造型美观，花纹装饰题材丰富，主要装饰手法有刻花、划花和印

花。

磁州窑是一处规模很大的民间瓷窑。主要窑址在今河北省磁县漳河两岸观台镇东艾口和冶子村附近。这里古代属磁州，故而得名。其产品带有浓厚的民间色彩，特别是白地黑花瓷器，色调对比非常鲜明。器形以盘、碗、罐、瓶为主，还有瓷枕和玩具。瓷枕枕面常绘画出民间马戏图、小孩游戏图等，构图生动活泼，富有浓厚的生活情趣。景德镇（原名昌南镇）窑，始烧于南朝，五代时期烧制白瓷达到了较高水平。宋代所烧青白瓷（即影青瓷）的硬度、薄度和透明度都达到了现代硬瓷的各项标准。

什么是青花瓷器？

青花瓷器是用钴料先在胎体上绘画花纹，再上一层无色透明釉，经高温还原焰一次烧成，呈现白地蓝花，是釉下彩瓷器。

青花瓷

元朝后期青花瓷的烧制有了长足的发展，并达到了成熟的阶段，尤以景德镇所烧青花瓷最佳。目前在江西景德镇、吉州、浙江江山县、云南玉溪县和北京元大都遗址都发现了元代青花瓷。在浙江湖田县还发现了元青花窑址。元青花瓷器胎质白中微显青色，色彩浓艳，光泽透亮，纹饰富丽。所用青花料有进口和国产的两种，当时作为青花料的钴土矿，在我国的浙江、江西、云南等地均有蕴藏。明代青花瓷，无论是质量、产量以及花纹装饰，都有很大提高，景德镇窑以烧青花瓷为主。

明代各个时期所烧的青花瓷具有不同的特色，宣德青花胎质细腻洁白，釉层晶莹，青色浓艳，造型多样，纹饰优美，是我国青花瓷生产的黄金时代。所用青料主要是从国外进口的含钴矿石，称"苏泥勃青"，它含锰量低，含铁量高，故在青花中往往有黑色斑点。明成化以后，所用青料以国产为主，如"平尊青"、"珠明料"等。成化青花以青色淡雅著称。正德青花以胎骨厚重、青花浓中带灰为主。而嘉靖青花以蓝中泛紫，色调浓重鲜艳久负盛名。明代青花瓷器不仅行销国内，而且远销到亚、非许多国家和地区。

珐琅彩瓷有什么特点？

珐琅彩瓷以洁白细腻的胎质，莹润如玉的釉面，明快艳丽的色调，以及精湛绝伦的技巧，不仅赢得清代皇帝后妃们的喜好，也赢得今人对其的偏爱。

为了更好地督造珐琅彩瓷，在亲自过问的情况下，雍正又命其弟怡亲王允祥统管造办处。在允祥的直接领导下，造办处生产出的珐琅达到鼎盛期，其中自炼珐琅料的成功，就是一个划时代的创举。康熙时的珐琅料都是依赖进口，往往供不应求，同时进口西洋料颜色至多只有七八种，而此时珐琅彩瓷的绘画，已从康熙时规矩的装饰画面，发展到几乎与国画中的工笔重彩画日趋一致的艺术效果。

雍正珐琅彩瓷的造型有盘、碗、杯、碟、茶壶、瓶等，以小型器物为主。纹饰早期沿袭康熙珐琅彩的特点，如色地上绘花卉的技法。后期形成自己的风格，即在白色釉地上，以山石、花鸟作装饰题材，其精湛的绘画技法，达到了雍正谕旨中注重的"内廷恭造之式"排除"外造之气"的要求。雍正珐琅彩瓷的款识，一般以蓝料彩书写，多为四字楷书"雍正年制"，写在双方栏内。

歙砚有什么特点？

歙砚以产于歙州而得名。唐五代时，歙州辖歙、休宁、祁门、黟、婺源诸县，产砚诸坑主要在歙县、祁门县、婺源县等地，而以婺源与歙县交界处的龙尾山（罗纹山）下溪涧中所产为最优，所以歙砚又称龙尾砚。

歙砚始产于唐代。据宋洪景伯著《歙砚谱》载，唐开元年间，有猎人叶氏逐兽至婺源长城里，见垒石如城，莹洁可爱，携归成砚，自始歙砚名闻天下。南唐时，由于受到帝王宠爱，歙砚的生产形成了一定的规模。元宋李景在歙州设置砚务，选派砚工高手李少微为砚务官，派石工周全从其学习雕砚技术，专门搜集佳石为御府造砚。到了宋代，歙石经过几次大规模的开采，使歙砚名色增多，精品不断涌现，影响不断扩大。当时著名文人学士、书画名家无不对歙砚倍加赞赏，如欧阳修、苏东坡、黄庭坚、蔡襄等，都有赞美歙砚的诗文传世。

由于发生过坑洞崩塌现象，元末至清前期，歙石没有开采。虽然在此期间，当地砚工三五成群，不断在坑口溪边、山脚河滩觅取佳石，制出一批石砚，携以外售，颇能维持制砚工艺于不辍，但毕竟颓势难掩。直到清乾隆时期，歙砚命运才出现转机。乾隆十分喜爱歙砚，继位伊始就令官员在徽州"构求精砚"。当地官吏把士绅家藏古砚及砚山居民所藏的老坑巨石全部搜罗出来作为贡品，仍不能满足乾隆对歙砚的欲求，于是就开坑取石。

歙石的地质年代为寒武纪，距今约6亿年，在岩石类别上属水成岩中的粘板岩。在形成过程中，岩石成分呈现出不同的构造状态，厚薄、软硬、疏密、粗细、燥润、曲直不一，造成各种不同纹色。歙石从纹色可分为罗纹、眉子、金星、银星等几大类，每类又可据其形态和色泽细分成若干种。在名目繁多的歙砚中，罗纹砚最易发墨，最宜笔锋，最具有实用价值，但名气最大最受人们喜爱的是金星砚，被认为是歙砚的代表。所谓金星，是一种硫化铁的点滴散布物，其硬度超过歙石的硬度，有锉墨伤笔的不良作用。但金星色泽悦目，使歙砚更加美观，人们以此作为歙石的特征。因此，在砚背或是砚首、四边研墨不到的地方，有些金星会令歙砚身价大增。

歙砚质地细密，纹斑绮丽，易发墨不损毫，用后余墨涤之即净。传世古代歙砚造型丰富，而以方正大砚居多，显得气宇轩昂，雍容大方。其雕刻一般以浅浮雕为主，清新秀逸，以精细见长。由于石材为板岩结构，故因材施艺，重于上下两面的雕饰，而于四侧则少有刻刀，以保其天然纹理。

什么是文房四宝？

大约从宋代起，将纸、笔、墨、砚称为文房四宝。唐代造纸手工业遍及全国，其中安徽宣州府出产一种用檀树皮和稻草制成的纸，具有质地柔韧，洁白平滑，吸水性强等特点，宜于毛笔书画使用，人称为宣纸，有"纸寿千年"的声誉。

墨是书写绘画的色料，在殷墟出土的商代陶片和兽骨上有用墨书写的文字，但不知是用天然石墨（石炭）还是用烟灰作原料制的墨。湖北云梦睡虎地秦墓出土一些小圆块状的墨，是已知最早的烟墨。当时不能用手直接拿墨在砚石上磨，而是用研石压着来研磨。东汉出现较大的制墨作坊。贾思勰在《齐民要术》中留下了最早的一篇讲制墨工艺的《合墨法》，他强调要用纯烟、精筛和熟捣，这是因为墨的黑度与炭黑的纯度及颗粒大小有关，炭墨越纯，粒子愈细，则墨色越黑亮。宋代在传统的用松烟制墨的基础上，发明用动、植物油烟、漆烟、石油烟制墨，沈括在《梦溪笔谈》中称石油烟制墨"黑光如漆，松墨不及了"。油烟墨很快得到书法家的青睐。

毛笔是我国独特的书写绘画工具，可能在新石器时代已使用毛笔，当时一些彩陶上的花纹就能看出笔的笔锋，甲骨文中的"聿"（笔）字像一手握笔的样子。目前发现最早的毛笔实物是在湖南长沙、湖北荆门、河南信阳等地战国墓中出土的。甘肃武威出土一支东汉毛笔，笔头的芯及锋用黑紫色硬毛，外覆以较软的黄褐色毛，既便于蓄墨又刚柔相济，更适宜于书写。唐宋时，安徽宣州制的"宣笔"（又叫徽笔）因选料精简，加工细致而名噪天下。

砚以发墨快，不损笔，不易干涸，易于洗涤和雕刻精美为上乘。陕西西安半坡和姜寨等地发现新石器时代后期石研磨器，可能是砚的始祖。目前所知最早的石砚是在湖北云梦睡虎地秦墓中出土的。汉代有石砚、陶砚、铜砚等，魏晋南北朝出现了瓷砚，唐代烧制三彩砚，山西绛州还用汾河泥加以漂洗淘澄，烧制成澄泥砚。当时广东端溪、安徽歙溪的石材已被用来制成著名的端砚、歙砚。宋代普遍使用石砚，在甘肃洮州（今临潭县）的洮河，有一种碧绿色的石块，制成石纹如海涛翻滚的洮河砚。上述端砚、歙砚、澄泥砚和洮砚被称为中国四大名砚。

纸币在我国古代都有什么名称？

我国最早的纸币是"交子"。宋初，四川的富商大贾为便于贸易，首先印行"交子"。宋仁宗天圣元年（1023）设益州"交子务"，严禁私人印造，改由官府发行。面额一般为一贯、五贯和十贯等，以七百七十文为一贯。规定分界发行，三年为一界，界满以新换旧。徽宗崇宁、大观年间，政府改"交子务"为"钱引务"，改"交子"为"钱引"发行。南宋改称"关子"或"会子"。金海陵王贞元二年（1154）设"交钞务"，仿宋发行纸币，称"交钞"。分大、小钞两种。原定七年为界，期满以新换旧。后由换发"贞祐宝券"、"兴定宝泉"等。金贞祐三年"壹拾贯交钞铜版"就是金代后期发行交钞用的。版头有"壹拾贯"三字，左栏外有"每纸工墨钱捌文足，纳旧换新减半"字样。中间栏框镌有面值、印刷地点、年月日及赏罚办法、流通领域等文字。上栏文中"壹拾贯八十足佰"，标明此张纸币可作八百枚铜钱使用；下栏篆书注明"伪造交钞者斩"、"赏钱三百贯"，是对伪造者和告发者的奖惩。其流通范围，基本上包括金代后期管辖的整个区域。

元代禁止民间用铜钱交易。忽必烈中统元年（1260）造"中统宝钞"，面额为十文、二十文、一百文、二百文、一贯、二贯等十种。至元二十四年（1287）又发行"至元宝钞"，面额分为十一种。"至元宝钞"一贯当"中统宝钞"五贯，二者并行。明太祖洪武初年，设立宝钞提举司，立钞法，发行"大明通行宝钞"。面额六种为：一百文至五百文及一贯。每贯等于铜钱一千文。此钞发行不分界，不回笼，一直流通一百余年。清咸丰三年（1853）开始印发"大清宝钞"，面额多种。最后由于恶性通货膨胀，于同治初年废止。

何为五铢钱?

五铢钱始铸于西汉武帝元狩五年（前118），钱重五铢，上有"五铢"二篆字，故名。它的标准重量为4克，钱径2.5厘米，厚0.12厘米。它继承了秦半两钱的形制，确立了圆形方孔，内外有郭，并发展成为轻重大小适度的铜质钱币。自汉武帝元狩五年至西汉末年，币制不复改变。

东汉光武帝建武十六年（40）铸行东汉五铢钱。此钱径2.5厘米，重3.4—3.5克，外郭较窄。灵帝时铸"四出五铢"，即钱背有四道斜纹，由穿孔四角至外郭，其形制、质量与东汉五铢钱同。三国两晋南北朝时期，蜀汉铸直百五铢；魏孝文帝太和十九年（495）始铸"太和五铢"，宣武帝永平三年（510）铸"永平五铢"，孝庄帝永安二年（529）铸"永安五铢"；西魏文帝大统六年（540）铸"大统五铢"，形制似"永安五铢"。萧梁初期，曾铸"大样五铢"；北齐文宣帝天保四年（553）铸"常平五铢"。581年，隋统一后，另铸"开皇五铢"，结束了长达一百余年币制混乱的局面。唐武德四年（621）铸"开元通宝钱"，废止五铢钱。五铢钱流通七百余年，是中国历史上铸造数量最多，流通时间最久的钱币。

如何欣赏紫砂壶?

紫砂壶是中国特有手工制造的陶土工艺品。紫砂壶的原产地在江苏宜兴，故又名宜兴紫砂壶。紫砂壶的起源一直可以上溯到春秋时代的越国大夫范蠡，已有二千四百多年的历史。从明武宗正德年间以后紫砂开始制成壶，从此蔚成风气，名家辈出，花色品种不断翻新，五百年间不断有精品传世。

紫砂壶艺的审美，可以总结为形、神、气、态这四个要素。形，即形式的美，是指作品的外轮廓，也就是具象的面相；神即神韵，一种能令人意会体验出精神美的韵味；气，即气质，壶艺所内涵的本质的美；态，即形态，作品的高、低、肥、瘦、刚、柔、方、圆的各种姿态。从这几个方面贯通一气，才是一件真正的完美的好作品。但这里又要区分理和趣两个方面。若壶艺爱好者偏于理，斤斤计较于壶的容积的宜大宜小，嘴的宜曲宜直，盖的宜昂宜平，身段的或高或矮，侧重于从沏茶名饮的方面为出发点，那就只知理而无趣。一种艺术的欣赏应该在理亦在趣。一件作品不管它是大是小，壶嘴是曲是直，盖子是昂是平，形制是高是矮，都在乎有趣，趣才能产生情感，怡养心灵，百玩不厌。作为一件实用工艺美术品，它的

159

适用性也非常重要的，使用上的舒服感可以愉悦身心，引起和谐的兴致。因此，也就是依据饮茶的习惯、风俗，有选择的考虑壶体的容量，壶嘴的出水流畅，壶把的端拿省力舒适等等。

唐三彩是怎么样的？

唐三彩是唐代陶器和陶俑上的一种多色釉和具有这种釉色的陶制品。是唐代制陶工匠在汉代铅釉陶器的基础上创烧成功的新工艺。唐三彩属低温釉陶，用白色黏土作胎，釉质的主要成分是硅酸铝（包括石英、铅、金属元素），呈色剂是釉料中所含各种不同的金属氧化物。唐三彩除白、绿、蓝三种主要釉色外，还有褐、黑、浅黄等多种色调，斑驳灿烂，绚丽夺目。

唐三彩的制作和其他陶器一样，即成型、修整、晾干和焙烧。所不同的是唐三彩要进行两次焙烧。第一次烧胎，称素烧，烧成温度为1100℃。素烧后从窑中取出上釉，再送入窑中进行第二次烧造，称釉烧。温度在900℃左右，釉烧温度低于素烧温度，可使釉陶不变形，且能提高成品率。唐三彩种类繁多，造型生动。主要器形有碗、盘、罐、壶、盂、人俑、马俑、骆驼俑等。陕西西安出土的三彩骆驼载乐俑，塑造得非常生动，骆驼昂首站立，张口嘶鸣，背上架一平台，上铺花格纹长毯，平台上坐着由七人组成的小型乐队，他们分别手持笙、箫、琵琶、竖琴、横笛、拍板等乐器，为中间的舞女进行伴奏。唐三彩的主要用途，是为唐封建统治阶级随葬的冥器。

鼻烟壶什么时候传入我国？

鼻烟壶和鼻烟最早非中国所产，乃为舶来品，鼻烟，是在研磨极细的优质烟草末中，掺入麝香等名贵药材加工制成，有提神等疗效，最早在美洲印第安人中流行。据明史记载，明万历九年，意大利传教士利玛窦觐见明神宗，就献上鼻烟壶。鼻烟壶早期多为白色，分为玻璃（透明）、珍珠（乳白色）、凝脂（羊脂）、霁雪、藕粉等，并以藕粉为上。后来，发展到红、紫、黄、白、黑、绿诸色，其白如水晶，红似火，极为可爱。鼻烟壶的造型，非常奇巧，早期仅有仿古瓶式，后来改为圆形（上宽下窄、上窄下宽、上下一边宽）、葫芦形、椭圆形、竹节形、桃形、龟形、荷包形、玉米形、茄子形、翼形（如树木形、婴儿形）及双连瓶、三连瓶等，惟妙惟肖，不胜枚举。

在清代所有的器物中，鼻烟壶的制作最为精美。清代鼻烟壶的生产主要分布在北京、广州、山东、辽宁、西藏等地，广州的彩绘鼻烟壶、画珐琅鼻烟壶、山东的料器鼻烟壶、辽宁的玛瑙鼻烟壶、内蒙的银鼻烟壶、西藏的金属鼻烟壶等各具特色，精巧玲珑。

在鼻烟壶的工艺发展中，最值得一提的是内画壶，这种内画壶出现在道光年间，所谓"内画"，是在壶内作画，艺人用小竹签弯成钩，或在竹签上绑上狼豪，伸到壶内，在经过磨砂的内壁作画，这种画在方寸之间，能画出万里山河和各种人物、花鸟、草虫、书法等，使国画技法在壶上得以充分发挥，以至发展到尽善尽美程度。

鼻烟壶的主要价值在于艺术性，充分显示了能工巧匠们卓越的技艺和才能。作为一种收藏品，中国鼻烟壶以小巧别致的造型，华美艳丽的画面、多姿多彩的材质，备受海内外收藏者喜爱。

第七章　道教佛教

什么是道家思想？

道家是我国春秋战国时期诸子百家中最重要的思想流派之一。道家思想主要开始于春秋末期的老子，以"道"作为世界的本源，故称之为道家。秦代时没有道家的称谓，开始用"道"一词来形容道家学派是由汉代时开始的，这时候的道家也被称为德家。战国中期，由于对"道"的理解产生分歧，道家思想开始发生分化，形成了老庄和黄老两个派别。老庄的思想以《老子》、《庄子》、《列子》为代表，黄老的思想以《管子》为代表。

西汉初年的汉文帝、汉景帝以道家思想治理国家，实行"休养生息"的政策，使国力得到恢复，史称"文景之治"。汉武帝时期，儒者董仲舒提倡"罢黜百家，独尊儒术"，道家思想在政治上成为非主流思想。

魏晋时期，道家思想不断发展。魏晋玄学以及宋明理学思想都是糅合了道家思想发展而成的。

佛教自东汉传入我国之后，其佛学思想也受到了道家的影响，特别是禅宗思想在很多方面受到了庄子思想的影响。魏晋时期的佛教般若学说，则是佛学与玄学相结合的产物。

道家思想以其独特的宇宙、社会和人生领悟思想，在中国哲学思想史上呈现出不朽的价值与活力。

道教有什么特点？

道教是中国土生土长的宗教，距今已有一千八百多年的历史。它的宗教思想极具鲜明的中国特色，与中国文化紧密联系，并对中国各民族的文化层面产生了深远影响。

道教以"道"为立教的根本，认为"道"派生天地万物，即"一生二，二生三，三生万物"，社会上的一切都应"道"法而行，最后回归到自然。具体来说，道教从"天"、"地"、"人"、"鬼"四个方面来说明教义。天，指宇宙，也指神仙居所。道教的天界有三十六天，三十六天内有琼楼玉宇和天神，天神奉行天道。地，指现实的地球和自然物，也指鬼魂受难的地狱，地奉行地道。人，指人类，也指个人，人奉行人道。鬼，指人的归所。人若能修善积德，即可超脱苦海，不录于鬼关。

神仙是道教思想的具体表现形式。道教为多神教，一直沿袭了我国古代社会对日月、星辰、河流、山川以及祖先神灵都信仰的习俗，形成了以天神、地祇和人鬼相结合的复杂的神灵系统。

道教的教徒有两种类型：一种是神职教徒，指"道士"。道士按地域可区分为茅山道士、罗浮道士等。从师承方面来看，分别有"正一"道士、"全真"道士等。若按照宫观中教务而言，可分为"当家"、"殿主"、"知客"等。宫观是道教徒修道、祀神和举行仪式的场所。另一种是一般的教徒，称"居士"或"信徒"。

道术是道教实践天道的宗教行为之一，一般有外丹、内丹、服食和房中等内容。外丹，指用丹炉或鼎烧炼矿石，制作丹药。内丹，是行气、导引、呼吸吐纳等的总称，指用人体作为炉鼎，使精气神在体内凝结成丹。内丹术自元代以后开始盛行，对我国的医学和养生学等有很大的影响。

什么是五斗米道？

五斗米道也称正一道、天师道，是道教当中最早的一个派别。东汉顺帝时期，由张道陵在四川鹤鸣山（今四川大邑北）创立。据《后汉书》、《三国志》记载，凡入道者必须拿出五斗米，得名"五斗米道"，又称"米道"。因道教徒尊张道陵为天师，五斗米道又称为"天师道"。

五斗米道尊老子为教主，以《道德经》和其注释本《老子想尔注》为经典，是多神教，以长生成仙为其最高目标。道术主要是通过章表、符咒招神驱鬼，以及行气、导引、房中术等。五斗米道开始时的主要活动区域在成都周围，也有在少数民族中传播的。

刚开始时，五斗米道的入道者被称为"鬼卒"、"祭酒"，以"治"为传道单位。张道陵死后，传位给其子张衡，张衡死后，也传位给其子张鲁。东汉末年，当时曹操把持的东汉政权无暇顾及汉中，张鲁占据汉中，建立了近三十年的政教合一的政权，后来投降曹操。

西晋以后，五斗米道开始分化，一部分在官僚当中传播，一部分仍然秘密地在广大民众当中传播。东晋时，五斗米道领袖孙恩、卢循领导了长达十余年的农民起义。北魏时，嵩山道士寇谦之改革五斗米道，自称得到太上老君的指示，整顿道教，"除去三张伪法"，创立新天师道，五斗米道至此改称天师道，并得到了太武帝的赞许。

唐代以后的道教派别——正一派，继承三张世系，以江西龙虎山天师府为中心，是江南符箓道派的正宗。

道教主要有哪些神仙？

道教的神灵种类繁多，主要的有以下几种。

三清，指元始天尊、灵宝天尊、道德天尊。三清是道教的最高主神。"三清"的说法开始于六朝时，此时的"三清"指的是"三清境"，即太清境、玉清境和上清境，分别是神宝君、天宝君、灵宝君的居所。后来，"三清"改为元始天尊、灵宝天尊、道德天尊的通称，而"三清境"也成为了他们的居所。

四御，是道教神仙中地位仅次于三清的四位天帝，分别是：北极紫微大帝，总御万星；南极长生大帝，主掌人间福寿；勾陈上宫天皇大帝，统御万雷；承天效法后土皇地祇，执掌阴阳生育，万物之美。

诸星辰之神，这些神在道教的神仙中地位很高，主要有五曜（五星）——岁星（木星）、镇星（土星）、太白星（金星）、辰星（水星）、荧惑星（火星）。

三官大帝，指天、地、水"三官"。"三官"在早期道教中有着很重要的地位，道教教义认为，天官能赐福、地官能赦罪、水官能解厄。三官分别诞生于正月十五日、七月十五日、十月十五日，我国各地在这三天举办"上元会"、"中元会"和"下元会"，为的是祈福、被罪和禳灾祸。

玉皇大帝，在早期道教的神仙谱系著作《真灵位业图》中，有"玉皇道君"和"高上玉皇"名称的出现，但阶位并不高，排在玉清三元宫右位的第十一及第十九位。宋真宗时封玉皇大帝为"太上开天执符御历含真体道玉皇大天帝"，后来，徽宗又再加封为"太上开天执符御历含真体道昊天玉皇上帝"，大大提高了玉皇大帝在民间的影响力。玉皇的职能是"承三清之命，察紫微之庭"。我国道教宫观和民间在每年的正月初九玉皇圣诞日举办"玉皇会"。

文昌帝君，文昌本来是星名，即文曲星，在我国古代被认为是主管文运功名的星宿，汉代时专指文昌宫中的第四星一司命星。文曲星成为道教所信奉的文昌帝君与蜀中的梓潼神张亚子有关联。安史之乱时，唐玄宗入蜀避乱，曾梦见张亚子显灵，于是追封他为左丞相。宋代时，梓潼神又多次得到加封，并因能预卜科举功名而得到读书人的信奉。元延祐三年（1316），元仁宗时又敕封张亚子为"辅元开化文昌司禄宏仁帝君"，并钦定其为忠国、孝家、益民、正直之神，至此梓潼神与文昌星神合二为一，统称文昌帝君。元代以后，我国各地大多建有文昌宫、文昌祠等，并在二月初三文昌帝君的诞辰日举行"文昌会"。

道教有什么礼仪？

人们经常可以在道教宫观内看到道士身着金丝银线的道袍，手持各式法器，吟唱着古老的道教曲调，在法场中来回起舞，这种法事俗称"道场"，简称"科教"，是道教的斋醮科仪。

"斋"的原意是指齐和净，后指斋戒、洁净的意思，指道教徒在祭祀前，必须沐浴更衣，不食荤酒，不居内寝，以表示祭祀的庄严、虔诚。因此道教特别重视修斋，并制定了一套完整的斋法。依据斋法的规模和行为可以分为：

内斋（极道）：有心斋、坐忘、存思等。外斋（济度）：有三箓七品，三箓指金箓斋、玉箓斋、黄箓斋；七品指三皇斋、自然斋、上清斋、指教斋、涂炭斋、明真斋、三元斋。不同的斋法有着不同的意义，如金箓斋"上消天灾，保镇帝王。"玉箓斋"救度人民，请福谢过。"黄箓斋"下拔地狱九幽之苦"等等。

"醮"的原意是祭，是一种古代礼仪。"醮"也有"醮法"称谓，指斋醮法事的程式、礼仪等规则。

"斋醮科仪"指醮祷活动所遵循的法规。一般来说有阳事与阴事的区别，即清醮与幽醮之分。清醮有祈福感恩、祛病延寿、祈晴祷雨、解厄禳灾、祝寿庆贺等含义，为太平醮之类的法事仪式。幽醮有摄招亡魂、沐浴度桥、破狱破湖、炼度施食等含义，为济度亡灵斋醮之类的法事仪式。

道教宫观教众一般每逢朔、望日、重要节日以及祖师圣诞等都要举行祝寿、庆贺等典礼活动，这些活动统属于斋醮科仪。

道教斋醮活动主要有哪些？

道教常用的斋醮科仪有很多，大概有早晚坛功课、接驾、祝寿、进表、炼度等，细述如下：

早晚坛功课，是道教住观道士每日早晚例行的科仪。一般在每日的卯、酉之时上殿做功课。早诵一般是香赞、

净心咒、净口咒、净身咒等，晚诵有步虚、开经偈、玄蕴咒等。唱赞礼拜，可以修身养性、祈祷吉祥、坚定道心、超度亡灵和体现宫观道风管理等。

祝将科仪，常用于早坛功课出坛中。祝有恭请之意，将指神真；祝将则是恭迎神真登临坛场的意思。

祭孤科仪，常用于道教晚坛功课出坛中。祭有祭祀、超度之意；孤为孤魂；祭孤指祭祀孤魂，为亡灵超度。

祝寿科仪，是道教用于祖师诞辰之时的科仪。祝有庆贺之意，寿为寿辰，祝寿指庆贺祖师寿辰。如正月初九玉皇圣诞、正月十五天官圣诞等，一般在当天晚上零点进行科仪。

庆贺科仪，是道教用于祖师圣诞之日的科仪。庆为庆祝之意，庆贺即庆祝祖师诞辰，一般在祖师圣诞日的白天举行科仪。

接驾科仪，是指迎接玉皇大帝时所行的科仪。接有迎接之意，驾为圣驾，指玉皇大帝。道教宫观在农历腊月二十五日子时（零时）举行迎接玉帝圣驾大典，简称迎銮接驾。通过此科仪意为延请玉帝降临世间，赐福免灾，延龄益寿。

大回向科仪，常用于道场圆满时的科仪，为道场圆满时做的总忏悔。通过此科仪，仗道威力，愿罪消除。进表科仪，是道教斋醮活动中非常重要的科仪之一。

水火炼度仪，是道教斋醮中一种常用的科仪。水火指现实中的水与火，水火炼度是指用水火交炼亡灵，济度幽魂。

灯仪，是道教斋醮中一种常用的科仪，是指以灯为法器的一种仪式，一般在日落后举行。

道教都有哪些法器？

道教法器是指道教科仪中所使用到的各类器具。法器一般在法坛中配合经韵和科仪使用，也有在举行法术时使用的。

道教法器可以用来辟邪驱魔、招神遣将，或用以靖绥坛场、节制经颂等等，品种繁多。道教法器一般可以分为两类：一是为招神遣将以及驱恶镇邪的器物，如朝简、如意、玉册、玉印、宝剑、令旗、令箭、令牌、天蓬尺、镇坛木等；二是各类打击乐器，如铙、钹、镲、铃、鼓、钟、螺、磬等。以下概括介绍一些法器：

帝钟，又称三清铃、法铃、法钟。帝钟有手柄，柄端称"剑"，为"山"字形，象征"三清"。帝钟有降神、驱魔的作用。

木鱼，又称木鼓，为木质法器。道教在科仪中用来敲击节奏达到控制诵经速度的目的。因为鱼昼夜都不会合眼，把木头雕刻成鱼形，用以警戒修行者应该昼夜思道，懈怠不得。

鼓，形状有圆筒形、扁圆形两种，皮面木质法器。道教击鼓十分讲究，手法多样，鼓声在道教中有通神辟邪的作用。

如意，行仪时主持仪式的法师（高功）所使用的法器，由玉、木、骨等制成，形状如"心"字。道教在举行科仪时，一般只有高功可以手持如意。

磬，为铜质钵盂状法器。道教举行科仪时击磬用以通报神灵、消灾解厄。香客叩拜神灵时，值殿道士击磬以示通报；道士在道场诵经时，击磬可以用来控制科仪程序。

引磬，又称手磬，为铜质法器。形状类似小碗，底部为木柄，便于携带。

道士在行走诵念时，敲击磬边时可以引导、控制行仪的速度，得名引磬。

水盂，指水碗、清水碗，用来盛装法水。古时为竹制品，现今一般为铜制品。水盂的形状如茶杯，杯口稍大，杯身的周围一般绘有"五岳真形图"。也有形状如饭碗状的水盂，杯口略窄。

铛，也称单音、铜鼓，俗称铛子。形状一般为直径约10厘米的铜锣，一般悬挂在木框上，用以敲击出声。如有多面小锣在一起敲击演奏，则称为"云锣"。

铙钹，也称钹、铜盘。一般为两片圆形的铜板组成，中央的隆起部分，用绳或布条系结起来，合击发声。铙钹之声，可以迎送神将，驱走妖魔。

令旗，用以发号施令的旗子。旗面有青、红、黄、白、黑五色，代表五行。旗子一般书写"令"或"敕召万神"等。

幢幡，主要在法坛仪式时设置，表示盟天告地、昭真召灵。幢、幡的区别：幢顶部有盖，有执杆，可以手持；幡顶部无盖，可以手持，也可以悬挂在神像两侧。

朝笏，又称圭简、朝简、朝板等。在道教法坛上用以表示法师向众神奏告，朝拜时两手恭执朝笏于胸前，表示尊敬。

法尺，有木尺和铁尺两种，木尺颜色多为金色或红色，两面一般雕有葫芦等吉祥图；铁尺没有刻度和图案。道教认为法尺具有辟邪除魔的力量。

法剑，是道士施法时使用的法器，有斩妖除魔的作用。法剑有金属和木质（桃木剑）两种。

法印，是道士上奏天庭文书的印信，也是行使神力的法物。质料有木质、石质、青铜等，文字通常是篆体或符篆，常人不可识读。

令牌，又称雷令，起源于古时军队的虎符。材质为金属或木质等，令牌形状为上圆下方，象征天地，是道教用以召集神将、差遣神灵的法器，也可以辟恶驱邪。

手炉，有柄的香炉。道教仪式有上炉香科仪，法师执手炉燃香，用以行祭。

道教有哪些名山？

龙虎山，位于江西省鹰潭市贵溪县渔塘乡境内，是中国道教发祥地，道教正一派的"祖庭"。道教兴盛时期，龙虎山曾建有九十一座道宫，八十一座道观、五十座道院、二十四殿、三十六院。位于贵溪县上清镇东面的上清宫，是祖师张道陵修道之所，也是我国最古老、最大的道宫之一，现存福地门、钟楼、玉门殿、东隐院、九曲巷、下马亭以及明代石刻等。

龙虎山地区还有象鼻山、张家山、尘湖山、马祖岩、仙岩、排衙石、上清河等景色优美之处。龙虎山山清水秀，被誉为道教第一仙境。

青城山，位于四川省都江堰市西南。青城山林木四季青翠，四面山峰环峙，形状似城郭，得名青城山。

青城山是中国道教的发源地之一。东汉汉安二年（143），张道陵在青城山结茅传道，青城山成为道教发祥地，天师道的祖山。

鹤鸣山，又称鹄鸣山，位于四川成都大邑县城西北12公里的鹤鸣乡境内，属岷山山脉，海拔1000多米，山势雄伟、林木青翠，双涧环抱其中，山形如展翅欲飞的仙鹤。

相传，东汉顺帝时，张道陵在鹤鸣山修道，创立五斗米道，这里是五斗米道的早期传教点，也是道教的最早发源地之一。

武当山，又名太和山，位于湖北省丹江口市境内。武当山道教信奉"玄天真武大帝"，"武当"有"非真武不足以当之"之意。

武当山现存有的36处宫观大多是明代时所修建，是我国现存最完整、规模最大、等级最高的道教古建筑群。天柱峰顶端有建于1416年的金殿，是武当山最具代表性的道教建筑群，同时也是我国现存最大的铜建筑群。

齐云山，又称白岳、云岳，位于安徽省屯溪市休宁县境内，海拔1000米，以最高峰齐云岩得名。

齐云山在唐代时就建有宫观，宋代宝庆二年（1226）创建佑圣真武祠，成为道教中心。宋代以后佛、道两教一并繁盛，修建有三清殿、玉虚殿、无量寿宫、文昌阁等宫观。

崆峒山，位于甘肃省平凉市城西12公里处，是古丝绸之路西出关中的要塞。崆峒山集奇险灵秀的自然景观和古朴精湛的人文景观于一身，自古就有"崆峒山色天下秀"的美誉。历史上崆峒山有凝重典雅的八台九宫、十二院、四十二座建筑群、七十二处石府洞天。气魄宏伟，底蕴丰厚。近年来，新修了法轮寺、卧观平凉、观音堂、通天桥、飞升宫、王母宫、问道宫等景点三十五处，基本恢复了历来所称的"九宫八台十二院"中四十二处建筑群。

道教都有哪些门派？

道教门派众多，因为分派标准的不同而使名称各有差异。道教依据学理分有

积善派、经典派、符箓派、丹鼎派（金丹派）、占验派五类。按地区分有龙门派、崂山派、随山派、遇山派、华山派、嵛山派、老华山派、鹤山派、霍山派、武当派等。

按照人物划分有少阳派（王玄甫）、正阳派（钟离权）、纯阳派（吕洞宾）、海蟾派（刘操）、三丰派（张三丰）、萨祖派（萨守坚）、紫阳派（张伯端）、伍柳派（伍冲虚、柳华阳）、重阳派（王中孚）、尹喜派（关尹）、金山派（孙玄清）、阎祖派（阎希言）等。

按照道门分有混元派（太上老君）、南无派（谭处端）、清静派（孙不二）、金辉派（齐本守）、正乙派（张虚静）、清微派（马丹阳）、天仙派（吕纯阳）、玄武派（真武大帝）、净明派（许旌阳）、云阳派（张果老）、虚无派（李铁拐）、云鹤派（何仙姑）、金丹派（曹国舅）、玉线派（樵阳真人）、灵宝派（周祖）、太一教（萧抱珍）、全真教（王重阳）、正一教（张宗演）、真空派（彭祖）、铁冠派（周祖）、日新派、自然派（张三丰）、先天派、广慧派等。

道教历史上还有正一宗（张道陵）、南宗（吕纯阳）、北宗（王重阳）、真大宗（张清志）、太一宗（黄洞一），五大宗派的分法。以及天师道、全真道、灵宝道、清微道四大派的分法。另外还有道德、先天、灵宝、正一、清微、净明、玉堂、天心八派的说法。

现今道教许多教派势微，比较著名教派有全真教、正一教、茅山教、崂山教、武当教、闾山教等。

道教都有哪些经典？

道教经籍卷帙浩繁、包罗万象，不仅详细记录了道教的相关教理教义、教规戒

律、修炼方法、斋醮科仪等，而且还保留了许多我国古代哲学思想、文学艺术、医药学、养生学、化学、音乐、地理等学科的珍贵资料。

主要经典：《道德真经》、《南华真经》、《文始真经》、《冲虚真经》、《通玄真经》、《度人妙经》、《阴符经》、《清静经》、《西升经》、《心印经》、《黄庭外景经》、《黄庭内景经》、《玉皇经》、《玉枢经》、《三官经》、《北斗经》、《周易参同契》（悟真篇）、《太上老君内观经》、《洞玄灵宝定观经》、《太上感应篇》、《文昌帝君阴骘文》、《坐忘论》、《化书》、《重阳立教十五论》、《龙门心法》等。

常诵经典：《玄门日诵早坛功课经》、《经前诸韵赞》、《八大神咒》、《太上老君说常清静经》、《太上洞玄灵宝升玄消灾护命妙经》、《太上灵宝天尊说禳灾度厄真经》、《高上玉皇心印妙经》、《诸真宝诰》、《中堂赞及邱祖忏文等》、《小赞及结经偈》等。

中国佛教有哪些宗派？

中国的佛教派别主要有八宗。一是三论宗，又名法性宗；二是法相宗，又名慈恩宗；三是天台宗；四是华严宗，又名贤首宗；五是禅宗；六是净土宗；七是律宗；八是密宗，又名真言宗。通常简称为性、相、台、贤、禅、净、律、密八大宗派。

三论宗，以研究《中论》、《十二门论》、《百论》而著名，属大乘中观派。在我国佛教史上，三论宗不是作为一个宗派存在的，真正形成佛教宗派，是佛教传至日本之后开始的，另外，三论宗名称的由来，也是始于日本佛教。

天台宗，发源于光州大苏山净居寺。

佛祖宝相

因为其创始人智顗常在浙江天台山弘扬佛法，故得名天台宗。天台宗是中国佛教最早创立的佛教宗派，并在9世纪初被日本僧人最澄传入日本。

天台宗因为尊奉《妙法莲华经》，故也被称为法华宗。

法相宗，创始人为唐代玄奘，由弟子窥基弘扬佛法。因为窥基在慈恩寺大弘法相唯识学，故又名慈恩宗。唐武宗毁佛以后，法相宗传承断绝，仅有极少数僧人研习，大部分经典也散失。唐朝时，法相宗传入日本、韩国，建立了日本唯识宗，历代传承不绝。

密宗，以"怛特罗"作为教典名称，汉文译作"经"、"教"。汉传佛教一般把密教分为三部，即杂密、胎藏界和金刚界。藏传佛教则依宗喀巴大师的《密宗道次第广论》来分类，有四部，一是事续（所作怛特罗），二是行续（行怛特

罗），三是瑜伽续（瑜伽怛特罗），四是无上瑜伽续（无上瑜伽怛特罗）。

禅宗，始于菩提达摩，兴盛于六祖慧能，中晚唐以后成为汉传佛教的主流，同时也是汉传佛教最主要的象征之一。

华严宗，以《华严经》为立宗经典，故称华严宗。创始人是法藏，以龙树菩萨为宗派初祖。因为法藏受封为贤首国师，故又称为贤首宗。华严宗从盛唐时创立宗派，直至武宗灭佛以后，宗派逐渐衰微。

律宗，创始人为唐代道宣，以注重研习以及传持佛教的戒律得名。律宗以《十诵律》、《四分律》、《摩诃僧祇律》、《五分律》、《毗尼母论》、《摩得勒伽论》、《善见律毗婆沙》、《萨婆多论》、《明了论》作为立宗经典，通称四律五论。

净土宗，创始于东晋慧远，以修行往生阿弥陀佛净土法门得名。净土宗的修行简单易行，在民间广为流传。

净土宗修学的主要经典有《观无量寿佛经》、《佛说无量寿经》、《阿弥陀经》、《华严经·普贤行愿品》、《楞严经·大势至圆通章》、《往生论》，通称五经一论。

佛教传播和寺院经济有什么关系？

佛教是中国主要宗教之一。两汉之际，佛教由西域传入内地，当时只在少数皇室贵族和官僚中流行。黄巾起义失败后，由于长期的军阀混战和社会动乱，人民群众陷入苦难的深渊。当他们感到前途渺茫、哀苦无告时，自然会把希望寄托于来世，产生对死后幸福的憧憬，这为佛教在人民群众中的传播创造了条件。同时，由于儒学的衰微和玄学在统治阶级中盛行，玄理与佛理的某些共通之处，为佛教在统治阶级中的传播提供了方便。于是，

佛教在魏晋南北朝时期迅速勃兴，广为流行。

天竺、西域僧人相继东来，倡法说教，翻译佛经。

汉代禁止汉人出家为僧尼，三国时僧尼不多，西晋以后增加很快。

随着僧尼的猛增，寺院拔地而起，遍布南北。东晋有佛寺1768所，后赵893所，宋1913所，齐2015所，梁2846所，陈1232所，北魏、北齐都有30000所，北周有10000所。

统治者逐渐认识到佛教对维护封建统治的作用，因此历朝统治者大多崇信佛教，支持佛事。其中以梁武帝为甚，他大建佛寺，举行法会，亲自讲经，甚至四次舍身为"寺奴"，然后由朝廷以钱亿万赎回，实则为佛寺敛财。陈武帝亦曾演出舍身丑剧。在统治者的支持下，佛教寺院经济势力不断扩张，形成独立的寺院经济。

寺院占有大量土地，上层僧尼构成寺院地主阶层，享有免税免役特权，对下层僧众和寺院的依附民、寺院奴隶进行残酷的剥削压榨。下层僧尼大多来自破产或为逃避国家赋役的小农，成为寺院庄园的劳动力；寺院依附民即寺院的佃户；寺奴系国家赐予或罪犯配给，他们担负着寺内和寺院庄园最繁重的生产劳动。寺院还兼营商业，从事高利贷剥削。寺院经济的发展，必然与国家争夺土地和劳动力，损害国家财政利益。所以北朝统治者曾采取灭佛措施，北周建德三年（574），周武帝下令禁断佛、道，毁灭经像，勒令沙门道士还俗，主要就是出于经济上的目的。

玄奘西游取经时都有哪些功绩？

玄奘（602—664），名陈祎，洛州缑氏（今河南偃师缑氏镇）人。玄奘幼年出家，遍访佛教名师学习经论，后来感叹各

派学说间的分歧，很难得到定论，便下决心到天竺学习佛教。贞观元年（627），玄奘结伴陈表，向朝廷请求允许西行求法，但未获得太宗的批准。玄奘于是"冒越宪章，私往天竺"，从长安开始，到达王舍新城，长途跋涉十多万里。贞观五年（632），抵达摩揭陀国的那烂陀寺，求学于戒贤。

玄奘在那烂陀寺求学五年，受到优待，被评选为通晓三藏的十德之一。贞观十年（637），玄奘离开那烂陀寺，先后到了伊烂钵伐多国、萨罗国、安达罗国、驮那羯磔迦国、达罗毗荼国、狼揭罗国、钵伐多国，拜师参学。

他在钵伐多国停留了两年，然后重新返回那烂陀寺。后又到杖林山访学胜军研习唯识抉择、意义理、成无畏、无住涅槃、十二因缘、庄严经等论，两年后再返回那烂陀寺。从此时开始，戒贤嘱咐玄奘为那烂陀寺众僧开讲摄论、唯识抉择论。此时恰逢中观学派清辨（婆毗吠伽）系大师师子光也在那烂陀寺讲《中论》、《百论》，讲宣反对法相唯识的学说。玄奘于是著《会宗论》三千颂，以此调和大乘中观、瑜伽两派的学说。此后又参与了与正量部学者般若多的辩论，同时著有《制恶见论》一千六百颂。

后来，玄奘接受东印迦摩缕波国国王鸠摩罗的邀请前往讲经说法，并著有《三身论》。接着戒日王以玄奘为论主，在曲女城召开佛学辩论大会，有五印十八个国王、三千个大小乘佛教学者和外道两千人参加。在辩论会上，玄奘讲论佛法，任人问难，无人能予以诘难，名震一时，大乘学派尊为"大乘天"，小乘学派尊其为"解脱天"。此后，戒日王又邀请玄奘参加了五年一度，历时七十五天的无遮大会，在无遮大会结束后，玄奘归国。

鉴真东渡有什么波折？

鉴真（687—763），扬州江阳（今江苏扬州）人，唐朝僧人，律宗南山宗传人。鉴真十四岁时在扬州大云寺出家，二十二岁时受戒。二十六岁时住持扬州大明寺，主说戒律。鉴真同时研究建筑、雕塑、医药等，成为一名知识渊博的高僧。

唐天宝元年（742），日本留学僧人荣睿、普照来到扬州，邀请鉴真东渡日本传授佛学，为日本信徒受戒。

742年冬，鉴真到扬州的东河既济寺建造船舶，准备东渡。当时日本僧人手上持有公函，因此也得到了地方官的援助。不料鉴真的一名弟子诬告鉴真一行人造船是与海盗勾结，准备攻打扬州。官府闻讯大惊，拘禁了僧众一行人，同时勒令日本僧人回国，第一次东渡因此夭折。

744年1月，在作了周密安排之后，鉴真等一百余人再次出发。结果船舶还没出海，便遭遇风浪沉船。船修好之后刚出海又遭到大风，飘流到舟山群岛，五天之后方被救出，后转送到明州余姚（今浙江宁波）的阿育王寺安顿，第二次东渡就这样结束了。

鉴真在回到阿育王寺后，便着手准备再次东渡。越州僧人为挽留鉴真留在寺中，向官府控告日本僧人引诱鉴真前往日本。第三次东渡因此作罢。

鉴真决定在福州驾船出海，一行人刚到温州，便被官府截住，原来是鉴真弟子灵佑担心师父的安危，请求官府阻拦。第四次东渡亦不了了之。

748年，荣睿、普照再一次来到大明寺，恳请鉴真东渡日本。鉴真率领众僧从崇福寺出发。众人在东海上遭遇到大风袭击，漂流到了振州（今海南三

亚），入大云寺安顿。之后，鉴真返回扬州，第五次东渡遂告结束。

753年，日本遣唐使藤原清河、吉备真备、晁衡等人来到扬州，再次恳请鉴真与他们一道东渡日本。因为当时玄宗崇信道教，想派道士前往日本，被拒绝，于是朝廷不允许鉴真出海。鉴真秘密搭乘遣唐使大船出海，于12月20日时抵达日本，第六次东渡成功。

佛教有哪四大名山？

中国佛教四大名山是指五台山、普陀山、九华山和峨眉山。随着佛教的传入，自汉代时便在这些名山中开始建造寺庙，修建道场，使得这四大山成为中外闻名的宗教、旅游胜地。

五台山，位于山西省五台县境内，由五座山峰环抱而成，峰顶平坦宽阔，有如垒土之台，故得名五台。五台分别是东台望海峰、西台挂月峰、南台锦绣峰、北台叶斗峰、中台翠岩峰。

五台山自汉唐以来一直为中国的佛教中心，被佛教界公认为文殊菩萨的应化道场。五台山寺院富丽堂皇，雄伟庄严，文化遗迹丰富，举世称绝，其中有显通寺、塔院寺、文殊寺、殊像寺、罗喉寺等，是国家级重点风景名胜旅游区之一。

普陀山，位于杭州湾以东约100海里，属于舟山群岛的一个岛屿，面积约12.5平方公里。普陀山为观世音菩萨的应化道场，普陀山的寺庙最早建于858年，现有普济寺、法雨寺、盘陀庵、灵石庵等寺庙和潮音洞、梵音洞等古迹。普陀山四面环海，被誉为"第一人间清净地"。

九华山，位于安徽省青阳县境内。因为有九座山峰形似莲花，唐天宝年间改名为九华山。九华山是大愿地藏王菩萨的应化道场。九华山成为佛教圣地.起源于新罗国僧人"金地藏"的修道故事，山上现今遗存有寺庙94座，寺庙、香道和风景呈三位一体的布局，自然秀色与人文景观相互融合。

九华山现有三座肉身殿，分别安置在神光岭、百岁宫、双溪寺。神光岭的肉身殿是安置金地藏肉身的佛塔，也称为"地藏塔"。九华山以"香火甲天下"、"东南第一山"而著称海内外。

峨眉山，位于四川省峨眉山市西南，相传为普贤菩萨应化的道场。因其山势逶迤，如螓首蛾眉，得名峨眉山。峨眉山山势雄伟，隘谷深幽，飞瀑如帘，云海翻涌，林木葱茏，有"峨眉天下秀"之称。

明代道教衰微，佛教日盛，全山有大小寺院近百座。至清末时寺庙达到150余座。现存有寺庙近30座，其中著名的有报国寺、伏虎寺、清音阁、洪椿坪、仙峰寺、洗象池、金顶华藏寺、万年寺八大寺庙。

峨眉山因普贤菩萨声名远播，广有信众。菩萨因山而兴盛，山因菩萨而扬名。

中国佛教有哪四大石窟？

佛教四大石窟是指敦煌莫高窟、云冈石窟、龙门石窟、麦积山石窟。

敦煌莫高窟，是我国现存规模最大的石窟群，也是世界上现存规模最大，保存最完好的佛教艺术宝库。莫高窟地处甘肃省敦煌市东南25公里的鸣沙山东麓，上下共有五层，南北长1680米，高50米。莫高窟始建于十六国时期，洞窟分布高低错落、鳞次栉比，十分壮观。

莫高窟现存有北魏至元代的洞窟735

个，分为南北两区。南区是莫高窟的主体，是僧侣从事宗教活动的场所，共有487个洞窟，窟内均有壁画、塑像。北区有248个洞窟，其中只有5个有壁画、塑像，其余石窟大都是僧侣修行、居住等场所，还有土炕、灶炕、烟道等生活设施。

云冈石窟，位于山西省大同市以西16公里处的武周山南麓。石窟开凿于北魏兴安二年（453），大部分完成于北魏迁都洛阳之前（494），造像工程则一直延续到正光年间。云冈石窟依山而凿，东西绵亘约1公里，气势恢弘，内容丰富。现存洞窟45个，大小窟龛252个，石雕造像51000多座，最大的达17米，最小的仅有几厘米。

云冈石窟的造像气势宏伟，内容丰富多彩，是5世纪我国石刻艺术的巅峰艺术作品，被誉为我国古代雕刻艺术的宝库。云冈石窟若按开凿的时间来分有早、中、晚三期，不同时期的石窟造像风格各有特色。

龙门石窟，位于河南洛阳市区南面12公里处。龙门石窟开凿于北魏孝文帝迁都洛阳前后，历经东魏、西魏、北周、北齐、隋、唐、五代、北宋、金、元明至清末一千多年，造像主要为北魏、唐代时期的作品，分布在东、西两山的崖壁上。

龙门石窟现存窟龛二千一百多个，造像十万余尊，有题记碑碣二千七百多块，佛塔四十多座，体现出了我国古代劳动人民极高的艺术造诣。龙门石窟作品大多受印度犍陀罗、笈多时期佛教的影响，融入了我国传统艺术风格。

龙门石窟除了佛像雕刻之外也有不少造像题记。龙门石窟造像题记遍布许多洞窟，是我国石窟文化的重要组成部分，在学术界、书法界有着广泛的影响。

麦积山，位于甘肃省天水市东南约45公里处，属于秦岭山脉西端小陇山中的一座奇峰。山高只有142米，山的形状奇特，孤峰突起，很像麦垛，故得名麦积山。麦积山石窟大约开凿于后秦，历经北魏、西魏、北周、隋、唐、五代、宋、元、明、清，历代不断地开凿和修缮，现存的造像中以北朝造像原作居多。

麦积山的西南面为悬崖峭壁，石窟就开凿在峭壁上。石窟距离山底二三十米，有的达七八十米，在如此陡峻的悬崖上开凿成百上千的洞窟和佛像，为我国石窟中所罕见。

麦积山现存有洞窟194个，其中有从4世纪到19世纪以来的历代泥塑、石雕7200余件，壁画1300多平方米。麦积山的山体为第三纪沙砾岩，石质结构松散，不易精雕细镂，以精美的泥塑作品著称于世，被誉为"东方雕塑陈列馆"。

何为四大菩萨？

我国佛教四大菩萨是指文殊菩萨、普贤菩萨、地藏菩萨和观音菩萨。

文殊菩萨是佛陀释迦牟尼的左胁侍，释迦牟尼的大弟子。与释迦牟尼、普贤菩萨合称为"华严三圣"。文殊菩萨智能、辩才第一，是象征佛陀智能的菩萨，称"大智"。

普贤菩萨，是诸佛大愿的实践者，菩萨愿行的代表。在娑婆世界，他与文殊菩萨一起作为释迦牟尼的两大胁侍。我国四川省的峨眉山，相传即为普贤菩萨应化的道场，是我国普贤信仰的中心所在。

地藏菩萨以悲愿力救度一切众生，尤

其对地狱中的罪苦众生特别悲悯，而有现阎罗王身、地狱身等广为罪苦众生说法，以教化救度终生。

相传地藏菩萨为新罗国王族，姓金，名乔觉，出家后在唐玄宗时期来到我国，在九华山修道，居住了数十年，去世后，葬于神光岭的月身宝殿，俗称"肉身塔"。九华山的肉身殿，相传为地藏菩萨成道处。

观音菩萨，与大势至菩萨同为西方极乐世界阿弥陀佛的胁侍，世称"西方三圣"。凡遇难众生诵念其名号，菩萨即时听到声音前往拯救，故称观世音菩萨。

在大乘菩萨中，慈悲为怀的观世音

观世音宝相

与智慧的文殊、愿行之普贤，同是最著名的菩萨，广受欢迎。其中，观音的信仰最为普及，广泛传播于印度、日本、东南亚等地区，因此有关观音的信仰故事也非常多。

唐宋以来，观音菩萨信仰在沿海地区，如我国的江、浙、闽、广、台湾以及东南亚国家最为广泛。观音菩萨的道场——普陀山，也在东海之中。

佛教有什么经典？

佛教经典通称藏经、佛经，也称《大藏经》，一般由经、律、论三部分组成。"经"是指释迦牟尼佛讲述，由弟子收集撰写成的法本。"律"是指释迦牟尼佛为约束弟子所制定的一些戒条。"论"则是释迦牟尼佛的弟子在修习佛经后所感悟的心得。

《大藏经》是佛教在漫长的历史发展过程中逐步积累完成的，在佛陀在世时，当时的学说只有口头传承，没有文字记录，在佛陀圆寂之后，弟子们为了弘传佛教思想，以集体回忆朗诵和讨论的方式收集整理佛陀的言论。经过四次结集活动，完成了佛经的收集。佛经内容博大精深，除了佛教教义之外，也涵盖了政治、伦理、哲学、文学、艺术、习俗等方面的论述。

佛教的经典繁多，有《金刚经》、《千手千眼无碍大悲心陀罗尼大悲神咒》、《般若波罗蜜多心经》、《大佛顶首楞严神咒》、《华严经》、《佛说阿弥陀经》等。佛教认为念经能使人心情舒畅，得到佛祖的佑护。

第八章　建筑奇葩

什么是殷墟？

殷墟是商代后期的都城遗址，位于河南安阳小屯村附近，横跨洹河两岸，总面积达50平方公里。整个都城以王室宫殿为中心，有比较严格的规划和布局。

洹河南岸为宫殿、作坊区，分布有宫寝、宗庙、储藏粮食和其他物品的窖穴，以及生产铜器、陶器、骨器、玉器的手工作坊。宫殿区外，有一道保护宫室的壕沟。恒河北岸为墓区，分布有王陵、贵族墓地以及数以千计的杀殉坑、祭礼场。遗址的西北部为平民墓葬区。此遗址出土大量的甲骨刻辞，对研究商代的历史提供了宝贵资料。殷墟的发掘始于1928年，中华人民共和国成立后，对殷墟又不断的进行大规模的科学发掘，仅墓葬就发掘近2000座。

阿房宫是什么时候修建的？

秦始皇统一全国以后，在都城咸阳大兴土木，建宫筑殿，其中所建宫殿中规模最大的就是阿房宫。

秦始皇三十五年（前212），在渭河以南的上林苑中开始营造朝宫，即阿房宫。由于工程浩大，秦始皇在位时只建了一座前殿。工程未完成秦始皇死了，秦二世胡亥调修建阿房宫工匠去修建秦始皇陵，后继续修建阿房宫，但秦王朝很快就垮台了。

据《史记·始皇本纪》中记载：阿房宫前殿，东西五百步，南北五十丈，殿中可以坐一万人。秦代一步合六尺，三百步为一里，秦尺约0.23米。如此算来，阿房宫的前殿东西宽690米，南北深115米，占地面积8万平方米，容纳万人绰绰有余。如今在陕西西安西郊三桥镇以南，东起巨家庄，西至古城村，还保存着面积约六十万平方米的阿房宫遗址。

何为未央宫？

长安是中国汉朝的都城，它是在秦朝兴乐宫的基础上增扩而成。北墙依渭水而建，南墙也依宫墙变化。城内的主要建筑是宫殿，其中长乐宫和未央宫最为著名。

汉未央宫是汉朝君臣朝会的地方。总体的布局呈长方形，四面筑有围墙。东西两墙各长2150米，南北两墙各长2250米，全宫面积约5平方公里，约占全城总面积的七分之一，较长乐宫稍小，但建筑本身的壮丽宏伟则有过之。

据记载，四面建宫门各一，唯东门和北门有阙。宫内有殿堂四十余屋，还有六座小山和多处水池，大小门户近百，与长乐宫之间又建有阁道相通。今日发现的建筑遗迹，有位于中央的前殿，前殿基坛东西宽约200米，南北长约350米，最高处15米。

自未央宫建成之后，汉代皇帝都居住在这里，所以它的名气之大远远超过了其他宫殿。在后世人的诗词中未央宫已经成为汉宫的代名词。整个宫殿由承

明、清凉、金华等40多个宫殿组成。南部正门以北偏西建未央宫前殿，现在汉未央宫的遗址仍存有当时高大的夯土台基。

何为大明宫？

大明宫初建于唐太宗贞观八年（634），名永安宫，是李世民为太上皇李渊而修建的夏宫，也就是避暑用的宫殿，而宫殿还未建成，太上皇李渊就在第二年的五月病死于大安宫，夏宫的营建工程也就此停工，遂于贞观九年正月改名大明宫。大明宫再次大规模营建是在高宗龙朔时期。经过这次大规模营建，大明宫才算基本建成。当然，此后大明宫尚有多次营建和葺修，如玄宗开元元年（713）曾修大明宫，宪宗元和十二年（817）、十三年又曾二次增修大明宫宫殿，浚龙首池，起承晖殿。不过这些工程只是增修补葺罢了，大明宫在郭城的东北处，南接都城之北，西接宫城的东北隅，占据龙首原的高地之上。

大明宫周长7628米，面积3.3平方千米，是北京紫禁城面积的3.5倍。平面形制是一南宽北窄的楔形。它西墙长2256米，北墙长1135米，南墙为郭城北墙东部的一段，长1674米，东墙的北部偏西12度多，由东墙东北角起向南（偏东）1260米，转向正东，再304米，又折向正南长1050米，与宫城南墙相接。它是唐长安城规模最大的一处宫殿区。

自唐高宗起，唐朝的帝王们大都在大明宫居住和处理朝政，作为国家的统治中心，历时达二百余年。大明宫的范围很大，东西1.5千米，南北2.5千米，略呈楔形，共有11座城门，大明宫正门名丹凤门，有含元殿、宣政殿、紫晨殿三大殿，正殿为含元殿。含元殿以北有宣政殿，宣政殿左右有中书、门下二省，及弘文、史二馆。而有名的麟德殿大约建于唐高宗麟德年间，位于大明宫北部太液池之西的高地上。此外有别殿、亭、观等30余所。含元殿是当时唐长安城内最宏伟的建筑。殿前东西两侧有翔鸾、栖凤二阁和通往平地的龙尾道。整座宫殿坐北朝南，居高临下，规模宏大，建筑雄伟。唐僖宗时，大明宫屡遭兵火，最终于干宁三年（896）被烧毁。数年因为战备的原因，宫殿的遗迹也都被除，此后便成为一片废墟。

元朝首都建设有什么特点？

元大都是元代国都。建于今北京，元称大都，又称汗八里，史称元大都。元大都兴建于至元四年（1278）。是以太液池（即今北海）和金朝在太液池附近建筑的万宁宫为基础修筑的，有皇城与大城两部分。

皇城内有大内、隆福、兴圣三组宫殿建筑，位于南城中央，外筑城墙称萧墙。三组建筑大致环绕太液池。皇城建筑之初，先构筑地下网道，设计水平较先进。今团城原为皇城中孤岛，有木桥与三组建筑相连。皇城外称大城，周围约28.6公里，东西6公里多，南北7公里多，呈南北向长方形。城内道路以南北、东西正向排列，南北方向为主，轴线为南北向，道路均以中轴线为准分居两侧。中轴线以丽正门（今天安门南）为起点，北至天寿万宁寺中心阁。大城共有11门。城中以坊为居住单位。海子即今积水潭，当时诸水道引水均汇于此，恰汇集在皇城后，是元大都中商业繁荣区。

元大都城墙北段遗址即今古城，南墙在今南北长安街以南，东西城墙位置与明清略近，四周均有角楼，今北海大桥即当时皇城中连接孤岛与三组宫殿的木桥位置。元大都的建设为明清北京城奠定了基础，是当时世界上最繁华的城市。

紫禁城内有什么建筑？

紫禁城又称大内，今称故宫，位于北京市中心，是明清两代封建王朝的皇宫，为我国现存最大最完整的古代建筑群，它建于明永乐四年至永乐十八年（1406—1420），后虽经明清两代多次重修和扩建，仍保持原来的布局。占地面积72万多平方米，周围有高10米的城墙和52米宽的护城河，四偶有角楼，建筑面积达15万多平方米，共有宫殿9000余间。这些宫殿是沿着南北的中轴线排列，并向两旁展开，南北取直，左右对称。

紫禁城（局部）

这条中轴线不仅贯穿紫禁城内，而且贯穿整个北京城。宫内建筑分外朝和内廷两大部分。外朝以太和殿、中和殿、保和殿为中心，文华殿、武英殿为两翼，是封建皇帝举行大典和召见群臣行使权力的重要场所。内廷，包括乾清宫、交泰殿、坤宁宫和御花园，以及三宫两侧的东六宫、西六宫等。内廷是皇帝办事、居住和后妃、太后、太妃等居住的寝宫、游玩和供奉神的地方。另外还有库房、书楼、史馆等建筑物。

太极殿是什么样的？

紫禁城内廷西六宫之一，建于明永乐十八年（1420）。原名未央宫，因嘉靖皇帝的生父兴献王朱祐杬生于此，故于嘉靖十四年（1535）更名启祥宫，清代改称太极殿。

太极殿原为二进院，清后期改修长春宫时，将太极殿后殿辟为穿堂殿，后檐接出抱厦，并与长春宫及其东西配殿以转角游廊相连，形成回廊，东西耳房各开一间为通道，使太极殿与长春宫连接成相互贯通的四进院。

太极殿面阔5间，黄琉璃瓦歇山顶，前后出廊。外檐绘苏式彩画，门窗饰万字锦底团寿纹，步步锦支摘窗。室内饰石膏堆塑五福捧寿纹天花，系清末民初时所改。明间与东西次间分别以花梨木透雕万字锦地花卉栏杆罩与球纹锦地凤鸟落地罩相隔，正中设地屏宝座。殿前有高大的祥凤万寿纹琉璃屏门，与东西配殿组成一个宽敞的庭院。

后殿为体元殿，黄琉璃瓦硬山顶，面阔5间，前后明间开门。后檐接抱厦3间，为长春宫戏台。

天坛建筑有什么特点？

天坛位于北京市崇文区，是明清帝王祭天、祈谷和祈雨的场所，是我国现存最大的一处坛庙建筑。

天坛始建于明永乐十八年（1420），最初实行天地合祀，叫做天地坛，历经十四年与紫禁城同时建成。嘉靖九年（1530）实行四郊分祀制度后，在北郊觅地另建地坛，原天地坛则专事祭天、祈谷和祈雨，并改名为天坛。天坛占地约273万平方米，是故宫面积的四倍。天坛有两重坛墙，分为内坛和外坛。坛墙的北部是半圆形的，象征

天；南部是方形的，象征地，这也对应了"天圆地方"的说法。

天坛主要由祈年殿、皇穹宇、圜丘坛以及斋宫等附属建筑组成。祈年殿在天坛的背部，是天坛最早的建筑。清光绪十五年（1889）重建时，把长方形大殿改为镏金宝顶蓝瓦一重檐攒尖顶的圆形建筑，高38米，直径32.72米，矗立在三层圆形的汉白玉台基上。全殿共有二十八根巨大的木柱，中央的四根名叫"龙井柱"，象征四季；中层的十二根金柱，象征了十二个月；外层的十二根檐柱，则象征十二个时辰；两层共二十四根，象征着二十四节令；再加上四根龙井柱，共二十八根象征天上的二十八星宿。祈年殿端庄华贵、色彩绚丽、巍峨雄伟，表现了我国古代建筑的高超技艺和独特风格。

皇穹宇是供奉圜丘坛祭祀神位的场所，是存放祭祀神牌的处所。围绕着皇穹宇的是一圈正圆形磨砖对缝的围墙，即为举世闻名的回音壁。在皇穹宇台阶前，还有奇特的"三音石"，回音壁和三音石，是我国古代建筑中极为罕见的科学艺术成果。圜丘坛为祭天的祭坛，这是一座全部青石雕砌、重叠三层的圆坛，台上没有建筑，是露天的，所以祭天时对空而祭，称为"露祭"。在我国古代，天为阳，地为阴，认为一、三、五、七、九为阳数，九为极阳数，所以坛面、台阶、栏杆所用的石块数都是九或者为九的倍数。

沈阳故宫有什么特点？

沈阳故宫又称后金故宫、盛京皇宫，是清朝统治者入主中原前的皇宫，是中国现存仅次于北京故宫的最完整的皇宫建筑。在建筑艺术上承袭了中国古代建筑的传统，集汉、满、蒙族建筑艺术为一体，具有很高的历史和艺术价值。

这座占地6万平方米的古建筑群始建于1625年（后金天命十年），建成于1636年（清崇德元年）全部建筑90余所，300余间；清朝入关后对盛京皇宫又进行了保护和扩建，到乾隆时基本形成今日规模。

沈阳故宫以独特的历史、地理条件和浓郁的满族特色而迥异于北京故宫。沈阳故宫那金龙蟠柱的大政殿、崇政殿，排如雁行的十王亭、万字炕口袋房的清宁宫，古朴典雅的文朔阁，以及凤凰楼等高台建筑，在中国宫殿建筑史上绝无仅有；那极富满族情调的"宫高殿低"的建筑风格，更是"别无分号"。

沈阳故宫按照建筑布局和建造先后，可以分为3个部分：

东路为努尔哈赤时期建造的大政殿与十王亭；中路为清太宗时期续建的大中阙，包括大清门、崇政殿、凤凰楼以及清宁宫、关雎宫、衍庆宫、启福宫等；西路则是乾隆时期增建的文溯阁等。整座皇宫楼阁林立，殿宇巍峨，雕梁画栋，富丽堂皇。

布达拉宫是什么时候修建的？

布达拉宫始建于公元7世纪，是藏王松赞干布为远嫁西藏的唐朝文成公主而建。在拉萨海拔3700多米的红山上建造了999间房屋的宫宇——布达拉宫。古老的宫堡也大部分被毁于战火，直至公元十七世纪，五世达赖建立噶丹颇章王朝并被清朝政府正式封为西藏地方政教首领后，才开始了重建布达拉宫，时年为公元1645年。以后历代达赖又相继进行过扩建，于是布达拉宫就成了今天规模。

其外观有13层，自山脚向上，直至山顶。整体建筑主要由东部的白宫（达赖喇嘛居住的部分），中部的红宫（佛殿及历代达赖喇嘛灵塔殿）及西部白色的僧房（为达赖喇嘛服务的亲信喇嘛居住）组成。在红宫前还有一片白色的墙面为晒佛台，这是每当佛教节庆之日，用以悬挂大幅佛像的地方。

在半山腰上，有一处约1600平方米的平台，这是历代达赖观赏歌舞的场所，名为"德阳厦"。由此扶梯而上经达松格廊廊道，便到了白宫最大的宫殿东大殿。有史料记载，自1653年清朝顺治皇帝以金册金印敕封五世达赖起，达赖转世都须得到中央政府正式册封，并由驻藏大臣为其主持坐床，亲政等仪式。此处就是历代达赖兴行坐床，亲政大典等重大宗教，政治活动的场所。

布达拉宫

红宫是达赖的灵塔殿及各类佛堂。共有灵塔8座，其中五世达赖的是第一座，也是最大的一座。据记载仅镶包这一灵塔所用的黄金就达11.9万两之多，并且经过处理的达赖遗体就保存在塔体内。西大殿是五世达赖灵塔殿的享堂，它是红宫内最大的宫殿。殿内除乾隆御赐"涌莲初地"匾额外，还保存有康熙

皇帝所赐大型锦绣幔帐一对，为布达拉宫内的稀世珍品。传说康熙皇帝为了织造这对幔，曾专门建造了工场，并费工一年才得以织成。从西大殿上楼经画廊就到了曲结竹普（即松赞干布修法洞），这座公元七世纪的建筑是布达拉宫内最古老的建筑之一，里面保存有松赞干布、文成公主及其大臣的塑像。红宫内的最高宫殿名叫萨松朗杰（意为胜三界），其中供奉清乾隆皇帝画像和"万岁"牌位。大约自七世达赖格桑嘉措起，各世达赖每年藏历正月初三凌晨都要来此向皇帝牌位朝拜，以此表明他们对皇帝的臣属关系。

何为晋祠？

晋祠位于山西省太原市西南郊25公里处的悬瓮山麓，始建于北魏前，是为了纪念周武王的次子叔虞而建，初名唐叔虞祠，又因位于晋水的源头，故名晋祠。

晋祠内建筑布局由中、北、南三部分组成，中部建筑结构壮丽而整肃，为全祠之核心，北部建筑以崇楼高阁取胜，南部建筑楼阁林立，小桥流水，亭榭环绕，一片江南园林风光。祠内建筑由东向西有水镜台、会仙桥、金人台、对越坊、钟鼓二楼、献殿、鱼沼飞梁和圣母殿，其北为唐叔虞祠、吴天神祠和文昌宫，其南面是水母楼、难老泉亭和舍利生生塔，整个建筑群布局紧凑、严密，既像庙观院落，又好似皇室的宫苑。

圣母殿始建于北宋天圣年间，是现在晋祠内最古老的建筑。圣母殿高19米，重檐歇山顶，面阔七间，进深六间，黄绿琉璃瓦剪边，雕花脊兽，四周围廊，殿前廊柱上木雕盘龙八条。殿的

内部采用减柱法，扩大了空间，是中国规模较大的一座宋代建筑。殿内有宋代的彩塑43尊，主像圣母端坐木制的神龛里，其余42尊侍从分列龛外两侧，圣母凤冠蟒袍，神态端庄，侍从手中各有所奉，或侍饮食起居，或梳洗洒扫等，是宫廷生活的具体写照。塑像十分生动，充分地表现出人的神情，各个塑像神态自然，神情各异，塑工高超，是中国宋代彩塑中的精品。

在圣母殿的南面，有一座北齐天保年间（550—559）创建的难老泉亭，亭为八角攒尖顶。晋水主要的源头难老泉水从亭下石洞中汩汩流出，常年不息，因此北齐时撷取《诗经·鲁颂》中"永锡难老"的锦句为名，名为"难老泉"。

武侯祠是为谁修建的？

成都武侯祠又名"汉昭烈庙"，是纪念中国古代三国时期蜀汉皇帝刘备和丞相诸葛亮的君臣合祀祠宇，是中国唯一的一君臣合祀祠庙。成都武侯祠是中国纪念诸葛亮名胜中最负盛名的一处。纪念诸葛亮的武侯祠除成都武侯祠外，还有陕西勉县武侯祠、南阳武侯祠、襄樊古隆中武侯祠、重庆奉节白帝城武侯祠、云南保山武侯祠和甘肃礼县祁山武侯祠等。

成都武侯祠，位于四川成都市南门武侯祠大街，由刘备、诸葛亮蜀汉君臣合祀祠宇及惠陵组成。始建于公元223年修建刘备陵寝。武侯祠建于唐，初与祭祀刘备的（汉昭烈帝）昭烈庙相邻。明朝初年重建时将武侯祠并入了"汉昭烈庙"，形成现存武侯祠君臣合庙。现存祠庙的主体建筑1672年清康熙年间（清康熙十一年）重建。

武侯祠同汉昭烈庙、刘备墓（惠陵）相毗连。整个武侯祠坐北朝南，主体建筑大门，二门，汉昭烈庙，过厅，武侯祠五重建筑，严格排列在从南到北的一条中轴线上。以刘备殿最高，建筑最为雄伟壮丽。武侯祠后还有三义庙、结义楼等建筑。

何为三苏祠？

三苏祠位于成都市西南眉山市城郊，分别距成都、乐山80公里，是北宋著名文学家苏洵、苏轼、苏辙的故居，明代洪武元年改宅为祠，祭祀三苏。经数百年的营造，现占地面56800平方米，是一座富有四川特色的古典式的园林建筑，周围红墙环抱，绿水萦绕，荷池相通，小桥频架，曲径通幽，堂馆亭榭掩映在翠竹浓荫之中，错落有致，有"三分水，二分竹"的"岛居"之称，楼台亭榭古朴典雅；匾额对联词意隽永。

三苏祠（局部）

三苏祠总建筑面积有11500平方米，主要建筑有正门、前厅、公殿、启贤堂、来凤轩、厢房、云屿楼、披风榭、瑞莲亭、百坡亭、碑亭、抱月亭、快雨亭、式苏轩、景苏楼、绿洲亭、半潭秋水一房山、采花舫、南堂、疏竹轩、绿筼轩、西门等。正殿、启贤堂、瑞莲亭为清康熙年间所建，近现代所建和修葺都以清代康熙四年的建筑为模式，使之成为一组典型的完整的四川清代古建筑群。正殿有苏洵、苏轼、苏辙的塑像，东侧由池水将绿洲亭、抱月亭、云屿楼连成一组园林。亭小水阔，树密楼奇。西侧一泓池水为"百坡亭"廊桥横断，向北望，透过"披风榭"可见隐于竹林中的东坡卧塑像。殿堂部分由三进四合院组成，虽按轴线处理，但两边却运用了均衡而不严整对称而有自由变化的手法，有收有放，灵活多致。

资中文庙是什么时候修建的？

资中文庙始建于北宋雍熙年间，时位于资中县城大东街。因旧庙低湿狭窄当街喧闹，清道光九年（1829）州牧贵州石阡张海澜倡议，士绅集资，将文庙迁北关外邑人赵逵居游过的洗墨池处（即今址），十五年竣工，费时六年。资中文庙总占地面积6787平方米，建筑面积2608平方米，坐北朝南，复四合院式布局，前后四进高低错落有致在一中轴线。

主要建筑均覆琉璃瓦，正脊饰宝鼎、蟠龙，翼角飞翘，轻盈飘逸，极具南方古建筑俏丽精巧风格。大成殿内藏有清康熙、雍正、乾隆、嘉庆、道光、咸丰、同治、光绪八位皇帝书写的匾额及民国时蒋介石、林森题写的匾额，有全国在大成殿内唯一的一尊孔子站像，以及镂空雕刻九龙二凤盘绕金底黑字、全国最大的明"至圣先师孔子神位"。明成化年间"御制重修孔子庙碑记"、清康熙皇帝御书"大学碑"尤为珍贵。最具资中地方特色的照壁壁间七孔镂空壁塑，图案精美，由云海波涛、蟹虾鱼龙、坊塔石树、鱼跃龙门等构成故事，寓意古代仕子如江河中之鱼，只有不断努力进取，经尊孔尊儒的教化，才能最终跳龙门由鱼成龙达到人生光辉顶点。

凤庆文庙在哪里？

凤庆文庙位于凤庆县城，是祭祀孔子的建筑，整个建筑占地约12000平方米，由鸣凤阁、崇胜殿、大成殿、大成门、棂星门、龙门石坊、泮池等组成，布局合理，技艺精湛，具有较高的建筑艺术水平及历史研究价值，是凤庆历史文化发展的见证。

文庙始建于明万历三十四年（1606），原址在城南虎山东麓，清康熙八年（1669）迁建于府署之西，同治十二年（1873）又迁，建于县城西文庙街，俗称黉学，光绪十九年（1893）结束全部工程，历时300余年。

鸣凤阁又名魁星阁，在县城最高点，三层，高16米，边宽11米，六角攒尖顶，底层正方形，是文庙建筑群最为显目的组成部分。

大成殿，砖土木结构建筑，重檐歇山顶，高约12米，面阔18.3米，纵深13米，五开间、四面出厦，由18棵埋径50多厘米大柱支撑。透雕格门，屋顶有花栏，花栏中置有山塔，两端各有大龙一条，龙口朝宝塔，形成二龙抢宝或二龙戏珠。上下两层8个屋角各有瓦狮一尊。上层四周为走廊，中间空心，正堂供有神龛为孔夫子牌位。下层屋檐下悬挂"斯文在兹"横匾，上层屋檐下有"圣集大成"四个大字。

光岳楼在哪里？

光岳楼位于山东省聊城市古城中央。高楼凌空，巍峨壮丽，气势非凡，

为鲁西一大名胜。它始建于明洪武七年（1374）。当时，东昌卫守御指挥金事陈镛在重修城垣时，为"严更漏，窥敌望远"，利用剩余木料建造而成。故始称"余木楼"，后亦称"鼓楼"、"东昌楼"。

明弘治九年（1496），考功员外郎李赞到聊城，见此楼高壮极目，天下所无，但及今百年，尚寞落无名，因与当时东昌府太守金天锡商定，命名"光岳楼"，"取其近鲁有光于岱岳"。该楼是一座由宋元向明清过渡的代表建筑，系我国现存明代楼阁中最大的一座。在形式上它承袭宋、元楼阁遗制，结构上继承了唐、宋时代的传统风格，同时和明初其他建筑也有若干相似之处，开"官式"建筑先河。为四重檐歇山十字脊楼阁，由楼基和4层主楼组成，总高33米。楼基为砖石砌成的方形高台，占地1236平方米，边长34.5米，向上渐有收分，垂直高度9米，由交叉相通的4个半圆拱门和直通主楼的50多级台阶组成。主楼为全木结构，四面斗拱飞檐，因有回廊相通。全楼有112个台阶、192根金柱、200余斗拱。

鹳雀楼在哪里？

鹳雀楼位于山西省永济市蒲州古城西面的黄河东岸，共六层，前对中条山，下临黄河，是唐代河中府著名的风景胜地。它与武昌黄鹤楼、洞庭湖畔岳阳楼、南昌滕王阁齐名，被誉为我国古代四大名楼（另有说四大名楼为岳阳楼、黄鹤楼、滕王阁、蓬莱阁。）

相传当年时常有鹳雀（颧，鹤一类水鸟）栖于其上，所以得名。该楼始建于北周（557—580），废毁于元初。可惜鹳雀楼到宋以后被水淹没，后水退却

后，失去往日的繁华和兴盛，遂于元初毁于战乱。

由于楼体壮观，结构奇巧，加之区位优势，风景秀丽，唐宋之际文人学士登楼赏景留下许多不朽诗篇，其中王之涣《登鹳雀楼》诗"白日依山尽，黄河入海流。欲穷千里目，更上一层楼"堪称千古绝唱，流传于海内外。

岳阳楼在哪里？

岳阳楼位于历史悠久的文化古城岳阳，岳阳古称"巴陵"，位于湖南省北部，烟波浩淼的洞庭湖与绵延万里的长江在这里交汇，名冠江南三大名楼之首的岳阳楼就座落在傍水而生的一古城西门城头。

岳阳楼（局部）

岳阳楼始建于公元220年前后，距今已有1700多年历史，其前身相传为三国时期东吴大将鲁肃的"阅军楼"，西晋南北朝时称"巴陵城楼"，初唐时，称为"南楼"，中唐李白赋诗之后，始称"岳阳楼"。岳阳楼高21.5米，三层、飞檐、纯木结构。楼顶覆盖黄色琉璃瓦，造型奇伟，"岳阳楼"匾额为郭沫若手书。历史上的诗人如杜甫、韩愈、刘禹锡、白居易、李商隐等均前来登临览胜，留下了不少名篇佳作，使岳阳楼名

扬天下。公元1045年，庆历四年春，滕子京重修岳阳楼，并请好友、文学家范仲淹作了《岳阳楼记》。

浔阳楼在哪里？

九江背靠庐山，濒临长江，是江西省最北的一座城市，也是一座历史文化名城。市内风景点很多，其中就有江南四大名楼之一的浔阳楼。

浔阳楼因九江古称浔阳而得名，初为民间酒楼，至今已有一千二百年的历史。由于九江自古以来就是长江南岸一座交通要道和经济发达的城市，所以，雄踞江畔的浔阳楼也历来是名人云集之地。

浔阳楼是一座具有典型宋代建筑风格的楼宇，又是一个集游览参观、喝茶听书和餐饮为一体的旅游景点。在一楼大厅内陈列着全国旅游景点上唯一的一套《水浒》一百单八将的人物瓷像，这一作品把一个个英雄好汉的形象栩栩如生地展现在游客面前。两幅大型瓷板壁画——"浔阳楼宋江吟反诗"和"梁山伯好汉劫法场"则将宋江被逼上梁山的故事娓娓道来。

二楼忠义堂为当年宋江醉酒题诗处，现仍备有宋江当年喝过的那种酒（称作"蓝桥风月"美酒），以及独具特色的"水浒宴"。

北京鼓楼有什么特点？

北京鼓楼位于北京城中轴线的地安门外大街北端，为古代城市的报时台。

鼓楼坐北朝南，为重檐三滴水木结构楼阁建筑，通高46.7米。楼身坐落在4米高的砖砌城台之上，东西长约56米，南北宽约33米，台上四周围以宇墙。楼身有上下二个功能层和中间的一个结构

暗层，平面面阔五间，进深三间，外带周围廊；城台（下层）外显面阔七间，进深五间，内部为拱券结构，前后各有三座券门，左右各一券门，南门前有一对石狮。楼台东北隅有一门，门内有石梯69级，由此登临。鼓楼屋顶为灰筒瓦绿琉璃剪边重檐歇山式，正脊两端安背兽，平坐周围以木制滴珠板封护，下层檐为四坡屋顶，各层屋顶戗脊上曾置狮子为首的五跑小兽，现为仙人为首的七跑小兽。上层檐下施重昂五踩斗拱，下层檐下施单翘单昂五踩斗拱，平坐下施重翘五踩斗拱。室内方砖漫地，外檐装修采用六抹方格格扇门窗。上层室外环楼有走廊，设木栏杆，四角支撑有擎檐柱。鼓楼二层内原有主鼓一面，群鼓二十四面，现仅存一面主鼓，内之鼓高2.22米，长2.25米，腰径1.71米，鼓面直径1.40米，已残破不堪，并在鼓皮上留有侵华日军用刺刀捅破的刀痕；有木制鼓座，鼓座为红油漆上雕云纹，高1.8米，长2米，宽1.9米。

滕王阁在哪里？

滕王阁始建于唐永徽四年（653），为唐高祖李渊之子李元婴任洪州（今江西南昌）都督时所创建。据史书记载，永徽三年（652），李元婴迁苏州刺史，调任洪州都督时，从苏州带来一班歌舞乐伎，终日在都督府里盛宴歌舞。后来又临江建此楼阁为别居，实乃歌舞之地。因李元婴在贞观年间曾被封于山东省滕州故为滕王，且于滕州筑一阁楼名以"滕王阁"，后滕王李元婴调任江南洪州，又筑豪阁仍冠名"滕王阁"，此阁便是后来人所熟知的滕王阁。

滕王阁因"初唐四杰"之首的王勃一篇骈文——《秋日登洪府滕王阁饯别

序》而得以名贯古今，誉满天下。王勃的《滕王阁序》脍炙人口，传诵千秋。文以阁名，阁以文传，历千载沧桑而盛誉不衰。自王勃的"千古一序"之后，王绪曾为滕王阁作《滕王阁赋》，王仲舒又作《滕王阁记》，传为"三王记滕阁"的佳话。后大文学家韩愈又作《新修滕王阁记》。由此王勃、韩愈等人开创了"诗文传阁"的先河，使之后来的文人学士登阁题诗作赋相沿成习。

滕王阁在古代被人们看作是吉祥风水建筑，在我国古代习俗中，人口聚居之地需要风水建筑，一般为当地最高标志性建筑，聚集天地之灵气，吸收日月之精华，俗称"文笔峰"。滕王阁坐落于赣水之滨，被古人誉为"水笔"，有古人亦云"求财万寿宫，求福滕王阁"。可见滕王阁在世人心目中占据的神圣地位，历朝历代无不备受重视和保护。

文澜阁在哪里？

文澜阁位于杭州西湖孤山南麓，初建于清乾隆四十七年（1782），是清代为珍藏《四库全书》而建的七大藏书阁之一，也是江南三阁中唯一幸存的一阁。

文澜阁是将杭州圣因寺后的玉兰堂改建而成的，建成于乾隆四十八年（1783）。改建的各项工费均由浙江商人捐办。咸丰十一年（1861）文澜阁焚毁，部分藏书散失。光绪六年（1880）开始重建，并把散失、残缺的书籍收集、补抄起来；辛亥革命后又几经补抄，文澜阁的《四库全书》才恢复旧观。

文澜阁是一处典型的江南庭院建筑，园林布局的主要特点是顺应地势的高下，适当点缀亭榭、曲廊、水池、叠石之类的建筑物，并借助小桥，使之互相贯通。园内亭廊、池桥、假山叠石互为凭借，贯通一起。主体建筑仿宁波天一阁，是重檐歇山式建筑，共两层，中间有一夹层，实际上是三层楼房。步入门厅，迎面是一座假山，堆砌成狮象群，山下有洞，穿过山洞是一座平厅，厅后方池中有奇石独立，名为"仙人峰"，是西湖假山叠石中的精品。东南侧有碑亭一座，碑正面刻有清乾隆帝题诗，背面刻颁发《四库全书》上谕。东侧亦有碑亭一座，碑上刻清光绪帝题"文澜阁"三字。平厅前有假山一座，上建亭台，中开洞壑，玲珑奇巧。方池后正中为文澜阁，西有曲廊，东有月门通太乙分清室和罗汉堂。全部建筑和园林布局紧凑雅致，颇具特色。

文津阁有什么特点？

文津阁位于河北承德避暑山庄平原区的西部，千尺雪景区之北。建于乾隆三十九年（1774），是内廷四阁中第一座建成之阁。文津阁内原藏《古今图书集成》万卷、《御制诗》四集，1785年《四库全书》也曾收藏于此。辛亥革命后，《四库全书》运往北京图书馆，《古今图书集成》早年已被军阀盗卖净尽。

文津阁仿浙江宁波范氏天一阁形式修建，占地面积3600平方米，主要建筑由门殿、假山、水池、藏书楼、花台、曲池、山石、月门等组成。

文津阁建筑造型、制景手法匠心独到，园中有园，自成气候。四周砌低矮白灰花墙，内外水渠分隔。门殿三楹面南，进深两间，后有门厦。东门三开间，进深一间，东有厦廊。主楼六楹面南，西稍间为楼梯间，面宽收进三分之二，总长2602米；进深五间，前后设廊，总宽14062米；通高13085米。外观重檐两层，内部结构三层。中层藏书为底檐全部遮挡，防止阳光直射。文津阁按《易经》"天一生水，地六成之"以水克火之意设计、命名。顶层六间相通意为"天一"，底层六间分隔谓之"地六"。阁前砌平台，台下聚池潭，潭内映弯月，时隐时现。仰望天空，并无月亮，弯月何出，实为奇观。池南假山嶙峋，亭台得势，古树峥嵘，藓草涵孕。假山有"十八学士登瀛洲"的造型；又有承德十大名山的缩影。

天一阁为什么闻名全国？

天一阁坐落在浙江省宁波市月湖之西的天一街。天一阁是中国现存年代最早的私家藏书楼，也是亚洲现有最古老的图书馆和世界最早的三大家族图书馆之一。始建于明嘉靖四十年（1561），由当时退隐的兵部右侍郎范钦主持建造。范钦平生喜欢收集古代典籍，后又得到鄞县李氏万卷楼的残存藏书，存书达到了七万多卷，其中以地方志和登科录最为珍稀。乾隆三十七年（1772），下诏开始修撰《四库全书》，范钦的八世孙范懋柱进献所藏之书638种，于是乾隆皇帝敕命测绘天一阁的房屋、书橱的款式，兴造了著名的"南北七阁"，用来收藏所撰修的七套《四库全书》，天一阁也从此名闻全国。明清以来，文人学者都为能登此楼阅览而自豪。

范钦为了保护藏书而订立了严格的族规，如女子不得上楼。世代的子孙严格遵循"代不分书，书不出阁"的遗教，但终因年代过于久远，藏书还是有很多的失散。嘉庆十三年（1808），阁内的藏书实有4094部，共53000多卷。鸦片战争时，英国侵略者掠去了《一统志》等数十种古籍。咸丰年间（1851—1861），又有盗贼潜入阁内，偷去了许多的藏书，转卖给法国的传教士和造纸厂。后来又经历了许多的变故，到1940年，阁内的藏书仅存1591部，共13038卷。新中国成立后，政府为了保护天一阁，专门设置了管理机构，探访得到了流失在外的3000多卷原藏书，又增入当地收藏家捐赠的古籍，现藏珍版善本达到了8万多卷。

范钦的私人藏书历经十三世，保存四百余年，虽然也有过几次大的失窃，但事后范氏族人又会想方设法不惜重金赎回。历代藏书家很多，其藏书能保存百年以上的并不多见，而范氏藏书却保存至今，这与范钦对藏书的管理制度密不可分。天一阁藏书制度规定："烟酒切忌登楼"、"代不分书，书不出阁"、还规定藏书柜门钥匙由子孙多房掌管，非各房齐集不得开锁，外姓人不得入阁，不得私自领亲友入阁，不得无故入阁，不得借书与外房他姓，违反者将受到严厉的处罚，还制订了防火、防水、防虫、防鼠、防盗等各项措施。正因为如此，天一阁的藏书才得以保存到今日。"外姓人不得入阁"一条，使得天一阁的藏书不为外人所知，直到1673年（清康熙12年）明末清初思想家黄宗羲才有幸成为外姓人登阁第一人！允许黄宗羲登阁的是范钦曾孙（四世孙）范光燮。自此以后天一阁才进入相对开放的时代，但仍只有一些真正的大学者才会被允许登天一阁参观。

明代西苑是怎么形成的？

明代西苑是在元代太液池的基础上加以发展而成的。元代太液池只有北海和中海两部分，明代又开凿南海，于是形成了中、南、北三海，清代在三海中进一步兴建。

由于三海紧靠宫殿，景物优美，所以成为帝王居住、游憩、处理政务等

的重要场所。清代帝王在城内居住时，常在西苑召见大臣，处理国政，宴会王公卿士，接见外蕃，召见与慰劳出征将帅，武科校技等，都在南海惇叙殿、涵元殿、瀛台、紫光阁等举行，冬天还在西苑举行"冰嬉"。

北海在三海中面积最大，形状不规则，琼华岛突出于水中，岛的面积较大，也相当高，用土堆成。岛山选山石建殿宇，岛顶在元明时代原有广寒宫，是皇帝赐宴群臣的地方；清代顺治八年，在此改建成一座白色喇嘛塔，构成北海整个园林区的中心，对整个北海起到收敛凝聚的作用。乾隆时，又在岛山添建了一些亭台楼阁，如悦心殿等建筑以及构山筑洞，并在岛北面修建了弧形长廊，使北海更加壮丽。廊的中部有漪澜堂、远帆阁等建筑，使长廊不感平整呆板。岛的石洞工程很大，艺术水平也相当高，好处是在山石间有堂榭房屋，房屋内又有山石掺合在一起，使人感到建筑是在自然之中，而自然又引进室内。

北海西岸建筑物很少，东岸看到一些土山与树木，北岸有几组宗教建筑，如西天、阐福寺等。而整个布局中，重点是集中在琼华岛上，重点突出，主次分明。

中海是南海和北海联系过渡的狭长水面，两岸树木茂密，园林建筑较少，仅在东岸露出万寿殿一角和水中立一小亭，西岸也只露出紫光阁片段。南海水面比较小而圆，水面却十分清幽，在碧波清清的湖水中，构置岛屿，称为瀛台，岛上建筑物都比较低平，远远看去，高出水面却十分协调。

南海中的"静谷"一组庭院，可以说是南海中的园中园了，是一个十分精美的游憩园，该院中叠石构洞和亭桥的摆布等可以称得上是小园中绝妙的园林艺术之精品。

承德避暑山庄有什么特点？

清初，康熙皇帝为了笼络蒙古族以及避暑的需要，在承德兴建了行宫避暑山庄。此后，直到清朝末年，皇帝后妃每逢夏天常来这里避暑，或在秋初时，在避暑山庄之北的围场打猎，并会见蒙古贵族们。

避暑山庄的总面积约为560公顷，它的特点是园内围进了许多山岭，只有五分之一左右的平地，而平地内又有许多水面，这与圆明园、颐和园的布局上有所不同。园的周围绕以防御性的砖石构筑的宫垣，似宫城一般，宫垣高约一丈，厚约五尺。四周设六个门，南面有丽正门、德汇门、碧峰门，东边及东北、西北各一门，形成与一般皇家园林的不同特点。

承德避暑山庄（局部）

居住和上朝理政的行宫区，布置在山庄南端的山岗上，构筑正宫、松鹤斋和东宫三部分，紧靠承德市。宫区正南向，正宫大殿为"淡泊敬诚殿"，是皇帝接见王公大臣和朝理政务的正殿，全用楠木构筑，又称楠木殿。正殿后是一长排"十九间房"是居住区。过夹道是正宫后院，正中是幢高二层的"烟波致爽"楼（康熙第一景），在楼的左右，都置有供后妃居住的四合小院。楼后另有高楼突起，叫"云山胜地"（康熙八景），人于楼上可远眺近览避暑山庄的胜景。原宫区建筑较多，但有些已不复存在。

整个山庄西北高东南低，东南有泉水聚集的湖泊和平地，西部及北部是地势起伏的山丘，这里林木茂密。山庄的湖水总称塞湖，在广阔的湖水区四周，群山环抱，宛如天然画屏。常年不断的默沁、汤泉等温泉和茅沟河、赛音河河水，滋润着漫山的林木花草，寒冬不结冰，夏日凉爽宜人。

避暑山庄湖洲区中的重要一景金山，三面临湖，一面溪流。山石堆叠，峭壁峻崖，层层斜上，山势雄奇秀丽，构成湖区极为重要的高视点和构图中心。山上楼阁，下筑亭台，临湖背山，环如半月，波光岩影，佳丽异常。整个布局紧凑而有韵律。在人工金山岛这个有限的面积中，有不同的层次和变化的空间，而苍松翠柏几株，又突破了平野横空之感。在远望金山之景的观赏线上，前有波平如镜的湖面与清幽浓重的金山倒映，后有溪水，远处真山淡雅清晰，成为前景金山的余韵，而金山则又为远景的序曲，形成了一种有前奏，有高潮，有余韵的强烈的节奏感，给人以极好的艺术享受。

园外东、北两面的外八庙，借景于避暑山庄，这是该园的另一特点。八大庙中的普陀宗乘与须弥福寿寺等是仿藏等地的建筑形式，各具异态，蔚为壮观，为山庄大为增色。

康熙时期，避暑山庄有三十六景，到乾隆又增三十六景，共七十二景，景景各异。当游人循径登高，立于山巅，鸟瞰山庄园林时，但见由岛洲堤桥分割成的若干水景区，湖水清波荡漾，万树成园，水面植菏，亭台楼阁隐露其间，涧泉潺潺，长流不断，水光山色，竞秀争奇。这时人们就会发现，由行宫区、湖洲区、谷原区、山岭区组成的山庄园林意境，凭着这一带的天然胜地，人工为之，巧夺天工，妙极自然。

颐和园有什么建筑特点？

颐和园位于北京西北郊海淀区，距北京城区15千米。是利用昆明湖、万寿山为基址，以杭州西湖风景为蓝本，汲取江南园林的某些设计手法和意境而建成的一座大型天然山水园，也是保存得最完整的一座皇家行宫御苑，占地约290公顷。颐和园是我国现存规模最大，保存最完整的皇家园林，为中国四大名园（另三座为承德的避暑山庄，苏州的拙政园，苏州的留园）之一。被誉为皇家园林博物馆。

乾隆继位以前，在北京西郊一带，已建起了四座大型皇家园林，从海淀到香山这四座园林自成体系，相互间缺乏有机的联系，中间的"瓮山泊"成了一片空旷地带。乾隆十五年（1750），乾隆皇帝在这里改建为清漪园，以此为中心把两边的四个园子连成一体，形成了从现清华园到香山长达二十公里的皇家园林区。咸丰十年（1860），清漪园被英法联军焚毁。光绪十四年（1888），慈禧太后以筹措海军经费的名义动用3000万两白银重建，改称颐和园，作消夏游乐地。到光绪二十六年（1900），颐和园又遭"八国联军"的破坏，烧毁

了许多建筑物。光绪二十九年（1903）年修复。后来在军阀混战、国民党统治时期，又遭破坏，1949年之后政府不断拨款修缮，1961年3月4日，颐和园被公布为第一批全国重点文物保护单位，1998年11月被列入《世界遗产名录》。

颐和园集传统造园艺术之大成，万寿山、昆明湖构成其基本框架，借景周围的山水环境，饱含中国皇家园林的恢弘富丽气势，又充满自然之趣，高度体现了"虽由人作，宛自天开"的造园准则。颐和园亭台、长廊、殿堂、庙宇和小桥等人工景观与自然山峦和开阔的湖面相互和谐、艺术地融为一体，整个园林艺术构思巧妙，是集中国园林建筑艺术之大成的杰作，在中外园林艺术史上地位显著，有声有色。

拙政园有什么建筑特色？

拙政园，是中国一座著名的园林，位于苏州市东北街178号，始建于明朝正德年间。它是江南园林的代表，也是苏州园林中面积最大的古典山水园林，被誉为"中国园林之母"，中国四大名园之一。

拙政园中现有的建筑，大多是清咸丰九年（1850）拙政园成为太平天国忠王府花园时重建，至清末形成东、中、西三个

拙政园（局部）

相对独立的小园。

中部是拙政园的主景区，为精华所在。其总体布局以水池为中心，亭台楼榭皆临水而建，有的亭榭则直出水中，具有江南水乡的特色。池水面积占全园面积的3/5。池广树茂，景色自然，临水布置了形体不一、高低错落的建筑，主次分明。总的格局仍保持明代园林浑厚、质朴、疏朗的艺术风格。

西部原为"补园"，面积约12.5亩，其水面迂回，布局紧凑，依山傍水建以亭阁。因被大加改建，所以乾隆后形成的工巧、造作的艺术的风格占了上风，但水石部分同中部景区仍较接近，而起伏、曲折、凌波而过的水廊、溪涧则是苏州园林造园艺术的佳作。

东部原称"归田园居"，是因为明崇祯四年（1631）园东部归侍郎王心一而得名。约31亩，因归园早已荒芜，全部为新建，布局以平冈远山、松林草坪、竹坞曲水为主。配以山池亭榭，仍保持疏朗明快的风格，主要建筑有兰雪堂、芙蓉榭、天泉亭、缀云峰等，均为移建。

拙政园的布局疏密自然，其特点是以水为主，水面广阔，景色平淡天真、疏朗自然。它以池水为中心，楼阁轩榭建在池的周围，其间有漏窗、回廊相连，园内的山石、古木、绿竹、花卉，构成了一幅幽远宁静的画面，代表了明代园林建筑风格。拙政园形成的湖、池、涧等不同的景区，把风景诗、山水画的意境和自然环境的实境再现于园中，富有诗情画意。

留园有什么建筑特色？

留园在苏州阊门外，留园是明万历年间太仆徐泰时建园，时称东园，清嘉庆时归观察刘恕，名寒碧庄，俗称刘园。同治年间盛旭人（其儿子即盛宣怀，清著名

实业家政治家）购得，重加扩建，修葺一新，取留与刘的谐音改名留园。留园占地约30亩，留园内建筑的数量在苏州诸园中居冠，厅堂、走廊、粉墙、洞门等建筑与假山、水池、花木等组合成数十个大小不等的庭园小品。其在空间上的突出处理，充分体现了古代造园家的高超技艺、卓越智慧和江南园林建筑的艺术风格和特色。

建筑物将园划分为几部分，各建筑物设有多种门窗，可沟通各部景色，使人在室内观看室外景物时，能将以山水花木构成的各种画面一览无余，视野空间大为拓宽。

留园（局部）

留园全园分为四个部分，在一个园林中能领略到山水、田园、山林、庭园四种不同景色：中部以水景见长，是全园的精华所在；东部以曲院回廊的建筑取胜，园的东部有著名的佳晴雨快鱼之厅、林泉耆硕之馆、还我读书处、冠云台、冠云楼等十数处斋、轩，院内池后立有三座石峰，居中者为名石冠云峰，两旁为瑞云、岫云

两峰；北部具农村风光，并有新辟盆景园；西区则是全园最高处，有野趣，以假山为奇，土石相间，堆砌自然。池南涵碧山房与明瑟楼为留园的主要观景建筑。

留园以水池为中心，池北为假山小亭，林木交映。池西假山上的闻木樨香轩，则为俯视全园景色最佳处，并有长廊与各处相通。

留园内的建筑景观还有表现淡泊处世之坦然的"小桃源（小蓬莱）"以及远翠阁、曲溪楼、清风池馆等。

瞻园有什么建筑特色？

瞻园位于南京市瞻园路208号，又称太平天国历史博物馆。瞻园始建于明朝初年，是中山王徐达的府邸花园，现仍留存的石矶及紫藤，距今已有六百多年历史。清初改为江宁布政使司衙门，乾隆皇帝南巡时，曾两度到瞻园游览，并亲笔题写了"瞻园"匾额。

瞻园分东西两个部分，大门在东半部，大门对面有照壁，照壁前是一块太平天国起义浮雕。大门上悬一大匾书"金陵第一园"，字系赵朴初所题。进门正中是一尊洪秀全半身铜像，院中两边排列着当年太平天国用过的大炮20门。二进大厅上有郭沫若题写的"太平天国历史陈列"匾额，主要陈列文物有天父上帝玉玺、天王皇袍、忠王金冠、大旗、宝剑、石槽等300多件，总陈列面积约1200平方米。该馆现已收集到太平天国文物1600余件，其中有42件一级文物。这是该园东半部。

西半部是一座典型的江南园林，园内古建筑有一览阁、花篮厅、致爽轩、迎翠轩及曲折环绕的回廊，这些建筑和回廊把整个瞻园分成5个小庭院和一个主园。静妙堂位于主园中部，三面环水，一面依陆，堂之南北各有一座假山，水是相通

的，西边假山上还有岁寒亭一座。园虽不大，却颇具特色，是江南名园之一。

徽州建筑有什么特点？

南宋迁都临安，大兴土木，筑宫殿，建园林，不仅刺激了徽商从事竹、木、漆经营，也培养了大批徽州工匠。徽州是"文化之邦"，徽商致富还乡，也争相在家乡建住宅、园林，修祠堂，立牌坊，兴道观、寺庙，从而开始和形成有徽州特色的建筑风格。

徽州地区现存的古村落雄村、江村等地的明清民宅，比较集中地体现了徽州建筑风格。古村落选址一般按照阴阳五行学说，周密地观察自然和利用自然，以臻天时、地利、人和和诸吉咸备，达到"天人合一"的境界。村落一般依山傍水，住宅多面临街巷，粉墙黛瓦，鳞次栉比，散落在山麓或丛林之间，浓绿与黑白相映，形成特色的风格。同时有大量的文化建筑，如书院、楼阁、祠堂、牌坊、古塔和园林杂陈其间，使得整个环境富有文化气息和园林情趣。站在高处望村落，只见白墙青瓦，层层叠叠，跌宕起伏，借落有致。

在民居的外部造型上，层层跌落的马头墙高出屋脊，有的中间高两头低，微见屋脊坡顶，半掩半映，半藏半露，黑白分明；有的上端人字形斜下，两端跌落数阶，檐角青瓦起垫飞翘。在蔚蓝的天际间，勾出民居墙头与天空的轮廓线，增加了空间的层次和韵律美，体现了天人之间的和谐。

民宅多为楼房，以四水归堂的开井院落为单元，少则2～3个，多则10多个，最多达24个、36个。随着时间推移和人口增长，单元还可以不断增添、扩展和完善，符合徽人崇尚几代同堂、几房同堂的习俗。民居前后或侧旁，设有庭院和小花园，置石桌石凳，掘水井鱼池，植花卉果木，甚至叠果木，甚至叠假山、造流泉、饰漏窗，交夫和自然谐和一体。在内部装饰上力求精美，梁栋檩板无不描金绘彩，尤其是充分运用木、砖、石雕艺术，在斗拱飞檐、窗棂（木鬲）扇、门罩屋翎、花门栏杆、神位龛座上，精雕细琢。内容有日月云涛、山水楼台等景物，花草虫鱼、飞禽走兽等画面，传说故事、神话历史等戏文，还有耕织渔樵、仕学孝悌等民情。题材广泛，内容丰富，雕刻精美，活生生一部明清风情长卷，赋予原本呆滞、单调的静体以生命，使之跃跃欲动，栩栩如生。

福建客家土楼有什么建筑特点？

福建客家土楼是以土作墙而建造起来的集体建筑，呈圆形、半圆形、方形、四角形、五角形、交椅形、畚箕形等，各具特色，其中以圆形的最引人注目，当地人称之为圆楼或圆寨。

土楼属于集体性建筑，其最大的特点在于其造型大，无论从远处还是走到跟前，土楼都以其庞大的单体式建筑令人震惊，其体积之大，堪称民居之最。大型圆楼直径可达七八十米，高五六层，内有四五百间住房，可住七八百人。从土楼这种民居建筑方式体现了客家人聚族而居的民俗风情。

从历史学及建筑学的研究来看，土楼的建筑方式是出于族群安全而采取的一种自卫式的居住样式。在当时外有倭寇入侵，内有年年内战的情势之下，举族迁移的客家人不远千里来到他乡，选择一种既有利于家族团聚，又能防御战争的建筑方式便被采纳下来。同一个祖先的子孙们在一幢土楼里形成一个独立的社会，共存共荣，共亡共辱。

圆楼是当地土楼群中最具特色的建筑，一般它以一个圆心出发，依不同的半径，一层层向外展开，如同湖中的水波，环环相套，非常壮观。其最中心处为家族祠院，向外依次为祖堂，围廊，最外一环住人。整个土楼房间大小一致，面积约十平方米左右，使用共同的楼梯，各家几乎无秘密可言。

土楼结构有许多种类型，其中一种是内部有上、中、下三堂沿中心轴线纵深排列的三堂制，在这样的土楼内，一般下堂为出入口，放在最前边；中堂居于中心，是家族聚会、迎宾待客的地方；上堂居于最里边，是供奉祖先牌位的地方。

除了结构上的独特外，土楼内部窗台、门廊、檐角等也极尽华丽精巧，实为中国民居建筑中的奇葩。

瑶族吊脚楼有什么特点？

瑶族主要聚居在广西山区一带，那里少有可供成片建造房屋的平地。于是，瑶族人便选择坡度较为平缓的地方，将房屋一半建在平整土地上，另一半用长短不一的木柱依山势悬空而立。远远望去，吊脚楼依山傍水，鳞次栉比，层叠而上。

吊脚楼是我国南方特有的古老建筑形式，至少在唐宋时期就出现了。一般正屋建在实地上，厢房除一边和正房相连外，其余三边皆悬空，靠柱子支撑。

瑶族吊脚楼至少分两层，除了屋顶盖瓦以外，上上下下全部用木材建造。楼上为饮食起居的地方，外人一般不准入内。楼下则用来饲养家禽，放置杂物。

他们选择这种民居不仅在于节约土地，还和当地气候有关。广西炎热潮湿，山区更是雨水充沛，吊脚楼上层住人，楼下架空，既通风、干燥、防潮，还能防毒蛇、野兽等，被现代建筑学家认为是当地最佳的生态建筑形式。

哈尼族蘑菇房有什么特色？

哈尼族居住在向阳的山腰，依傍山势建立村寨。村寨一般为三四十户，多至数百户。村寨背后是郁郁葱葱的古树丛林，周围绿竹青翠，棕榈挺拔，间以桃树梨树，村前梯田层层延伸到河谷底。离村寨不远有清澈醋凉的泉水井。一栋栋哈尼族住房结合地形沿坡布局，高低错落有致，别有一番朴实多变的景象。

蘑菇房琳麋美观，独具一格。即使是寒气袭人的严冬，屋里也是暖融融的；而赤日炎炎的夏天，屋里却十分凉爽。以哈尼族最大的村寨红河州元阳县麻栗寨最为典型。

哈尼族的蘑菇房状如蘑菇，由土基墙、竹木架和茅草顶成。屋顶为四个斜坡面。房子分层：底层关牛马堆放农具等；中层用木板铺设，隔成左、中、右三间，中间设有一个常年烟火不断的方形火塘；顶层则用泥土覆盖，既能防火，又可堆放物品。

房屋建筑以土石为主要墙体材料。屋顶有平顶的"土掌房"和双斜面四斜面的茅草房。因地形陡斜，缺少平地，平顶房较为普遍，既可防火，又便于用屋顶晒粮，空间得到充分利用。

羌族碉楼有什么特色？

羌族建筑以碉楼、石砌房、索挢、栈道和水利筑堰等最著名。

羌语称碉楼为"邓笼"。碉楼多

建于村寨住房旁，高度在10至30米之间，用以御敌和贮存粮食柴草。碉楼有四角、六角、八角几形式。有的高达十三四层。建筑材料是石片和黄泥土。墙基深135米，以石片砌成。石墙内侧与地面垂直，外侧由下而上向内稍倾斜。修建时不绘图、吊线、柱架支撑，全凭高超的技艺与经验。建筑稳固牢靠，经久不衰。

羌族碉楼

羌族民居为石片砌成的平顶房，呈方形，多数为3层，每层高3米余。房顶平台的最下面是木板或石板，伸出墙外成屋檐。木板或石板上密覆树丫或竹枝，再压盖黄土和鸡粪夯实，厚约0.35米，有洞槽引水，不漏雨雪，冬暖夏凉。房顶平台是脱粒、晒粮、做针线活及孩子老人游戏休歇的场地。有些楼间修有过街楼（骑楼），以便往来。

羌族地区山高水险，为便利交通，1400多年前羌民就创造了索挢（绳挢）。两岸建石砌的洞门，门内立石础或大木柱，础与柱上挂胳膊般粗的竹绳，少则数根，多则数10根。竹索上铺木板，两旁设高出挢面1米多的竹索扶手。

栈道有木栈与石栈两种。木栈建于密林，铺木为路，杂以土石；石栈施于绝壁悬崖，绿岩凿孔，插木为挢。

傣族竹楼有什么特色？

傣家竹楼的造型属千栏式建筑，它的房顶呈"人"字型，西双版纳地区属热带雨林气候，降雨量大，"人"字型房顶易于排水，不会造成积水的情况出现。一般傣家竹楼为上下两层的高脚楼房，高脚是为了防止地面的潮气，竹楼底层一般不住人，是饲养家禽的地方。上层为人们居住的地方，这一层是整个竹楼的中心，室内的布局很简单，一般分为堂屋和卧室两部分，堂屋设在木梯进门的地方，比较开阔，在正中央铺着大的竹席，是招待来客、商谈事宜的地方，在堂屋的外部设有阳台和走廊，在阳台的走廊上放着傣家人最喜爱的打水工具竹筒、水罐等，这里也是傣家妇女做针线活的地方。堂屋内一般设有火塘，在火塘上架一个三角支架，用来放置锅、壶等炊具，是烧饭做菜的地方。从堂屋向里走便是用竹围子或木板隔出来的卧室，卧室地上也铺上竹席，这就是一家大小休息的地方了。整个竹楼非常宽敞，空间很大，也少遮挡物，通风条件极好，非常适宜于版纳潮湿多雨的气候条件。

过去傣家人的等级、辈分是非常严格的，体现在竹楼的建造上也很明显。比如凡是长辈居住的楼室的柱子不能低于6尺，楼室比楼底还要高出6尺，室内无人字架，显得异常宽敞明亮，竹楼的木梯也有规定，一般要在9级以上。晚辈的竹楼一般较差一些，首先高度要低于长辈的竹楼，其次木梯也只能在7级以下，室内的结构也显得简单许多。

侗族鼓楼有什么建筑特点？

鼓楼是侗乡具有独特风格的建筑物，座座鼓楼高耸于侗寨之中，巍然挺立,气势雄伟。飞阁垂檐,层层而上呈宝塔形。瓦檐上彩绘或雕塑着山水,花卉、龙凤、飞鸟和古装人物,云腾雾绕,五彩缤纷。从江县高增侗寨鼓楼高达二十余米,十三层次;黎平纪堂侗寨一寨就有三个鼓楼,侗寨风光可说十足了。

鼓楼始建于何时?由于侗族无文字记载,无从考究。不过,侗乡世代相传:从有侗族村寨的时候起,就有鼓楼了。侗族人民自古以来就有集中居住的特点,较大的侗寨上千户人家,小者三、五十户。侗寨鼓楼一般是按族姓建造,每个族姓一座鼓楼。如果侗寨族姓多,往往一寨之中同时有几个鼓楼并立。

鼓楼以杉木凿榫衔接,顶梁柱拔地凌空,排枋纵横交错,上下吻合,采用杠杆原理,层层支撑而上。鼓楼通体全是本质结构,不用一钉一铆,由于结构严密坚固,可达数百年不朽不斜。这充分表现了侗族人民中能工巧匠建筑技艺的高超。

建造鼓楼的主要大梁柱、照面坊,是经过族中长辈年高具有威望的老人选定,木材优良、粗大,高度均匀,树龄古老,方可作为鼓楼建造用材。鼓以桦树作身,名为"桦鼓",安放于鼓楼高层。在侗族历史上,凡有重大事宜商议,起款定约,抵御外来官兵骚扰,均击鼓以号召群众。

鼓楼下端呈方形,四周置有长凳,中间有一大火塘;楼门前为全寨逢年过节的娱乐场地。每当夏日炎炎,男女老少至此乘凉,寒冬腊月来这里围火,唱歌弹琵琶、讲故事。

侗族鼓楼

白族的住宅建筑有什么特点?

白族的住宅建筑多为砖木结构的瓦房。平房结构多以"三房一照壁"为主,少数富裕人家也有"四合五天井"的布局。"排架"(以一排柱子为主的屋架叫排架)承重,四柱落地。左右后三方用土基墙围护,前面及中央用木料板为隔,山墙到顶,屋面挑出,有防止邻居火灾波及作用。在"排架"间和楼板照面下面,前后均有一根通穿的枋,当地叫做"穿枋",是白族木工一项很出色的创造。"穿枋"把整所房子的"排架"联成一个整体。与照面枋、檐口挂枋和落地枋相互作用之后,刚度很大,具有很高的抗震能力。

在与自然作斗争中,白族劳动人民积累了丰富的经验,对常年多是偏西的风向,他们就将主房的布局坐西向东,门窗都开在向东那面,风从屋后吹来,自然不易进入室内。白族建筑的照壁比较高大,主房、厢房和厅房一般是层高均等,不分主次,充分起着互相屏障的作用,由于从房屋坐向,平面组合到主面处理,都为避风步步筑防,所以不为劲风所烦扰。门楼装饰的种类通常包括泥塑、木雕、彩云、石刻、大理石屏、凸花砖和青砖等,组成一座中角飞檐、花枋精巧、斗拱重叠、玲珑剔透、雄浑

稳重和美观大方的综合艺术的建筑。白族这种门楼，不仅造型富于我国传统的民族特色，而且在建筑的布局结构上也独具风格。如在花坊、照壁、天花板以及门窗上均雕有人物、花卉、山水和鸟兽，组成双凤朝阳、二龙抢宝、百鸟朝凤等图案。门楼各部位系用凿榫卯眼相接，一般不使用铁钉，却又连接得十分牢固。花枋和斗拱的布局与安装，纵横交错，支承挑檐，结构精巧严谨，造形简洁大方。

布依族半边楼有什么特点？

布依族的房屋建筑形式，一般常见的有平房、楼房和适应斜坡的"半边楼"，这种半边楼在红水河北岸一带为最多，具有较显著的山区特点。房屋的建筑多用木材，屋顶一般盖茅草或稻草，稍为富裕的盖瓦。也有的用石板来盖，当地称为"石板房"。靠近南、北盘江和红水河一带，由于气候炎热，一般的人家都搭有凉台（或称晒台），用来乘凉或晒粮食，或供妇女们在夜间来纺纱，纳鞋底等做各种针线活的地方。住平房的人家，通常在屋内的一角饲养牲畜，也有的在屋外另起牲畜圈；住在楼房或半边楼的人家，人住楼上，楼下作畜圈（这种房屋形式，在红水河北岸几个县较为普遍）。

布依族半边楼

房屋大多数分为三间、五间的，也有七至九间的。不管是几间，一般都以中间的那一间为中堂（当地称为堂屋），堂屋是最神圣的地方，它的用途多半用来接待客人和供奉祖宗，正堂设有神龛，神龛下方只限安置一张供奉祖宗的四方桌（有的称为八仙桌）。其他杂物不再堆聚在此（秋收时节例外）。除了堂屋作为专用之外，其余左右间可以分隔成若干小间，有时作卧室，有的作客房，有的作厨房不等。

彝族土掌房有什么特点？

云南、四川、贵州三省交界地带是彝族人民的聚居地，这片土地上孕育出了彝族特有的民居建筑：土掌房。

彝族的"土掌房"多为平房，不过也有建成两层甚至三层的。它与藏式石楼有些相似，房屋厚实，房顶筑成平台作为晒场使用。不同的是，土掌房多建于斜坡上，且以泥土为主料，因此又被称为土库房。

土掌房的历史可以追溯到汉朝。为适应云南一带的气候和山地特点，彝族先民便在这里以泥土为墙、木头为顶，再在屋顶铺上柴草、松针等，建成了土掌房。这样的房屋冬暖夏凉，且有着良好的隔热和防火性能。

彝族人民热情好客，土掌房恰好为他们提供了"便利"。家家户户都放有梯子，方便邻里之间来往。赶上晾晒稻谷时，他们还边忙农活边聊天。逢年过节，屋顶便是宴请宾客的绝佳场所。

东乡族庄窠有什么特点？

东乡族把居住的家院叫庄窠，庄窠多半依山而筑，屋外有一丈多高的土墙围住，内有空地，有的四面盖屋，有的三面盖屋，有的朝南朝西向阳面盖横折的两面房，也有的只盖一排房，多为土木结构的两面房。房屋的建筑除了门、窗以及梁檩椽用木制以外，其余都用泥土砌成。

　　家里的上房一般坐北朝南，三间，里经八、九尺左右，一明两暗，上房的屋内设备比其他各屋好一些，是长辈的住房，一般由爷爷奶奶住。家境富裕者，如若长辈谢世了，一般把长辈的上房空着，打扫干净接待贵客，除了长辈住的上房之外，家中其他人住的叫"乔也格"。"乔也格"比上房简陋，以两间居多，家中人口多的则将"乔也格"隔成单间，砌有泥炕。厨房设在上房与乔也格相连的角落里，与住房分开。厨房除了做饭用之外，一般还作为洗大净的澡堂。牛羊圈和厕所多盖在门道的窝角里。有的则放在低矮的拦羊墙围成的小石园里，远离日常起居的卧室。

乔家大院有什么建筑特色？

　　在中国民居中，山西民居和皖南民居齐名，一向有"北山西，南皖南"的说法。山西民居中，最富庶、最华丽的民居要数汾河一带的民居了，而汾河流域的民居，最具代表性的又数祁县和平遥。

　　祁县城里的民居完全具备山西民居的几个主要特点：一是外墙高，从宅院外面看，砖砌的不开窗户的实墙有4、5层楼那么高，有很强的防御性。二是主要房屋都是单坡顶，无论厢房还是正房、楼房还是平房，双坡顶不多。由于都是采用单坡顶，外墙又高大，雨水都向院子里流，也就是"肥水不外流"。三是院落多为东西窄、南北长的纵长方形，院门多开在东南角。

　　乔家大院它位于祁县的乔家堡村。乔家大院的建筑装饰到处浸透着治家之道。乔家大院并非想象中的那种普通的院子，它实际上是一座城堡。乔家大院的大门像一个城门，门上悬挂着的灯笼还是拍电影《大红灯笼高高挂》时留下的。乔家大院其实是在一个方形的城堡内，中间有一条巷道，巷道的一头是大门，对准大门的另一头是祠堂。巷道的左右各有3个大门，共有6个院落，每个院落中又是两三进的小院，院子左右两侧还有侧院，房屋共计313间，这样一个复杂的平面，组成了一个富有变化的建筑空间。

　　与乔家大院对应的渠家大院，位于祁县县城东大街路北，是清末民初显赫一时的名门望族、晋商翘楚渠源浈的宅院。大院占地5217平方米，内分8个大院，中套19个四合式院落，共有房屋240间。大院外观为城堡式，墙头有垛口式女墙。宽敞高大的阶进式大门洞，上面高耸着一座玲珑精致的眺阁，显得巍峨壮观。

四合院有什么建筑特点？

　　四合院，是华北地区民用住宅中的一种组合建筑形式，是一种四四方方或者是长方形的院落。一家一户，住在一个封闭式的院子里。

　　四合院建筑的布局，是以南北纵轴对称布置和封闭独立的院落为基本特征的。按其规模的大小，有最简单的一进院、二进院或沿着纵轴加多三进院、四进院或五进院。

　　四合院是以正房、倒座房、东西厢房围绕中间庭院形成平面布局的北方传统住宅的统称。在中国民居中历史最悠久，分布最广泛，是汉族民居形式的典

型。其历史已有三千多年，西周时，形式就已初具规模。山西、陕西、北京、河北的四合院最具代表性。在北京城大大小小的胡同中，坐落着许多由东、南、西、北四面房屋围合起来的院落式住宅，这就是四合院。

四合院的院门，大都采用木板大门。厚厚的木板制成的大门一端，上下都放在轴心里，左右旋转，可以关开闭合，安全、可靠。四合院中，有正房，即北房。这是院中的主房，而且，一般四合院的走向也是坐北向南的。东西两侧，为东西厢房。

东西厢房，一般都比较对称，建筑格式也大体相同或相似。南面建有南房，与北房相对应。整个四合院，大都按照中国传统的习惯，采用对称的办法建筑成。当然，在南北、东西房形成的角落中，也有耳房。这种耳房，有的用来储存粮食，成为粮库及其它库房，也有的做厨房，还有一个角落，一般是西南角为厕所，而东南角，则大都是院子的大门，这种四合院子的程式，在山西的县城及其附近的农村是较为普遍的。也有一些地方的院落，大门是开在南向中央的。

第九章　中华传统风情

春节都有些什么称谓？

春节为我国农历年的岁首，传统名称为新年、大年和新岁，一般指除夕和正月初一，是一年的第一天，又叫阴历年，俗称"过年"。在不同的时期，春节有着不同称呼，在先秦时称为"上日"、"元日"、"改岁"、"献岁"等；两汉时期则被称为"三朝"、"岁旦"、"正旦"、"正日"；魏晋南北朝时被称为"元辰"、"元日"、"元首"、"岁朝"等；唐宋元明时期则称为"元旦"、"元"、"岁日"、"新元"等；而到清代时，称为"元旦"、"元日"。

春节是我国最隆重最富有特色的传统节日，是象征着团结、兴旺和希望的佳节。

在春节期间，我国各族人民都要举行各式各样的活动来庆祝，这些活动主要以祭祀神灵、祭拜祖先、除旧迎新、迎春接福、祈求来年丰收为主题，活动内容异彩纷呈，充满浓郁的民族特色。

元宵节有些什么活动？

正月十五日为元宵节，因元宵是节日食品而得名，元宵节的主要活动是观赏灯火，所以又称灯节。道教称正月十五为上元，合七月十五、十月十五的中元、下元为三元，分属天地水三官的诞辰。民间一般习惯称作正月十五，或称过十五。十五是继春节之后的一个比较重大的传统节日，至今城乡仍然普遍庆祝。

唐朝以前，有腊月赏灯的习俗，是汉明帝从西域引进的。汉明帝引进以后，逐步发展为赏灯。唐代把赏灯的时间正式定为正月十五，唐玄宗时规定元宵节前后三天弛禁，开市赏灯。宋代并颁诏令，把元宵赏灯作为一项制度确立下来。明太祖建都南京，为了招徕天下富商，放灯十天。清太宗时，仍然规定元宵三夜，开市赏灯。到了近代，全国各地赏灯的起止日期，参差不齐，有的三夜，有的五夜，有的甚至长达十夜。民国时期规定，元宵节前后三天为灯节，十四日为试灯，十五日为正灯，十六日为残灯。

元宵节这天，一些地区庙会十分热闹。曲阜、邹城、泗水交界处的尼山，是孔子诞生地，正月十五有夫子洞庙会（又有"圣庙会"、"夫子洞会"等名称），会期三天，会场设在尼山孔庙门前，参加者多为年轻妇女与儿童，会中有卖玩具、小吃的摊贩，有唱戏等文艺活动，赶会的人常多达数万人。

清明节是在一年中的哪一天？

公历四月五日前后为清明节，是二十四节气之一。在二十四个节气中，既是节气又是节日的只有清明。由于二十四节气比较客观地反映了一年四季气温、降雨、物候等方面的变化，所以古代劳动人民用它安排农事活动。清明一到，气温升高，雨量增多，正是春耕

春种的大好时节。故有"清明前后，点瓜种豆"、"植树造林，莫过清明"的农谚。可见这个节气与农业生产有着密切的关系。但是，清明作为节日，与纯粹的节气又有所不同。节气是我国物候变化、时令顺序的标志，而节日则包含着一定的风俗活动和某种纪念意义。

清明节是我国传统节日，也是最重要的祭祀节日，是祭祖和扫墓的日子。扫墓俗称上坟，祭祀死者的一种活动。汉族和一些少数民族大多都是在清明节扫墓。按照旧的习俗，扫墓时，人们要携带酒食果品、纸钱等物品到墓地，将食物供祭在亲人墓前，再将纸钱焚化，为坟墓培上新土，折几枝嫩绿的新枝插在坟上，然后叩头行礼祭拜，最后吃掉酒食回家。直到今天，清明节祭拜祖先，悼念已逝的亲人的习俗仍很盛行。

什么是端午节？

农历五月初五，俗称端午节，是我国的传统节日之一。端是"开端"、"初"的意思。端午，也叫做端五，在每年的五月初五。我国农历以地支纪月，正月建寅，二月为卯，顺次至五月为午，因此称五月为午月，"五"与"午"通，"五"又为阳数，故端午又名端五、重五、端阳、中天、重午、午日，此外一些地方又将端午节称之为五月节、艾节、夏节。此外，古代把数字按照五行安排，五是中数，五月初五，一年之两个五重叠，是中上加中，所以这一天也叫做天中节。十二天干计时，午时正是白天的正中，天中又以午来代表，所以叫做端午或重午。在古人的观念里，五月五日是个毒日，这一天生下的儿子长不大，或者长到门楣高的时候要克父母，因此要想办法消灭其灾。

"端午"在史籍中最早的记载见于晋人周处《风土记》："仲夏端午，烹鹜角黍。"端午这天的活动主要为吃粽子，赛龙舟，挂菖蒲、艾叶，熏苍术、白芷和喝雄黄酒。据说，吃粽子和赛龙舟，是为了纪念我国古代诗人屈原，所以又称为"诗人节"。关于端午节挂菖蒲、艾叶，熏苍术、白芷和喝雄黄酒，则是为了压邪。

七夕节是怎么来的？

在我国，农历七月初七是人们俗称的"七夕节"，也有的称为"七桥节"、"女儿节"、"少女节"或"七夕爱情节"，这是我国传统节日中最具有浪漫色彩的一个节日。

七夕之夜坐看牵牛织女星，是民间的重要习俗。传说，在每年的这一天，是天上织女和牛郎在鹊桥相会的日子。织女是一个美丽聪明、心灵手巧的仙女，凡间的妇女就在这一天晚上向她乞求智慧和巧艺，当然少不了向她求赐美满姻缘，因此七月初七也被称为"乞巧节"。

传说牛郎父母早逝，还常常受到哥嫂的虐待，分家时只得到了一头老牛，整日只有老牛和他相伴。有一天老牛给他出了主意，让他娶织女做妻子。这一天，美丽的仙女们都到银河中沐浴，并且在水中嬉戏，这个时候藏在芦苇中的牛郎突然跑出来拿走了织女的衣裳，惊慌失措的仙女们都急忙上岸穿好衣裳飞走了，只剩下织女。在牛郎的恳求之下，织女同意做他的妻子。婚后，两人男耕女织，相亲相爱，生活得非常幸福美满。织女给牛郎生了一儿一女。后来，老牛即将死去的时候，告诉牛郎要把它的皮留下来，到急难的时候披上可以得到帮助。老牛死后，夫妻两人忍痛剥下牛皮，把牛埋到山坡上。

织女和牛郎成亲的事让天庭的玉帝和王母娘娘知道后，他们非常震怒，派了天神下界抓回织女。天神趁着牛郎不在家的时候，抓走了织女。牛郎回家找不到织女，就披上牛皮，用担子担了两个小孩追去。眼瞅着就要追上，王母娘娘见了一急，拔下头上的金簪向着银河一划，原本清浅的银河一霎间变得浊浪滔天，牛郎就过不去了。从此，牛郎织女就只能泪眼盈盈，隔河相望，天长地久，玉皇大帝和王母娘娘看到他们之间的真挚情感，允许他们每年七月七日相会一次。

中秋节是怎么来的？

中秋节是我国的传统节日，和春节、端午、清明并称我国四大传统节日。据史料记载，古时天子就有春天祭日、秋天祭月的礼制，时间是农历即阴历八月十五，这一天恰逢三秋之半，所以名为"中秋节"；又因中秋节在秋季、八月，所以又称"秋节"、"八月节"、"八月会"；因为有祈求团圆的信仰和相关节俗活动，所以又称为"团圆节"、"女儿节"。因为中秋节的主要活动都是围绕"月"进行的，所以俗称"月节"、"月夕"、"追月节"、"玩月节"、"拜月节"。

八月十五中秋节，自古就有祭月、拜月、吃月饼的习俗。道教认为，这天是太阴朝元之辰，要守夜焚香，祭拜月神，祭月和赏月是中秋节的主要民俗活动。出于对大自然的原始重视，我国很早就有祭月的传统，《礼记》中就记载了关于祭月的活动。到了汉魏，开始有了赏月的活动，这可以在"咏月"的文学作品里可以看到。中秋赏月可谓正合时宜，因为冬天不是霜雪就是大寒，清冷彻骨，不宜在月下久呆，夏天也是多雨，云蒸雾蔽，月辉不清，春天则是梅雨连连，空气湿度大，能见度很低。只有秋天，天高气爽，碧天如洗，一轮满月当空，如银盘玉环高挂，这

时正是赏月最佳时节。在这一天人们所赏之月，最圆最亮，月色最美，也容易引起人们的遐想。人们望着玉盘般的满月，很自然就会想到家人的团聚。远在异乡为客的人，自然也会借明镜般的皓月寄托自己对家乡和亲人的思念之情，对着遥祝"但愿人长久，千里共婵娟"。故此，人们又把中秋节称为"团圆节"。

重阳节是怎么来的？

九月九日为重阳节。重阳，又称重九、九日。重阳之称早见于战国时期，屈原的《远游》中就有"集重阳入帝宫兮"之句。据《西京杂记》记载，汉代九月已有饮菊酒、吃花糕、插茱萸的习俗，历代相沿，亦称此日为"茱萸节"、"菊花节"。

传说汝南桓景跟随道士费长房游学，费长房告诉桓景，九月九日家有灾难，宜速回去，令家人各以囊系臂，登高饮菊酒，祸乃可消。桓景如其言，举家登山，夕还，见鸡犬牛羊暴死，后因袭成俗，登高成为节日主要内容，遂有"孟嘉落帽"、"白衣送酒"等佳话流传。唐代登高、赏菊的习俗相当盛行，还以十日为小重阳，宋代以后则每况愈下，登高之类活动只在少数文人雅士中流行。

近年，许多地方把重阳节称作老人节，节间慰问老人，组织老年人举行文体活动和旅游活动。

腊八节有什么习俗？

腊月最重大的节日，是十二月初八，古代称为"腊日"，俗称"腊八节"。从先秦起，腊八节都是用来祭祀祖先和神灵，祈求丰收和吉祥。

腊八这一天有吃腊八粥的习俗，腊八粥也叫"七宝五味粥"。我国喝腊八

粥的历史，已有一千多年。最早开始于宋代。每逢腊八这一天，不论是朝廷、官府、寺院还是黎民百姓家都要做腊八粥。到了清朝，喝腊八粥的风俗更是盛行。在宫廷，皇帝、皇后、皇子等都要向文武大臣、侍从宫女赐腊八粥，并向各个寺院发放米、果等供僧侣食用。在民间，家家户户也要做腊八粥，祭祀祖先；同时，合家团聚在一起食用，馈赠亲朋好友。

更为讲究的人家，还要先将果子雕刻成人形、动物、花样，再放在锅中煮。比较有特色的就是在腊八粥中放上"果狮"。果狮是用几种果子做成的狮形物，用剔去枣核烤干的脆枣作为狮身，半个核桃仁作为狮头，桃仁作为狮脚，甜杏仁用来作狮子尾巴。然后用糖粘在一起，放在粥碗里，活像一头小狮子。如果碗较大，可以摆上双狮或是四头小狮子。更讲究的，就是用枣泥、豆沙、山药、山楂糕等具备各种颜色的食物，捏成八仙人、老寿星、罗汉像。这种装饰的腊八粥，只在以前的大寺庙的供桌上才可以见到。

腊八粥熬好之后，要先敬神祭祖。之后要赠送亲友，一定要在中午之前送出去。最后才是全家人食用。吃剩的腊八粥，保存着吃了几天还有剩下来的，却是好兆头，取其"年年有余"的意义。如果把粥送给穷苦的人吃，那更是为自己积德。

腊八粥在民间还有巫术的作用。假如院子里种着花卉和果树，也要在枝干上涂抹一些腊八粥，相信来年多结果实。

什么是赛装节？

赛装节是彝族少女的时装表演。楚雄彝州有两个地方有赛装节。一个是永仁县直苴村的赛装节，时间为每年的农历正月十五日。一个是大姚县三台乡的赛装节，时间为每年的三月二十八日。

赛装节为居住分散，平时很难有机会相聚相识的青年男女提供了一个表白爱情的机会。而姑娘们最能显示自己的，就是看谁的衣服最漂亮。彝族女子的服装，全靠手工挑花和刺绣，做一套衣服往往要花一两年的时间。因此，谁的衣服多、花样好，谁就会被看作是勤劳能干、心灵手巧的人。

与过去的赛装方式不同、现在，人们已不再把所有衣服都穿在身上，而是不停地更换新衣，有的姑娘一天要换五六套衣服。于是，赛装节上也就多了一个景致：在山管边、青树下，老人们搭起无数帐篷，烹煮着食物，忠实地为自己的姑娘守护着赛装。

赛装节从一开始就有比赛的性质，这可谓是最早的时装表演。所不同的是，彝族少女既是服装的设计者，也是制作者，更是表演中的"时装模特"。

什么是火把节？

火把节是彝、白、纳西、基诺、拉祜等民族的古老而重要的传统节日，有着深厚的民俗文化内涵。不同的民族举行火把节的时间也不同，大多是在农历的六月二十四，主要活动有斗牛、斗羊、斗鸡、赛马、摔跤、歌舞表演、选美等。

火把节第一天是祭火。这一天，人人穿着自己心爱的礼服，高高兴兴。村村寨寨都会宰牛杀羊，摆好宴席。夜幕降临时，临近村寨的人们会在老人们选定的地点搭建祭台，以传统方式击石取火点燃圣火，由毕摩（彝族民间祭司）

诵经祭火。然后，家家户户，大人小孩都会从毕摩手里接过用蒿草扎成的火把，游走于田边地角，效仿阿什嫫以火驱虫的传说。

火把节第二天是传火。家家户户都聚集在祭台圣火下，举行各式各样的传统节日活动。小伙们要效仿传说中的阿体拉巴，赛马、摔跤、唱歌、斗牛、斗羊、斗鸡。姑娘们则效仿传说中的阿诗玛，身着美丽的衣裳，撑起黄油伞，唱起"朵洛荷"、达体舞。在这一天，最重要的活动莫过于彝家的选美了。年长的老人们要按照传说中阿体拉巴勤劳勇敢、英武神俊和阿诗玛善良聪慧、美丽大方的标准从小伙姑娘中选出一年一度的美男和美女。夜幕降临，一对对有情男女，在山间，在溪畔，在黄色的油伞下，拨动月琴，弹响口弦，互诉相思。故也有人将凉山彝族国际火把节称作是"东方的情人节"。

火把节第三天是送火。这是整个凉山彝族国际火把节的高潮。这一天夜幕降临时，人人都会手持火把，竞相奔走。人们将手中的火把聚在一起，形成一堆堆巨大的篝火，欢乐的人们会聚在篝火四周尽情地歌唱、舞蹈，场面极其壮观。故也有"东方狂欢夜"之称。

什么是鲁班节？

鲁班节是云南省通海县西城一带的蒙古族人的传统节日，每逢农历四月初二，蒙古族人便要杀猪宰羊，搭台唱戏，并把供在中村大佛殿中的檀香木鲁班雕像迎到各村瞻仰。奉迎师祖时，游行队伍敲锣打鼓，燃放鞭炮，耍龙灯，划彩船，跳蚌壳舞，观者人山人海，热闹非凡。

欢庆鲁班节的前后三天，外出做工的蒙族工匠，必须在四月初二前赶回家乡拜师祖，如不回来过节者，将被认为是忘师欺祖之徒。

居住在这里的蒙古族人民从其他兄弟民族那里学会了建筑技术。他们修建的房屋，不仅造型别致、美观，而且经久耐用，颇受附近各族人民的称赞。为了纪念和庆祝在土木建筑方面取得的成就，他们就把农历四月初二定为鲁班节。

节日这天，外出修建的泥、木、石匠，无论路途远近都要赶回家里来欢度节日。各村寨都要杀猪宰羊，搭台唱戏。人们还把檀香木雕刻的鲁班像抬着，敲锣打鼓，游直各村寨，然后，大家汇集场上，唱歌跳舞。他们最喜欢的舞蹈叫"跳乐"。跳时，先由男青年作为先导，他们怀抱龙头四弦琴，边弹边跳，后面的人群群分成两行，有时围成圆圈有时互相穿插，队形多变，且歌且舞，场面十分活跃。

什么是古尔邦节？

"古尔邦"，阿拉伯语音译"尔德·古尔邦"，意为"牺牲"、"献身"，故亦称"宰牲节"、"忠孝节"。大部地区的回族称为"小尔德"，是伊斯兰教三大节日之一，一般在开斋节过后七十天举行。

回族为什么要宰牲过古尔邦节呢？人类的古代先知之一——易卜拉欣夜间受到安拉的启示命他宰杀爱子伊斯玛仪献祭，考验他的信仰。当伊斯玛仪侧卧后，易卜拉欣把刀架在儿子的喉头上。这时，安拉派天仙吉卜热依勒背来一只黑头羚羊作为祭献，代替了伊斯玛仪。这时易卜拉欣拿起刀子，按住羊的喉头一宰，羊便倒了。这就是"古尔邦"的

来历。

古尔邦节，还要举行一个隆重的宰牲典礼，这就是节日里，除了炸油香、馓子、会礼外，还要宰牛、羊、骆驼。一般经济条件较好的，每人要宰一只羊，七人合宰一头牛或一峰骆驼。宰牲时还有许多讲究，不允许宰不满两岁的小羊羔和不满三岁的小牛犊、骆驼，不宰眼瞎、腿瘸、缺耳、少尾的牲畜，要挑选体壮健美的宰。所宰的肉要分成三份：一份自食，一份送亲友邻居，一份济贫施舍。

泼水节有什么活动？

泼水节是傣族最隆重的节日，也是云南少数民族中影响面最大，参加人数最多的节日。泼水节是傣族的新年，相当于公历的四月中旬，一般持续3至7天。第一天傣语叫"麦日"，与农历的除夕相似；第二天傣语叫"恼日"（空日）；第三天是新年，叫"叭网玛"，意为岁首，人们把这一天视为最美好，最吉祥的日子。

泼水节期间，傣族青年喜欢到林间空地做丢包游戏。花包用漂亮的花布做成，内装棉纸、棉籽等，四角和中心缀以五条花穗，是爱情的信物，青年男女通过丢包、接包，互相结识。等姑娘有意识地让小伙子接不着输了以后，小伙子便将准备好的礼物送给姑娘，双双离开众人到僻静处谈情说爱去了。

"放高升"和放孔明灯也是傣族地区特有的活动。人们在节前就搭好高射架，届时将自制的土火箭点燃，让它尖啸着飞上蓝天。高射飞得越高越远的寨子，人们越觉得光彩、吉祥。优胜者还将获奖。入夜，人们又在广场空地上将灯烛点燃，放到自制的大"气球"内，利用热空气的浮力，把一盏盏"孔明灯"放飞上天，以此来纪念古代的圣贤孔明，也就是诸葛亮。

此外，放河船、跳象脚鼓舞和孔雀舞、斗鸡等，也是泼水节期间的活动内容。

什么是击壤？

击壤，是我国古代的一种投掷游戏。

击壤之戏，起源甚早。传说中的唐尧时有老人击壤于道，而唱击壤歌。歌词云："吾日出而作，日没而息，凿井而饮，耕田而食，帝有何力于我哉？"

三国时，吴盛彦曾在《击壤赋》中说："论众戏之为乐，独击壤之可娱。因风托势，罪一杀两。""罪一杀两"，是说击壤的方法或规则，其详细内容不得知。击壤之戏，在晋代还有人玩。据文献记载，皇甫谧就与人击壤于道。如《太平御览》卷七百五十五《击壤》条下说："玄晏（皇甫谧号玄晏先生）曰：'十七年与姑乙筹，后破则夺先破者。'"

宋代有抛堶之戏。堶，瓦石也。抛堶即明代的打瓦之戏，也是一种投掷形式的戏乐，也源于古之击壤。

到了明代，击壤之戏，演变成打柭或打拔。柭，是一种小玩具。其形两头尖，中间大。据清代潘荣陛《帝京岁时纪胜》中说："京师小儿语：'杨柳青，放空钟；杨柳活，抽陀螺；杨柳发，打柭柭。'"说明明代北京地区的儿童在每年杨柳发芽之时，常以打柭柭戏乐。又据刘侗《帝京景物略》记载："二月二日龙抬头，小儿以木二寸制如枣核，置地而棒之，一击令起，随一击令远，以近者为负，曰打枝枝，古所称击壤者耶！"枝的形制如枣核，即两头尖，中间大。它与杂是同一形状。说明打杂和打枝可能均源于击壤之戏。

这种游戏，直到现在仍为儿童所喜爱。击者将长约三四尺的一根木棒持于手中，将另一根长约二寸、形如枣核的木棒置于地上：用手中的长木棒敲击地上的短木棒的一端，使之飞起，再用力击之，使之飞远：以近者为负。这种游戏，不仅可锻炼敏感的击敲技能，而且也能锻炼奔跑的能力。它较投掷木块或砖瓦要复杂些，而且更有兴趣。这种打枝，也是由古之击壤演变而来，或直接称谓击壤，当也无大不妥。

什么是蹴鞠？

蹴鞠又名"蹋鞠"、"蹴球"、"蹴圆"、"筑球"、"踢圆"等，"蹴"即用脚踢，"鞠"系皮制的球，"蹴鞠"就是用脚踢球，它是中国一项古老的体育运动，有直接对抗、间接对抗和白打三种形式。

秦统一六国后，蹴鞠运动一度沉寂。西汉建立后，又复兴盛。随着社会生产力的发展，足球制作技术也有所改进。唐代在制球工艺上有两大改进：一是把用两片皮合成的球壳改为用八片尖皮缝成圆形的球壳。球的形状更圆了。二是把球壳内塞毛发改为放一个动物尿泡，"嘘气闭而吹之"，成为充气的球，这在世界上也是第一个发明。

蹴鞠在宋代获得了极大的发展。施耐庵的《水浒全传》中，写了一个由踢球发迹当了太尉的高俅。小说虽然在人物事迹和性格上作了夸张，但基本上是宋代的事实。高俅球技高超，因陪侍宋徽宗踢球，被提拔当了殿前都指挥使，这要算是最早的著名球星之一了。

宋代的足球和唐代的踢法一样，有用球门的间接比赛和不用球门的"白打"，但书上讲的大多都是白打踢法。所谓"脚头十万踢，解数百千般"，就是指踢球花样动作和由几个花样组成的成套动作，指用头、肩、背、胸、膝、腿、脚等一套完整的踢技，使"球终日不坠"。由此看来，宋代的足球，由射门比准已向灵巧和控制球技术方面发展。

宋代制球工艺比唐代又有提高，球壳从八片尖皮发展为"十二片香皮砌成"。原料是"熟硝黄革，实料轻裁"。工艺是"密砌缝成，不露线角"。做成的球重量要"正重十二两"。足球规格要"碎凑十分圆"。这样做成的球当然质量是很高了。当时手工业作坊制作的球，已有四十个不同的品种，每个品种各有自己的优缺点。制球工艺的改进，促进了踢球技术的发展；而制球手工业的发展又反映了社会需要量的增加。

为了维护自身利益和发扬互助，至少在南宋时期，宋代的踢球艺人还组织了自己的团体，叫做"齐云社"，又称"圆社"。这是专门的蹴鞠组织，专事负责蹴鞠活动的比赛组织和宣传推广，这是我国最早的单项运动协会，类似于今天的足球俱乐部；也可以说，它就是世界上最早的足球俱乐部。

到了元代，关汉卿等人的散曲中记述了男女对踢足球的情景。但这种男女对踢，已不是双方寻求自身的娱乐，而是以妇女踢球作为一种伎艺供他人欣赏。踢球娱乐的社会性已大大缩小，它不再是节日的活动内容，也不再是宴会上的节目，而是和放荡行为相联系的娱乐。

朱元璋称帝之后，传下圣旨，严厉禁止军人踢球。朱元璋的圣旨只能禁止军人踢球，但并不能改变足球的娱乐性质。满族人曾将其与滑冰结合起来，出现了"冰上蹴鞠"的运动形式。清代中叶以后，随着西方现代足球的传入，中国传统的蹴鞠活动被现代足球所取代。

太极拳是谁发明的？

明清两代养生学发展最大的成就是创编了《太极拳》，并开展了太极拳运动。关于《太极拳》创编的年代，有几种不同的说法，一般人认为是明末清初河南温县陈家沟人陈王廷创编的。太极拳取名来源于宋代哲学的《太极图说》："无极而太极。太极动而生阳，静而生阴。一动一静，互为其根。"明代的内家拳主练气，以静为主；外家拳主练力，以动为主。太极拳吸取内外家拳术的精华，刚柔相济，动静结合，"一动一静，互为其根"，所以称之为太极拳。

太极拳创编的目的是："欲天下豪杰，延年益寿，不徒作技艺之末也"，"详推此意终何在，延年益寿不老春"。但拳势的套路动作，还是以击技为主，"佯输诈走谁云败，引诱回冲致胜归"，"任他巨力来打我，牵动四两拨千斤"，在太极拳家的传说中，也流传不少以静制动、战胜强敌的故事。把太极拳进一步改编，去掉其击技成分，使之成为强身保健的拳术，并加以推广传播的，是道光咸丰年间河北省永年县人杨露禅。杨露禅出身贫苦，自幼卖身与陈家沟人陈德瑚家为僮，得从陈长兴学拳。拳艺学成后，到北京以教拳为生。他所教的对象多是王公贵族。他们学拳的目的是为了养生健身，并不善于纵跳奔腾。于是杨露禅进一步改编太极拳的套路、动作姿势，使其更适合于养生健身的练习，称之为杨氏大架。在此之后，河北省永年县人武禹襄、完县人孙禄堂、满族人吴鉴泉，也都根据要求改编了太极拳势，遂使太极拳具有多种流派风格，而更加广为流传。

什么是马球？

唐代的马球盛行时，不仅有男子参加，也有女子参加。唐代女子打马球完全是为了娱乐。剑南节度使郭英又看女伎打球作乐，每天得花费数万钱。五代的前蜀主王建，也最爱看女子打球。他的妃子花蕊夫人写了好几首有关马球的诗。其中有"自教宫娥学打球，玉鞍初跨柳腰柔"的诗句，就是形容女子打球时的动态美。作为军事训练的马球，在南宋就逐渐衰落了，但作为娱乐活动的女子马球，在皇宫中却一直继续。宋哲宗时的进士王珪，宋徽宗赵佶，南宋宁宗的杨皇后，在他们写的三家《宫词》中，都有关于女子打马球的诗。

《马球图》

到了清代初年，马球就完全绝迹了。这和清王室的禁止人民练武、养马的政策有关。

康熙十年之后，清王室的统治逐步稳固，原来严厉禁止养马的命令稍稍放松。

但作为军事训练的马球没能恢复，只是作为社会娱乐的马球曾一度出现。清剧作家孔尚任和其他几个诗人，于康熙三十二年（1693）在北京西郊白云观庙会上，看到了女子马球表演。这事写在他们所作的《燕九竹枝词》里。其中有一首描写女子马球表演的诗是："谁家儿郎绝纤妙，马上探丸花里笑。翠袖妖娆得得来，星眸偷掷输年少。"

什么是步打球？

唐代社会除了盛行骑马打球而外，还有一种不骑马的持杖打球，称之为步打。《宋史·礼志》在记述了马球礼仪之后说："又有步击者，时令供奉朋戏以为乐云。"说明了宋代社会上也有步打球。

步打球也盛行于北方的辽国和金国，被称为捶丸。到了元代初年，捶丸运动已经有了较完备的比赛方法、场地设备和器具规格以及赛球规则。有一个署名宁志的老人，把上述内容写成了一本书，名《丸经》。《丸经》的序言就提到，捶丸运动是"卫生之微奥，而训将练兵之一技也"。既可"养其血脉"，又能"怡怿乎精神"，达到身心健康。到了明代，步打球得到更广泛的开展。周履靖在重刻《丸经》的跋上说，他年轻时，走过许多大小城市，看到不少的青年在做步打游戏。如《明宣宗行乐图卷》就有宣宗和他的内侍们步打球的图像。明代杜堇画的《仕女图》中，也有几个妇女作步打游戏。从上述绘画中可看到参加步打活动的人，有皇帝及其内侍，也有一般仕女。可见，步打球受到社会各阶层人们的喜爱。

步打球也和足球、马球一样，在清皇朝禁止人民练武的情况下逐渐中断了。

雅歌投壶是什么意思？

古代中国奴隶社会是非常重视射箭的。奴隶主生了个男孩子，要在门上挂一张弓，并用六支箭向天地四方各射一支，表示这个男孩子长大了，要使用弓箭去征服四方。在各种大的宴会上都要进行射礼。自天子、诸侯及至大夫、士，各有不同的射礼仪式。不能参加的人必须"辞以疾"，到了春秋末年，奴隶主阶级已经腐化堕落，许多人拉不开弓，射礼不能进行；于是就把射箭改成为投壶。投壶，就是把没有箭头的箭杆投到酒壶中去。这样一改就省力多了，用不着费劲拉弓，也不需要平时练习，到时拿起箭杆就投。各国诸侯很欢迎它，于是投壶就代替了射箭礼仪。

秦汉以后废除了射礼，投壶便成为一种宴宾的娱乐。南阳汉画像石中有《投壶图》，图中间是主宾两人对坐投壶，旁有侍者三人。投壶虽然已不是正规的礼仪，但仍是一种高雅的活动。据《东观汉记》记载，东汉的大将祭遵，"取士皆用儒术，对酒娱乐，必雅歌投壶。"投壶和雅歌连在一起，成为儒士生活的特征。

汉代的投壶方法较之春秋战国时期有极大改进。原来的投壶是在壶中装满红小豆，使投入的箭杆不会跃出。汉代不在壶中装红小豆，可使箭杆跃出，抓住重投；可以一连投百余次，"谓之为骁"。魏晋时也流行投壶，投壶的技巧又有所发展。有一个叫王胡的人，可以闭上眼睛投壶，百发百中。石崇家里有个伎女，可以隔着一架屏风投壶，也是百发百中。晋代在广泛开展投壶活动中，对投壶的壶也有所改进，即在壶口两旁增添两耳。因此在投壶的花式上就多了许多名目，如"依耳"、"贯

耳"、"倒耳"、"连中"、"全壶"等。

象棋起源于何时？

关于象棋起源时间说法不一。南北朝的文学家庚信写了《象棋经赋》，可知其流行时间之早，但当时还未定型。据《续艺经》载："昔神农以日月星辰为象，唐相牛僧孺用车、马、将、士、卒加炮，代之为棋矣。"从牛僧孺在原来的棋子之中加上炮这一点看，大约隋唐之际才形成了象棋的格局。经过发展补充，到了宋代才正式定规下来，有传世的铜棋子可证。宋人刘克庄有《象棋》诗："屹然两国立，限以大河界。三十二子者，一一俱变态。运炮无虚发，冗卒要精汰。昆阳以象奔，陈涛以车败。匹马郭令来，一士汲黯在。献房将策勋，得隽众称快。"南宋末年陈元靓编的家庭百科全书《事林广记》中，已刊载了两局棋谱。

明清两代象棋得到广泛的发展，产生了不少名手，也出版了许多棋谱著作。如徐艺的《适情雅趣》、朱晋桢的《桔中秘》、王再越的《梅花谱》、张乔栋的《竹香斋象戏谱》等，都是较为著名的。这些著述为我国象棋的普遍开展奠定了基础。

熟食与祭灶有什么关系？

随着火的发现，原始人将火逐渐使用于生产和生活。生产上，如出现刀耕火种；生活上，如出现熟食。自熟食的出现，使人们显著减少"多疾病毒伤之害"，对延长人类的寿命，显然是一重大贡献。而熟食与烹调食物设备的"灶"，是互为密不可分的。"灶"，对人类生存的重要作用，《汉五行志》里，作了高度概括认识："灶者，生养之本。"

那么，发明熟食与"创造食物"的"灶"，究竟是谁呢？自古就有不同的说法，如《礼记·礼器》篇里记载："灶者，是指老妇之际。"东汉经学家郑玄，不仅明确指出是妇女，而且认为创造食物的"灶"，亦是妇女。他说："老妇，先炊者也。"而与郑玄同一时期的经学家许慎则认为是祝融，他说："为祝融，祀以为灶。"对于此说，东汉时期的学者高诱加以解释，说祝融是"火正"，"死为神，托祀于灶"。后唐经学家孔颖达，将史前的"老妇"之说，与祝融为"火正"、"死为神"的解释相结合，提出合二为一的看法，就是为了以祀发明熟食与"灶"的创造者，主张"祀火神而以老妇为配"。他说："古者原奥神，礼器所谓燔柴于奥者也，盖老妇之际，历世奉以为炊。中夏则祭灶，而此奥配之。"

孔颖达的"合二为一"之说的基本特征是，既不称作为祀"火神"，也不叫做祀"老妇，先炊"，而是统统合称作为"灶神"。所以，此说，不仅逐渐演变成为民间生活中讲究"祀灶"的习俗，而且逐渐受到帝王的重视，如《五经异义》里，作了比较透彻的解释："孟夏祀灶，王者所祀，古之有功德于人。"

我国各地饮食习惯是什么？

中国地大物博，各地区的饮食习惯有很大的差异，饮食口味繁杂，有"南甜北咸，东辣西酸"的说法，这在一定程度上反映了地理环境与人们的饮食习惯、口味有着一定的关系。南方地区气候潮湿、炎热多雨，盛产水稻，主要以大米作为主食。北方地区气候相对干冷少雨，适合小麦等农作物的生长，主要以面粉作为主食。

我国幅员辽阔，不同地区间的饮食习惯差异很大，甚至在一些局部地区，饮食习惯也有很大的不同。众所周知，山西人能吃醋，而且爱吃醋。他们在进餐前，先喝上三调羹醋来解馋。福建和广西人也爱吃酸，特别是爱吃酸笋。傣族人也爱吃酸，酸笋炖鸡为当地传统名菜。

山西等地区的人为什么爱吃酸？这与当地的地理环境有很大的关系。这些地区大多位于黄土高原和云贵高原以及周边地区，水土中钙的含量较多，相应的，食物中钙的含量也不少。这样一来，在饮食过程当中日积月累，容易在体内积淀钙质，从而形成结石。经过长期的生产生活的实践活动，该地区的人们发现在饮食当中多吃酸性食物可以有效减少结石病，于是在饮食当中逐渐养成了爱吃酸性食物的习俗。

我国湖南、湖北、江西、贵州、四川以及东北地区的朝鲜族等人民大多喜爱吃辣，民间流传有"贵州人不怕辣，湖南人辣不怕，四川人怕不辣"的说法。贵州人爱吃辣椒，平常的饮食当中吃的辣椒种类很多，有朝天椒和野山椒等。在四川北部地区，说是有一种辣椒不能吃，只能在汤锅里涮涮，汤就辣得不得了了，得名"涮涮辣"。此外，四川的"麻辣烫"更是全国闻名。

一般来说，喜爱吃辣的饮食习俗大多与潮湿多雨的地理环境有关联。我国东北地区的朝鲜族居住地气候温暖湿润，多雨水，冬春两季阴湿寒冷。四川地处盆地，常年潮湿多雾气，一年四季很少见到太阳，因而有"天无三日晴"，"蜀犬吠日"之说。这样的气候容易导致人的身体

表面湿度与空气饱和湿度相当，人们在此情况下很难排出汗液，让人烦闷不安，而且容易使人患上风湿寒邪和脾胃虚弱等疾病。吃辣椒容易出汗，而且经常吃辣可以驱寒祛湿，养脾健胃，有利于当地人民的健康。此外，东北地区爱吃辣与寒冷的气候有关系，在寒冷的北方，吃辣可以驱走身体的严寒。

在过去，我国北方地区在冬天的时候很少有新鲜的蔬菜，北方人便在冬季来临前把蔬菜腌制起来以备冬天时享用，如此一来，北方地区的人们在饮食上逐渐形成了吃咸的习惯。

人们常说苏州菜比较甜，与无锡地区的菜相比较，苏州菜则显得淡了。在无锡，炒鳝糊时会放糖，不是一点而是很多，包子的肉馅里也是如此。广东、浙江和云南等南方地区的人们盛产甘蔗，有爱吃甜的习惯。北方人过去不是不爱吃甜的食物，只是糖类食物比较难得而已，只能以"咸"替代"甜"来调和口味了。

中国有哪八大菜系？

我国的八大菜系分别指鲁菜、川菜、粤菜、闽菜、苏菜、浙菜、湘菜、徽菜。

菜系也称为"帮菜"，是指在原料的选择、原料的搭配以及烹饪等技艺的表现体系，有着鲜明的地方饮食特色，并被社会大众所公开认可的菜肴派系。

我国各地区间的气候差异较大，形成了不同风格口味。一般而言，中国北方地区寒冷少雨，菜肴主要以浓厚稍咸的味道为主；中国华东地区气候温和湿润，菜肴大多以甜味和咸味为主；西南地区雨水多，且潮湿，菜肴则多为麻辣浓味。

此外，我国各地区在烹饪方法上也有很大的差异，有着各自的菜肴特色风味。例如山东菜和北京菜擅长于爆、炒、烤、

熘等；江苏菜擅长于蒸、炖、焖、煨等；四川菜擅长于烤、煸炒等；广东菜则擅长于烤、煸、炒、炸等。

我国烹饪技艺源远流长，经过历代的传承，沿袭至今，形成了各自独具特色的菜系。除了影响较大的鲁菜、川菜、苏菜、粤菜、浙菜、闽菜、徽菜、湘菜之外，还有京菜、上海本帮菜等地方菜系。

在清代时期，我国的饮食有京式、苏式和广式三类。从民国时期开始，分为华北、江浙、华南和西南四个流派。后来从华北流派当中分出了鲁菜，江浙菜系则分出了苏菜、浙菜和徽菜，华南流派中分出了粤菜、闽菜，西南流派分出了川菜和湘菜。其中的鲁、川、苏、粤四大菜系形成的历史较早，此后，浙、闽、湘、徽等菜系也逐渐赶了上来，形成了我国的“八大菜系”。八大菜系的烹饪技法各具风格，菜肴的特色各有千秋。

中国有哪五大名宴？

满汉全席，满汉两族风味肴馔兼用的盛大宴席。清初满人入主中原，满汉两族开始融合，皇宫市肆出现满汉并用的局面。满汉全席是清代满室贵族、官府才能并举的宴席，一般民间少见。规模盛大高贵，程式复杂，满汉食珍，南北风味兼有，菜肴达300多种，有中国古代宴席之最的美誉。

孔府宴，曲阜孔府是孔子诞生和其后人居住的地方。典型的中国大家族居住地和中国古文化发祥地，经历20000多年长盛不衰，兼具家族和官府职能。孔府既举办过各种民间家宴，又宴迎过皇帝、钦差大臣，各种宴席无所不包，集中国宴席之大成。孔子认为“礼”是社会的最高规范，宴饮是“礼”的基本表现形式之一。孔府宴礼节周全，程式严谨，是古代宴席的典范。

全鸭宴，首创于北京全聚德烤鸭店。特点是宴席全部一北京填鸭为主料烹制各类鸭菜肴组成，共有100多种冷热鸭菜可供选择。用同一种主料烹制各种菜肴组成宴席是中国宴席的特点之一。全国著名全席有：天津全羊席、上海全鸡席、无锡全鳝席、广州全蛇席、四川豆腐席、西安饺子席、佛教全素席等等。

文会宴，中国古代文人进行文学创作和相互交流的重要形式之一。形式自由活泼，内容丰富多彩，追求雅致的环境和情趣。一般多选在气候宜人的地方。席间珍肴美酒，赋诗唱和，莺歌燕舞。历史上许多著名的文学和艺术作品都是在文会宴上创做出来的。

烧尾宴是古代名宴，专指士子登科或官位升迁而举行的宴会，盛行于唐代，是中国欢庆宴的典型代表。烧尾一词源于唐代，有三种说法：一说是兽可变人，但尾巴不能变没，只有烧掉尾巴；二说是新羊初入羊群，只有烧掉尾巴才能被接受；三说是鲤鱼跃龙门，必有天火把尾巴烧掉才能变成龙。次三说都有升迁更新之意，故次宴取名“烧尾宴”。

我国各地都有哪些小吃？

小吃是具有特色口味一类食品的总称，是宴会问的点缀，或者是早点、夜宵的主要食品。我国各地的风味小吃众多，特色鲜明，风味独特，可代表着一个地区的饮食特色。以下简单列举我国一些比较著名的各地小吃：

北京的焦圈、蜜麻花、豌豆黄、艾窝窝、炒肝、爆肚；上海的蟹壳黄、南翔小笼馒头、小绍兴鸡粥；天津的锅巴菜、狗不理包子、耳朵眼炸糕、贴饽饽熬小鱼、棒槌果子、桂发祥大麻花、五香驴肉；太原的栲栳、刀削面、揪片；西安的牛羊肉泡馍、乾州锅盔；兰州的拉面、油锅盔；新疆的烤羊肉、烤馕、抓饭；山东的煎包；江苏的葱油火烧、汤包、三丁包子、蟹黄烧麦；浙江的酥油饼、重阳栗糕、鲜肉粽子、虾爆鳝面、紫米八宝饭；安徽的腊八粥、大救驾、徽州饼、豆皮饭；福建的蛎饼、手抓面、五香捆蹄、鼎边糊；台湾的度小月担仔面、鳝鱼伊面、金爪米粉；海南的煎堆、竹简饭；河南的枣锅盔、白糖焦饼、鸡蛋布袋、血茶、鸡丝卷；湖北的三鲜豆皮、云梦炒鱼面、热干面、东坡饼；湖南的新饭、脑髓卷、米粉、八宝龟羊汤、火宫殿臭豆腐；广东的鸡仔饼、皮蛋酥、冰肉千层酥、广东月饼、酥皮莲蓉包、刺猬包子、粉果、薄皮鲜虾饺、及第粥、玉兔饺、干蒸蟹黄烧麦等；广西的大肉粽、桂林米粉、炒粉虫；四川的蛋烘糕、龙抄手、玻璃烧麦、担担面、鸡丝凉面、赖汤圆、宜宾燃面、夫妻肺片、灯影牛肉、小笼粉蒸牛肉；贵州的肠旺面、丝娃娃、夜郎面鱼、荷叶糍粑；云南的卤牛肉、烧饵块、过桥米线等。

中国的四大名小吃为：南京夫子庙小吃、苏州玄妙观小吃、上海城隍庙小吃和湖南长沙火宫殿小吃。另外，我国少数民族的特色风味食品也极为丰富，是中国饮食文化的重要组成部分。

我国哪四道名肴以美人命名？

西施故里有一种点心被称为"西施舌"。糕点师用吊浆技法，先用糯米粉制成水磨粉，然后再以糯米粉为包入枣泥、核桃肉、桂花、青梅等十几种果料拌成的馅心，放在舌形模具中压制成型，汤煮或油煎均可。这种点心特色颜色如皓月，香甜爽口。此外，还有一道以海鲜贝类牙蛤或沙蛤制成的汤类，也被赐以"西施舌"

西施画像

的美名，相传唐玄宗东游崂山时，厨师给他做了这道汤菜，唐玄宗吃后连声叫绝。

贵妃鸡，这是上海名厨独创的一道川菜肴。它是用肥嫩的母鸡作为主料，用葡萄酒作调料，成菜后酒香浓郁美味醉人，有"贵妃鸡"之意。在西安还有一种"贵妃鸡"。它以鸡脯肉、葱末、料酒、蘑菇等为馅的饺子，形似饱满的麦穗，皮薄馅嫩，鲜美不腻。

昭君鸭，传说出生在楚地的王昭君出塞后不惯面食，于是厨师就将粉条和油面筋泡合在一起，用鸭汤煮，甚合昭君之意。后来人们便用粉条、面筋与肥鸭烹调成菜，有称之为"昭君鸭"，一直流传至今。在西北地区还流行一种以王昭君的名字命名的"昭君皮子"是人们在夏日常吃的酿皮子。其做法是将面粉分离成淀粉和面筋，并以淀粉制成面条，面筋切成薄片，搭配并食，并辅以麻辣调料。吃起来酸辣凉爽，柔韧可口。

貂蝉豆腐又名"泥鳅钻豆腐"。以泥鳅比喻奸猾的董卓，泥鳅在热汤中急得无处藏身，钻入冷豆腐中，结果还是逃脱

不了烹煮的命运。好似王允献貂蝉，巧使美人计一样。此菜豆腐洁白，味道鲜美带辣，汤汁腻香。民间小吃中还有种"貂蝉汤圆"。传说王允请人在普通的汤圆中加了生姜和辣椒。董卓吃了这种洁白诱人、麻辣爽口、醇香宜人的汤圆后，头脑发胀，大汗淋漓，不觉自醉，被吕布乘隙杀了。

我国用餐排坐有什么讲究？

中国的饮宴礼仪号称始于周公，千百年的演进，终于形成今天大家普遍接受的一套饮食进餐礼仪，是古代饮食礼制的继承和发展。

饮食礼仪因宴席的性质、目的而不同；不同的地区，也是千差万别。古代的饮食礼仪是按阶层划分：宫廷，官府，行帮，民间等。而现代饮食礼仪则简化为：主人（东道），客人了。

作为客人，赴宴讲究仪容，根据关系亲疏决定是否携带小礼品或好酒。赴宴守时守约。抵达后，先根据认识与否自报家门，或由东道进行引见介绍，听从东道安排，然后入座：这个"排座次"，是整个中国饮食礼仪中最重要的一部分。

从古到今，因为桌具的演进，所以座位的排法也相应变化。总的来讲，座次是"尚左尊东"、"面朝大门为尊"。家宴首席为辈分最高的长者，末席为最低者。

家庭宴请，首席为地位最尊的客人，主人则居末席。首席未落座，其余都不能落座，首席未动手，大家都不能动手。

巡酒时自首席按顺序一路敬下。若是圆桌，则正对大门的为主客，左手边依次为2、4、6等，右手边依次为3、5、7等，直至汇合。

若为八仙桌，如果有正对大门的座位，则正对大门一侧的右位为主客。如果不正对大门，则面东的一侧右席为首席。然后首席的左手边坐开去为2、4、6、8，右手边为3、5、7。

如果为大宴，桌与桌间的排列讲究首席居前居中，左边依次2、4、6席，右边为3、5、7席，根据主客身份、地位，亲疏分坐。

李白为什么被称为"酒仙"？

李白与酒，正如他与诗，从未分开过。酒似乎是他的生命，是他感情的物质载体，被他融入诗中，成了他诗歌的灵魂。

李白少有壮志，常自比管仲、诸葛亮，认为自己"怀经济之才，抗巢由之节，文可以变风俗，学可以究天人"。他希望依靠自己的才能，获得皇帝的赏识。天宝元年，他受道士吴筠的举荐，被征召入京。当时，他踌躇满志地写下了《南陵别儿童入京》一诗：白酒新熟山中归，黄鸡啄黍秋正肥。呼童烹鸡酌白酒，儿女嬉笑牵人衣。高歌取醉欲自慰，起舞落日争光浑。游说万乘苦不早，着鞭跨马涉远道。会稽愚妇轻买臣，余亦辞家西入秦。仰天大笑出门去，我辈岂是蓬蒿人。

眼看着"济苍生"、"安社稷"的理想就要实现了，诗人几近于狂的激动，只有借助于开怀痛饮美酒来表达。诗人浓浓的醉意，使他的豪放洒脱、坚定自信和狂喜的心情更加表露无遗。然而，由于唐玄宗已失去早年励精图治的锐气，沉湎于声色之中，再加上李白性格傲岸，不为权贵所容，不久，李白就被排挤出长安，诗人的政治理想因此化为泡影。

李白生性重情义、好交友，他对朋友的深情厚谊，也往往寄托在酒上。他与友人欢聚时要以酒助兴，分别时，也少不了借酒抒情。诗人在《山中与幽人对酌》

中写道："两人对酌山花开，一杯一杯复一杯。我醉欲眠卿且去，明朝有意抱琴来。"这一杯杯的美酒，又何尝不是李白与友人之间的深情厚谊呢?这种毫无间隙的笃厚情谊，又何尝不是诗人精神的慰藉?

李白不受约束、浪迹天涯的漫游生活，又注定了他与友人聚少别多。酒，又成了他对友人抒发离情别绪的依托。

李白是豪放、乐观、洒脱的，然而我们又常常从他的诗中品味到一种孑然特立、漂泊无依的孤独。又是酒，使他的孤独得以减轻，得以排遣，得以给人以崇高的美感。李白《月下独酌》云："花间一壶酒，独酌无乡亲。举杯邀明月，对影成三人。"从诗中就仿佛看到李白举杯对月、茕茕孑立的身影。

酒和李白是相生相伴的，酒是李白的情，酒是李白的性，酒是李白的命。然而，酒也有对诗人无助的时候。"抽刀断水水更流，举杯消愁愁更愁。"人是性灵，酒是外物，酒的灵性是诗人赋予的，酒对诗人又怎么会是无所不能的呢!

从李白的诗中我们可以看出，"诗仙"和"酒仙"是相辅相成的，李白光彩照人的魅力也正在于此。世间自有酒以来，好酒爱酒之人何止万千，但又有谁像李白爱酒这么深，这么真，这么难以割舍?李白就是为诗而生，为酒而生。酒，关照了李白;李白，赋予了酒丰富而美好的内涵。

欧阳修为什么被称为"醉翁"?

欧阳修，字永叔，号醉翁，晚年号六一居士，吉州庐陵（今江西吉安）人，北宋著名的文学家、史学家、政治家。

欧阳修是众人皆知的醉翁，人们常常说"醉翁之意不在酒"，欧阳修任滁州太守时，写下了他的名篇《醉翁亭记》。徜徉山水之间日子过得像月白风清，很惬意，仕途也很顺利。转瞬间十几年的光阴已经过去，老来多病，好友相继过世，政治上受诬陷，遭贬斥，忧患凋零，今非昔比。

欧阳修喜好酒，他的诗文中亦有不少关于酒的描写。一首《渔家傲》中采莲姑娘用荷叶当杯，划船饮酒，写尽了酒给人的生活带来的美好。欧阳修任扬州太守时，每年夏天，都携客到平山堂中，派人采来荷花，插到盆中，叫歌妓取荷花相传，传到谁，谁就摘掉一片花瓣，摘到最后一片时，就饮酒一杯。这样欢宴畅饮，直到深夜而归。

庆历间贾文元任昭文相时，常与欧阳修畅饮。贾知欧阳修饮酒时喜欢听曲，所以预先叮嘱一官妓，准备些好曲子来助兴。谁知这官妓闻而不动，再三催促，仍就无动于衷。贾文元感到很无奈。不料在宴席上，这位官妓在向欧阳修敬酒祝寿时，一曲又一曲地献唱。欧阳修侧耳细听，听完一曲，饮一大杯酒，心情十分痛快。贾文元感到奇怪，过后一问，才知道官妓所唱的曲，全是欧阳修作的词。

晚年的欧阳修，自称有藏书一万卷，琴一张，棋一盘，酒一壶，陶醉其间，怡然自乐。可见欧阳修与酒须臾不离。

我国古代有哪些酒具?

早在公元六千多年前的新石器文化时期，已出现了形状类似于后世酒器的陶器，如裴李岗文化时期的陶器。南方的河姆渡文化时期的陶器也能使人联想到在商代时期的酒具应有相当久远的历史渊源。酿酒业的发展，饮酒者身份的高贵等原因，使酒具从一般的饮食器具中分化出来成为可能。酒具质量的好坏，往往成为饮

酒者身份高低的象征之一。在现今山东的大汶口文化时期的一个墓穴中，曾出土了大量的酒器（酿酒器具和饮酒器具），据考古人员的分析，死者生前可能是一个专职的酒具制作者。在新石器时期晚期，尤以龙山文化时期为代表，酒器的类型增加，用途明确，与后世的酒器有较大的相似性。这些酒器有：罐、瓮、盂、碗、杯等。酒杯的种类繁多，有：平底杯、圈足杯、高圈足杯、高柄杯、斜壁杯、曲腹杯、觚形杯等。

在商代，由于酿酒业的发达，青铜器制作技术提高，中国的酒器达到前所未有的繁荣。当时的职业中还出现了"长勺氏"和

古代酒具 管流爵

"尾勺氏"这种专门以制作酒具为生的氏族。周代饮酒风气虽然不如商代，但酒器基本上还沿袭了商代的风格。在周代，也有专门制作酒具的"梓人"。

青铜器在商周达到鼎盛，春秋没落，商周的酒器的用途基本上是专一的。商周的青铜器共分为食器、酒器、水器和乐器四大部，共五十类，其中酒器占二十四类。按用途分为煮酒器、盛酒器、饮酒器、贮酒器。形制丰富，变化多样。

商周以后，青铜酒器逐渐衰落，秦汉之际，在中国的南方，漆制酒具流行。漆器成为两汉，魏晋时期的主要类型。瓷器

大致出现于东汉前后，与陶器相比，不管是酿造酒具还是盛酒或饮酒器具，瓷器的性能都超越陶器。唐代的酒杯形体比过去的要小得多，故有人认为唐代出现了蒸馏酒。

唐代出现了桌子，也出现了一些适于在桌上使用的酒具，如注子，唐人称为"偏提"，其形状似今日之酒壶，有喙，有柄，即能盛酒，又可注酒于酒杯中。因而取代了以前的樽、勺。宋代是陶瓷生产鼎盛时期，有不少精美的酒器。宋代人喜欢将黄酒温热后饮用。故发明了注子和注碗配套组合。使用时，将盛有酒的注子置于注碗中，往注碗中注入热水，可以温酒。明清时期以至解放后，锡制温酒器广为使用。主要为温酒器。

什么是茶道？

茶道既是一种以茶为媒介的生活方式，也是一种修身养性的方式，它在沏茶、赏茶、闻茶、饮茶等过程中，增进了人们之间的友谊，让人美心修德，学习礼仪方法，是一种有益的生活礼仪。喝茶能够让一个人静心、静神，陶冶人的情操、去除各种杂念。茶道的精神既是茶文化的核心表现，也是茶文化的灵魂所在。

在我国，茶道的内容主要讲究五境之美，即茶叶、茶水、火候、茶具和环境，另外还包括人的情绪等因素，力求在"味"和"心"两方面得到最高的享受。

传统上，茶道有一定的法则需要遵循。唐朝时主要是克服"九难"，即造、别、器、火、水、炙、末、煮、饮。宋朝时为"三点"与"三不点"品茶。"三点"分别指新茶、甘泉、洁器，天气好，志同道合的宾客。反

之，为"三不点"。明朝时有"十三宜"与"七禁忌"。"十三宜"分别指一无事、二佳客、三独坐、四咏诗、五挥翰、六徜徉、七睡起、八宿醒、九清供、十精舍、十一会心、十二鉴赏、十三文僮。"七禁忌"分别为一不如法、二恶具、三主客不韵、四冠裳苛礼、五荤肴杂味、六忙冗、七壁间案头多恶趣。

我国茶道主要有三种表现形式。一种是煎茶，将茶末放入壶中和水一起煮。二是斗茶，古时文人雅士一起聚会都会各自携带茶叶和水，相互间通过比较茶面汤花和品尝鉴赏彼此的茶汤来评定茶叶的优劣。斗茶的主要目的是品尝，尤其是要吸掉茶面上的汤花，做到色、香、味俱佳。斗茶也称为茗战，兴起于唐代末，盛行于宋代，主要流行于福建建州一带，斗茶是我国古代品茶艺术的最高表现形式。三是功夫茶，讲究品饮茶汤的工夫。品饮功夫茶有自煎自品和待客两种，极为讲究。功夫茶主要流行于福建和广东沿海一带，在安徽的部分地区也有流行。

我国古代饮茶方式有什么不同？

茶叶被我们的祖先发现以后，对它的利用方式先后经历了几个阶段的发展演化，才进展到如今天这种"开水冲泡散茶"的饮用方式。在远古时代，我们的祖先仅仅是把茶叶当作药物。这与《神农本草》记载的"神农尝百草，日遇七十二毒，得茶而解之"是相吻合的。茶叶具有清热解毒、提神、醒脑等功能，至今仍被某些地区的群众当作药用。那时人们从野生的茶树上砍下枝条、采下芽叶，放在水中烧煮，然后饮其汁水，这就是原始的"粥茶法"。这

样煮出的茶水，滋味苦涩，因此那时称茶为"苦茶"。

到秦汉时，人们创造了"半茶半饮"的制茶和用茶方法，即不直接烧煮鲜叶，而将制好的茶饼在火上灸烤，然后捣碎研成细末，冲入开水，再加葱、姜、橘子等调和。这种在茶中加入调料的饮法，在我国的部分民族和地区中沿袭至今，如傣族饮的"烤茶"，就是在铛罐中冲泡茶叶后，加入椒、姜、桂、盐、香糯竹等调和而成。

到唐宋时期，饮茶之风大盛，当时人们最推崇福建的建溪茶，这种压成团饼形的茶，制作十分精巧，茶饼的表面上分别压有龙凤图案，称为"龙团凤饼"。饮茶时先将团茶敲碎，碾细，细筛，置于盏杯之中，然后冲入沸水，这就是所谓的"研膏团茶点茶法"。当时皇宫、寺院以及文人雅士之间还盛行茶宴，茶宴的气氛庄重，环境雅致，礼节严格，且必用贡茶或高级茶叶，取水于名泉、清泉，选用名贵茶具。茶宴的内容大致先由主持人亲自调茶或亲自指挥、监督调茶，以示对客人的敬意，然后献茶，接茶，闻茶香，观茶色，品茶味。茶过三巡之后，便评论茶的品第，称颂主人道德，以及赏景叙情、行文做诗等等。

到了明代，太祖朱元璋有感于制作龙团凤饼劳民伤财，于是亲自下诏："罢造龙团，惟芽茶以进。"这里所说的芽茶也就是我们现在用的散茶叶了。从此以后人们不必将茶先压成饼，再碾成末，而是直接在壶或盏中沏泡条形散茶，使饮茶的方式发生了重大的变革。这样的饮茶方式使人们对茶的利用简单而方便了。人们把盏玩壶品茶，也使盏、壶的制作更加精美，使茶具成为艺

术。这种饮茶方式一直延续到现在。

目前，除了适应快节奏的生活，一部分人饮用即冲即饮的速溶茶，或为了治病保健的需要，饮用含茶或不含茶的保健茶外，饮茶的方式、方法自明朝以来基本上没有发生什么变化。

商周服饰有什么特点？

商周时代的服饰，主要是上身穿"衣"，衣领开向右边；下身穿"裳"，裳就是裙；在腰部束着一条宽边的腰带，肚围前再加一条像裙一样的"韨"，用来遮蔽膝盖，所以又叫做"蔽膝"。

男服服饰中，冕服是礼服中最专贵的一种，冕服均在祭典中穿着，是主要的祭服。其服式主要由冠、衣、裳、蔽膝等要件所组成。冕服的主体是玄衣、衣裳上面绘绣有章纹，而在最隆重的典礼时，穿九章纹冕服。衣裳之下，衬以白纱中单，即白色的衬衣，古代衬衣通常是白色。下身前有蔽膝，天子的蔽膝为朱色，诸侯为黄朱色。鞋是双底的，以皮革和木做底，鞋底较高，周代天子，在隆重典礼时穿赤色的。弁服仅次于冕服，衣裳的形式与冕服相似，最大不同是不加章。弁服可分为爵弁，韦弁、冠弁等几种，它们主要的区别在于所戴的冠和衣裳的颜色。玄端为天子的常服，诸侯及其臣的朝服。

女服服饰，褘衣为王后从王祭先王的俸祭服。褕翟为王后从王祭先公和侯伯夫人助君祭服。是青色衣，画褕翟纹十二章纹，褕翟羽色亦为五彩。阙翟为王后助天子祭群小神和子男夫人从君祭宗庙祭服。是赤色衣，刻赤色缯的翟纹。鞠衣为王后率领命妇祭蚕神告桑的礼服，亦为诸侯之妻从夫助君祭宗庙的祭服。展衣又称襢衣为王后礼见王及宴宾客的礼服，亦是卿大夫之妻从夫助君祭宗庙的祭服。禄衣为王

后燕居时的常服，亦为士之妻从夫助祭的祭服。纯衣为贵族之女的嫁衣。

春秋战国服饰有什么特点？

春秋战国时期织绣工艺的巨大进步，使服饰材料日益精细，品种名目日见繁多。河南襄邑的花锦，山东齐鲁的冰纨、绮、缟、文绣，风行全国。工艺的传播，使多样、精美的衣着服饰脱颖而出。

春秋战国时期，不仅王侯本人一身华服，从臣客卿也是足饰珠玑，腰金佩玉，衣裘冠履，均求贵重。古人佩玉，尊卑有度，并赋以人格象征。影响所及，上层人士不论男女，都须佩带几件或成组列的美丽雕玉。剑，是当时的新兵器，贵族为示勇武兼用自卫，又必佩带一把镶金嵌玉的宝剑。腰间革带还流行各种带钩，彼此争巧。男女的帽，更引人注目，精致的用薄如蝉翼的轻纱，贵重的用黄金珠玉；形状有的如覆杯上耸。鞋，多用小鹿皮制作，或用丝缕、细草编成；冬天皮衣极重白狐裘，价值千金。

女子爱用毛皮镶在袖口衣缘作出锋，还有半截式露指的薄质锦绣手套，无不异常美观。春秋战国时期的衣着，上层人物的宽博、下层社会的窄小，已趋迥然。深衣有将身体深藏之意，是士大夫阶层居家的便服，又是庶人百姓的礼服，男女通用，可能形成于春秋战国之交。深衣把以前各自独立的上衣、下裳合二为一，却又保持一分为二的界线，上下不通缝、不通幅。最智巧的设计，是在两腋下腰缝与袖缝交界处各嵌入一片矩形面料，其作用能使平面剪裁立体化，可以完美地表现人的体形，两袖也获得更大的展转运肘功能。据记载，深衣有4种不同名称：深衣、长衣、麻衣、中衣。

公元前307年赵武灵王颁胡服令，推

行胡服骑射。胡服指当时"胡人"的服饰，与中原地区宽衣博带的服装有较大差异，特征是衣长齐膝，腰束郭洛带，用带钩，穿靴，便于骑射活动。春秋战国时期的衣服款式空前丰富多样，不仅表现于深衣和胡服。乐人有戴风兜帽的，舞人有长及数尺的袖子，有人还常戴鸥角或鹊尾冠，穿小袖长裙衣和斜露臂褶的下裳。这些都与多彩的社会生活相关。

秦汉服饰有什么特点？

秦代汉服主要承前朝影响，仍以袍为典型服装样式，分为曲裾和直裾两种，袖也有长短两种样式。秦代男女日常生活中的服饰形制差别不大，都是大襟窄袖，不同之处是男子的腰间系有革带，带端装有带钩；而妇女腰间只以丝带系扎。因为秦始皇陵兵马俑的发现，秦代的服饰和风俗研究有着丰富的历史资料。

汉朝是中国最重要的王朝之一。在这一时期随着社会的进步，本土民族文化蓬勃发展，达到了极高的艺术和审美成就。

从这一时期开始，平民开始穿着精织服饰。汉代曲裾深衣不仅男子可穿，同时也是女服中最为常见的一种服式。这种服装通身紧窄，长可曳地，下摆一般呈喇叭状，行不露足，以表示出女性的文静与优雅。衣袖有宽窄两式，袖口大多镶边。衣领部分很有特色，通常用交领，领口很低，以便露出里衣。如穿几件衣服，每层领子必露于外，最多的达三层以上，时称"三重衣"。另外，汉代窄袖紧身的绕襟深衣。衣服几经转折，绕至臀部，然后用绸带系束，衣上还绘有精美华丽的纹样。

汉代的直裾男女均可穿着。这种服饰早在西汉时就已出现，但不能作为正式的礼服。原因是古代裤字皆无裤裆，仅有两条裤腿套到膝部，用带子系于腰间。这种无裆的裤子穿在里面，如果不用外衣掩住，裤子就会外露，这在当时被认为是不恭不敬的事情。所以外要穿着曲裾深衣。以后，随着服饰的日益完备，裤子的形式也得到改进，出现有裆的裤子。由于内衣的改进，曲裾绕襟深衣已属多余，所以至东汉以后，直裾逐渐普及，并替代了深衣。

上襦下裙的女服样式，早在战国时代已经出现。到了汉代，由于深衣的普遍流行，穿这种服式的妇女逐渐减少。据此，有人认为汉代根本不存在这种服饰，只是到了魏晋南北朝时才重新兴起。其实，汉代妇女并没有摒弃这种服饰，在汉乐府诗中就有不少描写。这个时期的襦裙样式，一般上襦极短，只到腰间，而裙子很长，下垂至地。襦裙是中国妇女服装中最主要的形式之一。自战国直至明朝，前后二千多年，尽管长短宽窄时有变化，但基本形制始终保持着最初的样式。

魏晋南北朝服饰有什么特点？

魏晋时期，风流名士们崇尚自然、超然物外，率真任诞而风流自赏。姿容飘逸的魏晋风度也反映到了汉服上，这一时期的男子一般都穿大袖衫——大袖翩翩的衫子，上自王公名士，下及黎庶百姓，都以宽衫大袖，褒衣博带为尚。直到南朝时期，这种衫仍为各阶层男子所爱好。衫和袍在样式上有明显的区别，照汉代习俗，凡称为袍的，袖端应当收敛，并装有祛口。而衫子却不需施祛，袖口宽敞。魏晋服装日趋宽博，而衫由于不受衣祛等部约束，故成为一时风俗。

魏晋时期妇女服装承袭秦汉的遗俗，并吸收少数民族服饰特色，在传统基础上有所改进，一般上身穿衫、袄、襦，下身穿裙子，腰用帛带系扎，款式多为上俭下

丰，以宽博为主，其特点为：对襟，束腰，衣袖宽大，并在袖口、衣襟、下摆缀有不同色的缘饰，下着条纹间色裙，腰间用一块帛带系扎。衣身部分紧身合体，袖口肥大，裙为多折裥裙，裙长曳地，下摆宽松，从而达到俊俏潇洒的效果。加上丰盛的首饰，反映出奢华糜丽之风。当时妇女的下裳，除间色裙外，还有其它裙式。

传统的深衣制已不被男子采用，但在妇女中间却仍有人穿着。这种服装与汉代相比，已有较大的差异。在衣服的下摆部位，加一些饰物，通常以丝织物制成。其特点是上宽下尖形如三角，并层层相叠。另外，由于从围裳中伸出来的飘带比较长，走起路来，如燕飞舞。到南北朝时，这种服饰又有了变化，去掉了曳地的飘带，而将尖角的"燕尾"加长，使两者合为一体。

南北朝时期裤褶的基本款式为上身穿齐膝大袖衣，下身穿肥管裤。这种服装的面料，常用较粗厚的毛布来制作。穿裤和短上襦，合称襦裤，但封建贵族必须在襦裤外加穿袍裳，只有骑马者、厮徒等从事劳动的人为了行动方便，才直接把裤露在外面。封建贵族是不得穿短衣和裤外出的。到了晋代这种习惯才有所改变。南北朝的裤有大口裤和小口裤，以大口裤为时髦，穿大口裤行动不便，故用锦带将裤管缚住，又称缚裤。

唐朝服饰有什么特点？

唐朝时国家稳定，经济繁荣、文化事业全面发展，封建文化已经达到高峰。近三百年的唐代服饰经过长期的承袭、演变、发展成为中国服装发展上一个极为重要的时期。一方面唐代服装上承历代冠服制度，下启后世衣冠之径道；另一方面唐朝服装发展兼容并蓄，广采博收，大放异彩。唐以后的五代十国是唐宋封建军阀割据的继续，在服饰上大体沿袭唐朝之制。唐代服装无论官服或民服，男装和女装，都表现其开放的思想、开拓的精神，充分反映了鲜明的时代性和强烈的民族性。

襦裙是唐代妇女的主要服式。在隋代及初唐时期，妇女的短襦都用小袖，下着紧身长裙，裙腰高系，一般都在腰部以上，有的甚至系在腋下，并以丝带系扎，给人一种俏丽修长的感觉。披帛，又称"画帛"，通常一轻薄的纱罗制成，上面印画图纹。长度一般为二米以上，用时将它披搭在肩上，并盘绕于两臂之间。唐代妇女，以体态丰腴为美。由于身材丰硕，中唐女服也渐趋宽大，裙子的宽度比隋末唐初时要肥大的多。衣衫虽为小袖，但与初唐、盛唐女服相比，也明显趋于宽松。

盛唐以后，胡服的影响逐渐减弱，女服的样式日趋宽大。到了中晚唐时期，这种特点更加明显，一般妇女服装，袖宽往往四尺以上。中晚唐之际的贵族礼服，一般多在重要场合穿着，如朝参、礼见及出嫁等。穿着这种礼服，发上还簪有金翠花钿，所以又称"钿钗礼衣"。大袖衫裙样式为大袖、对襟，佩以长裙、披帛。以纱罗作女服的衣料，是唐代服饰中的一个特点，这和当时的思想开放有密切关系。尤其是不着内衣，仅以轻纱蔽体的装束，更是创举，所谓"绮罗纤缕见肌肤"，就是对这种服装的概括。

隋唐时代也产生了汉服的一种重要变体——圆领衫。圆领式样在中国服饰历史上很早便有出现，但一直到隋唐才开始盛行，成为官式常服。这种服装延续了唐，五代，宋，明，并对日本，高丽等国产生了很大的影响。裹幞头、穿圆领袍衫是唐代男子的普遍服饰，以幞头袍衫为尚。幞头是在汉魏幅巾基础上形成的一种首服。

唐代以后，人们又在幞头里面增加了一个固定的饰物，名为"巾子"。巾子的形状各个时期有所不同。除巾子外，幞头的两脚也有许多变化，到了晚唐五代，已由原来的软脚改变成左右各一的硬脚。

宋辽夏金元服饰各有什么特点？

宋代服饰大致有官服、便服、遗老服等三式。宋代官服面料以罗为主，政府因五代旧制，每年要赠送亲贵大臣锦缎袍料，分七等不同花色。官服服色沿袭唐制，三品以上服紫，五品以上服朱，七品以上服绿，九品以上服青。官服服式大致近于晚唐的大袖长袍，但首服（冠帽等）已是平翅乌纱帽，名直脚幞头，君臣通服，成为定制。宋代官服又沿袭唐代章服的佩鱼制度，有资格穿紫、绯色公服的官员都须在腰间佩挂"鱼袋"，袋内装有金、银、铜制成的鱼，以区别官品。"方心曲领"也是朝服的特征，即朝服项间套上圆下方的饰物。宋代官员公服、制服之外的日常便服，主要是小袖圆领衫和帽带下垂的软翅幞头，依然唐式，脚下却改着更便于平时起居的便鞋。宋代遗老的代表性服饰为合领（交领）大袖的宽身袍衫、东坡巾。袍用深色材料缘边，以存古风。东坡巾为方筒状高巾子，相传为大文学家苏东坡创制，实为古代幅巾的复兴。

辽、西夏、金分别为中国古代契丹、党项、女真民族建立的政权，其服饰反映了在与汉民族进行长期文化交流中，各自发扬民族传统的发展轨迹。党项族妇女多着翻领胡服，领间刺绣精美。契丹、女真族一般穿窄袖圆领齐膝外衣，足下着长统靴，宜于马上作战射猎；妇女穿窄袖交领袍衫，长齐足背，都是左衽，正与汉人相反，所习惯穿用的钓墩传到内地曾广为流行。辽金政权考虑到与汉族杂处共存的现实，都曾设"南官"制度，以汉族治境内汉人，对汉族官员采用唐宋官服旧制。

辽代以丝绸官服上山水鸟兽刺绣纹样区分官品，影响到明清官服的等级标识，金代则以官服上花朵纹样大小定尊卑，品级最低的用无纹或小菱纹的芝麻罗。契丹、女真男服因便于行动，也为汉人采用。元代于延祐元年（1314）参酌古今蒙汉服制，对上下官民服色等作了统一规定。汉官服式仍多为唐式圆领衣和幞头；蒙古族官员则穿合领衣，戴四方瓦楞帽；中下层为便于马上驰骋，最时兴腰间多褶的辫线袄子（圆领紧袖袍，宽下摆、折褶、有辫线围腰），戴笠子帽。元代纺织物有纳石矢金锦、浑金搭子、金段子、兜罗锦、三棱罗、大绫、小绫、南绢、北绢、木锦布、番锦布等。

元代每年举行10余次大朝会，届时万千官员穿同一颜色、式样并加饰纳石矢金锦珠宝的高级礼服，称作质孙服。这种服式到明代却被用作差役服装。

明清服饰有什么特点？

明代服饰仪态端庄，气度宏美，是华夏近古服饰艺术的典范，当今中国戏曲服装的款式纹彩，多采自明代服饰。

明代上襦下裙的服装形式，与唐宋时期的襦裙没有什么差别，只是在年轻妇女中间，常加一条短小的腰裙，以便活动，有些侍女丫环也喜欢这种装束。上襦为交领、长袖短衣。裙子的颜色，初尚浅淡，虽有纹饰，但并不明显。至崇祯初年，裙子多为素白，即使刺绣纹样，也仅在裙幅下边一、二寸部位缀以一条花边，作为压脚。裙幅初为六幅，即所谓"裙拖六幅湘江水"；后用八幅，腰间有很多细褶，行动辄如水纹。到了明末，裙子的装饰日益讲究，裙幅也增至十幅，腰间的褶裥越来

清朝服饰

越密，每褶都有一种颜色，微风吹来，色如月华，故称"月华裙"。腰带上往往挂上一根以丝带编成的"宫绦"，一般在中间打几个环结，然后下垂至地，有的还在中间串上一块玉佩，借以压裙幅，使其不至散开影响美观，作用与宋代的玉环绶相似。

明代穿公服的官吏，其制为盘领右衽，袖宽三尺。袍服所用的纹样及颜色，因级别而异：一至四品，用绯色；五至七品，用青色；八至九品，用绿色。纹样也不一样，一品用大朵花，径五寸；二品用小朵花，径三寸；三品用散花，无枝叶，径二寸；四[品五品用小朵花，径一寸五分；六品七品用小朵花，径一寸；八品以下，无花纹。以上服饰，与展脚幞头搭配，多用于重大朝会。

明代文武官员服饰主要有朝服、祭服、公服、常服赐服等。官员戴乌纱帽、幞头，身穿盘领窄袖大袍。"盘领"即一种加有圆形沿口的高领。这种袍服是明代男子的主要服式，不仅官宦可用，士庶也可穿着，只是颜色有所区别。平民百姓所穿的盘领衣必须避开玄色、紫色、绿色、柳黄、姜黄及明黄等颜色，其他如蓝色、赭色等无限制，俗称"杂色盘领衣"。明朝建国二十五年以后，朝廷对官吏常服作

了新的规定，凡文武官员，不论级别，都必须在袍服的胸前和后背缀一方补子，文官用飞禽，武官用走兽，以示区别。这是明代官服中最有特色的装束。

清军入关，要求男子采用满族服制，虽有文人抗争，但很快被接受，交领服只被允许存在于戏子，僧侣道士中，并没有剃发时所引起的大规模反抗和流血冲突。经过清代的发展，汉族服饰长衫虽然是半交领，但在民间保持了汉族一贯的主流服饰特点，宽袍大袖，并由于多民族国家的原因，服饰种类增多，甚至脱离了汉民族原有的特点，如马褂，旗袍等，

满族旗袍有什么特点？

清世祖入关，定都北京，继而统一全国。随着政权的初步稳固，开始强制实行剃发易服，掀起了一场声势浩大的血腥杀戮，至此传统服饰汉服几乎全被禁止穿戴，相传千年的上衣下裳的汉服形制只被保留在汉族女子家居时的着装中。庆典场合不分男女都要着袍，各类袍服名目繁多，有朝袍、龙袍、蟒袍及常服袍等之分。

从字义解，旗袍泛指旗人（无论男女）所穿的长袍，不过只有八旗妇女日常所穿的长袍才与后世的旗袍有着血缘关系，用作礼服的朝袍、蟒袍等习惯上已不归为"旗袍"的范畴。从顺治、嘉庆年间屡次颁布的禁令中可知，满族女子违禁仿效汉族妇女装束的风气之盛。至清后期，亦有汉族女子效仿满族装束的。满汉妇女服饰风格的悄相交融，使双方服饰的差别日益减小，遂成为旗袍流行全国的前奏。

清朝后期，旗女所穿的长袍，衣身较为宽博，造型线条平直硬朗，衣长至脚踝。"元宝领"用得十分普遍，领高盖住腮碰到耳，袍身上多绣以各色花纹，领、

袖、襟、据都有多重宽阔的滚边。至咸丰、同治年间，镶滚达到高峰时期，有的甚至整件衣服全用花边镶滚，以至几乎难以辨识本来的衣料。旗女袍服的装饰之繁琐，几至登峰造极的境界。

旧旗袍有什么典故？

在辛亥革命以前，上海的民风已经在潜移默化，妇女的服饰呈现出自由化的气象，城市妇女的服装已经向封建的服制提出了挑战。妓女、戏子、姨太太等一批引人注目的女子标新立异，她们的服装充满了革新的精神，而且大胆的在社会上公开亮相，旧时种种的束缚早已被她们抛到脑后。

民国成立以后，一部分领风气之先的妇女继续光大了这种精神，她们率先起来，以不断改良的新式服装逐渐替代了富于封建色彩的短袄长裙，特别是在"五四"运动以后，上海市民在思想与精神上表现了空前的自由与活泼，促进了中国新女性在服装上的革新与解放。旗袍的广泛使用，就是这种新思潮的反映。

旗袍这两字在当初仅仅局限于满族妇女之中，是满清女子的普通服装。它在服装的样式和色彩风格上，都与上海城市妇女原来的装束迥异。

旗袍这两字虽然代表了旧朝女子的服装，但到了上海妇女的身上，却赋予了新的意义。她们大胆的剥脱了旧式服装的桎梏，以西洋女装作为模仿的式样，加以改进，遂成为一种具有时代意义的新式服装。当初上海市面上流行的各式旗袍，可以说是对原来旗装的一种异化，和真正满人的旗袍，相去很远。旗袍之所以能够变成时尚的流行服，并不在于服装的本身，而在于具有时尚思想的人。

旗袍在民国时期的城市生活中出足了风头，而乡村由于传统思想的束缚，封建思想的余音依旧缭绕在厅堂楼阁中，新式旗袍并没有在中上层妇女中得到广泛的流行，农妇由于生活和工作的习惯，衣衫照旧，这也可以看出服装与社会思想的关系。但是在县城中，一部分领风气之先的女子和学生教师，受到上海等大城市的影响，旧装换新装，大胆的穿起了新式旗袍，在县城中颇受人们关注，而她们却引以为新潮。

旗袍从民国初年风行以来至今，已有近百年了，其间社会和思想经历了翻天覆地的变化，但旗袍依旧有着生命力。

旗袍从二十年代的上海开始流行，后来渐渐流入内地，到了三四十年代已经成为中国妇女一致接受的正式外出服装了。

服装的变化是和社会生活的变化紧密地联系在一起的。城市妇女由于职业社会化程度比较高，节奏快，喜欢穿线条简洁、式样明快的服装，而且讲究实用。原来的旗袍与这种要求恰恰相反，上海妇女按照实际需要，对旗袍的长度、腰身、开叉、色调等各方面进行了综合的改革，之后，才使旗袍渐渐变得更贴身，更适应城市化生活的需要。如有一段时间曾径流行下摆很长的旗袍，引来了诸多不方便，例如，有时长拖脚背，走一步路还得把衣服提起一些，不要说职业妇女穿着不方便，即使家庭妇女出去串亲戚，也会感到不方便的。

服装只有适合新的社会生活，才有强大的生命力和无穷的魅力，旗袍后来渐渐改短，到三十年代已快近膝。衣袖的长短大小，也是变幻不定，到三十年代时，上海妇女所穿的夏令服装，索性没有了袖子，道学家看见了不免又要摇头，以为有伤风化。茅盾长篇小说《子夜》中写一乡下土财主到上海，见到旗袍下裸露出来的

女子大腿，差一点昏了过去。但旗袍并不为少数人的异样眼光而放入箱子内，马路上依旧是旗袍的天下。

年画有什么来历？

年画是中国画的一种，始于古代的"门神画"。

传统年画以木刻水印为主，追求拙朴的风格与热闹的气氛，因而画的线条单纯、色彩鲜明。内容有花鸟、胖孩、金鸡、春牛、神话传说与历史故事等，表达人们祈望丰收的心情和对幸福生活的憧憬，具有浓郁的民族特色与乡土气息。

主要产地有天津杨柳青、苏州桃花坞和山东潍坊等，上海有"月份牌"年画，其他还有四川、福建、山西、河北以至浙江等地。

中国著名的四大"年画之乡"是：绵竹年画，苏州桃花坞，天津杨柳青，山东潍坊。这些地方所生产的年画深受城乡人民喜爱。

年画是中华民族祈福迎新的一种民间工艺品，是一种承载着人民大众对未来美好憧憬的民间艺术表现形式。历史上，民间对年画有着多种称呼：宋朝叫"纸画"，明朝叫"画贴"，清朝叫"画片"，直到清朝道光年间，文人李光庭在文章中写到："扫舍之后，便贴年画，稚子之戏耳。"年画由此定名。

年画画面线条单纯、色彩鲜明、气氛热烈愉快，如春牛图、岁朝图、嘉穗图、戏婴图、合家欢、看花灯、胖娃娃等，并有以神仙、历史故事、戏剧人物作题材的。颇多作为门画张贴之用，夹杂着"神祇护宅"的观念，如"神荼郁垒"、"天官"、"秦琼敬德"等，体裁（或形式）有门画（独幅和对开）四屏条和横竖的单开独幅等。宋代已有关于年画的记载，目前见到最早的一幅木版年画是南宋刻印的《隋朝窈窕呈倾国之芳容》。清代中期，尤见盛行。建国后，年画在传统的基础上推陈出新，丰富多彩，更为人民群众所喜爱。

年画艺术，是中国民间艺术的先河，同时也是中国社会的历史、生活、信仰和风俗的反映。每逢过农历新年时买两张年画贴在大门上，差不多每家都是如此，由大门到厅房，都贴满了各种花花绿绿、象征吉祥富贵的年画，新春之所以充满欢乐热闹的气氛，年画在这里面起着一定的作用。大抵比较富厚人家，在厅房总喜欢悬挂老寿星、紫微星、福、禄、寿等。至与梅兰竹菊等花鸟图，自然亦在欢迎之列。

送灶神是什么意思？

农历十二月二十四日要送灶神回天庭，送灶神时要先祭拜一番，而祭品与一般祭神用的三牲四果不同，一般人都用汤圆、麦芽糖等甜的东西祭拜，其目的无非是希望灶神享用了这些甜点后，在玉皇大帝面前多说些好话，少打小报告。送走了灶神之后，家家户户便可大扫除以便迎接新年，而在正月初四又得将灶神请回家中，继续执行神职。

灶神是保佑百姓"五谷丰登，财源广进"的菩萨。

他每年都要向玉帝禀报凡间百姓为他上香的情况，所以百姓为了让他在玉帝面前为自己说好话，就给灶神"好处"，然后灶神就上天了；有的穷人家没有可以"供奉"的，就只好祈祷能够蒙混过关，直接把灶神送上天了。

因此，这种穷人家的做法逐渐成为一种习俗，一直沿用至今。

接财神有什么讲究？

民间传说正月初五是财神的生日，所以过了年初一，接下来最重要的活动就是接财神——。在财神生日到来的前一天晚上，各家置办酒席，为财神贺辰。

关于财神，民间有诸多传说：宋朝蔡京富有，民间传说他是富神降生，他恰生于正月初五，所以民间把他当做财神来祭把。后蔡京被贬，民间另换财神，当时宋朝的国姓为赵，人们便给财神起了一个赵玄坛的名字加以敬拜。

初五接财神，赵玄坛最受尊拜。许多商店、住宅都供奉他的木版印刷神像。赵玄坛面似锅底，手执钢鞭，身骑黑虎，极其威武。

除了赵玄坛被尊为"正财神"外，民间还有"偏财神"五显财神、"文财神"财帛星君和"武财神"关圣帝君的说法。

五显财神信仰流行于江西德兴婺源一带。兄弟五人封号首字皆为"显"，故称"五显财神"。生前劫富济贫，死后仍惩恶扬善，保佑穷苦百姓。北京安定门外有五显财神庙。

"文财神"财帛星君，也称"增福财神"，他的绘像经常与"福"、"禄"、"寿"三星和喜神列在一起，合起来为

民间财神

福、禄、寿、财、喜。财帛星君脸白发长，手捧一个宝盆，"招财进宝"四字由此而来。一般人家春节必悬挂此图于正厅，祈求财运、福运。

"武财神"关圣帝君即关羽关云长。传说关云长管过兵马站，长于算数，发明日清簿，而且讲信用、重义气，故为商家所崇祀，一般商家以关公为他们的守护神，关公同时被视为招财进宝的财神爷。

正月初五，各商店开市，一大早就金锣爆竹、牲醴毕陈，以迎接财神。信奉关帝圣君的商家，在正月初五要为关公供上牲醴，鸣放爆竹，烧金纸膜拜，求关圣帝君保佑一年财运亨通。

庙会有什么来历？

庙会是由古代的宗庙社郊制度演化而来的。曾活跃于中国的广大地区，是真正活着的民俗，很多学者将其称为"中国人自己的狂欢节"。庙会最早的形式是隆重的祭祀活动，是人们敬祀神灵、愉悦身心的产物。随着社会的发展，特别是经济的发展，庙会和集市交易融为一体，成为人们敬祀神灵、交流感情和贸易往来的综合性社会活动。

在漫长的远古社会，庙会和崇神是一体的。一直到商周时期，庙会都是一种不自觉的活动。

汉代以后，庙会向多元化转变。汉代庙会的主体性质因为佛文化的传入而发生了变化。伴随着佛教教义的传播，佛寺星罗棋布，分布于中原地区。崇佛庙会应运而生，林林总总。中原地区广大庙会群中，佛与道或分庭抗礼，或相互渗透，使庙会文化更加丰富。

唐宋时代的经济高度发展，中原地区居于全国的领先地位，保持着中心位置。道教文化经过帝王们的倡导更迅速地繁盛

起来。道教文化是强大的本上文化，庙、台、祠、宫、观、庵等道教建筑在中原地区的分布十分密集。这些庙宇为日后庙会的发展奠定了基础。尤其是北宋时期，中原地区一度出现了经济大繁荣和文化大繁荣，以东京开封为中心的城镇经济迅速发展，庙会亦应运而兴。

明代是中原广大地区庙会群昌盛的重要转折时期。经济飞速发展，使得在洛阳、黎阳（浚县）、陈州（淮阳）等规模较大的城镇大兴土木、建造庙宇成为可能。明代手工业的繁荣，刺激了生产力的发展、也促进了经济和文化的发展，出现了资本主义的萌芽，庙会在这种背景条件下比以往任何时期都要繁密。

明代庙会有重要的特点，就是"行会"或者称为"会馆"、"公所"的大量兴起，使庙会更加秩序化。中原地区出现许多"山陕会馆"，他们敬祀关羽，立祠建庙，特别是建造戏楼等祭祀场所，使庙会的影响和作用进一步扩大化。

什么是三书六礼？

三书分别指：聘书、订亲书，是男女双方在订婚时男方交给女方的书柬，确定婚约。礼书，男方过大礼时给予女方的书信，是礼物清单，当中详细列明礼物种类以及数量。迎亲书，迎亲当日，男方送给女方的书柬。

六礼是指从议婚至完婚过程中必须办妥的六项手续，即六种礼节，分别是纳采、问名、纳吉、纳征、请期、亲迎。

纳采，六礼当中的首礼。男方欲想与女方结亲，便会请媒人去女方提亲（做媒），向女方家纳"采择之礼"。

提亲的礼物只用雁，代表妇人从此不失时，不失节，不相跨越，从一而终。纳采是整个婚姻仪式的开始。

问名，女方家接纳提亲后，男方会遣媒人到女家询问女方的姓名以及出生年月（生辰八字）。媒人将女方的生辰八字、姓名、籍贯等材料等写在红纸上（称为"庚贴"）交给男家以占卜吉凶，目的在于防止近亲婚姻，看婚姻是否适宜。

纳吉，男方会请人根据男女双方的生辰八字推算双方是否般配，以决定婚事是否吉利，并将卜婚的吉兆告知女方，如果双方八字无相冲相克，男方会向女方送礼并表示要订婚的礼仪。

纳征，又称过大礼，就是男方向女方送聘礼。男方在纳吉之后征得女方允婚后才可以行纳征礼，男方家备礼金和多种礼物送到女家，作为订亲仪式，通常做聘礼的有首饰、细帛等，数量均用偶数，即取成双成对之意。

请期，又称择日，俗称选日子。男方家择定良辰吉日，找个迎娶的日子，然后女方家做好准备，便是请期。

亲迎，又称迎亲，是新郎亲自迎娶新娘的礼仪。结婚当天，新郎偕同媒人、亲友亲自前往新娘家，在到新娘家前须到新娘家的祖庙行拜见礼，之后才可以将新娘接回男方家，在男家完成拜天、地、祖先的仪式。

闹洞房有什么来历？

我国关于闹洞房的来历有两种说法。一种说法是起源于驱邪避灾的传说。相传在很早以前，紫微星下凡人间，在一个迎亲队伍的后面看到一个披麻戴孝的女子，他知道这是鬼怪在等待机会作恶，于是悄悄地就跟到了新郎家，并看到那个女人躲进了洞房。在新郎、新娘拜完天地就要进入洞房时，紫微星说洞房里面有鬼怪，众人于是向他请教除魔的办法，紫微星说："鬼怕人多，人多了，鬼怪就不敢作恶了。"新郎于是请宾客在洞房里谈天说笑，驱走鬼怪，最后终于把鬼怪赶走了。

另一种说法观点认为，闹房习俗首先出现在北方，刚开始时的主角是新郎，这似乎与北方民族的生活习性有很大的关联。北方民族的生产活动主要以狩猎和游牧为主，男子体魄剽悍、健壮，所以在新婚时，新郎能否忍受棒打可以证明其是否是一名合格的丈夫。

闹洞房驱邪的风俗自古以来在南北各地就已经存在。为了避免在闹洞房时出现难堪的场面，新人最好能事先做好准备，如唱歌、跳舞或表演小魔术、笑话等小节目。

闹洞房时，新人间要积极地配合，协调一致。特别是新郎，要时刻注意为新娘解围，不能让她陷入难堪的场面。众人在闹完洞房后，尽管新人已经身心憔悴，但仍旧要热情欢送客人离去，并诚挚地感谢他们来参加婚礼，欢迎常来做客。

拜寿有什么讲究？

寿诞是庆祝老人生辰而举行的礼仪，有延年益寿的意思。一般年龄在三十岁以下称为过生日，四十岁以上才称做寿，所以我国民间有"做三不做四"的习俗，认为"三十不做，四十不发"。人们比较重视对五十岁以后寿诞，因为在过去人活着的平均寿命都比较短，所以有"人生七十古来稀"、"人活五十五，阎王数一数"的说法。另外，我国民间还有"六十六，女儿家里吃碗肉"的风俗，指在六十六岁生日的时候，叫女儿去买"一刀肉"，切成六十六块，让做寿的人一次性吃完，这样以后就可以延年益寿、逢凶化吉。

老人寿诞当天都会设宴请客，举行拜寿仪式，并约请邻舍老辈，一起食用长面饭，以表示贺寿之意。拜寿时，在堂前放置一张椅子，让寿星就坐在椅子上，椅子前面摆放一张桌子，上面摆满寿盘、寿面、寿桃、寿果、寿酒等物品。等寿星坐定后，让家中儿孙小辈，依次双双为寿星叩头拜寿。儿孙辈拜完之后，客亲晚辈等依例叩拜。寿星则正襟危坐，接受众人的拜礼、祝贺。叩拜礼结束后，亲朋好友，按辈分入席就筵，尽享欢宴。

鞠躬礼有什么讲究？

鞠躬礼起源于古代中国。鞠躬意思为弯身行礼，是一种表达对别人敬重的礼节。鞠躬礼在一般情况下是学生向老师、晚辈向长辈、下级对上级或同级之间、服务人员向来宾表达敬意的礼节。鞠躬礼常适用于严重肃穆或者欢乐喜庆的场合，也适用于一般的社交和商务活动场合。常见的鞠躬礼有以下三种：

三鞠躬，行礼前应当先脱下帽子，摘下围巾，然后身体立正，两眼直视受礼者。男性在行礼时双手应自然下垂，贴放在身体两侧，女士的双手则下垂交叉搭放在腹部前，身体的上部向前下弯约90度，然后起身，连续三次即可。

深鞠躬，基本动作与三鞠躬相同，他们的区别在于深鞠躬在一般情况下只需鞠躬一次，但俯身弯腰的幅度一定是90度。以表示深切的敬意。

社交、商务鞠躬礼，行礼时，身体应立正站好，保持端正。面朝受礼者，两者间的距离一般为两三步远。以腰部为轴，肩部整体向前倾15度以上，同时问候"您好"、"早上好"、"欢迎光临"等敬语。

朋友间初次见面、同事之间、宾客和主人之间、下级对上级以及晚辈对长辈等，都可以鞠躬行礼来表达对对方的尊敬之情。

拜年礼仪有什么讲究？

春节是中国众多传统节日当中最隆重最富有特色的节日，也是最为热闹的一个节日。在春节期间，把亲朋好友间互相走访祝贺称为拜年。拜年不仅是人们欢度春节的一种礼仪、表现形式，也是家庭和朋友聚会联络感情的主要活动。

拜年的最佳时间一般在上午9时至11时，不宜在主人吃饭、休息时间前往拜年。向长辈拜年时，最好在节日内进行，以表示对他们的尊敬。衣着要得体。给别人拜年时穿的衣服要整洁大方，体现出一种喜庆、节日的美感。

拜年时要说祝贺语，对老人家，要道安问好。席间交谈时，尽量不要谈悲哀伤感的事情，不要信口开河以及谈论过分激烈的问题，交谈要亲切诚恳，表达出一种轻松愉快的氛围。

拜年时，举止行为要文明大方，不能东张西望，不要抖动二郎腿，也不能乱丢果皮、烟头等杂物。

节日期间亲朋好友欢聚一堂，免不了会欢闹一番。但欢闹时要有节度，不能大声喧哗吵闹，以免影响到左邻右舍。

拱手礼有什么讲究？

拱手礼，是相见或者表示感谢时使用的一种礼仪。

一般来说，男的在行拱手礼应右手握拳在内，左手在外，而女的则与此相反。如果是在参加丧事，行拱手礼时，男的应左手握拳在内，右手在外，女的与此正好相反。

拱手礼大概有两三千年的历史，大约从西周时起就已经开始在见面、交往时采用了。古代人通过这些程式化的礼仪表现，以谦恭的方式来表达对他人的敬意。在传统礼仪上，国人讲究以人与人间的距离来表达"敬"的含义，与西方人喜欢肉体的亲近有很大的不同。这种距离的"敬"所表达的是一种典雅的气息，而且在当代社会中也比较符合卫生的要求。拱手礼所体现的不仅仅是中国人文精神的交往礼节，而且也是一种最恰当的交往礼仪。